BUDI KURNIAWAN

STRUTS 2 PROJETO E PROGRAMAÇÃO
UM TUTORIAL

TRADUÇÃO:
SILVIA MARA DA COSTA CAMPOS VICTER

Do original:

Struts 2 Design and Programming – A Tutorial – Second Edition

Copyright© 2008 Editora Ciência Moderna Ltda.

Original English languagem edition published by Brainsoftware. Copyrigh© 2008 by Brainsoftware. Portuguese language edition for Brazil copyrigh© 2008 by Editora Ciência Moderna Ltda. All rights reserved.

Nenhuma parte deste livro poderá ser reproduzida, transmitida e gravada, por qualquer meio eletrônico, mecânico, por fotocópia e outros, sem a prévia autorização, por escrito, da Editora.

Editor: Paulo André P. Marques
Supervisão editorial: João Luís Fortes
Tradução: Sílvia Mara C. C. Victer
Copidesque: Vivian Horta
Capa (baseada no original): Cristina Hodge
Diagramação: Érika Loroza
Finalização: Patrícia Seabra

Várias **Marcas Registradas** podem aparecer no decorrer deste livro. Mais do que simplesmente listar esses nomes e informar quem possui seus direitos de exploração, ou ainda imprimir os logotipos das mesmas, o editor declara estar utilizando tais nomes apenas para fins editoriais, em benefício exclusivo do dono da Marca Registrada, sem intenção de infringir as regras de sua utilização.

FICHA CATALOGRÁFICA

Kurniawan, Budi

Struts 2 Projeto e Programação: Um Tutorial

Rio de Janeiro: Editora Ciência Moderna Ltda., 2008.

Informática, Desenvolvimento de Aplicativos

I — Título

ISBN: 978-85-7393-740-4   CDD 001642

Editora Ciência Moderna Ltda.
Rua Alice Figueiredo, 46
CEP: 20950-150, Riachuelo – Rio de Janeiro – Brasil
Tel: (021) 2201-6662
Fax: (021) 2201-6896
E-mail: lcm@lcm.com.br
www.lcm.com.br   09/08

SUMÁRIO

INTRODUÇÃO XI
    Porquê os Servlets não Desapareceram XIII
    Os Problemas com o Modelo 1 XIV
    Modelo 2 XIV
    Visão Geral do Struts XV
    Aprimorando para o Struts 2 XVII
    Visão Geral dos Capítulos XVIII
    Pré-requisitos e Download de Software XXII
    Aplicações Exemplo XXIII

CAPÍTULO 1 – APLICAÇÕES DO MODELO 2 1
    Visão Geral do Modelo 2 1
    O Modelo 2 com um Controlador Servlet 3
    Modelo 2 com um Filter Dispatcher 13
    Sumário 19

CAPÍTULO 2 – INTRODUÇÃO AO STRUTS 21
    Os Benefícios do Struts 22
    Como o Struts Trabalha 23
    Interceptadores 26

IV STRUTS 2 PROJETO E PROGRAMAÇÃO: UM TUTORIAL

Arquivos de Configuração do Struts 29
Uma Aplicação Struts Simples 40
Injeção de Dependência 44
Sumário 47

CAPÍTULO 3 – AÇÕES E RESULTADOS 49
Classes Action 49
Acessando Recursos 52
Passando Parâmetros Estáticos para uma Action 62
A Classe ActionSupport 63
Resultados (Results) 63
Controle de Exceção com Mapeamento de Exceção 71
Mapeamento de Caracteres Curinga 73
Invocação Dinâmica de Método 77
Testando Classes Action 78
Sumário 78

CAPÍTULO 4 – OGNL 79
A Pilha de Valores 80
Lendo Propriedades de Objeto na Pilha de Objetos 82
Lendo Propriedades de Objeto no Mapa de Contexto 83
Chamando Campos e Métodos 84
Trabalhando com Arrays 86
Trabalhando com Listas 86
Trabalhando com Mapas 88
JSP EL: Quando a OGNL não pode ajudar 89
Sumário 90

CAPÍTULO 5 – TAGS DE FORMULÁRIOS 91
Usando tags Struts 92
Atributos Comuns 93
A Tag form 95
As Tags textfield, password e hidden 97
A Tag submit 100
A Tag reset 101
A Tag label 101
A Tag head 101
A Tag textarea 102
A Tag checkbox 103
Os Atributos list, listKey, e listValue 109

A Tag radio 113
A Tag select 116
Agrupamento de Opções em Select com optgroup 121
A Tag checkboxlist 124
A Tag combobox 126
A Tag updownselect 128
A Tag optiontransferselect 131
A Tag doubleSelect 137
Temas 140
Sumário 142

CAPÍTULO 6 – TAGS GENÉRICAS 143

A Tag property 144
A Tag a 147
A Tag action 147
A Tag param 148
A Tag bean 149
A Tag Date 151
A Tag Include 152
A Tag set 153
A Tag push 155
A Tag url 157
As tags if, else, e elseIf 158
A Tag iterator 160
A Tag append 166
A Tag merge 167
A Tag generator 170
A Tag sort 173
A Tag subset 176
Sumário 178

CAPÍTULO 7 – CONVERSÃO DE TIPOS 179

Visão Geral de Conversão de Tipo 180
Adaptando Mensagens de Erro de Conversão 181
Conversores de Tipo Adaptados 187
Estendendo StrutsTypeConverter 194
Trabalhando com Objetos Complexos 201
Trabalhando com Coleções (Collections) 204
Trabalhando com Mapas 210
Sumário 216

VI STRUTS 2 PROJETO E PROGRAMAÇÃO: UM TUTORIAL

CAPÍTULO 8 – VALIDAÇÃO DA ENTRADA **217**

Visão Geral do Validator 218
Configuração do Validator 219
Validadores embutidos 221
Escrevendo Validadores Adaptados 255
Validação programática usando Validateable 264
Sumário 266

CAPÍTULO 9 – TRATAMENTO DE MENSAGENS E INTERNACIONALIZAÇÃO **267**

Locales e Recursos Java 268
Suporte à Internacionalização em Struts 272
A Tag text 276
A Tag i18n 279
Selecionando Manualmente um Resource Bundle 282
Sumário 285

CAPÍTULO 10 – INTERCEPTADORES MODEL DRIVEN E PREPARE **287**

Separando a action da Camada de Negócio 287
O Interceptador Model Driven 288
O Interceptador Preparable 295
Sumário 301

CAPÍTULO 11 – A CAMADA DE PERSISTÊNCIA **303**

O Padrão Data Access Object 304
Implementando o Padrão DAO 307
Hibernate 322
Sumário 323

CAPÍTULO 12 – UPLOAD DE ARQUIVO **325**

Visão Geral de Upload de Arquivo 325
Upload de arquivo em Struts 326
O Interceptador File Upload 328
Exemplo de um único Upload de Arquivo 330
Exemplo de Upload Múltiplo de Arquivo 333
Sumário 336

CAPÍTULO 13 – DOWNLOAD DE ARQUIVO **337**

Visão Geral de Download de Arquivo 337
O Tipo de Resultado Stream 339
Download Programático de Arquivo 343
Sumário 347

CAPÍTULO 14 – SEGURANÇA NAS APLICAÇÕES STRUTS ... 349

Principals e Papéis ... 350
Escrevendo Policiamentos de Segurança ... 350
Métodos de Autenticação ... 353
Escondendo Recursos ... 361
Configuração de Segurança do Struts ... 362
Segurança Programática ... 365
Sumário ... 366

CAPÍTULO 15 – PREVENINDO SUBMITS DUPLOS ... 367

Gerenciando Tokens ... 368
Usando o Interceptador Token ... 369
Usando o Interceptador Token Session ... 373
Sumário ... 374

CAPÍTULO 16 – DEPURAÇÃO E RECUPERAÇÃO DE PERFIS (PROFILING) ... 375

A Tag debug ... 375
O Interceptador Debugging ... 377
Recuperação de Perfis ... 379
Sumário ... 382

CAPÍTULO 17 – MEDIDORES DE PROGRESSO ... 383

O Interceptador Execute e Wait ... 383
Usando o Interceptador Execute e Wait ... 385
Usando uma Página Wait Customizada ... 387
Sumário ... 389

CAPÍTULO 18 – INTERCEPTADORES CUSTOMIZADOS ... 391

A Interface Interceptor ... 391
Escrevendo um Interceptador Customizado ... 393
Usando DataSourceInterceptor ... 395
Sumário ... 399

CAPÍTULO 19 – TIPOS DE RESULTADOS CUSTOMIZADOS ... 401

Visão Geral ... 401
Escrevendo um Plugin customizado ... 402
Usando o novo Tipo de Resultado ... 405
Sumário ... 409

CAPÍTULO 20 – VELOCITY ... 411

Visão Geral ... 411

VIII STRUTS 2 PROJETO E PROGRAMAÇÃO: UM TUTORIAL

Objetos Implícitos do Velocity 413
Tags 413
Exemplo Velocity 414
Sumário 417

CAPÍTULO 21 – FREEMARKER 419

Visão Geral 419
Tags FreeMarker 421
Exemplo 422
Sumário 425

CAPÍTULO 22 – RESULTADOS XSLT 427

Visão Geral 427
O Tipo de Resultado XSLT 430
Exemplo 433
Sumário 435

CAPÍTULO 23 – PLUGINS 437

Visão geral 437
O plugin Registry 438
Escrevendo um Plugin customizado 438
Usando o Plugin Captcha 439
Sumário 443

CAPÍTULO 24 – O PLUGIN TILES 445

O Problema com Includes JSP 446
Modelos de Tiles e Definições 448
Plugin Tiles Struts 452
Exemplo de Struts Tiles 452
Sumário 457

CAPÍTULO 25 – PLUGINS JFREECHART 459

A API JfreeChart 460
Usando o plugin padrão 460
Usando o Plugin BrainySoftware JfreeChart 464
Sumário 467

CAPÍTULO 26 – CONFIGURAÇÃO ZERO 469

Convenções 469
Anotações 471

O plugin CodeBehind 474
Sumário 477

CAPÍTULO 27 – AJAX **479**

Visão Geral do AJAX 480
Sistema de Evento do Dojo 481
Usando o Plugin Dojo do Struts 482
A Tag head 483
A Tag div 484
A Tag a 489
A Tag Submit 492
A Tag bind 494
A Tag datetimepicker 497
A Tag tabbedpanel 500
A Tag textarea 502
A Tag autocompleter 503
As Tags tree e treenode 511
Sumário 516

APÊNDICE A – CONFIGURAÇÃO STRUTS **517**

O Arquivo struts.xml 517
O Arquivo struts-default.xml 529
O Arquivo struts.properties 534

APÊNDICE B – A EXPRESSION LANGUAGE DO JSP **539**

A Sintaxe da Expression Language 540
Acessando JavaBeans 542
Objetos Implícitos EL 543
Usando outros Operadores EL 547
Configurando o EL na JSP 2.0 e versões posteriores 549
Sumário 552

APÊNDICE C – ANOTAÇÕES **553**

Uma Visão Geral de Anotações 553
Anotações Padrão 556
Meta-Annotations padrão 560
Tipos de Anotação Padronizada 563

ÍNDICE **567**

Introdução

Bem-vindo a *Struts 2 Projeto e Programação: Um Tutorial.*

As tecnologias de Servlet e Java Server Pages (JSP) são as principais tecnologias para o desenvolvimento de aplicações web em Java. Quando introduzida pela Sun Microsystems, em 1996, a tecnologia de Servlet foi considerada superior à tecnologia existente, denominada Common Gateway Interface (CGI), já que os servlets permanecem na memória após responderem às primeiras requisições. As requisições subseqüentes para o mesmo servlet não requerem reinstanciação da classe do servlet, apresentando, assim, um melhor tempo de resposta.

O problema com os servlets é o fato de ser muito confuso e suscetível a erros o envio de tags HTML ao browser, já que a saída HTML deve ser delimitada com strings, como no código a seguir:

```
PrintWriter out = response.getWriter();
out.println("<html><head><title>Testing</title></head>");
out.println("<body style=\"background:#ffdddd\">");
...
```

Isso é complicado de programar. Até mudanças pequenas na apresentação, tal como uma alteração na cor de fundo, exigirá que o servlet seja recompilado.

A Sun reconheceu esse problema e apresentou o JSP, que permite códigos Java e tags HTML combinados, para a criação de páginas fáceis de editar. Não é necessário recompilar, devido às alterações nos resultados HTML. A compilação automática ocorre na primeira vez que a página é chamada e após ser modificada. Um fragmento de código em um JSP é chamado de scriptlet.

Apesar de parecer prático misturar scriptlets e HTML, na verdade não é uma boa idéia, devido às razões abaixo:

- Combinar HTML e scriptlets resulta em aplicações difíceis de ler e de difícil manutenção.

- Escrever código em JSPs diminui a oportunidade de reutilizar o código. É claro que você pode colocar todos os métodos Java num JSP e incluir essa página de outros JSPs que precisem usar esses métodos. Entretanto, ao fazer isso, você estará saindo do paradigma de orientação a objetos. Primeiramente, você irá perder o poder da herança.

- É mais difícil escrever código Java num JSP do que fazê-lo numa classe Java. A verdade é que a sua IDE é projetada para analisar códigos Java em classes Java, e não em JSPs.

- É mais fácil depurar códigos que estão em classes Java.

- É mais fácil testar lógica de negócio que está encapsulada numa classe Java.

- É mais fácil refatorar códigos Java em classes Java.

Na realidade, a separação da lógica de negócio (código Java) e da apresentação (tags HTML) é um fator tão importante que os projetistas de JSP tentaram encorajar essa prática logo após a primeira versão do JSP.

JSP 1.0 permitiu que o JavaBeans fosse usado para encapsular código e, com isso, suportando a separação do código da apresentação. Em JSP, você usa **<jsp:useBean>** e **<jsp:setProperty>** para criar um JavaBean e ajustar suas propriedades, respectivamente.

Infelizmente, o JavaBean não é a solução perfeita. Com o JavaBeans, os nomes dos métodos devem seguir algumas convenções de nomenclatura, resultando ocasionalmente em nomes estranhos. E, além disso, não há como passar argumentos aos métodos sem recorrer ao scriptlets.

A fim de tornar a separação do código com as tags HTML mais fácil de ser obtida, JSP 1.1 define bibliotecas de custom tags, que são mais flexíveis, se comparadas ao JavaBeans. O problema é que custom tags são difíceis de escrever e as custom tags do JSP 1.1 têm um ciclo de vida muito complexo.

Mais tarde, um esforço foi iniciado para fornecer tags com funcionalidades comuns específicas. Essas tags são compiladas num conjunto de bibliotecas denominadas JavaServer Pages Standard Tag Libraries (JSTL). Essas são as tags para manipulação de objetos de escopo, reiteração numa coleção,desempenho de testes condicionais, análise e formatação de dados, etc.

Apesar da existência de JavaBeans, custom tags, e JSTL, muitas pessoas ainda utilizam scriptlets em seus JSPs pelos seguintes motivos:

- Conveniência. É muito conveniente colocar tudo em JSPs. É aceitável, caso a sua aplicação seja uma aplicação muito simples, consistindo de apenas uma ou duas páginas, e que nunca crescerá em complexidade.

- Visão limitada. Escrever código e HTML em JSPs parece ser um modo mais rápido de desenvolvimento. Entretanto, a longo prazo, tem-se um alto preço a pagar em se construir a aplicação desta maneira. Os dois grandes problemas consistem na manutenção e capacidade de leitura do código.

- Falta de conhecimento.

Em um projeto envolvendo vários programadores com diferentes níveis de habilidades, é difícil garantir que todos os códigos Java vão para classes Java. A fim de se obter JSPs sem scriptlets, o JSP 2.0 adicionou um atributo que permite aos arquitetos de software desabilitarem scriptlets em JSP, forçando, portanto, a separação do código e do HTML. Além disso, o JSP 2.0 provê um ciclo de vida mais simples para as custom tags e permite que as tags sejam construídas em arquivos de tags, tornando a escrita de custom tags mais fácil.

PORQUÊ OS SERVLETS NÃO DESAPARECERAM

O advento do JSP foi pensado, inicialmente, como sendo o fim dos servlets. Aconteceu que esse não foi o caso. JSP não substituiu os servlets. Na realidade, hoje em dia, as aplicações do mundo real empregam tanto os servlets quanto os JSPs. Para entender porque os servlets não se tornaram obsoletos   com a chegada do JSP, você deve entender dois modelos de projeto sobre os quais você pode construir aplicações web em Java.

O primeiro modelo de projeto, simplesmente denominado Modelo 1, foi construído logo após o JSP estar disponível. Os servlets não são normalmente usados neste modelo. A navegação de um JSP a outro é feita ao se selecionar um link numa página. O segundo modelo de projeto é chamado Modelo 2. Você aprenderá o porquê do modelo 1 não ser o recomendável, e sim o modelo 2.

Os Problemas com o Modelo 1

O modelo de projeto do Modelo 1 é centrado em página. As aplicações do modelo 1 têm uma série de JSPs que permitem ao usuário navegar de uma página à outra. Esse é o modelo que você aplica quando aprende JSP porque é simples e fácil. O problema principal com aplicações do Modelo 1 é que elas são difíceis de manutenção e inflexíveis. Além disso, essa arquitetura não promove a divisão de trabalho entre o projetista da página e o desenvolvedor web, porque o desenvolvedor está envolvido tanto na autoria da página, quanto na codificação da lógica de negócio.

Resumindo, o Modelo 1 não é recomendado devido às seguintes razões:

- Problemas de navegação. Se você alterar o nome de um JSP que é referenciado por outras páginas, você deverá alterar o nome em várias localidades.

- Tem-se uma maior inclinação para se usar scriptlets em JSPs porque os JavaBeans são limitados e as custom tags são difíceis de escrever. Entretanto, como explicado anteriormente, misturar código Java e HTML em JSPs é uma prática ruim.

- Se você continuar a escrever código Java em JSPs, você terminará gastando mais tempo desenvolvendo suas aplicações, porque você terá que escrever custom tags na maioria de suas lógicas de negócio. É mais fácil escrever código Java em classes Java.

Modelo 2

O segundo modelo de projeto é simplesmente denominado Modelo 2. Esta é a arquitetura recomendada para basear suas aplicações web em Java. Modelo 2 é outro nome para o padrão de projeto Model-View-Controller (MVC). No modelo 2, tem-se três componentes principais em uma aplicação: uma camada de negócios (Model), uma camada de apresentação (View) e uma camada de controle de fluxo da aplicação (Controller). Esse padrão é explicado em detalhes no Capítulo 1, "Aplicações do Modelo 2".

Nota

O termo Modelo 2 foi usado primeiramente na versão 0.92 do JavaServer Pages Specification.

No Modelo 2, você tem um ponto de entrada para todas as páginas e, geralmente, um servlet ou um filtro age como uma camada de controle principal, e os JSPs são usados como camadas de apresentação. Comparado às aplicações do Modelo 1, as aplicações do modelo 2 possuem os seguintes benefícios:

- Mais rápidas de construir;
- Mais fáceis de testar;
- Mais fáceis de fazer manutenção;
- Mais fáceis de estender.

VISÃO GERAL DO STRUTS

Agora que você entendeu porque o Modelo 2 é o modelo de projeto recomendado para aplicações web em Java, a próxima questão seria: "Como eu aumento a produtividade?"

Essa sempre foi a questão que vinha à mente do especialista em servlet Craig R. McClanahan, antes que ele decidisse desenvolver o framework Struts. Após alguns trabalhos preliminares que deram certo, McClanahan doou sua invenção à Fundação de programas Apache, em Maio de 2000, e Struts 1.0 foi lançado em Junho de 2001. Logo, se tornou, e ainda é, o framework mais popular para desenvolver aplicações web em Java. Sua página na Internet é http://struts.apache.org.

Enquanto isso, no mesmo planeta, algumas pessoas tinham trabalhado em outro framework Java *open-source* chamado WebWork. Similar ao Struts 1, WebWork nunca alcançou a popularidade de seu competidor mas era arquiteturalmente superior ao Struts 1. Por exemplo, em Struts 1, traduzir parâmetros de requisição para um objeto Java requer um objeto "intermediário" chamado *form bean*, ao passo que, no WebWork, não é necessário nenhum objeto intermediário. A implicação é óbvia, um desenvolvedor é mais produtivo quando usa WebWork, pois são necessárias menos classes. Num outro exemplo, um objeto chamado interceptor pode ser acoplado facilmente ao WebWork, para adicionar mais processamento ao framework, algo que não é fácil de conseguir com o Struts 1.

Outra característica que o WebWork possui, e o Struts não, é a possibilidade de desenvolver testes. Isso tem um grande impacto na produtividade. O teste de lógica de negócio é muito mais fácil no WebWork, se comparado ao Struts 1. Isso se deve ao fato de que, no Struts 1, você, geralmente, precisa de um Web browser para testar a lógica de negócio, para extrair entradas de parâmetros de requisição HTTP. O WebWork não tem esse problema, pois as classes de negócio podem ser testadas sem um navegador.

Com um produto superior (WebWork) e um com status de popstar (Struts 1), houve a necessidade natural de fusão desses dois campos. De acordo com Don Brown, em seu blog (www.oreillynet.com/onjava/blog/2006/10/my_history_of_struts_2.html), tudo começou no JavaOne 2005, quando alguns desenvolvedores de Struts e usuários discutiram o futuro do Struts, e vieram com uma proposta para Struts Ti (Titanium), um codinome para Struts 2. Tendo a equipe de Struts prosseguido com a proposta original, Struts 2 deveria ter incluído propriedades importantes, que não existem na versão 1, incluindo capacidade de extensão e AJAX. Com a sugestão do desenvolvedor do WebWork Jason Carreira, entretanto, a proposta foi corrigida para incluir uma fusão ao WebWork. Isso fez sentido na medida que WebWork tinha a maioria das propriedades do Struts Ti proposto. Melhor que reinventar a roda, a "aquisição" do WebWork poderia economizar muito tempo.

Como resultado, internamente, o Struts 2 não é uma extensão do Struts 1. Aliás, ele é um remodelo da versão 2.2 do WebWork. O próprio WebWork é baseado no XWork, um framework do projeto command open source do Open Symphony (http://www.opensymphony.com/xwork). Portanto, não se preocupe se você encontrar tipos Java que pertençam ao pacote **com.opensymphony.xwork2** ao longo deste livro.

Nota

Neste livro, Struts é utilizado para referir-se a Struts 2, a menos que dito de outra forma.

Então, o que Struts oferece? Struts é um framework para desenvolver aplicações do Modelo 2. Ele torna o desenvolvimento mais rápido, porque soluciona muitos problemas comuns em desenvolvimento de aplicações web, ao fornecer as seguintes propriedades:

- Gerenciamento de navegação de página;
- Validação de entrada de usuário;
- Modelo consistente;
- Capacidade de Extensão;
- Internacionalização e localização;
- Suporte para AJAX.

Devido ao fato do Struts ser um framework do Modelo 2, ao usar Struts você deverá atentar para as seguintes regras:

- Não colocar nenhum código Java em JSPs. Todas as lógicas de negócio devem residir em classes Java chamadas classes action.
- Usar a Linguagem de Expressão (OGNL) para acessar objetos do modelo de JSPs.
- Usar pouco ou nenhum custom tag (porque eles são relativamente difíceis de codificar).

APRIMORANDO PARA O STRUTS 2

Se você já tem programado com Struts 1, esta seção fornece uma breve introdução do que esperar do Struts 2. Caso contrário, você poderá pular esta seção.

- Ao invés de um controlador de servlet, como a classe **ActionServlet** em Struts 1, Struts 2 usa um filtro para desempenhar a mesma tarefa.
- Não existem *action forms* em Struts 2. Em Struts 1, um formulário HTML mapeia para uma instância de **ActionForm**. Daí, você pode acessar esse action form da sua classe *action*, e usá-lo para popular um objeto de transferência de dados. Em Struts 2, um formulário HTML mapeia diretamente a um POJO. Você não necessita criar um objeto de transferência de dados e, considerando que não há action forms, a manutenção é mais fácil e você lida com menos classes.
- Agora, se você não tem action forms, como você valida, com programação, uma entrada do usuário em Struts 2? Escrevendo uma lógica de validação na classe action.

- Struts 1 vem com várias bibliotecas de tag, que fornecem custom tags para serem usadas em JSPs. As mais relevantes de todas são as bibliotecas de tags de HTML, as bibliotecas de tags de Bean, e a biblioteca de tags de Lógicas. JSTL e a Expression Language (EL) em Servlet 2.4 são frequentemente usadas para substituírem as bibliotecas de tag de Bean e de Lógica. Struts 2 vem com uma biblioteca de tag que cobre todas. Você também não precisará de JSTL, muito embora, em alguns casos, você ainda precise usar EL.

- Em Struts 1, você usava arquivos de configuração de Struts, sendo o principal deles chamado **struts-config.html** (por definição), e localizados no diretório **WEB-INF** da aplicação. Em Struts 2, você também usa múltiplos arquivos de configuração, entretanto, eles devem estar em ou em algum subdiretório de **WEB/INF/classes**.

- Java 5 e Servlet 2.4 são os pré-requisitos para Struts 2. Java 5 é necessário devido às anotações adicionadas ao Java 5 desempenharem um papel importante em Struts 2. Considerando que a versão do Java 6 já foi liberada e a do Java 7 está a caminho de ser. até esse momento, você, provavelmente, já estará usando Java 5 ou Java 6.

- As *classes action do* Struts 1 devem estender **org.apache.struts.action.Action**. Em Struts 2, qualquer POJO pode ser uma classe action. Entretanto, por razões que serão explicadas no Capítulo 3, "Ações e resultados", é conveniente estender a classe de ActionSupport em Struts 2. Além disso, uma classe action pode ser usada para actions relacionadas a serviço.

- Ao invés da Expression Language do JSP e do JSTL, você usa ONGL para mostrar modelos de objeto em JSPs.

- Tiles, que apareceu como um sub-componente do Struts 1, tem se tornado um projeto independente do projeto Apache. Ainda está disponível em Struts 2 como um *plugin*.

Visão Geral dos Capítulos

Este livro é para as pessoas que querem aprender a desenvolver aplicações em Struts 2. Entretanto, este livro não pára por aí. Ele vai além, para ensinar como programar aplicações Struts efetivas. Como o título sugere, este livro é projetado como um tutorial, para ser lido de ponta a ponta, escrito com clareza para uma leitura fácil.

Segue uma visão geral dos capítulos.

Capítulo 1, "Aplicações do Modelo 2", explica a arquitetura do Modelo 2 e provê duas aplicações do Modelo 2, uma, usando um controlador servlet e outra, usando um *filter dispatcher*.

Capítulo 2, "Introdução ao Struts" é uma breve introdução a Struts. Nesse capítulo, você aprende os componentes principais do Struts e como configurar aplicações em Struts.

O Struts resolve muitos problemas comuns em desenvolvimento web, tais como navegação em página, validação de entrada, e daí em diante. Como resultado, você pode se concentrar na tarefa mais importante em desenvolvimento: escrever lógica de negócio em classes *action*.

Capítulo 3, "Ações e Resultados", explica como escrever classes *action* efetivas, bem como tópicos relacionados, tais como os tipos de resultado por definição, mapeamento global de exceção, mapeamento de caracteres, e invocação dinâmica de métodos.

Capítulo 4, "ONGL", discute a linguagem de expressão, que pode ser usada para acessar os objetos *action* e de contexto. ONGL é uma linguagem poderosa fácil de usar. Além de acessar objetos, ONGL também pode ser usada para criar listas e mapas.

Struts lança uma biblioteca de tag que fornece tags de Interface de Usuário (UI) e tags não-UI (tags genéricas). **Capítulo 5, "Tags de Formulário",** lida com tags de formulário, as tags UI para entrada de dados de formulário. Você irá aprender os benefícios de usar essas tags e como cada tag pode ser usada.

Capítulo 6, "Tags Genéricas", explica tags não-UI. Existem dois tipos de tags não-UI: tags de controle e tags de dados.

HTTP é agnóstico a tipo, significa que os valores enviados em requisições HTTP são todos strings. O Struts converte esses valores automaticamente, quando mapeia campos de formulário às propriedades de *action* que não são string. **Capítulo 7, "Conversão de Tipo",** explica como o Struts faz isso, e como escrever seus próprios conversores para casos mais complexos, quando os conversores embutidos não são capazes de resolver.

Capítulo 8, "Validação da Entrada", discute, em detalhes, a validação da entrada.

Capítulo 9, "Tratamento de Mensagens", cobre o tratamento de mensagens, o qual também é uma das tarefas mais importantes em desenvolvimento de aplicações. Hoje em dia, é quase um requerimento que as aplicações sejam capazes de mostrar mensagens internacionalizadas e localizadas. O Struts tem sido projetado com internacionalização e localização desde o princípio.

Capítulo 10, "Interceptadores Model Driven e Prepare", discute dois interceptadores importantes para a separação da *action* e da camada de negócio. Você descobrirá que muitas *actions* necessitarão desses interceptadores.

Capítulo 11, "A Camada de Persistência", mostra a necessidade de uma camada de persistência para armazenar objetos. A camada de persistência esconde a complexidade de acessar a base de dados de seus clientes, notavelmente os objetos *action* do Struts. A Camada de Persistência pode ser implementada como *entity bean*, padrão de Objetos de acesso a dados (DAO), usando *hibernate* etc. Esse capítulo mostra, em detalhes, como implementar o padrão DAO. Existem muitas variantes deste padrão e qual você irá escolher depende da especificação de projeto.

Capítulo 12, "Upload de Arquivos", discute um tópico importante, ao qual frequentemente não se dá atenção suficiente, em livros de programação web. O Struts suporta *upload* de arquivo ao incorporar a biblioteca Jakarta Commons FileUpload. Este capítulo discute como alcançar essa tarefa de programação em Struts.

Capítulo 13, "Download de Arquivos", lida com download de arquivos e demonstra como você pode enviar fluxos binários ao browser.

No **Capítulo 14, "Segurança"**, você aprende como configurar o *deployment descriptor* para restringir o acesso a alguns ou a todos os recursos de suas aplicações. O que se entende por "configuração" é que você precisa apenas modificar seu arquivo de *deployment descriptor* – nenhuma programação é necessária. Além disso, você aprende como utilizar o atributo **roles** no elemento **action** no seu arquivo de configuração do Struts. Também se discute como escrever códigos Java para aplicações seguras na web.

Capítulo 15, "Prevenindo Submits Duplos", explica como usar propriedades contidas no Struts para prevenir *submits* duplos, que pode ocorrer sem intenção, ou pelo fato do usuário não saber o que fazer quando se está levando um tempo longo para processar um formulário.

Depurar é fácil no Struts. **Capítulo 16, "Depuração e Recuperação de Perfis (profiling)"**, discute como você pode entender essa propriedade.

Capítulo 17, "Medidores de Progresso", retrata o interceptor de Execute e Wait, os quais podem emular medidores de progresso para tarefas de longa execução.

Capítulo 18, "Custom Interceptors", mostra como escrever seus próprios interceptadores.

O Struts suporta vários tipos de resultados, e você também pode criar alguns.

Capítulo 19, "Tipos de Resultados Adaptados", mostra como você pode alcançar isso.

Capítulo 20, "Velocity", fornece um breve tutorial sobre Velocity, uma linguagem popular de template, e como você pode usá-la como uma alternativa ao JSP.

Capítulo 21, "FreeMarker", é um tutorial sobre FreeMarker, a linguagem de template default, usada em Struts.

Capítulo 22, "XSLT", discute o tipo de resultado XSLT e como você pode converter XML a outro XML, XHTML, ou outros formatos.

Capítulo 23, "Plugins", discute como você pode distribuir módulos Struts facilmente como plugins.

Capítulo 24, "O Plugin Tiles", fornece uma breve introdução a Tiles 2, um projeto *open source* para projetar páginas web.

Capítulo 25, "O Plugin JFreeChart", discute como você pode criarfacilmente gráficos na web que são baseados no projeto popular JFreeChart.

Capítulo 26, "Configuração Zero", explica como desenvolver uma aplicação Struts que não necessite de configuração, e como o plugin CodeBehind torna esta propriedade ainda mais poderosa.

AJAX é a essência da Web 2.0 e tem-se tornado cada vez mais popular.

Capítulo 27,"AJAX", mostra o suporte do Struts para AJAX e explica como usar as custom tags do AJAX para construir componentes AJAX.

Apêndice A, "Configuração do Struts", é um guia para construir arquivos de configuração do Struts.

Apêndice B, "A Expression Language JSP", introduz a linguagem que pode ajudar quando OGNL e as custom tags do Struts não oferecem a melhor solução.

Apêndice C, "Anotações", discute a nova propriedade em Java 5, que é usado amplamente no Struts.

Pré-requisitos e Download de Software

Struts 2 é baseado no Java 5, Servlet 2.4 e JSP 2.0. Todos os exemplos neste livro são baseados no Servlet 2.5, a versão mais recente de Servlet (enquanto este livro está sendo redigido, o Servlet 3.0 está sendo projetado). Você precisa do Tomcat 5.5, ou superior, ou outro *container* Java EE que suporte Servlet versão 4, ou superior.

O código fonte e a distribuição binária do Struts podem ser adquiridos de:

```
http://struts.apache.org/downloads.html.
```

Há diferentes arquivos compactados disponíveis. O arquivo **struts-VERSION-all.zip**, onde **VERSION** é a versão do Struts, inclui todas bibliotecas, código fonte e aplicações exemplo. Seu tamanho é de, aproximadamente, 86 MB, e você deve baixá-lo na Internet, caso tenha largura de banda suficiente. Caso contrário, tente **Struts-VERSION-lib.zip** (bastante compacto a 4MB), que contém apenas as bibliotecas necessárias.

Uma vez tendo feito o download do arquivo compactado, abra-o. Você irá encontrar vários JARs no diretório **lib**. Os nomes dos JARs que são nativos ao Struts 2 começam com **struts2**. O nome de cada JAR do Struts contém informação da versão. A propósito, a biblioteca principal está contida no arquivo **struts-core-VERSION.jar,** onde **VERSION** indica os números de menor e maior versão. Para o Struts 2.1.0, o nome da biblioteca principal é struts2-core-2.1.0.jar.

Há também dependências que vêm de outros projetos. Os arquivos JAR comuns são do projeto Apache Jakarta Commons. Você deve incluir esses JAR comuns. O **ognl-VERSION.jar** contém o OGNL engine, uma dependência importante. O **freemarker-VERSION.jar** contém o FreeMaker template engine. É necessário, mesmo que você use JSP como tecnologia de apresentação, porque FreeMarker é a linguagem de *template* para as *custom tags* do Struts. O **xWork-VERSION.jar** contém xWork, o framework do qual o Struts 2 depende. Sempre inclua esse JAR.

Os únicos JARs que você pode excluir são os arquivos de *plugins*. Seus nomes têm este formato:

```
struts2-xxx-plugins-VERSION.jar
```

Aqui, o xxx é o nome do *plugin*. Por exemplo, o *plugin* do Tiles está no *package* do arquivo **struts-tiles-plugin-VERSION.jar.**

Você também não precisa dos JARs to Tiles ao menos que você use Tiles em sua aplicação.

APLICAÇÕES EXEMPLO

Os exemplos usados nesse livro podem ser baixados dessa página:

`http://jtute.com`

A nomenclatura dessas aplicações em cada capítulo segue esse formato:

`appXXy`

Onde XX é o número do capítulo em dois dígitos, e y é uma letra que representa a ordem da aplicação no arquivo. Portanto, a segunda aplicação no Capítulo 1 é **app01b.**

Tomcat 6 foi usado para testar todas as aplicações. Todas elas foram executadas na máquina do autor na porta 8080. Portanto, a URL para todas as aplicações começa com **http://localhost:8080,** seguido do nome da aplicação e do caminho do servlet.

CAPÍTULO 1

APLICAÇÕES DO MODELO 2

Como explicado na Introdução, o modelo 2 é a arquitetura recomenda-da para todas aplicações web em Java, exceto as mais simples. Este capítulo discute o Modelo 2 detalhadamente e fornece duas aplicações exemplo do Modelo 2. Um grande entendimento deste modelo de projeto é crucial para entender Struts e construir aplicações Struts efetivas.

VISÃO GERAL DO MODELO 2

O Modelo 2 é baseado no padrão de projeto Model-View-Controller (MVC), o conceito central por trás da interface de usuário Smalltalk-80. Como o termo "padrão de projeto" não tinha sido inventado ainda naquele tempo, foi chamado de paradigma MVC.

Uma aplicação implementando o padrão MVC consiste em três módulos: a camada de negócios (Model), a camada de apresentação (View) e a camada de controle (Controller). A camada de apresentação cuida da exibição da aplicação. A camada de negócios encapsula os dados da aplicação e a lógica de negócio. A camada de controle (o controlador) recebe entrada do usuário e comanda o modelo e/ou a aplicação para alterarem de acordo.

> **Nota**
> A publicação entitulada *Applications Programming in Smalltalk-80(TM): How to use Model-View-Controller (MVC)* por Steve Burbeck, Ph.D, fala sobre o padrão MVC. Você pode encontrá-la em http://st-www.cs.uiuc.edu/users/smarch/st-docs/mvc.html.

No modelo 2, você tem um servlet ou um filtro agindo como o controlador do padrão MVC. Struts 1 emprega um controlador servlet, ao passo que o Struts usa um filtro. Geralmente JavaServer Pages (JSP) são usados como apresentações da aplicação, mesmo que outras tecnologias de apresentação sejam suportadas. Como os modelos, você utiliza POJOs (POJO é um acrônimo para Plain Java Old Object). POJOs são objetos comuns, diferente de Entreprise java Beans ou outros objetos especiais.

A figura 1.1 mostra o diagrama de uma aplicação do Modelo 2:

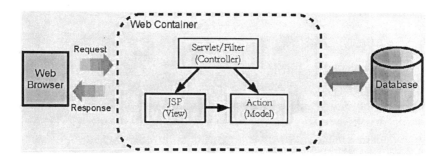

Figura 1.1: Arquitetura do Modelo 2

Em uma aplicação do Modelo 2, cada requisição HTTP deve ser redirecionada ao controlador. A Uniform Request Identifier (URI) da requisição informa ao controlador qual action (Ação) invocar. O termo "action" refere-se a uma operação que a aplicação é capaz de desempenhar. O POJO associado a uma action é chamado de objeto action. Em Struts 2, como você irá descobrir mais tarde, uma classe action pode ser usada para servir diferentes actions. Em contrapartida, Struts 1 impõe que você crie uma classe action para cada action individual.

Uma função trivial similar pode usar mais de uma action. Por exemplo, adicionar um produto poderia requerer duas actions:

1. Mostrar o formulário "Adicionar Produto", para entrar com as informações do produto.
2. Salvar o dado em uma base de dados.

Como mencionado acima, você usa a URI para informar ao controlador qual action invocar. Por exemplo, para fazer com que a aplicação envie o formulário "Adicione Produto", você deverá usar a seguinte URI:

```
http://domain/appName/Product_input.action
```

Para fazer com que a aplicação salve o produto, a URI poderia ser:

```
http://domain/appName/Product_save.action
```

O controlador verifica cada URI para decidir qual action invocar. Ele também armazena o objeto action em um local que possa ser acessado pela apresentação, tal que valores do lado do servidor possam ser mostrados no navegador. Finalmente, o controlador usa um objeto **RequestDispatcher,** para encaminhar a requisição à camada de apresentação (JSP). No JSP, você pode usar custom tags para mostrar o conteúdo de um objeto action.

Nas próximas duas seções, eu apresento duas aplicações simples do Modelo 2. A primeira usa um servlet como o controlador e a segunda usa um filtro.

O MODELO 2 COM UM CONTROLADOR SERVLET

A aplicação pode ser usada para entrar informações do produto e é denominada **app01a**. O usuário irá preencher um formulário, como o mostrado na Figura 1.2, e submetê-lo. A aplicação irá, então, enviar uma página de confirmação ao usuário e irá exibir os detalhes do produto salvo. (ver Figura 1.3)

Figura 1.2: O formulário Product

Figura 1.3: Página de detalhes do produto

A aplicação é capaz de desempenhar essas duas actions:

1. Mostrar o formulário "Adicione Produto". Essa action envia o formulário de entrada na Figura 1.2 ao navegador. A URI para invocar essa action deve conter a string **Product_input.action**.

2. Salvar o produto e retornar à página de confirmação na Figura 1.3. A URI a invocar essa action deve conter a string **Product_save.action**.

A aplicação consiste dos seguintes componentes:

1. uma classe **Product,** que é o template para os objetos action. Uma instância desta classe contém informação do produto.
2. uma classe **ControllerServlet**, que é o controlador dessa aplicação do Modelo 2.
3. dois JSPs (**ProductForm.jsp** e **ProductDetails.jsp**), como as apresentações.
4. um arquivo CSS que define o estilo das apresentações. Esse é um recurso estático.

A estrutura de diretórios dessa aplicação é mostrada na Figura 1.4

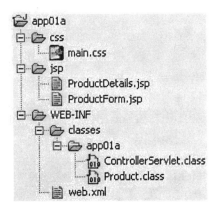

Figura 1.4: Estrutura de diretório app01a

Vamos dar uma olhada mais detalhada em cada componente de **app01a**.

A Classe Action de Product

Uma instância de **Product** é um POJO que encapsula informação do produto. A classe **Product** (mostrada na Listagem 1.1) tem três propriedades: **productName, description** e **price**. Ela tem também um método, **save**.

Listagem 1.1: a Classe Product

```
package app01a;
import java.io.Serializable;

public class Product implements Serializable {
    private String productName;
    private String description;
    private String price;

    public String getProductName() {
        return productName;
    }
    public void setProductName(String productName) {
        this.productName = productName;
    }
    public String getDescription() {
        return description;
    }
    public void setDescription(String description) {
        this.description = description;
    }
    public String getPrice() {
        return price;
    }
    public void setPrice(String price) {
        this.price = price;
    }
    public String save() {
        // add here code to save the product to the database
        return "success";
    }
}
```

A Classe ControllerServlet

A classe **ControllerServlet** (apresentada na Listagem 1.2) estende a classe **javax.servlet.http.HttpServlet**. Ambos os métodos, **doGet** e **doPost,** chamam o método **process**, que é o cérebro do controlador servlet. Sei que é um pouco estranho que a classe para um controlador servlet deva ser chamada **ControllerServlet,** mas estou seguindo a convenção que diz que todas as classes de servlet devam terminar com **Servlet.**

Listagem 1.2: a Classe ControllerServlet

```java
package app01a;
import java.io.IOException;
import javax.servlet.RequestDispatcher;
import javax.servlet.ServletException;
import javax.servlet.http.HttpServlet;
import javax.servlet.http.HttpServletRequest;
import javax.servlet.http.HttpServletResponse;

public class ControllerServlet extends HttpServlet {
  public void doGet(HttpServletRequest request,
          HttpServletResponse response)
          throws IOException, ServletException {
    process(request, response);
  }

  public void doPost(HttpServletRequest request,
          HttpServletResponse response)
          throws IOException, ServletException {
    process(request, response);
  }

private void process(HttpServletRequest request,
          HttpServletResponse response)
          throws IOException, ServletException {

  String uri = request.getRequestURI();
  /*
   * uri está na forma: /contextName/resourceName,
   * por exemplo: /app01a/Product_input.action.
   * Entretanto, no caso de um contexto default, o
   * nome do contexto está vazio, e uri tem essa forma
   * /resourceName, e.g.: /Product_input.action
   */
  int lastIndex = uri.lastIndexOf("/");
  String action = uri.substring(lastIndex + 1);
  // executa uma action
  if (action.equals("Product_input.action")) {
    // não há nada a ser feito
  } else if (action.equals("Product_save.action")) {
    // instancia a classe action
    Product product = new Product();
    // preenche as propriedades da action
    product.setProductName(
        request.getParameter("productName"));
```

```
      product.setDescription(
          request.getParameter("description"));
      product.setPrice(request.getParameter("price"));
      // executa o método action
      product.save();
      // armazena action numa variável de escopo para a cama-
      da de apresentação
      request.setAttribute("product", product);
   }

   // encaminha para a camada de apresentação
   String dispatchUrl = null;
   if (action.equals("Product_input.action")) {
      dispatchUrl = "/jsp/ProductForm.jsp";
   } else if (action.equals("Product_save.action")) {
      dispatchUrl = "/jsp/ProductDetails.jsp";
   }
   if (dispatchUrl != null) {
      RequestDispatcher rd =
          request.getRequestDispatcher(dispatchUrl);
      rd.forward(request, response);
   }
 )
}
```

O método **process** na classe **ControllerServlet** processa todas as requisições que chegam. Ele começa obtendo a requisição URI e o nome da action.

```
String uri = request.getRequestURI();
int lastIndex = uri.lastIndexOf("/");
String action = uri.substring(lastIndex + 1);
```

O valor de **action** na aplicação tanto pode ser **Product_input.action** quanto **Product_save.action.**

Nota

A extensão.**action** em cada URI é a extensão default usada em Struts 2 e, portanto, usada aqui.

O método **process,** então, continua a desempenhar estes passos:

1. Instancia a classe action relevante, se existe.
2. Se existe um objeto action, ele preenche as propriedades de action com parâmetros da requisição. Há três propriedades na action **Product_save: productName, description,** e **price.**
3. Se um objeto action existe, chama o método action. Neste exemplo, o método **save** no objeto **Product** é o método de action para a action **Product_save.**
4. Encaminha a requisição para a camada de apresentação (JSP).

A parte do método **process** que determina qual action desempenhar está no bloco **if** abaixo:

```
// executa uma action
if (action.equals("Product_input.action")) {
    // não há nada a ser feito
} else if (action.equals("Product_save.action")) {
    // instancia classe action
    ...
}
```

Não há classe action para instanciar para a action **Product_input.** Para **Product_save,** o método **process** cria um objeto **Product,** preenche suas propriedades, e chama seu método **save.**

```
Product product = new Product();
// preenche as propriedades de action
product.setProductName(
    request.getParameter("productName"));
product.setDescription(
    request.getParameter("description"));
product.setPrice(request.getParameter("price"));
// executa o método action
Product.save();
// armazena action em uma variável de escopo para a camada
de apresentação
request.setAttribute("product", product);
}
```

O objeto **Product** é então armazenado no objeto **HttpServletRequest,** para que, então, a camada de apresentação possa acessá-lo.

O método **process** conclui ao encaminhar para a uma camada de apresentação. Se **action** é o mesmo que **Product_input.action**, o controle é encaminhado à página **ProductForm.jsp**. Se **action** é **Product_save.action**, o controle é encaminhado à página **ProductDetails.jsp**.

```
// encaminha a uma camada de apresentação forward to a view
String dispatchUrl = null;
if (action.equals("Product_input.action")) {
  dispatchUrl = "/jsp/ProductForm.jsp";
} else if (action.equals("Product_save.action")) {
  dispatchUrl = "/jsp/ProductDetails.jsp";
}
if (dispatchUrl != null) {
  RequestDispatcher rd =
     request.getRequestDispatcher(dispatchUrl);
  rd.forward(request, response);
}
```

As Camadas de Apresentação

A aplicação utiliza duas JSPs para as camadas de apresentação da aplicação. O primeiro JSP, **ProductForm.jsp**, é exibido se a action for **Product_input.action**. A segunda página, **ProductDetails.jsp**, é mostrada para **Product_save.action**. **ProductForm.jsp** é dado na Listagem 1.3 e **ProductDetails.jsp,** na Listagem 1.4.

Listagem 1.3: a Página ProductForm.jsp

```
<html>
<head>
<title>Add Product Form</title>
<style type="text/css">@import url(css/main.css);</style>
</head>
<body>
<div id="global">
  <h3>Add a product</h3>
  <form method="post" action="Product_save.action">
  <table>
  <tr>
    <td>Product Name:</td>
    <td><input type="text" name="productName"/></td>
  </tr>
```

```
<tr>
  <td>Description:</td>
  <td><input type="text" name="description"/></td>
</tr>
<tr>
  <td>Price:</td>
  <td><input type="text" name="price"/></td>
</tr>
<tr>
  <td><input type="reset"/></td>
  <td><input type="submit" value="Add Product"/></td>
</tr>
</table>
</form>
</div>
</body>
</html>
```

Listagem 1.4: a Página displaySavedProduct.jsp

```
<html>
<head>
<title>Save Product</title>
<style type="text/css">@import url(css/main.css);</style>
</head>
<body>
<div id="global">
  <h4>The product has been saved.</h4>
  <p>
    <h5>Details:</h5>
    Product Name: ${product.productName}<br/>
    Description: ${product.description}<br/>
    Price: $${product.price}
  </p>
</div>
</body>
</html>
```

A página **ProductForm.jsp** contém um formulário HTML para entradas de detalhes de um produto. A página **ProductDetails.jsp** usa a Expression Language (EL) do JSP para acessar o objeto de escopo **product** no objeto **HttpServletRequest**. O Struts 2 não depende do EL para acessar objetos action. Portanto, você ainda pode seguir os exemplos neste livro, mesmo se você não entende EL.

O Deployment Descriptor

Uma aplicação servlet/JSP, **app01a** precisa de *deployment descriptor* (arquivo **web.xml**). O arquivo para essa aplicação é mostrado na Listagem 1.5.

Listagem 1.5: o Deployment Descriptor (web.xml) para app01a

```xml
<?xml version="1.0" encoding="ISO-8859-1"?>
<web-app xmlns="http://java.sun.com/xml/ns/javaee"
       xmlns:xsi="http://www.w3.org/2001/XMLSchema-instance"
       xsi:schemaLocation="http://java.sun.com/xml/ns/javaee
↪  http://java.sun.com/xml/ns/javaee/web-app_2_5.xsd"
       version="2.5">

  <servlet>
    <servlet-name>Controller</servlet-name>
    <servlet-class>app01a.ControllerServlet</servlet-class>
  </servlet>
  <servlet-mapping>
    <servlet-name>Controller</servlet-name>
    <url-pattern>*.action</url-pattern>
  </servlet-mapping>

  <!--Restringe acesso direto aos JSPs.
    Para que a restrição de segurança funcione, os elementos
    auth-constraint e login-config devem estar presentes -->
  <security-constraint>
    <web-resource-collection>
      <web-resource-name>JSPs</web-resource-name>
      <url-pattern>/jsp/*</url-pattern>
    </web-resource-collection>
    <auth-constraint/>
  </security-constraint>

  <login-config>
    <auth-method>BASIC</auth-method>
  </login-config>
</web-app>
```

O *deployment descriptor* define o servlet **app01a.ControllerServlet** e o nomeia **Controller**. O servlet pode ser chamado por qualquer padrão URL que termine com ***.action**. Requisições para recursos estáticos, tais como arquivos CSS e imagens, ignoram o controlador e são gerenciadas diretamente pelo *container*.

Nesta aplicação, como é o caso para a maioria das aplicações do Modelo 2, você precisa evitar que os JSPs sejam acessados diretamente pelo navegador. Há várias maneiras de se alcançar isso, incluindo:

1. Colocando os JSPs abaixo de **WEB-INF.** Qualquer coisa nesse diretório, ou em qualquer subdiretório abaixo dele, está protegido. Se você colocar seus JSPs abaixo de **WEB-INF**, você não poderá acessá-los via navegador, mas o controlador ainda poderá despachar requisições para aqueles JSPs. Entretanto, esta não é uma abordagem recomendada, já que nem todos os *containers* implementam esta propriedade, como é o caso do Weblogic da BEA.

2. Usando um filtro de servlet e filtrando requisições para páginas JSPs.

3. Usando restrição de segurança no seu *deployment descriptor*. Isso é mais fácil que usar um filtro, já que você não precisa escrever uma classe de filtro. Este método é escolhido para essa aplicação.

Usando a Aplicação

Assumindo que você esteja rodando a sua aplicação na sua máquina local, na porta 8080, você pode chamar a aplicação usando a seguinte URL:

```
http://localhost:8080/app01a/Product_input.action
```

Você irá ver algo parecido com a Figura 1.2 no seu navegador.

Quando você submeter o formulário, a seguinte URL será enviada ao servidor:

```
http://localhost:8080/app01a/Product_save.action
```

MODELO 2 COM UM FILTER DISPATCHER

Enquanto o servlet é o controlador mais comum numa aplicação do Modelo 2, um filtro também pode agir como um controlador. Na realidade, os filtros têm métodos de ciclos de vida similares aos dos servlets. Estes são os métodos de ciclos de vida dos filtros:

- **Init.** Chamado uma vez pelo web container, um pouco antes do filtro ser posto em serviço.

14 STRUTS 2 PROJETO E PROGRAMAÇÃO: UM TUTORIAL

- **doFilter.** Chamado pelo web container, cada vez que ele recebe uma requisição com uma URL que combine com o padrão da URL do filtro.
- **destroy.** Chamado pelo web container, antes do filtro ser retirado do serviço, isto é, quando a aplicação é desligada.

Tem-se uma vantagem distinta ao se usar um filtro ao invés de um servlet como um controlador. Com um filtro, você pode escolher convenientemente a servir todos os recursos na sua aplicação, incluindo recursos estáticos. Com um servlet, seu controlador apenas trata acesso à parte dinâmica da aplicação. Note que o elemento **url-pattern,** no arquivo **web.xml** na aplicação anterior, é

```
<servlet>
  <servlet-name>Controller</servlet-name>
  <servlet-class>...</servlet-class>
</servlet>
<servlet-mapping>
  <servlet-name>Controller</servlet-name>
  <url-pattern>*.action</url-pattern>
</servlet-mapping>
```

Com tal configuração, as requisições para recursos estáticos não são tratadas pelo controlador do servlet, mas pelo container. Você não iria querer tratar recursos estáticos no seu controlador servlet porque isso significaria trabalho extra.

Um filtro é diferente. Um filtro pode optar por deixar as requisições para conteúdos estáticos. Para transmitir uma requisição, chame o método **filterChain.doFilter** no método **doFilter** do filtro. Você irá aprender como fazer isso na aplicação que está por vir.

Conseqüentemente, empregando um filtro como o controlador permite que você bloqueie todas as requisições para a aplicação, incluindo requisições para conteúdos estáticos. Você, então, terá a configuração seguinte no seu *deployment descriptor*:

```
<filter>
  <filter-name>filterDispatcher</filter-name>
  <filter-class>...</filter-class>
</filter>
<filter-mapping>
  <filter-name>filterDispatcher</filter-name>
  <url-pattern>/*</url-pattern>
</filter-mapping>
```

Qual a vantagem de ser capaz de bloquear requisições estáticas? Uma coisa é certa, você pode facilmente proteger seus arquivos estáticos de olhares curiosos. O código seguinte irá enviar uma mensagem de erro se um usuário tentar ver um arquivo JavaScript:

```
public void doFilter(ServletRequest request, ServletResponse
        response, FilterChain filterChain) throws IOException,
        ServletException {
    HttpServletRequest req = (HttpServletRequest) request;
    HttpServletResponse res = (HttpServletResponse) response;
    String uri = req.getRequestURI();
    if (uri.indexOf("/css/") != -1
            && req.getHeader("referer") == null) {
        res.sendError(HttpServletResponse.SC_FORBIDDEN);
    } else {
        // handle this request
    }
}
```

Isso não irá salvar seu código de pessoas mais persistentes, mas os usuários não poderão mais digitar a URL de seu arquivo estático para visualizá-lo. Pelo mesmo *token*, você pode proteger suas imagens, tal que ninguém possa ter acesso a elas às sua custas.

Por outro lado, usando um servlet como controlador permite que você use o servlet como uma página de boas vindas. Essa é uma propriedade importante, já que você pode, então, configurar a sua aplicação, tal que o controlador do servlet será invocado simplesmente com o usuário digitando seu nome de domínio (tal como http://example.com) na caixa de endereço do navegador. Um filtro não tem o privilégio de agir como uma página de boas vindas. Simplesmente digitar o nome do domínio não irá invocar um *filter dispatcher*. Neste caso, você terá que criar uma página de boas vindas (que pode ser um HTML, um JSP, ou um servlet) que redireciona a uma action default.

O exemplo seguinte (**app01b**) é uma aplicação do Modelo 2, que utiliza um *filter dispatcher*.

A estrutura de diretório de **app01b** é mostrada na Figura 1.5

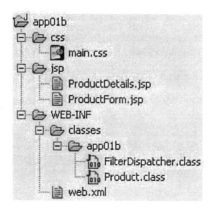

Figura 1.5 Estrutura de diretório do app01b

O JSP e a classe **Product** são os mesmos do **app01a**. Entretanto, ao invés de um servlet como controlador, nós temos um filtro chamado **FilterDispatcher**. (mostrado na Listagem 1.6)

Listagem 1.6: a Classe FilterDispatcher

```
package app01b;
import java.io.IOException;
import javax.servlet.Filter;
import javax.servlet.FilterChain;
import javax.servlet.FilterConfig;
import javax.servlet.RequestDispatcher;
import javax.servlet.ServletException;
import javax.servlet.ServletRequest;
import javax.servlet.ServletResponse;
import javax.servlet.http.HttpServletRequest;
import javax.servlet.http.HttpServletResponse;

public class FilterDispatcher implements Filter {
  private FilterConfig filterConfig;

  public void init(FilterConfig filterConfig) throws
    ServletException {
    this.filterConfig = filterConfig;
  }
  public void destroy() {
    this.filterConfig = null;
  }
```

```java
public void doFilter(ServletRequest request,
    ServletResponse response, FilterChain filterChain)
    throws IOException, ServletException {
  HttpServletRequest req = (HttpServletRequest) request;
  HttpServletResponse res = (HttpServletResponse) response;
  String uri = req.getRequestURI();
  /*
  * uri está nessa forma: /contextName/resourceName,
  * por exemplo /app01b/Product_input.action
  * Entretanto, no caso de um contexto default,
  * o nome do contexto é vazio, e a uri tem essa forma
  * /resourceName, e.g.: /Product_input.action
  */
  if (uri.endsWith(".action")) {
    // processamento de action
    int lastIndex = uri.lastIndexOf("/");
    String action = uri.substring(lastIndex + 1);
    if (action.equals("Product_input.action")) {
      // não faz nada
    } else if (action.equals("Product_save.action")) {
      // instancia a classe action
      Product product = new Product();
      // preenche as propriedades de action
      product.setProductName(
        request.getParameter("productName"));
      product.setDescription(
        request.getParameter("description"));
      product.setPrice(request.getParameter("price"));
      // executa método action
      product.save();
      // armazena action em uma variável de escopo para a
      camada de apresentação
      request.setAttribute("product", product);
    }
    // encaminha para a camada de apresentação
    String dispatchUrl = null;
    if (action.equals("Product_input.action")) {
      dispatchUrl = "/jsp/ProductForm.jsp";
    } else if (action.equals("Product_save.action")) {
      dispatchUrl = "/jsp/ProductDetails.jsp";
    }
    if (dispatchUrl != null) {
      RequestDispatcher rd = request
          .getRequestDispatcher(dispatchUrl);
      rd.forward(request, response);
    }
```

```
    } else if (uri.indexOf("/css/") != -1
        && req.getHeader("referer") == null) {
      res.sendError(HttpServletResponse.SC_FORBIDDEN);
    } else {
      // other static resources, let it through
      filterChain.doFilter(request, response);
    }
  }
}
```

O método **doFilter** desempenha o mesmo que o método **process** em **app01a**, a saber:

1. Instancia a classe action relevante, se houver.

2. Se existe um objeto action, preencha as propriedades de action com parâmetros de requisição.

3. Se existe um objeto action, chame o método action. Neste exemplo, o método **save**, no objeto **Product,** é o método action para a action **Product_save.**

4. Encaminha a requisição a uma camada de apresentação (JSP).

Note que, uma vez que o filtro captura todas as requisições, incluindo aquelas para requisições estáticas, nós podemos, facilmente, adicionar processamento extra para arquivos CSS. Ao verificar o cabeçalho **referer** para requisições para arquivos CSS, um usuário irá ver uma mensagem de erro, se ele, ou ela, digitar na URL para o arquivo CSS:

```
http://localhost:8080/app01b/css/main.css
```

O *deployment descriptor* é mostrado na Listagem 1.7.

Listagem 1.7: o Deployment Descriptor para app01b

```
<?xml version="1.0" encoding="ISO-8859-1"?>
<web-app xmlns="http://java.sun.com/xml/ns/javaee"
      xmlns:xsi="http://www.w3.org/2001/XMLSchema-instance"
      xsi:schemaLocation="http://java.sun.com/xml/ns/javaee
 ↪ http://java.sun.com/xml/ns/javaee/web-app_2_5.xsd"
      version="2.5">

  <filter>
    <filter-name>filterDispatcher</filter-name>
```

```
<filter-class>app01b.FilterDispatcher</filter-class>
</filter>
<filter-mapping>
  <filter-name>filterDispatcher</filter-name>
  <url-pattern>/*</url-pattern>
</filter-mapping>

<!-- Restrict direct access to JSPs.
  For the security constraint to work, the auth-constraint
  and login-config elements must be present -->
<security-constraint>
  <web-resource-collection>
    <web-resource-name>JSPs</web-resource-name>
    <url-pattern>/jsp/*</url-pattern>
  </web-resource-collection>
  <auth-constraint/>
</security-constraint>

<login-config>
  <auth-method>BASIC</auth-method>
</login-config>
</web-app>
```

Para testar a aplicação, direcione seu navegador para essa URL:

```
http://localhost:8080/app01b/Product_input.action
```

SUMÁRIO

Nesse capítulo você aprendeu a arquitetura do Modelo 2 e como escrever aplicações do Modelo 2, usando tanto um controlador servlet como um *filter dispatcher*. Esses dois tipos de aplicações do Modelo 2 foram mostrados em **app01 a** e **app01b,** respectivamente.

Praticamente, o *filter dispatcher* em **app01b** ilustra a função principal do framework do Struts 2. Entretanto, o que você viu não cobre nem 0.1% do que Struts é capaz de fazer. Você irá escrever sua primeira aplicação em Struts no próximo capítulo e aprender mais propriedades nos capítulos seguintes.

CAPÍTULO 2

INTRODUÇÃO AO STRUTS

No capítulo 1, "Aplicações do Modelo 2", você aprendeu as vantagens da arquitetura do Modelo 2 e como construir aplicações do Modelo 2. Este capítulo introduz Struts como um framework para desenvolvimento de aplicações rápidas do Modelo 2. Começa com uma discussão dos benefícios do Struts, e como isso facilita o desenvolvimento de aplicações Struts do Modelo 2. Também são discutidos os componentes básicos do Struts: o *filter dispatcher*, actions, results e interceptors.

Outro objetivo deste capítulo é o de introduzir a configuração do Struts. A maioria das aplicações em Struts terá um arquivo **struts.xml** e um arquivo **struts.properties**. O primeiro é o mais importante, é aonde você configura suas ações (actions). O segundo é opcional, já que existe um arquivo **default.properties** que contém configurações padrão, que funcionam para a maioria das aplicações.

Nota

O apêndice A, "Configuração do Struts" explica a configuração do Struts em detalhes.

Os Benefícios do Struts

Struts é um *framework* MVC que emprega um *filter dispatcher* como controlador. Quando escrever uma aplicação do Modelo 2, a responsabilidade é sua em fornecer um controlador, assim como escrever classes action. Seu controlador deve ser capaz de fazer o seguinte:

1. Determinar através da URI qual action invocar.
2. Instanciar a classe action.
3. Se existir um objeto action, preencher as propriedades da action com parâmetros de requisição.
4. Se existir um objeto action, chamar o método action.
5. Encaminhar a requisição à camada de apresentação (JSP).

O primeiro benefício em se usar Struts é que você não precisa escrever um controlador e pode se concentrar em escrever as lógicas de negócio nas classes action. Abaixo, há uma lista de propriedades que o Struts possui, para tornar o desenvolvimento mais rápido:

- Struts fornece um *filter dispatcher*, você não precisa escrever um.

- Struts emprega um arquivo de configuração baseado no XML para combinar URIs com actions. Considerando que documentos XML são arquivos texto, muitas mudanças podem ser feitas à aplicação sem recompilação.

- Struts inicia a classe action e preenche as propriedades de action com entradas de usuário. Se você não especificar uma classe action, uma classe action default será instanciada.

- Struts valida a entrada do usuário e redireciona o usuário de volta ao formulário de entrada, se a validação falhar. A validação de entrada é opcional e pode ser feita programaticamente ou declarativamente. Além disso, Struts fornece validadores embutidos para a maioria das tarefas que você possa encontrar, ao construir uma aplicação web.

- Struts invoca o método action e você pode alterar o método para uma action através do arquivo de configuração.

- Struts examina o action result e executa o result. O tipo de resultado mais comum, Dispatcher, redireciona o controle ao JSP. Entretanto, Struts vem com vários tipos de resultado que permitem que você faça coisas de forma diferente, tais como gerar um PDF, redirecionar a um recurso externo, enviar uma mensagem de erro etc.

A listagem mostra como o Struts pode te ajudar com as tarefas que você fez quando desenvolveu as aplicações do Modelo 2 no Capítulo 1, "Aplicações do Modelo 2". Tem muito mais, tais como *Custom tags* para exibir dados, conversão de dados, suporte para AJAX, suporte para internacionalização e localização, e extensão através de plugins.

Como o Struts Trabalha

Struts tem um *filter dispatcher* similar ao visto em **app01b**. O seu nome completo qualificado é **org.apache.struts2.dispatcher.FilterDispatcher.** Para usá-lo, registre-o no *deployment descriptor* (arquivo **web.xml**), usando esse **filter** e os elementos **filter-mapping.**

```
<filter>
  <filter-name>struts2</filter-name>
  <filter-class>
     org.apache.struts2.dispatcher.FilterDispatcher
  </filter-class>
</filter>
<filter-mapping>
  <filter-name>struts2</filter-name>
  <url-pattern>/*</url-pattern>
</filter-mapping>
```

Há muita coisa que um *filter dispatcher* deve fazer na aplicação do Modelo 2 e o *filter dispatcher* do Struts não é uma exceção. Já que Struts tem mais, na realidade muito mais, propriedades para suportar, seu *filter dispatcher* poderia crescer infinitamente em complexidade. Entretanto, Struts aborda isso, ao dividir o processamento das tarefas em seu *filter dispatcher* em subcomponentes chamados interceptadores (interceptors). O primeiro interceptador que você irá verificar é o que popula o objeto action com parâmetros de requisição. Você irá aprender mais sobre interceptadores na seção "Interceptors" mais tarde, neste capítulo.

Numa aplicação Struts, o método action é executado, após as propriedades da action serem populadas. Um método action pode ter qualquer nome, desde que seja um nome válido de método Java.

Um método action retorna um valor **String.** Este valor indica ao Struts aonde o controle deva ser redirecionado. Uma execução de sucesso do método action irá redirecionar a uma camada de apresentação diferente de uma que tenha falhado. Por exemplo, a **String** "sucesso" indica uma execução de um método action com sucesso e "erro" indica que ocorreu um erro durante o processamento e uma mensagem de erro deve ser mostrada. Na maioria das vezes, um **RequestDispatcher** será usado para redirecionar a um JSP, entretanto, JSP não é a o único destino permitido. Um resultado (result) que retorna um arquivo para download não necessita de JSP. Nem mesmo um resultado que simplesmente envie um comando de redirecionamento, ou um gráfico para ser desenhado. Mesmo se uma action necessita ser encaminhada a uma camada de apresentação, a camada de apresentação não precisa necessariamente ser um JSP. Um template Velocity ou um template FreeMarker também podem ser usados. O Capítulo 20, "Velocity", explica a linguagem de template do Velocity, e o capítulo 21, "FreeMarker", discute FreeMarker.

Agora que você sabe todos os componentes básicos do Struts, irei continuar explicando como o Struts funciona. Considerando que o Struts usa um *filter dispatcher* como seu controlador, todas as atividades começam deste objeto.

O Case para Velocity e FreeMarker

Programadores JSP poderiam provavelmente murmurar, "Por que introduzir novas tecnologias de apresentação e não permanecer com JSP?" Boa questão. A resposta é que, enquanto você pode continuar apenas com JSP, há uma razão natural para aprender Velocity e/ou FreeMarker. Os templates de Velocity e FreeMarker podem estar em um package do JAR, que é como os plugins de Struts são distribuídos (Plugins são discutidos no Capítulo 23, "Plugins"). Você não pode distribuir JSPs em um JAR, ao menos não facilmente, embora você possa achar uma maneira de fazer isso, caso você seja uma pessoa suficientemente determinada. Por exemplo, verifique essa linha de execução no fórum de desenvolvedores da Sun:

```
http://forum.java.sun.com/thread.jspa?threadID=5132356
```

Portanto, faz sentido investir em Velocity e FreeMarker. FreeMarker é mais avançado que Velocity, então, se você tiver que aprender apenas uma nova linguagem de template, escolha o FreeMarker. Na realidade, desenvolvedores WebWork trocaram de Velocity para FreeMarker, começando da versão 2.2 do WebWork.

As primeiras coisas que um *filter dispatcher* faz é verificar a requisição URI e determinar qual action invocar e qual classe action do Java instanciar. O *filter dispatcher,* em **app01b,** fez isso, ao usar um método de manipulação de strings. Entretanto, isso é impraticável, já que, durante o desenvolvimento, a URI pode mudar várias vezes e você irá ter que recompilar o filtro, cada vez que a URI ou algo mude.

Para combinar URIs com classes action, Struts usa um arquivo de configuração chamado **struts.xml.** Basicamente, você precisa criar um arquivo **struts.xml** e colocá-lo sob **WEB-INF/classes.** Você define todas as actions na aplicação nesse arquivo. Cada action tem um nome, que corresponde diretamente à URI usada para invocar a action. Cada declaração action pode especificar o nome completo qualificado de uma classe action, se houver. Você também pode especificar o nome do método action, a menos que este nome seja **execute**, o nome de método default que o Struts assumirá na ausência de um explícito.

Uma classe action deve ter, no mínimo, um resultado, para informar ao Struts o que fazer após ele executar o método action. Pode haver múltiplos resultados, se o método action puder retornar diferentes resultados, dependendo de entradas de usuário.

O arquivo **struts.xml** é lido quando o Struts começa. No modo de desenvolvimento, Struts verifica o *timestamp* desse arquivo, toda vez que ele processa uma requisição e irá recarregá-lo se ele tiver mudado, desde a última vez em que foi carregado. Como resultado, se você está em modo de desenvolvimento, e muda o arquivo **struts.xml**, você não precisa reiniciar seu web container. E, com isso, economiza seu tempo.

O carregamento do arquivo de configuração irá falhar, se você não obedecer às regras que governam o arquivo **struts.xml.** Se, ou devo dizer quando, isso acontecer, Struts irá falhar ao iniciar e você deverá reiniciar seu container. Às vezes é difícil decifrar o que você fez errado, devido a mensagens de erro obscuras. Se isso ocorrer, tente comentar as actions que você suspeita estarem causando isso, até você isolar e fixar aquela que está ameaçando o desenvolvimento.

Nota

Eu irei discutir o modo de desenvolvimento do Struts quando discutir os arquivos de configuração, na seção "Arquivos de Configuração", mais adiante neste capítulo.

A Figura 2.1 mostra como Struts processa a invocação de action. Ela não inclui a leitura do arquivo de configuração, isto ocorre apenas uma vez durante o início da aplicação.

Para cada invocação de action, o *filter dispatcher* faz o seguinte:

1. Consulta o Gerenciador de Configuração para determinar qual ação invocar, baseado na requisição URI.
2. Executa cada um dos interceptadores registrados para essa action. Um dos interceptadores irá popular as propriedades da action.
3. Executa o método action.
4. Executa o resultado (result).

Note que alguns interceptadores executam novamente, após a execução do método action, antes do resultado ser executado.

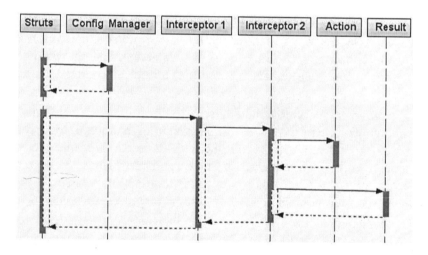

Figura 2.1: Como o Struts trabalha

INTERCEPTADORES

Como mencionado anteriormente, há várias coisas que um *filter dispatcher* deve fazer. Código que, de outra forma, iria residir na classe de *filter dispatcher* é modularizado em interceptadores. A beleza dos interceptadores é que eles podem ser plugados e desplugados, ao editar o arquivo de configuração do Struts. Struts alcança um alto grau de modularidade usando essa estratégia. Um novo código para processamento de action pode ser adicionado, sem recompilar o framework principal.

A tabela 2.1 lista os interceptadores default do Struts. As palavras em parênteses na coluna do interceptador são nomes usados para registrar os interceptadores no arquivo de configuração. Sim, como você irá ver em breve, você precisa registrar um interceptador no arquivo de configuração, antes de poder usá-lo. Por exemplo, o nome registrado para o interceptador Alias é **alias.**

Tem-se um número grande de interceptadores, e isso pode ser confuso para um iniciante. O negócio é que você não precisa saber sobre interceptadores intimamente, antes de poder escrever uma aplicação Struts. Saiba apenas que os interceptadores desempenham um papel importante em Struts e iremos revê-los um de cada vez nos capítulos seguintes.

Na maioria das vezes, os interceptadores default são bons o suficiente. Entretanto, se você precisa de um processamento de action que não seja o padrão, pode escrever seu próprio interceptador. Escrever *custom interceptors* é discutido no Capítulo 18, "Custom Interceptors".

Tabela 2.1 Interceptors Default do Struts

Interceptador	Descrição
Alias (alias)	Converte parâmetros similares que podem ter diferentes nomes entre requisições.
Chaining (chain)	Quando usado com o tipo de resultado *chain*, esse interceptor torna as propriedades prévias da action disponíveis à action corrente. Veja Capítulo 3, "Ações e Resultados", para detalhes.
Checkbox (checkbox)	Controla *checkboxes* num formulário, tal que *checkboxes* não marcadas possam ser detectadas. Para mais informação, veja a discussão da tag **checkbox** no Capítulo 5, "Tags de Formulário Tags".
Cookie (cookie)	Adiciona um *cookie* à action corrente.
Conversion Error (conversionError)	Adiciona erros de conversão aos erros de campo da action. Veja Capítulo 7, "Conversão de tipo", para mais detalhes.
Create Session (createSession)	Cria um objeto **HttpSession,** se ainda não existir nenhum, para o usuário corrente.
Debugging (debugging)	Suporta depuração. Veja Capítulo 16, "Depuração e Recuperação de Perfis (Profiling)".
Execute e Wait (execAndWait)	Executa uma action de longo processamento em segundo plano, e encaminha o usuário a uma página de espera intermediária. Esse interceptador é explicado no Capítulo 18, "Medidores de Progresso".

28 STRUTS 2 PROJETO E PROGRAMAÇÃO: UM TUTORIAL

Tabela 2.1 Interceptors Default do Struts (continuação)

Interceptador	Descrição
Exception (exception)	Mapeia exceções a um resultado. Veja Capítulo 3, "Ações e Resultados", para maiores detalhes.
File Upload (fileUpload)	Suporta upload de arquivo. Veja Capítulo 12, "Upload de Arquivos", para maiores detalhes.
I18n (i18n)	Suporta internacionalização e localização. Veja Capítulo 9, "Tratamento de Mensagens".
Logger (logger)	Gera o nome da action.
Message Store (store)	Armazena e recupera mensagens de action, ou erros de action, ou erros de campo para objetos de action, de quem as classes implementam **ValidationAware.**
Model Driven (modelDriven)	Suporta o padrão *model driven* para classes action que implementam **ModelDriven.** Veja Capítulo 10, "O Padrão Model Driven", para maiores detalhes.
Scoped Model Driven (scopedModelDriven)	Similar ao interceptador Model Driven, mas funcionam para classes que implementam **ScopedModelDriven.**
Parameters (params)	Popula as propriedades de action com parâmetros da requisição.
Prepare (prepare)	Suporta classes action que implementam a interface **Preparable.** Veja Capítulo 10, "O Padrão Model Driven", para mais detalhes.
Scope (scope)	Provê um mecanismo para armazenar o estado da action no escopo de sessão ou de aplicação.
ServletConfig (servletConfig)	Provê acesso ao **Maps,** representando **HttpServletRequest** e **HttpServletResponse.**
Static parameters (staticParameters)	Mapeia propriedades estáticas às propriedades da action.
Roles (roles)	Suporta action baseada em papéis. Veja Capítulo 14, "Segurança", para detalhes.
Timer (timer)	Gera o tempo necessário para executar uma action.
Token (token)	Verifica que um *token* válido está presente. Veja Capítulo 15, "Evitando Submits duplos", para detalhes.
Token Session (tokenSession)	Verifica que um *token* válido está presente. Veja Capítulo 15, "Evitando Submits duplos", para detalhes.
Validation (validation)	Suporta validação da entrada. Veja Capítulo 8, "Validação da Entrada", para detalhes.
Workflow (workflow)	Chama o método **validate** na classe action.
Parameter Filter (n/a)	Remove parâmetros da lista daqueles disponíveis à action.
Profiling (profiling)	Suporta *action profiling*. Veja Capítulo 16, "Depuração e Recuperação de Perfis (profiling)", para detalhes.

Arquivos de Configuração do Struts

Uma aplicação Struts usa um número de arquivos de configuração. Os dois mais importantes são **struts.xml** e **struts.properties**, mas podem existir outros arquivos de configuração. Por exemplo, um plugin Struts vem com um arquivo de configuração **struts-plugin.xml**. E, se você estiver usando Velocity como sua tecnologia de apresentação, espere ter um arquivo **velocity.properties.** Este capítulo explica brevemente os arquivos **struts.xml** e **struts.properties.** Detalhes podem ser encontrados no Apêndice A, "Configuração do Struts".

Nota

É possível não ter mesmo nenhum arquivo de configuração. A propriedade configuração zero, discutida no Capítulo 26, "Configuração Zero", é para desenvolvedores avançados, que querem pular essa tarefa usual.

Em **struts.xml,** você define todos aspectos de sua aplicação, incluindo as actions, os interceptadores, que precisam ser chamados para cada action, e os possíveis resultados para cada action.

Interceptadores e tipos de resultado usados em uma action devem ser registrados antes de poderem ser usados. Por sorte, os arquivos de configuração do Struts suportam herança, e os arquivos de configuração default estão incluídos no arquivo **struts2-core-VERSION.jar.** O arquivo **struts-default.xml**, um desses arquivos de configuração default, registra os tipos de resultado default e os interceptadores. Como tal, você pode usar os tipos de resultado default e interceptadores, sem registrá-los em seu próprio arquivo **struts.xml,** tornando isso mais limpo e menor.

O arquivo **default.properties,** no package do mesmo JAR, contém configurações que se aplicam a todas aplicações Struts. Como resultado, a menos que você precise sobrescrever os valores default, você não necessita ter um arquivo **struts.properties.**

Vamos agora observar **struts.xml** e **struts.properties** com mais detalhes.

O Arquivo struts.xml

O arquivo struts.xml é um arquivo XML com um elemento raiz **struts.** Você define todas as actions na sua aplicação Struts neste arquivo. Veja, a seguir, o esqueleto de um arquivo **struts.xml.**

```
<?xml version="1.0" encoding="UTF-8" ?>
<!DOCTYPE struts PUBLIC
   "-//Apache Software Foundation//DTD Struts Configuration
   2.0//EN"
   "http://struts.apache.org/dtds/struts-2.0.dtd">
<struts>
...
</struts>
```

Os elementos mais importantes que podem aparecer entre **<struts>** e **</ sruts>** são discutidos em seguida.

O Elemento package

Já que o Struts tem sido projetado com intenção de modularidade, actions são agrupadas em packages. Pense em packages como módulos. Um arquivo **struts.xml** típico pode ter um ou mais packages:

```
<struts>
   <package name="package-1" namespace="namespace-1"
      extends="struts-default">
    <action name="..."/>
    <action name="..."/>
      ...
   </package>
   <package name="package-2" namespace="namespace-2">
      extends="struts-default">
    <action name="..."/>
    <action name="..."/>
      ...
   </package>
     ...
   <package name="package-n" namespace="namespace-n">
      extends="struts-default">
    <action name="..."/>
    <action name="..."/>
      ...
   </package>
</struts>
```

Um elemento **package** deve ter um atributo **name.** O atributo **namespace** é opcional e, se ele não está presente, o valor default "/" é assumido. Se o atributo **namespace** tem um valor não default, o namespace deve ser adicionado à URI que invoca as actions no package. Por exemplo, a URI para invocar uma action em um package com um namespace default é esse:

```
/context/actionName.action
```

Para invocar uma action em um package com um namespace não default, você precisa dessa URI:

```
/context/namespace/actionName.action
```

Um elemento **package** deve sempre estender o package **struts-default** definido em **struts-default.xml.** Ao fazer isso, todas as actions no package podem usar os tipos de resultado (result types) e interceptadores registrados em **struts-default.xml.** O Apêndice A, "Configuração do Struts" lista todos os tipos de resultado e interceptadores em **struts-default.** Aqui está o esqueleto do package **struts-default.** Os interceptadores foram omitidos para liberar espaço.

```xml
<?xml version="1.0" encoding="UTF-8" ?>
<!DOCTYPE struts PUBLIC
    "-//Apache Software Foundation//DTD Struts Configuration 2.0//EN"
    "http://struts.apache.org/dtds/struts-2.0.dtd">

<struts>
    <package name="struts-default">
        <result-types>
            <result-type name="chain" class="com.opensymphony.
            ↪ xwork2.ActionChainResult"/>
            <result-type name="dispatcher" class="org.apache.
            ↪ struts2.dispatcher.ServletDispatcherResult"
            default="true"/>
            <result-type name="freemarker" class="org.apache.
            ↪ struts2.views.freemarker.FreemarkerResult"/>
            <result-type name="httpheader" class="org.apache.
            ↪ struts2.dispatcher.HttpHeaderResult"/>
            <result-type name="redirect"
            class="org.apache.struts2.
            ↪ dispatcher.ServletRedirectResult"/>
```

```xml
<result-type name="redirect-action"
   class="org.apache.
   ⮡ struts2.dispatcher.ServletActionRedirectResult"/>
<result-type name="stream"
   class="org.apache.struts2.
   ⮡ dispatcher.StreamResult"/>
<result-type name="velocity"
   class="org.apache.struts2.
   ⮡ dispatcher.VelocityResult"/>
<result-type name="xslt" class="org.apache.struts2.
   views.xslt.XSLTResult"/>
<result-type name="plaintext"
   class="org.apache.struts2.
   ⮡ dispatcher.PlainTextResult"/>
   </result-types>

   <interceptors>

   [all interceptors]

   </interceptors>
   </package>
</struts>
```

O Elemento include

Uma aplicação grande pode ter muitos packages. A fim de tornar o arquivo **struts.xml** mais fácil de gerenciar para uma ampla aplicação, é aconselhável dividir em pedaços menores, e usar os elementos **include** para referenciar esses arquivos. Cada arquivo poderia, idealmente, incluir um package ou packages relacionados.

Um arquivo **struts-xml,** com múltiplos elementos **include,** poderia se parecer com este:

```xml
<?xml version="1.0" encoding="UTF-8" ?>
<!DOCTYPE struts PUBLIC
   "-//Apache Software Foundation//DTD Struts Configuration 2.0//EN"
   "http://struts.apache.org/dtds/struts-2.0.dtd">

<struts>

   <include file="module-1.xml" />
   <include file="module-2.xml" />
```

```
...
<include file="module-n.xml" />

</struts>
```

Cada arquivo **module.xml** poderia ter o mesmo elemento **DOCTYPE,** e um elemento raiz **struts.** Aqui está um exemplo:

```
<?xml version="1.0" encoding="UTF-8"?>
<!DOCTYPE struts PUBLIC
   "-//Apache Software Foundation//DTD Struts Configuration 2.0//EN"
   "http://struts.apache.org/dtds/struts-2.0.dtd">

<!- file module-n.xml ->
<struts>
   <package name="test" extends="struts-default">
      <action name="Test1" class="test.Test1Action">
         <result>/jsp/Result1.jsp</result>
      </action>
      <action name="Test2" class="test.Test2Action">
         <result>/ajax/Result2.jsp</result>
      </action>
   </package>
</struts>
```

Nota

A maioria das aplicações exemplo neste livro têm apenas um arquivo **struts.xml.** A única aplicação exemplo que separa o arquivo **struts.xml** em arquivos menores pode ser encontrada no Capítulo 25, "O Plugin JfreeChart".

O Elemento action

Um elemento **action** é aninhado num elemento **package** e representa uma action. Uma action deve ter um nome, e você deve escolher qualquer nome para ela. Um bom nome reflete o que a action faz. Por exemplo, uma action que mostra um formulário para entrada de detalhes de um produto pode ser chamada **displayAddProductForm.** Por convenção, você é encorajado a usar a combinação de um substantivo e um verbo. Por exemplo, ao invés de chamar uma action de **displayAddProductForm,** nomeie-a **Product_input** Entretanto, isso é deixado a seu critério.

Uma action pode especificar ou não uma classe action. Portanto, um elemento **action,** pode ser tão simples como este:

```
<action name="MyAction">
```

Uma action que não especifica uma classe action será fornecida uma instância da classe action default. A classe **ActionSupport** é a classe action default e é discutida no Capítulo 3, "Ações e Resultados".

Se uma action tem uma classe action não default, entretanto, você deve especificar o nome completo da classe, usando o atributo **class.** Além disso, você também deve especificar o nome do método action, o qual é o método na classe action que será executado quando a action é invocada. Eis um exemplo:

```
<action name="Address_save"  class="app.Address" method="save">
```

Se o atributo **class** está presente, mas o atributo **method** não, **execute** é assumido para o nome do método. Em outras palavras, os elementos **action** seguintes significam a mesma coisa.

```
<action name="Employee_save" class="app.Employee" method="execute">
<action name="Employee_save" class="app.Employee">
```

O Elemento result

<result> é um subelemento de **<action>** e informa ao Struts para onde você quer que a action seja encaminhada. Um elemento **result** corresponde ao valor de retorno de um método action.

Devido ao método action poder retornar valores diferentes para situações diferentes, um elemento **action** pode ter muitos elementos **result,** cada qual corresponde a um valor de retorno possível do método action. Isto significa que, se um método pode retornar "sucesso" e "input", você deve ter dois elementos **result.** O atributo **name** do elemento **result** mapeia um resultado com um valor de retorno do método.

Nota

Se um método retorna um valor sem um elemento **result** adequado, Struts tentará encontrar um resultado adequado sob um elemento **global-results** (veja a discussão desse elemento abaixo). Se não for encontrado nenhum elemento **result** sob **global-results**, uma exceção é gerada.

Por exemplo, o elemento **action** seguinte contém dois elementos **result:**

```
<action name="Product_save" class="app.Product" method="save">
  <result name="success" type="dispatcher">
    /jsp/Confirm.jsp
  </result>
  <result name="input" type="dispatcher">
    /jsp/Product.jsp
  </result>
</action>
```

O primeiro elemento será executado, se o método action **save** retorna "success", no caso, a página **Confirm.jsp** será mostrada. O segundo resultado será executado se o método retornar "input", caso no qual a página **Product.jsp** será enviada ao navegador.

A propósito, o atributo **type** de um elemento **result** especifica o tipo de resultado. O valor do atributo **type** deve ser um tipo de resultado registrado no próprio package ou em um package superior, estendido pelo package atual. Assumindo que a action **Product_save** está em um package que estende **struts-default**, é seguro usar um resultado Dispatcher para essa action, porque o tipo de resultado do Dispatcher é definido em **struts-default.**

Se você omitir o atributo **name** em elemento **result**, "success" é indicado. Além disso, se o atributo **type** não está presente, o tipo de resultado default **Dispatcher** é assumido. Portanto, esses dois elementos **result** são os mesmos.

```
<result name="success" type="dispatcher">/jsp/Confirm.jsp</result>
<result>/jsp/Confirm.jsp</result>
```

Uma sintaxe alternativa que emprega o elemento **param** existe para o elemento Dispatcher default. Neste caso, o nome do parâmetro a ser usado com o elemento **param** é **location.** Em outras palavras, esse elemento **result:**

```
<result>/test.jsp</result> é o mesmo que <result>
  <param name="location">/test.jsp</param>
</result>
```

Você irá aprender mais sobre o elemento **param,** mais tarde nesta seção.

O Elemento global-results

Um elemento **package** pode conter um elemento **global-results,** que contém resultados que agem com resultados gerais. Se uma action não puder encontrar um resultado adequado sob sua declaração action, ela irá procurar o elemento **global-results,** se houver.

Eis um exemplo do elemento **global-results:**

```
<global-results>
  <result name="error">/jsp/GenericErrorPage.jsp</result>
  <result name="login" type="redirect-action">Login</result>
</global-results>
```

Os Elementos Relacionados a Interceptor

Há cinco elementos relacionados a Interceptor, que podem aparecer no arquivo **struts.xml:** **interceptors, interceptor, interceptor-ref, interceptor-stack,** e **default-interceptor-ref.** Eles são explicados nesta seção.

Um elemento **action** deve conter uma lista de interceptadores, que irão processar o objeto action. Antes de você poder usar um interceptador, entretanto, você deve registrá-lo, usando um elemento **interceptor** sob **<interceptors>. Interceptors** definidos num package podem ser usados por todas as actions no package.

Por exemplo, o elemento **package** seguinte registra dois interceptadores, **validation** e **logger.**

```
<package name="main" extends="struts-default">
  <interceptors>
    <interceptor name="validation" class="..."/>
    <interceptor name="logger" class="..."/>
  </interceptors>
</package>
```

Para aplicar um interceptador a uma action, use o elemento **interceptor-ref** sob o elemento **action** daquela **action.** Por exemplo, a configuração seguinte registra quatro interceptadores, e aplica-os às actions **Product_delete** e **Product_save.**

```
<package name="main" extends="struts-default">
  <interceptors>
    <interceptor name="alias" class="..."/>
    <interceptor name="i18n" class="..."/>
    <interceptor name="validation" class="..."/>
    <interceptor name="logger" class="..."/>
  </interceptors>

  <action name="Product_delete" class="...">
    <interceptor-ref name="alias"/>
    <interceptor-ref name="i18n"/>
    <interceptor-ref name="validation"/>
    <interceptor-ref name="logger"/>
    <result>/jsp/main.jsp</result>
  </action>

  <action name="Product_save" class="...">
    <interceptor-ref name="alias"/>
    <interceptor-ref name="i18n"/>
    <interceptor-ref name="validation"/>
    <interceptor-ref name="logger"/>
    <result name="input">/jsp/Product.jsp</result>
    <result>/jsp/ProductDetails.jsp</result>
  </action>
</package>
```

Com essas configurações, cada vez que as actions **Product_delete** ou **Product_save** são invocadas, os quatro interceptadores terão a chance de processar as actions. Note que a ordem em que aparece o elemento **interceptor-ref** é importante e determina a ordem de chamada dos interceptadores registrados para aquela action. Nesse exemplo, o interceptador **alias** será invocado primeiro, seguido pelo interceptador **i18n**, o interceptador **validation,** e o interceptador **logger.**

Com a maior parte das aplicações Struts contendo múltiplos elementos **action,** repetir a lista de interceptadores para cada action pode ser uma tarefa cansativa. A fim de amenizar o problema, Struts permite que você crie pilhas de interceptadores que agrupam os interceptadores desejados. Ao invés de referenciar interceptadores de dentro de cada elemento **action,** você pode referenciar uma pilha de interceptador no lugar.

Por exemplo, seis interceptadores são frequentemente usados nas ordens seguintes: **exception, servletConfig, prepare, checkbox, params e conversionError.** Melhor que referenciá-los várias vezes nas suas declarações action, você pode criar uma pilha de interceptadores como esta:

```
<interceptor-stack name="basicStack">
   <interceptor-ref name="exception"/>
   <interceptor-ref name="servlet-config"/>
   <interceptor-ref name="prepare"/>
   <interceptor-ref name="checkbox"/>
   <interceptor-ref name="params"/>
   <interceptor-ref name="conversionError"/>
</interceptor-stack>
```

Para usar esses interceptadores, você só precisa referenciar a pilha:

```
<action name="..." class="...">
   <interceptor-ref name="basicStack"/>
   <result name="input">/jsp/Product.jsp</result>
   <result>/jsp/ProductDetails.jsp</result>
</action>
```

O package **struts-default** define várias pilhas. Além disso, ele define um elemento **default-interceptor-ref,** que especifica o interceptador default ou uma pilha de interceptadores para usar, caso nenhum interceptador seja definido para uma action.

```
<default-interceptor-ref name="defaultStack"/>
```

Se uma action precisa de uma combinação de outros interceptadores e da pilha default, você precisa redefinir a pilha default, já que o elemento **default-interceptor-ref** será ignorado, se um elemento **interceptor** puder ser encontrado em um elemento **action.**

O Elemento param

O elemento **param** pode ser aninhado em outro elemento, tal como **action, result-type,** e **interceptor,** para passar um valor ao objeto interior.

O elemento **param** tem um atributo **name** que especifica o nome do parâmetro. O formato é o seguinte:

```
<param name="property">value</param>
```

Em um elemento **action**, **param** pode ser usado para configurar uma propriedade de action. Por exemplo, o elemento **param** seguinte configura a propriedade **siteId** da action:

```
<action name="customer" class="...">
  <param name="siteId">california01</param>
</action>
```

e o seguinte elemento **param** configura o **ExcludeMethod** da validação **interceptor-ref**:

```
<interceptor-ref name="validation">
  <param name="excludeMethods">input,back,cancel</param>
</interceptor-ref>
```

O parâmetro **excludeMethods** é usado para excluir alguns métodos de invocarem o interceptador interno.

O Elemento constant

Além do arquivo **struts.xml**, você pode ter um arquivo **struts.properties.** Você cria o segundo, se você precisar sobrescrever um ou mais pares chave/valor, definidos no arquivo **default.properties,** o qual está incluído no arquivo **struts2-core-VERSION.jar.** A maior parte do tempo, você não precisará de um arquivo **struts.properties,** já que o arquivo **default.properties** é bom o suficiente. Além do mais, você pode sobrescrever uma configuração, no arquivo **default.properties,** usando o elemento **constant,** no arquivo **struts.xml.**

O elemento **constant** tem um atributo **name** e um atributo **value.** Por exemplo, a configuração **struts-devMode** determina se a aplicação Struts está ou não em modo de desenvolvimento. Por default, o valor é **false**, significando que a aplicação não está em modo de desenvolvimento.

O elemento **constant** seguinte configura **struts.devMode** para **true.**

```
<struts>
  <constant name="struts.devMode" value="true"/>

  ...
</struts>
```

O Arquivo struts.properties

Você cria um arquivo **struts.properties,** caso você queira sobrescrever as configurações do arquivo **default.properties.** Por exemplo, o arquivo **struts.properties** seguinte sobrescreve o valor de **struts.devMode,** em **default.properties.**

```
struts.devMode = true
```

Um arquivo **struts.properties** deve residir no classpath, ou em **WEB-INF/classes.** O Apêndice A, "Configuração Struts", fornece a lista completa de pares chave/valor que podem aparecer em um arquivo **struts.properties.**

Para se evitar a criação de um arquivo novo, você pode usar os elementos **constants** no arquivo **struts.xml.** De forma alternativa, você pode usar o elemento **init-param** na declaração do filtro do filter dispatcher do Struts.

```
<filter>
   <filter-name>struts</filter-name>
   <filter-class>
      org.apache.struts2.dispatcher.FilterDispatcher
   </filter-class>
   <init-param>
      <param-name>struts.devMode</param-name>
      <param-value>true</param-value>
   </init-param>
</filter>
```

UMA APLICAÇÃO STRUTS SIMPLES

Vamos agora reescrever **app01b,** usando Struts, e chamar a nova aplicação de **app02a.** Você irá usar JSPs similares e uma classe action chamada **Product.**

A estrutura de diretório de **app02a** é mostrada na Figura 2.2.

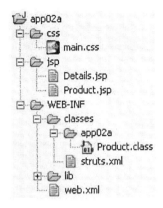

Figura 2.2: Estrutura de diretório de app02a

Cada componente da aplicação é discutido nas próximas subseções.

O Deployment Descriptor e o Arquivo de Configuração do Struts

O *deployment descriptor* é mostrado na Listagem 2.1 e o arquivo de configuração do Struts, na Listagem 2.2.

Listagem 2.1: o Deployment Descriptor (arquivo web.xml)

```
<?xml version="1.0" encoding="ISO-8859-1"?>
<web-app xmlns="http://java.sun.com/xml/ns/javaee"
    xmlns:xsi="http://www.w3.org/2001/XMLSchema-instance"
    xsi:schemaLocation="http://java.sun.com/xml/ns/javaee
    http://java.sun.com/xml/ns/javaee/web-app_2_5.xsd"
    version="2.5">

  <filter>
    <filter-name>struts2</filter-name>
    <filter-
    class>org.apache.struts2.dispatcher.FilterDispatcher</
    filterclass>
  </filter>
  <filter-mapping>
```

42 Struts 2 Projeto e Programação: Um Tutorial

```
  <filter-name>struts2</filter-name>
  <url-pattern>/*</url-pattern>
</filter-mapping>
<!--Restringe acesso direto aos JSPs.
  Para que a restrição de segurança funcione, os elemen-
  tos auth-constraint e login_config devem estar presen
  tes -->
<security-constraint>
  <web-resource-collection>
    <web-resource-name>JSPs</web-resource-name>
    <url-pattern>/jsp/*</url-pattern>
  </web-resource-collection>
  <auth-constraint/>
</security-constraint>

<login-config>
  <auth-method>BASIC</auth-method>
</login-config>
</web-app>
```

Listagem 2.2: o Struts.xml

```
<?xml version="1.0" encoding="UTF-8" ?>
<!DOCTYPE struts PUBLIC
  "-//Apache Software Foundation//DTD Struts Configuration 2.0//EN"
  "http://struts.apache.org/dtds/struts-2.0.dtd">

<struts>
  <package name="app02a" namespace="/" extends="struts-default">
    <action name="Product_input">
      <result>/jsp/ProductForm.jsp</result>
    </action>

    <action name="Product_save" class="app02a.Product">
      <result>/jsp/ProductDetails.jsp</result>
    </action>
  </package>
</struts>
```

O arquivo **struts.xml** define um package (**app02a**) que tem duas actions: **Product_input** e **Product_save.** A action **Product_input** não tem uma classe action. Invocar **Product_input** simplesmente redireciona o controle à página **ProductForm.jsp.** Essa página contém um formulário de entrada para entrada de informação de produto.

A action **Product_save** tem uma classe action não default **(app02.Product)**. Considerando que nenhum atributo **method** está presente na declaração da action, o método **execute,** na classe **Product,** será invocado.

Nota

Durante o desenvolvimento você pode adicionar estes dois elementos **constant** em cima do seu elemento package.

```
<constant name="struts.enable.DynamicMethodInvocation"
    value="false" />
<constant name="struts.devMode" value="true" />
```

A primeira constant desabilita invocação de método dinâmico, explicado no Capítulo 3, "Ações e Resultados". O segundo elemento **constant** faz com que o Struts mude para o modo de desenvolvimento.

A Classe Action

A classe **Product,** na Listagem 2.3, é a classe action para a action **Product_save.** A classe tem três propriedades (**productName, description, e price**) e um método action, o **execute.**

Listagem 2.3: a Classe action de Product

```
package app02a;
import java.io.Serializable;
public class Product implements Serializable {
    private String productName;
    private String description;
    private String price;

    public String getProductName() {
        return productName;
    }

    public void setProductName(String productName) {
        this.productName = productName;
    }

    public String getDescription() {
        return description;
    }
```

```java
public void setDescription(String description) {
  this.description = description;
}

public String getPrice() {
  return price;
}

public void setPrice(String price) {
  this.price = price;
}

public String execute() {
  return "success";
}
}
```

Executando a Aplicação

Essa aplicação é uma réplica Struts das aplicações no Capítulo 1. Para invocar a primeira action, use a URL seguinte (assumindo que Tomcat esteja sendo usado):

```
http://localhost:8080/app02a/Product_input.action
```

Você irá ver algo como a Figura 1.2 no seu navegador. Entre valores nos campos e envie o formulário. O seu navegador irá exibir uma mensagem de confirmação similar à Figura 1.3.

Parabéns. Você acabou de ver Struts em ação!

INJEÇÃO DE DEPENDÊNCIA

Antes de continuarmos, eu gostaria de introduzir um padrão de projeto popular, que é amplamente usado em Struts: injeção de dependência. Martin Fowler escreveu um artigo excelente nesse padrão. O seu artigo pode ser encontrado aqui:

```
http://martinfowler.com/articles/injection.html
```

Antes de Fowler ter inventado o termo "injeção de dependência", a frase "inversão de controle" era frequentemente usada para significar a mesma coisa. Como Fowles menciona em seu artigo, os dois não significam exatamente a mesma coisa. Este livro, portanto, usa "injeção de dependência".

Visão Geral

Irei explicar injeção de dependência com um exemplo.

Se você tem dois componentes, **A** e **B**, e **A** depende de **B**, você pode dizer que **A** é dependente de **B** ou **B** é uma dependência de **A**. Suponha que **A** tenha um método, **importantMethod**, que usa **B,** como definido no fragmento de código seguinte:

```
public class A {
   public void importantMethod() {
      B b = ... // obtém uma instância de B
      b.usefulMethod();
      ...
   }
   ...
}
```

A deve obter uma instância de **B,** antes de poder usar **B**. Enquanto isso seja tão correto quanto utilizar a **keyword new,** se B é uma classe Java concreta, isso pode ser problemático se B não for, e existirem várias implementações de **B**. Você terá de selecionar uma implementação de **B** e, fazendo isso, você reduz a reutilização de A (você não pode usar **A** com implementações de **B** que você não escolheu).

Como um exemplo mais concreto, considere a seguinte classe **PersistenceManager,** que pode ser usada para persistir objetos a uma base de dados.

```
public class PersistenceManager {
   public void store(Object object) {
      DataSource dataSource = ... // obtém DataSource
      try {
         Connection connection = dataSource.getConnection();
         ... // armazena objetos na base de dados
      } catch (SQLException e) {
      }
   }
}
```

PersistenceManager depende de **DataSource**. Ele deve obter um **DataSource** antes de poder criar um objeto **Connection,** para inserir dados à base de dados. Em uma aplicação Java EE, a obtenção de uma data source sempre envolve desenvolver um JNDI lookup, usando o seguinte código:

```
DataSource dataSource = null;
try {
   context = new InitialContext();
   dataSource = (DataSource)
   context.lookup("java:/comp/env/jdbc/myDataSource");
} catch (NamingException e) {
}
```

Aqui temos um problema. Para desempenhar um JNDI lookup, você precisa de um nome JNDI. Entretanto, não há garantias de que todas as aplicações que usem **PersistenceManager** irão fornecer o mesmo nome JNDI. Se você escrever no código o JNDI como eu fiz no código acima, **PersistenceManager** se tornará menos reutilizável.

Injeção de dependência diz que a dependência deve ser injetada ao componente em uso. No contexto do exemplo **PersistenceManager** aqui, um objeto **DataSource** deve ser passado ao **PersistenceManager,** ao invés de forçar o **PersistenceManager** a criar um.

Uma maneira de fazer isso é fornecer um construtor que aceita a dependência, nesse caso, um **DataSource**:

```
public class PersistenceManager {
   private DataSource dataSource;
   public PersistenceManager(DataSource dataSource) {
      this.dataSource = dataSource;
   }

   public void store(Object object) {
      try {
         Connection connection = dataSource.getConnection();
         ... // armazena objetos na base de dados
      } catch (SQLException e) {
      }
   }
}
```

Agora, qualquer um que quiser usar o **PersistenceManager** deve "injetar" uma instância de **DataSource,** através do construtor da classe

PersistenceManager. PersistenceManager se tornou, agora, desacoplado da instância **DataSource** que ele está usando, tornando **PersistenceManager** mais reutilizável. O usuário do **PersistenceManager** irá provavelmente estar em uma posição melhor para fornecer um **DataSource** do que o autor do **PersistenceManager,** porque o usuário estará familiarizado com o ambiente em que o **PersistenceManager** estiver sendo executado.

Formas de Injeção de Dependência

Injetar dependência através do construtor não é a única forma de injeção de dependência. Dependência também pode ser injetada através de um método *setter*. Voltando ao exemplo de **PersistenceManager** anterior, o autor da classe pode optar por fornecer esse método:

```
public void setDataSource(DataSource dataSource) {
   this.dataSource = dataSource;
}
```

Além disso, como explicado no artigo do Fowler, você também pode usar um interface para injeção de dependência.

Struts usa métodos setter para sua estratégia de injeção de dependência. Por exemplo, o framework configura propriedades de action, ao injetar valores de parâmetros de requisição HTTP. Como um resultado, você pode usar um propriedade de action, de dentro do método da action, sem ter que se preocupar em popular as propriedades.

Nota

Java 5 EE suporta injeção de dependência em vários níveis. Sinta-se à vontade para visitar este site:

`http://java.sun.com/developer/technicalArticles/J2EE/injection/`

SUMÁRIO

Nesse capítulo você aprendeu o que Struts oferece para acelerar o desenvolvimento de aplicações do Modelo 2. Você também aprendeu como configurar aplicações Struts e a escrever a sua primeira aplicação Struts.

Capítulo 3

Ações e Resultados

Como Struts trabalha com interceptadores e outros componentes, que resolvem problemas comuns no desenvolvimento de aplicações web, você pode se concentrar em escrever lógica de negócio na classe action. Este capítulo discute tópicos que você precisa conhecer para escrever classes actions efetivas, incluindo a classe de conveniência **ActionSupport** e como acessar recursos. Além disso, ele explica assuntos relacionados, tais como tipos de resultados padrão, mapeamento global de exceção, mapeamento de caracteres curinga, e invocação dinâmica de método.

Classes Action

Cada operação que uma aplicação pode desenvolver refere-se a uma ação (action). A exibição de um formulário de Login, por exemplo, é uma ação. Bem como salvar detalhes de um produto. Criar ações é a tarefa mais importante no desenvolvimento de aplicações Struts. Algumas ações são simples como encaminhar a um JSP. Outras desenvolvem lógicas que precisam ser escritas em classes action.

Uma classe action é uma classe Java comum. Ela deve ter propriedades e métodos e devem obedecer a estas regras:

- Uma propriedade deve ter métodos get e set. Nomes de propriedades de action seguem a mesma regra de nomes de propriedades JavaBeans. Uma propriedade pode ser de qualquer tipo, não apenas **String**. Conversão de dados de String a dados que não sejam String acontece automaticamente.

- Uma classe action deve ter um construtor sem argumento. Se você não tem um construtor na sua classe action, o compilador Java irá criar um construtor sem argumento para você. Entretanto, se você tem um construtor com um ou mais argumentos, você deve reescrever um construtor sem argumentos. Caso contrário, Struts não será capaz de instanciar a classe.

- Uma classe action deve ter ao menos um método que será chamado quando a action for chamada.

- Uma classe action deve estar associada a múltiplas actions. Nesse caso, a classe action deve fornecer um método diferente para cada action. Por exemplo, uma classe action **User** dever ter métodos **login** e **logout**, que são mapeados às actions **User_login** e **User_logout**, respectivamente.

- Considerando que o Struts 2, ao contrário do Struts 1, cria uma nova instância de action para cada requisição HTTP, uma classe action não precisa ser segura para o *thread*.

- Struts 2, ao contrário do Struts 1, por default, não cria um objeto **HttpSession.** Entretanto, um JSP sim. Portanto, se você quer uma action completamente livre de sessão, adicione o seguinte ao topo de todos seus JSPs:

```
<%@page session="false"%>
```

A classe **Employee,** na Listagem 3.1, é uma classe action. Ela tem quatro propriedades (**firstName, lastName, birthDate** e **emails**) e um método (**register**).

Listagem 3.1: a Classe action Employee

```java
package app03a;
import java.util.Collection;
import java.util.Date;

public class Employee {
   private String firstName;
   private String lastName;
   private Date birthDate;
   private Collection emails;

   public Date getBirthDate() {
      return birthDate;
   }
   public void setBirthDate(Date birthDate) {
      this.birthDate = birthDate;
   }
   public Collection getEmails() {
      return emails;
   }
   public void setEmails(Collection emails) {
      this.emails = emails;
   }
   public String getFirstName() {
      return firstName;
   }
   public void setFirstName(String firstName) {
      this.firstName = firstName;
   }
   public String getLastName() {
      return lastName;
   }
   public void setLastName(String lastName) {
      this.lastName = lastName;
   }
   public String register() {
      // faça algo aqui
      return "success";
   }
}
```

Como você pode observar na Listagem 3.1, uma classe action não precisa estender uma dada classe pai ou implementar uma interface. Dito isso, a maioria de suas classes action irão implementar a interface

com.opensymphony.xwork2.Action, indiretamente, ao estender uma classe conveniente, denominada **ActionSupport**. Eu irei explicar **ActionSupport** na seção "A Classe ActionSupport", mais adiante neste capítulo.

Se você implementar **Action**, você irá herdar os seguintes campos *static*:

- **SUCCESS**. Indica que a execução da action foi um sucesso e a apresentação do resultado deve ser mostrada ao usuário.

- **NONE**. Indica que a execução da action foi um sucesso, mas nenhuma apresentação do resultado deve ser mostrada ao usuário.

- **ERROR**. Indica que a execução da action falhou e uma apresentação do erro deve ser mostrada ao usuário.

- **INPUT**. Indica que a validação da entrada falhou e o formulário que tem sido usado para receber entradas do usuário deve ser mostrado novamente.

- **LOGIN**. Indica que a action não pôde executar porque o usuário não estava logado e a apresentação de login deve ser mostrada.

Você precisa conhecer os valores desses campos estáticos, já que você irá usar os valores quando for configurar os resultados. Aqui estão eles:

```
public static final String SUCCESS = "success";
public static final String NONE = "none";
public static final String ERROR = "error";
public static final String INPUT = "input";
public static final String LOGIN = "login";
```

Nota

Uma coisa a esclarecer sobre a action Struts é que você não precisa se preocupar sobre como a camada de apresentação irá acessá-la. Ao contrário das aplicações **app01a** e **app01b,** onde valores tinham que ser armazenados em atributos de escopo, tais que as camadas de apresentação pudessem acessá-los, Struts automaticamente coloca actions e outros objetos na Pilha de Valores (Value Stack), a qual é acessível à camada de apresentação. A Pilha de Valores é explicada no Capítulo 4, "ONGL".

ACESSANDO RECURSOS

De uma classe action, você pode acessar recursos tais como objetos **ServletContext, HttpSession, HttpServletRequest,** e **HttpServletResponse,** podendo ser através do objeto

ServletActionContext, ou implementando interfaces **Aware.** A segunda opção é uma implementação de injeção de dependência e a maneira recomendada, já que tornará suas classes action mais fáceis de testar.

Esta seção discute as técnicas para acessar os recursos.

O Objeto ServletActionContext

Há duas classes que fornecem acessos aos recursos mencionados anteriormente: **com.opensymphony.xwork2.ActionContext** e **org.apache.struts2.ServletActionContext.** A última encapsula a primeira e é a mais fácil de usar dentre as duas. **ServletActionContext** fornece os seguintes métodos estáticos, que você irá, frequentemente, usar em sua carreira com um desenvolvedor Struts. Aqui observa-se alguns deles:

```
public static javax.servlet.http.HttpServletRequest getRequest()
```
Retorna o **HttpServletRequest** corrente.

```
public static javax.servlet.http.HttpServletResponse getResponse()
```
Retorna o objeto **HttpServletResponse** corrente.

```
public static javax.servlet.ServletContext getServletContext()
```
Retorna o objeto **ServletContext.**

Você pode obter o objeto **HttpSession** chamando um dos métodos **getSession** do objeto **HttpServletRequest.** O objeto **HttpSession** será criado automaticamente, se você usar a pilha de interceptador **basicStack** ou **defaultStack.**

Nota

Você não deve chamar os métodos no **ServletActionContext** de um construtor da classe action porque até esse estágio o objeto **ActionContext** ainda não foi passado a ele. Chamar **ServletActionContext.getServletContext** de um construtor da action irá retornar null.

Como um exemplo, a Listagem 3.2 mostra um método action que busca os objetos **HttpServletRequest e HttpSession** através do **ServletActionContext.**

Listagem 3.2: Acessando recursos através do ServletActionContext

```
public String execute() {
  HttpServletRequest request = ServletActionContext.getRequest();
  HttpSession session = request.getSession();
  if (session.getAttribute("user") == null) {
    return LOGIN;
  } else {
    // faça alguma coisa
    return SUCCESS;
  }
}
```

Interfaces Aware

Struts fornece quatro interfaces que você pode implementar para obter acesso aos objetos **ServletContext, HttpServletRequest, HttpServletResponse, e HttpSession**, respectivamente. As interfaces são

- org.apache.struts2.util.ServletContextAware
- org.apache.struts2.interceptor.ServletRequestAware
- org.apache.struts2.interceptor.ServletResponseAware
- org.apache.struts2.interceptor.SessionAware

Eu discuto essas interfaces nas subseções seguintes e forneço um exemplo de uma action que implementa essas interfaces na próxima seção.

ServletContextAware

Você irá implementar a interface **ServletContextAware** caso você precise de acesso ao objeto **ServletContext** de dentro de sua classe action. A interface tem um método, **setServletContext**, cuja assinatura é a seguinte:

```
void setServletContext(javax.servlet.ServletContext
servletContext)
```

quando uma action é chamada, Struts irá examinar se a classe action associada implementa **ServletContextAware**. Em caso positivo, Struts irá chamar o método **setServletContext** da action e passar o objeto **ServletContext** antes de popular as propriedades da action e de executar o método action. Em seu método **setServletContext** você precisa atribuir o objeto **ServletContext** a uma variável da classe, como mostrado abaixo:

```
private ServletContext servletContext;
public void setServletContext(ServletContext servletContext) {
   this.servletContext = servletContext;
}
```

Você pode então acessar o objeto **ServletContext** de qualquer ponto na sua classe action através da variável **servletContext.**

ServletRequestAware

Essa interface tem um método **setServletRequest** cuja assinatura é a seguinte:

```
void setServletRequest(javax.servlet.http.HttpServletRequest
   servletRequest)
```

Implementar **ServletRequestAware** permite a você o acesso ao objeto **HttpServletRequest** de dentro de sua classe action. Quando uma action é chamada, Struts verifica se a classe action implementa essa interface e, em caso positivo, chama seu método **setServletRequest**, passando o objeto **HttpServletRequest** corrente.

Na implementação do método **setServletRequest,** você precisa atribuir o objeto **HttpServletRequest** passado a uma variável da classe:

```
private HttpServletRequest servletRequest;
public void setServletRequest(HttpServletRequest servletRequest) {
   this.servletRequest = servletRequest;
}
```

Agora você pode acessar o objeto **HttpServletRequest** através da referência **ServletRequest.**

ServletResponseAware

O método **setServletResponse** é o único método definido em **ServletResponseAware.** Segue sua assinatura:

```
void setServletResponse(javax.servlet.http.HttpServletResponse
   servletResponse)
```

Implemente essa interface se você precisar acessar o objeto **HttpServletResponse** da sua classe action. Quando uma action é chamada, Struts verifica se a classe action implementa **ServletResponseAware**. Caso positivo, Struts chama seu método **setServletResponse** passando o objeto corrente **HttpServletResponse**. Você precisa atribuir o objeto passado a uma variável da classe. Eis um exemplo de como fazer isso:

```
private HttpServletResponse servletResponse;
public void setServletResponse(HttpServletResponse
    servletResponse) {
  this.servletResponse = servletResponse;
}
```

Agora você pode acessar o objeto **HttpServletResponse** através da variável **servletResponse.**

SessionAware

Se você precisar de acesso ao objeto **HttpSession** de dentro de sua classe action, implementar a interface **SessionAware** é uma maneira de conseguir isso. A interface **SessionAware** é um pouco diferente de suas contrapartes discutidas anteriormente. Implementar **SessionAware** não te dá a instância **HttpSession** corrente e sim um **java.util.Map.** Isso pode ser confuso de início, mas vamos olhar mais atentamente para a interface **SessionAware.**

Essa interface tem apenas um método, **setSession**, cuja assinatura é a seguinte:

```
void setSession(java.util.Map map)
```

Ao implementar o método **setSession** você atribui o **Map** a uma variável da classe:

```
private Map session;
void setSession(Map map) {
  this.session = map;
}
```

Strus irá chamar o método **setSession** de uma classe de implementação quando a action for chamada. Após feito isso, Struts irá passar uma instância de **org.apache.struts2.dispatcher.SessionMap**, a qual estende **java.util.AbstractMap**, que por sua vez implementa **java.util.Map**. **SessionMap** é um wrapper para o objeto **HttpSession** corrente e mantém uma referência ao objeto **HttpSession.**

A referência ao objeto **HttpSession** dentro de **SessionMap** é protegido, então você não será capaz de acessá-lo diretamente de sua classe action. Entretanto, **SessionMap** provê métodos que torna o acesso ao objeto **HttpSession** diretamente não mais necessário. Aqui estão os métodos públicos definidos na classe **SessionMap.**

```
public void invalidate()
```
Invalida o objeto **HttpSession** corrente. Se o objeto **HttpSession** não tiver sido criado, esse método termina naturalmente.

```
public void clear()
```
Remove todos os atributos no objeto **HttpSession**. Se o objeto **HttpSession** não tiver sido criado, esse método não gera uma exceção.

```
public java.util.Set entrySet() {
```
Retorna um **Set** de atributos do objeto **HttpSession**. Se o objeto **HttpSession** é nulo, esse método retorna um conjunto vazio.

```
public java.lang.Object get(java.lang.Object key)
```
Retorna o abributo de sessão associado a chave especificada. Ele retorna nulo se o objeto **HttpSession** é nulo ou se a chave não for encontrada.

```
public java.lang.Object put(java.lang.Object key,
```
Armazena um atributo de sessão no objeto **HttpSession** e retorna o valor do atributo. Se o objeto **HttpSession** é nulo, ele irá criar um novo objeto **HttpSession.**

```
public java.lang.Object remove(java.lang.Object key)
```
Remove o atributo de sessão especificado e retorna o valor do atributo. Se o objeto **HttpSession** é nulo, esse método retorna nulo.

Por exemplo, para invalidar o objeto de sessão, chame o método **invalidate** no **SessionMap:**

```
if (session instanceof
org.apache.struts2.dispatcher.SessionMap) {
  ((SessionMap) session).invalidate();
}
```

SessionMap.invalidate é melhor que o **HttpSession.invalidate** porque o primeiro não gera uma exceção se o objeto **HttpSession** for nulo.

Nota

Infelizmente, a classe **SessionMap** não provê acesso ao identificador da sessão. Em casos raros, onde você precisa do identificador, use o **ServletActionContext** para obter o objeto **HttpSession.**

Nota

Para essa interface funcionar, o interceptador *Servlet Config* deve estar habilitado. Já que o interceptador é parte da pilha default, por default, está sempre habilitado.

Usando Interfaces Aware para Acessar Recursos

A aplicação **app03a** mostra como usar interfaces **Aware** para acessar recursos. A aplicação define três actions, como mostrado na Listagem 3.3.

Listagem 3.3: Declarações de Action em app03a

```
<package name="app03a" extends="struts-default">
  <action name="User_input">
    <result>
      <param name="location">/jsp/Login.jsp</param>
    </result>
  </action>
  <action name="User_login" class="app03a.User"
  method="login">
    <result name="success">/jsp/Menu.jsp</result>
    <result name="input">/jsp/Login.jsp</result>
  </action>
  <action name="User_logout" class="app03a.User"
  method="logout">
```

```
<result name="success">/jsp/Login.jsp</result>
  </action>
</package>
```

As actions **User_login** e **User_logout** são baseadas na classe action **User**, na Listagem 3.4. Essa classe tem duas propriedades (**userName** e **password**) e implementa **ServletContextAware, ServletRequestAware, ServletResponseAware** e **SessionAware**, para fornecer acesso aos recursos. Note que, para economizar espaço, os métodos *get* e *set* para as propriedades não são mostrados.

Listagem 3.4: a Classe User

```
package app03a;
import java.util.Map;
import javax.servlet.ServletContext;
import javax.servlet.http.HttpServletRequest;
import javax.servlet.http.HttpServletResponse;
import org.apache.struts2.dispatcher.SessionMap;
import org.apache.struts2.interceptor.ServletRequestAware;
import org.apache.struts2.interceptor.ServletResponseAware;
import org.apache.struts2.interceptor.SessionAware;
import org.apache.struts2.util.ServletContextAware;

public class User implements SessionAware,
    ServletRequestAware,
        ServletResponseAware, ServletContextAware {
    private String userName;
    private String password;
    private ServletContext servletContext;
    private HttpServletRequest servletRequest;
    private HttpServletResponse servletResponse;
    private Map sessionMap;

    // getters e setters não mostrados

    public void setServletRequest(
        HttpServletRequest servletRequest) {
        this.servletRequest = servletRequest;
    }
    public void setSession(Map map) {
        this.sessionMap = map;
```

```java
}
public void setServletResponse(
  HttpServletResponse servletResponse) {
  this.servletResponse = servletResponse;
}
public void setServletContext(ServletContext
servletContext) {
  this.servletContext = servletContext;
}
public String login() {
  String referrer = servletRequest.getHeader("referer");
  if (referrer != null && userName.length() > 0
    && password.length() > 0) {
    int onlineUserCount = 0;
    synchronized (servletContext) {
      try {
        onlineUserCount = (Integer) servletContext
              .getAttribute("onlineUserCount");
      } catch (Exception e) {
      }
      servletContext.setAttribute("onlineUserCount",
              onlineUserCount + 1);
    }
    return "success";
  } else {
    return "input";
  }
}
/*
* O onlineUserCount é seguro apenas se escrevermos
* uma implementação javax.servlet.http.HttpSessionListener
* e decrementar o valor de atributo
* onlineUserCount em seu método sessionDestroyed, que é chamado
* pelo container quando uma sessão do usuário
* está inativa por um certo período de tempo.
*/
public String logout() {
  if (sessionMap instanceof SessionMap) {
    ((SessionMap) sessionMap).invalidate();
  }
  int onlineUserCount = 0;
  synchronized (servletContext) {
    try {
      onlineUserCount = (Integer) servletContext
              .getAttribute("onlineUserCount");
    } catch (Exception e) {
```

```
        }
        servletContext.setAttribute("onlineUserCount",
                onlineUserCount - 1);
    }
    return "success";
    }
}
```

A classe **User** pode ser usada para gerenciar logins de usuário e manter o número de usuários que estiverem logados no momento. Nesta aplicação, um usuário pode logar ao digitar um nome de usuário não vazio e uma senha não vazia, em um formulário de Login.

Você pode acessar o objeto **HttpServletRequest,** porque a classe **User** implementa **ServletRequestAware.** Como demonstrado no método **login,** que é chamado toda vez que um usuário se loga, você busca o cabeçalho **referer,** ao chamar o método **getHeader**, no objeto **servletRequest.** A verificação de que o cabeçalho *header* não é nulo garante que a action foi chamada, ao submeter o formulário de Login, e não ao digitar a URL da action **User_input.** Em seguida, o método **login** incrementa o valor do atributo da aplicação **onlineUserCount.**

O método **logout** invalida o objeto **HttpSession** e diminui **onlineUserCount.** Portanto, o valor de **onlineUserCount** reflete o número de usuários logados no momento.

Você pode testar essa aplicação, ao invocar a action **User_input,** usando a URL:

```
http://localhost:8080/app03a/User_input.action
```

Você irá ver o formulário de Login, como o mostrado da Figura 3.1. Você pode se logar, entrando com um nome de usuário não vazio e uma senha não vazia. Quando você submete o formulário, a action **User_login** será chamada. Se o login foi bem sucedido, você irá ver a segunda página, que se parece com a da Figura 3.2. O número de usuários conectados é mostrado aqui:

Finalmente, selecione o link de **logout** para o **Use_logout** indicado.

PASSANDO PARÂMETROS ESTÁTICOS PARA UMA ACTION

Parâmetros de requisição são mapeados às propriedades da action. Entretanto, tem-se outra maneira de atribuir valores às propriedades da action: passando os valores na declaração da action.

Figura 3.1: O formulário de Login

Figura 3.2: Exibindo o número de usuários logados no momento

Um elemento **action**, em um arquivo **struts.xml**, pode conter elementos **param**. Cada elemento **param** corresponde a uma propriedade da action. O interceptador *Static Parameters* (staticParams) é responsável por mapear parâmetros estáticos às propriedades da action.

Eis um exemplo de como passar parâmetros estáticos a uma action:

```
<action name="MyAction" class="...">
  <param name="siteId">california01</param>
  <param name="siteType">retail</param>
</action>
```

Cada vez que a action **MyAction** é chamada, sua propriedade **siteId** será ajustada para "california", e sua propriedade **siteType,** para "retail".

A CLASSE ACTIONSUPPORT

A classe **com.opensymphony.xwork2.ActionSupport** é a classe action default. Struts irá criar uma instância dessa classe, se uma declaração de action não especificar uma classe action. Você poderá, também, querer estender essa classe quando escrever classes action.

Já que **ActionSupport** implementa a interface **Action**, você pode usar os campos estáticos **ERROR, INPUT, LOGIN, NONE** e **SUCCESS** de uma classe que a estenda. Já existe uma implementação do método **execute**, herdado de **Action**, que simplesmente retorna **Action.SUCCESS.** Se você implementar a interface **Action** diretamente, ao invés de estender **ActionSupport**, você terá que fornecer uma implementação sua de **execute.** Portanto, é mais conveniente estender **ActionSupport** do que implementar **Action.**

Além do **execute,** tem-se outros métodos em **ActionSupport,** que você pode sobrescrever para usar. Por exemplo, você pode querer sobrescrever **validate**, se você estiver escrevendo código para validar entrada de usuário. E você pode usar um de vários sobrecarregadores (*overloads*) de *getText,* para consultar mensagens localizadas em arquivos de propriedades. Validação de entrada é discutida no Capítulo 8, "Validação da Entrada", e nós iremos verificar os métodos **getText**, quando formos discutir internacionalização e localização no Capítulo 9, "Tratamento de Mensagens".

Por ora, lembre-se que estender **ActionSupport** ajuda.

RESULTADOS (RESULTS)

Um método action retorna uma String, que determina qual resultado (*result*) executar. Uma declaração action deve conter elementos **result,** sendo que cada um corresponde a um possível valor de retorno do método action. Se, por exemplo, um método action retornar tanto **Action.SUCCESS** ou **Action.INPUT,** a declaração da action deve ter dois elementos **result** como estes:

```
<action ... >
  <result name="success"> ... </result>
  <result name="input"> ... </result>
</action>
```

Um elemento **result** pode ter esses atributos:

- **name**. O nome do resultado que combina com a saída do método action. Por exemplo, se o valor do atributo **name** é "input", o resultado será usado, se o método action retornar "input". O atributo **name** é opcional, e seu valor default é "success".

- **type**. O tipo do resultado. O valor default é "dispatcher", um tipo do resultado que redireciona a um JSP.

Os valores default de ambos os atributos ajuda você a escrever configurações menores. Por exemplo, estes elementos **result:**

```
<result name="success" type="dispatcher">/Product.jsp</result>
<result name="input" type="dispatcher">/ProductForm.jsp</result>
```

são os mesmos que estes:

```
<result>/Product.jsp</result>
<result name="input">/ProductForm.jsp</result>
```

O primeiro elemento **result** não precisa conter os atributos **name** e **type,** já que ele usa os valores default. O segundo elemento **result** precisa do atributo **name**, mas não precisa do atributo **type.**

Dispatcher é o tipo de resultado mais usado frequentemente, mas não é o único tipo disponível. A Tabela 3.1 mostra todos tipos de resultados padrão. As palavras em parênteses, na coluna do Tipo de Resultado, são nomes usados para registrar os tipos de resultados no arquivo de configuração. É isso mesmo, você deve registrar os tipos de resultados antes de poder usá-los.

Além daqueles mostrados na tabela 3.1, muitos desenvolvedores da terceira camada desenvolvem plugins que encapsulam novos tipos de resultados. Você também pode escrever seu próprio e o Capítulo 19, "Tipos de Resultados Adaptados" te ensina como.

Tabela 3.1 Tipos de Resultados Empacotados

Tipo de Resultado	Descrição
Chain (chain)	Usado para encadeamento de action
Dispatcher (dispatcher)	O tipo de resultado default, usado para redirecionamento de JSP
FreeMarker (freeMarker)	Usado para integração do FreeMarker
HttpHeader (httpHeader)	Usado para enviar cabeçalhos HTTP de volta ao browser
Redirect (redirect)	Usado para redirecionar a outro URL
Redirect Action (redirect-action)	Usado para redirecionar a outra action
Stream (stream)	Usado para enviar um **InputStream** ao browser
Velocity (velocity)	Usado para integração ao Velocity
XSLT (xslt)	Usado para integração XML/XSLT
Plain Text	Usado para enviar texto comum, normalmente para mostrar uma fonte de JSP

Cada um dos tipos de resultado é explicado abaixo:

Chain

O tipo de resultado *chain* existe para suportar encadeamento de action, ao passo que uma action é redirecionada a outra action e o estado da action original é retido na action desejada. O interceptador *Chaining* torna possível o encadeamento da action e, já que o interceptador é parte de **defaultStack**, você pode usar encadeamento de action imediatamente.

As declarações seguintes mostram um exemplo de encadeamento de action.

```
<package name="package1" extends="struts-default">
  <action name="action1" class="...">
    <result type="chain">action2</result>
  </action>

  <action name="action2" class="...">
    <result type="chain">
      <param name="actionName">action3</param>
```

```
      <param name="namespace">/namespace2</param>
    </result>
  </action>
</package>

<package name="package2" namespace="/namespace2"
    extends="struts-default">
  <action name="action3" class="...">
    <result>/MyView.jsp</result>
  </action>
</package>
```

action1 no **package1** é encadeada a **action2**, que, por sua vez, é encadeada a **action3**, em um package diferente. Encadear a uma action em um package diferente é permitido, desde que você especifique o parâmetro **namespace** da action desejada.

Se **action-x** é encadeada a **action-y, action-x** será colocada na Pilha de Valores, seguido por **action-y**, tornando **action-y** o objeto no topo da Pilha de Objetos (Object Stack). Como resultado, ambas actions podem ser acessadas da camada de apresentação. Se ambos **action-x** e **action-y** têm uma propriedade que compartilha do mesmo nome, você pode acessar a propriedade na **action-y** (o objeto topo), usando essa expressão OGNL:

```
[0].propertyName
```

ou

```
propertyName
```

Você pode acessar a propriedade, em **action-x**, usando esta expressão:

```
[1].propertyName
```

Porém, use encadeamento de action com cautela. Geralmente encadeamento de action não é recomendado, visto que pode tornar suas actions em um código espaguete. Se **action1** precisar ser redirecionada a **action2**, por exemplo, você precisa se perguntar se existe código em **action2** que precise ser colocado em um método, em uma classe de utilidade, que pode ser chamado tanto de **action1** quanto de **action2**.

Dispatcher

O tipo de resultado *Dispatcher* é o tipo usado mais frequentemente e é o tipo default. Esse tipo de resultado tem um parâmetro **location** que é o parâmetro default. Já que ele é o parâmetro default, você também pode passar um valor a ele, usando o elemento **param** desta maneira:

```
<result name="...">
  <param name="location">resource</param>
</result>
```

ou passando o valor ao elemento **result:**

```
<result name="...">resource</result>
```

Use esse tipo de resultado para encaminhar a um recurso, normalmente um JSP ou um arquivo HTML, na mesma aplicação. Você não pode encaminhar a um recurso externo, e a seu parâmetro **location** não pode ser atribuído uma URL absoluta. Para direcionar a um recurso externo, use o tipo de resultado *Redirect*.

Como quase todas as aplicações acompanhadas nesse livro usam esse tipo de resultado, um exemplo separado não será visto aqui.

FreeMarker

Esse tipo de resultado redireciona a um template FreeMarker. Veja Capítulo 21, "FreeMarker", para maiores detalhes.

HttpHeader

Esse tipo de resultado é usado para enviar um status HTTP ao browser. Por exemplo, a aplicação **app03a** tem esta declaração de action:

```
<default-action-ref name="CatchAll"/>

<action name="CatchAll">
  <result type="httpheader">
    <param name="status">404</param>
  </result>
</action>
```

O elemento **default-action-ref** é usado para especificar a action default, que é a action que será chamada, se uma URI não tiver uma action compatível. No exemplo acima, a action **CatchAll** é a action default. **CatchAll** usa um resultado HttpHeader para enviar um código de status 404 ao browser. Como resultado, se não houver nenhuma action compatível, ao invés de obter mensagens de erro do Struts

```
Struts Problem Report
Struts has detected an unhandled exception:
Messages: There is no Action mapped for namespace / and action name
blahblah
```

o usuário irá obter um relatório de status 404 e verá a página default do container.

Redirect

Esse tipo de resultado redireciona, ao invés de encaminhar, a outros recursos. Esse tipo de resultado aceita estes parâmetros:

- **location**. Especifica o alvo de redirecionamento
- **parse.** Indica se o valor de **location** deve ou não ser analisado para expressões OGNL. O valor default para **parse** é **true.**

A razão principal para usar *redirect*, oposto a um *forward*, é direcionar o usuário a um recurso externo. Um *forward* usando *dispatcher* é preferível quando direciona a um recurso interno, porque um *forward* é mais rápido. Redirecionamento poderia requerer uma volta desnecessária, visto que o browser do cliente poderia ser forçado a reenviar uma nova requisição HTTP.

Dito isso, existe uma razão pela qual você queira redirecionar a um recurso interno. Você, geralmente, redireciona, caso você não queira uma renovação da página invocando a action previamente chamada. Por exemplo, em uma aplicação típica, submeter um formulário chama a ação **Product_save**, que adiciona um novo produto à base de dados. Se essa action encaminha a um JSP, o campo Address do browser ainda estará mostrando a URL que chamou **Product_save**. Se o usuário, por alguma razão, pressionar o botão Reload ou Refresh do browser, a mesma action será chamada novamente, adicionando o mesmo produto à base de dados. O redirecionamento remove a associação com a action anterior, já que o alvo de redirecionamento tem uma nova URL.

Aqui tem-se um exemplo de redirecionamento a um recurso externo.

```
<action name="..." class="...">
  <result name="success" type="redirect">
    http://www.example.com/test.html
  </result>
</action>
```

E esse a um recurso interno

```
<action name="..." class="...">
  <result name="success" type="redirect">
    /jsp/Product.jsp
  </result>
</action>
```

Quando redireciona a um recurso interno, você especifica um URI para o recurso. A URI pode apontar para uma action. Por exemplo,

```
<action name="..." class="...">
  <result name="success" type="redirect">
    User_input.action
  </result>
</action>
```

Nos dois exemplos anteriores, o objeto alvo era um recurso relativo à URL corrente. Redirect não se importa se o alvo é um JSP ou uma action, ele sempre trata isso como se o alvo fosse outra página. Compare isso com o tipo de resultado Redirect Action explicado na próxima seção.

A classe base para o tipo de resultado Redirect chama-se **HttpServletResponse.sendRedirect**. Consequentemente, a action que foi executada nesse momento é perdida e não está mais disponível. Se você precisa do estado da action origem, disponível no destino alvo, você pode passar dados através dos parâmetros de sessão ou de requisição. A action **RedirectTest** abaixo redireciona à action **User_input** e passa o valor da propriedade **userName**, da classe action **TestUser,** como um parâmetro de requisição **userName**.

```
<action name="RedirectTest" class="app03a.TestUser">
  <result type="redirect">
    User_input.action?userName=${userName}
  </result>
</action>
```

Note também que você precisa codificar caracteres especiais tais como & e +. Por exemplo, se o alvo for http://www.test.com?user=1&site=4, você deve alterar o **&** por **&**

```
<result name="login" type="redirect">
  http://www.test.com?user=1&amp;site=4
</result>
```

Redirect Action

Esse tipo de resultado é similar a *Redirect*. Ao invés de redirecionar a um recurso diferente, entretanto, *Redirect Action* redireciona a outra action. O tipo de resultado *Redirect Action* pode ter estes parâmetros:

- **actionName**. Especifica o nome da action desejada. Esse é o atributo default.
- **namespace**. O namespace da action desejada. Se nenhum parâmetro **namespace** estiver presente, é assumido que a action desejada reside no mesmo namespace da action interna.

Por exemplo, o resultado Redirect Action seguinte redireciona a uma action **User_input**

```
<result type="redirect-action">
  <param name="actionName">User_input</param>
</result>
```

e já que **actionName** é o parâmetro default, você pode simplesmente escrever:

```
<result type="redirect-action">User_input</result>
```

Note que o valor do alvo de redirecionamento é um nome de action. Não há nenhum sufixo **.action** necessário, como é o caso com o tipo de resultado *Redirect*.

Além desses dois parâmetros, você pode passar outros parâmetros como parâmetros de requisição. Por exemplo, o tipo de resultado seguinte:

```
<result type="redirect-action">
  <param name="actionName">User_input</param>
  <param name="userId">xyz</param>
  <param name="area">ga</param>
</result>
```

será traduzido nesta URI:

```
User_input.action?userId=xyz&area=ga
```

Stream

Esse tipo de resultado não encaminha a um JSP. Ao invés disso, ele envia um fluxo de saída ao browser. Veja Capítulo 13, "Download de Arquivos", para mais exemplos.

Velocity

Esse tipo de resultado encaminha a um template Velocity. Veja Capítulo 20, "Velocity" para detalhes.

XSLT

Esse tipo de resultado usa XML/XSLT como a tecnologia de apresentação. Esse tipo de resultado é explicado mais adiante, no Capítulo 22, "XSLT".

PlainText

Um resultado PlainText é normalmente usado para enviar uma fonte de um JSP. Por exemplo, a action **Source_show** abaixo mostra a fonte da página **Menu.jsp:**

```
<action name="Source_show" class="...">
  <result name="success" type="plaintext">/jsp/Menu.jsp</result>
</action>
```

CONTROLE DE EXCEÇÃO COM MAPEAMENTO DE EXCEÇÃO

Em um mundo perfeito, todos os programas de computadores seriam livres de erros de programação. No mundo real, entretanto, não é o que ocorre. Não importa como você faz para cuidar de seu código, alguns erros de programação ainda podem tentar atingi-lo. Às vezes não é nem mesmo problema seu. Componentes de terceiros que você utilize em seu código podem ter erros de programação desconhecidos no momento em que você desenvolve a sua aplicação. Alguma exceção que não foi pega irá resultar em um código HTTP 500 constrangedor (erro interno).

Felizmente para programadores Struts, Struts deixa você pegar o que quer que seja, que você não possa pegar nas suas classes action usando o elemento **exception-mapping** no arquivo de configuração.

O elemento **exception-mapping** tem dois atributos, **exception** e **result**. O atributo **exception** especifica o tipo de exceção que será apanhada. O atributo **result** especifica um nome de resultado, tanto na mesma action quando na declaração **global-results**, que será executada se uma exceção for apanhada. Você pode aninhar um ou mais elementos **exception-mapping** sob sua declaração de action. Por exemplo, o elemento **exception-mapping** seguinte pega todas as exceções geradas pela action **User_save** e executa o resultado **error.**

```
<action name="User_save" class="...">
  <exception-mapping exception="java.lang.Exception"
    result="error"/>
  <result name="error">/jsp/Error.jsp</result>
  <result>/jsp/Thanks.jsp</result>
</action>
```

Você também pode fornecer um mapeamento global de exceção, através do uso do elemento **global-exception-mappings**. Qualquer **exception-mapping,** declarado sob o elemento **global-exception-mappings,** deve ser referir a um **result** no elemento **global-results**. Aqui está um exemplo de **global-exception-mappings:**

```
<global-results>
  <result name="error">/jsp/Error.jsp</result>
  <result name="sqlError">/jsp/SQLError.jsp</result>
</global-results>
<global-exception-mappings>
  <exception-mapping exception="java.sql.SQLException"
    result="sqlError"/>
  <exception-mapping exception="java.lang.Exception"
    result="error"/>
</global-exception-mappings>
```

Por trás de tudo está o interceptador *Exception,* que controla todas as exceções pegas. Parte da pilha default, essa exceção adiciona dois objetos à Pilha de Valores (que você irá aprender no Capítulo 4, "ONGL"), para cada exceção pega por um elemento **exception-mapping.**

- **exception,** que representa o objeto **Exception** gerado
- **exceptionStack,** que contém o valor do *stack trace*

Dessa maneira, você pode exibir a mensagem de exceção, ou o *stack trace,* na sua camada de apresentação, caso você faça essa escolha. A tag **property**, que você irá aprender no Capítulo 5, "Tags de Formulário", pode ser usada com este propósito:

```
<s:property value="exception.message"/>
<s:property value="exceptionStack"/>
```

MAPEAMENTO DE CARACTERES CURINGA

Uma aplicação grande pode ter dúzias, ou até mesmo uma centena, de declarações de action. Essas declarações podem confundir o arquivo de configuração e torná-lo menos legível. Para facilitar essa situação, você pode usar mapeamento de caracteres curinga, para juntar mapeamentos similares a um mapeamento.

Considere estes packages e declarações action;

```
<package name="wildcardMappingTest" namespace="/wild"
    extends="struts-default">
    <action name="Book_add" class="app03a.Book" method="add">
    <result>/jsp/Book.jsp</result>
    </action>
</package>
```

Você pode chamar a action **Book_add**, usando essa URI, que contém a combinação de namespace do package e o nome da action:

```
/wild/Book_add.action
```

Entretanto, se não há uma action com o nome **Book_add**, Struts irá combinar a URI com algum nome de action que inclua o caractere curinga *. Por exemplo, a mesma URI irá chamar a action denominada *_add, se **Book_add** não existir.

Considere agora esta declaração de package:

```
<package name="wildcardMappingTest" namespace="/wild"
    extends="struts-default">
  <action name="*_add" class="app03a.Book" method="add">
    <result>/jsp/Book.jsp</result>
  </action>
</package>
```

Essa action no package acima pode ser chamada usando alguma URI que contenha o namespace correto e **_add**, incluindo

```
/wild/Book_add.action
/wild/Author_add.action
/wild/_add.action
/wild/Whatever_add.action
```

Se mais de um curinga compatível foi encontrado, o último encontrado prevalece. No exemplo seguinte, a segunda action será sempre invocada:

```
<package name="wildcardMappingTest" namespace="/wild"
    extends="struts-default">
  <action name="*_add" class="app03a.Book" method="add">
    <result>/jsp/Book.jsp</result>
  </action>
  <action name="*" class="app03a.Author" method="add">
    <result>/jsp/Author.jsp</result>
  </action>
</package>
```

Se múltiplas combinações foram encontradas, o padrão que não utilize um caractere curinga será o utilizado. Observe estas declarações de action abaixo:

```
<package name="wildcardMappingTest" namespace="/wild"
    extends="struts-default">
  <action name="Book_add" class="app03a.Book" method="add">
    <result>/jsp/Book.jsp</result>
  </action>
  <action name="*_add" class="app03a.Author" method="add">
    <result>/jsp/Author.jsp</result>
  </action>
</package>
```

CAPÍTULO 3 – AÇÕES E RESULTADOS   75

A URI **/wild/Book_add_action** combina ambas as actions. Entretanto, já que a primeira declaração de action não usa um caractere curinga, ele terá preferência sobre o segundo.

E ainda tem mais.

A parte da URI que foi combinada com o caractere curinga está disponível como {1}. O que significa que, se você utilizar a URI **/wild/ MyAction_add.action,** e ela combinar uma action, cujo nome é *_add, {1} irá conter **MyAction**. Você, então, pode usar {1} para substituir outras partes da configuração.

Por exemplo, usando ambos * e {1}, as declarações de action

```
<package name="wildcardMappingTest" namespace="/wild"
    extends="struts-default">
    <action name="Book_add" class="app03a.Book" method="add">
        <result>/jsp/Book.jsp</result>
    </action>
    <action name="Author_add" class="app03a.Author"
    method="add">
        <result>/jsp/Author.jsp</result>
    </action>
</package>
```

podem ser substituídas por esta:

```
<package name="wildcardMappingTest" namespace="/wild"
    extends="struts-default">
    <action name="*_add" class="app03a.{1}" method="add">
        <result>/jsp/{1}.jsp</result>
    </action>
</package>
```

A URI **/wild/Book_add.action** irá chamar a action *_add, aonde "Book" foi combinado por *. O nome da classe será **app03a.Book** e o JSP para encaminhar será **Book.jsp**.

Usar **/wild/Author_add.action**, por outro lado, também irá chamar a action *_add, onde "Author" foi combinado por *. O nome da classe será **app03a.Author** e o JSP para encaminhar será **Author.jsp**.

Se você tentar **/wild/Whatever_add.action**, ele ainda irá combinar a action *_add. Entretanto, ele irá gerar uma exceção, porque não existe uma classe **Whatever** e JSP **Whatever.jsp**.

É possível usar múltiplos caracteres curinga. Considere o seguinte:

```
<package name="wildcardMappingTest" namespace="/wild"
    extends="struts-default">
    <action name="Book_add" class="app03a.Book" method="add">
    <result>/jsp/Book.jsp</result>
    </action>
    <action name="Book_edit" class="app03a.Book"
    method="edit">
    <result>/jsp/Book.jsp</result>
    </action>
    <action name="Book_delete" class="app03a.Book"
    method="delete">
    <result>/jsp/Book.jsp</result>
    </action>
    <action name="Author_add" class="app03a.Author"
    method="add">
    <result>/jsp/Author.jsp</result>
    </action>
    <action name="Author_edit" class="app03a.Author"
    method="edit">
    <result>/jsp/Author.jsp</result>
    </action>
    <action name="Author_delete" class="app03a.Author"
        method="delete">
    <result>/jsp/Author.jsp</result>
    </action>
</package>
```

Você tem visto que **Book_add** e **Author_add** podem ser combinados em ***_add.** Por extensão, **Book_edit** e **Author_edit** também podem consolidar, como também podem **Book_delete** e **Author_delete**. Se você notar que um nome de action contém a combinação do nome da classe action e o nome do método action e entender que **{1}** contém a primeira substituição e **{2}** a segunda substituição, você pode abreviar as seis declarações de action acima, dentro desta:

```
<package name="wildcardMappingTest" namespace="/wild"
    extends="struts-default">
    <action name="*_*" class="app03a.{1}" method="{2}">
    <result>/jsp/{1}.jsp</result>
    </action>
</package>
```

Por exemplo, a URI **/wild/Book_edit.action** irá combinar *_*. A substituição para o primeiro * é **Book** e a substituição para o segundo * é **edit**. Portanto, {1} irá conter **Book** e {2} irá conter **edit**.   **/wild/ Book_edit.action** consequentemente irá chamar a classe **app03a.Book** e executar seu método **edit**.

Nota

{0} contém a URI completa.

Note também que * combina zero ou mais caracteres excluindo o caractere barra ("/").

Invocação Dinâmica de Método

No jargão Struts o caractere '!' é chamado de *notação bang*. Ele é usado para chamar um método dinamicamente. O método pode ser diferente do especificado no elemento **action** para aquela action.

Por exemplo, a declaração action abaixo não tem um atributo **method.**

```
<action name="Book" class="app03a.Book">
```

Como resultado, o método **execute** em **Book** será chamado. Entretanto, usando uma *notação bang* você pode chamar um método diferente na mesma action.   A URI **/Book!edit.action**, por exemplo, irá chamar o método **edit** em **Book.**

Você não está aconselhado a usar invocação dinâmica de método, devido a razões de segurança. Você não iria querer que seus usuários fossem capazes de chamar métodos que você não expôs.

Por default, invocação dinâmica de método é habilitada. O arquivo **default.properties** especifica um valor de **true** para **struts.enable.DynamicMethodInvocation:**

```
struts.enable.DynamicMethodInvocation = true
```

Para desabilitar essa propriedade, ajuste essa chave para *false*, podendo ser em um arquivo **struts.properties** ou em um arquivo **struts.xml**, usando um elemento **constant** como este:

```
<constant name="struts.enable.DynamicMethodInvocation"
    value="false" />
```

Testando Classes Action

Considerando que classes action são classes POJO, testar classes action é fácil. Tudo que você precisa é instanciar a classe, ajustar suas propriedades, e chamar seu método action. Eis um exemplo:

```
MyAction action = new MyAction();
action.setUserName("jon");
action.setPassword("secret");
String result = action.execute();
if ("success".equals(result)) {
   // action permitida
} else
   // action não permitida
}
```

Sumário

Struts resolve problemas comuns em desenvolvimento de aplicações web, tais como navegação de página, validação de entrada, e daí por diante. Como resultado, você pode se concentrar na tarefa mais importante em desenvolvimento: escrever lógica de negócio em classes action. Esse capítulo explicou como escrever classes action efetivas, bem como tópicos relacionados, tais como os tipos de resultados default, mapeamento global de exceção, mapeamento de caracteres curinga e invocação dinâmica de métodos.

CAPÍTULO 4

OGNL

A camada de apresentação no padrão MVC (Model-View-Controller) é responsável por mostrar a camada de negócio e outros objetos. Para acessar esses objetos de um JSP, você usa OGNL (Object-Graph Navigation Language), a linguagem de expressão que o Struts herda de WebWork.

OGNL pode ser útil nas seguintes tarefas:

- Combinar elementos GUI (campos de texto, caixas de verificação, etc) para objetos da camada de negócio e converter valores de um tipo a outro.

- Combinar tags genéricas com objetos da camada de negócio.

- Criar listas e mapas (maps) à vontade, para serem usados com elementos GUI.

- Chamar métodos. Você pode chamar qualquer método, não apenas *getters* e *setters*.

OGNL é poderoso, mas apenas parte de seu poder é relevante aos desenvolvedores Struts. Este capítulo discute propriedades do OGNL das quais você irá precisar para projetos Struts. Se você estiver interessado em aprender novas propriedades do OGNL, visite estas páginas na web:

```
http://www.opensymphony.com/ognl
http://www.ognl.org
```

Nota

Após ler esse capítulo pela primeira vez, não se preocupe se você não entender completamente o OGNL. Simplesmente pule ao próximo capítulo e veja como OGNL é usado em tags de formulário e tags genéricas. Uma vez que você começar a usá-lo, você pode voltar a este capítulo como referência.

A PILHA DE VALORES

Para cada chamada de action, um objeto chamado Pilha de Valores (Value Stack) é criado antes da execução do método action. A Pilha de Valores é usada para armazenar a action e outros objetos. A Pilha de Valores é acessada durante processamento (por interceptadores) e pela camada de apresentação, para mostrar a action e outras informações. A fim de que o JSP acesse a Pilha de Valores, o framework Struts a armazena como uma atributo de requisição denominado **struts.valueStack**.

Há duas unidades lógicas dentro da Pilha de Valores: a Pilha de Objetos (Object Stack) e o Mapa de Contexto (Context Map). Como ilustrado na Figura 4.1, Struts coloca a action e os objetos relacionados na Pilha de Objetos e coloca vários mapas ao Mapa de Contexto.

Nota

O termo Pilha de Valores geralmente é usado para se referir à Pilha de Objetos na Pilha de Valores.

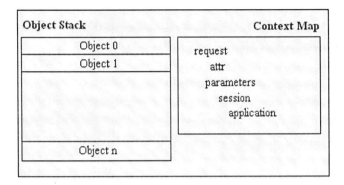

Figura 4.1: A pilha de valores

A seguir temos os mapas que são colocados no Mapa de Contexto:

- **parameters.** Um **Map** que contenha parâmetros de requisição para a requisição corrente.
- **request.** Um **Map** contendo todos os atributos de requisição para a requisição corrente.
- **session.** Um **Map** contendo atributos de sessão para o usuário corrente.
- **application.** Um **Map** contendo atributos de **ServletContext** para a aplicação corrente.
- **attr.** Um **Map** que procura por atributos nesta ordem: **request, session** e **application.**

Você pode usar OGNL para acessar objetos na Pilha de Objetos e no Mapa de Contexto. Para informar à *engine* OGNL onde fazer a pesquisa, coloque um prefixo # na sua expressão OGNL, se você pretende acessar o Mapa de Contexto. Sem um #, a pesquisa será conduzida à Pilha de Objeto.

Nota

Um parâmetro de requisição sempre retorna um *array* (matriz) de **Strings**, não uma **String**. Portanto, para acessar o número de parâmetros de requisição, use

#parameters.count[0]

e não

#parameters.count

Agora, vamos verificar a OGNL mais profundamente.

Lendo Propriedades
de Objeto na Pilha de Objetos

Para acessar a propriedade de um objeto na Pilha de Objetos, use uma das seguintes formas:

```
object.propertyName
object['propertyName']
object["propertyName"]
```

Objetos da Pilha de Objetos podem ser referenciados usando índice baseado no zero. Por exemplo, o objeto superior na Pilha de Objetos é referenciado simplesmente por [0] e o objeto imediatamente abaixo, como [1]. Por exemplo, a expressão seguinte retorna o valor da propriedade **message** do objeto superior:

```
[0].message
```

é claro que isso também pode ser escrito como **[0]["message"]** ou **[0]['message']**.

Para ler a propriedade **time** do segundo objeto na pilha, você pode usar **[1].time** ou **[1]["time"]** ou **[1]['time']**.

Por exemplo, a tag **property**, uma das muitas tags que você irá aprender no Capítulo 5, "Tags de Formulário", é usada para imprimir um valor. Ao usar a tag **property** para imprimir a propriedade **time** do primeiro objeto da pilha, você pode escrever qualquer um dos seguintes:

```
<s:property value="[0].time"/>
<s:property value="[0]['time']"/>
<s:property value='[0]["time"]'/>
```

Uma característica importante da implementação OGNL em Struts é que, se a propriedade especificada não for encontrada no objeto especificado, a pesquisa irá continuar com objetos próximos ao objetos especificados. Por exemplo, se o objeto superior não tiver uma propriedade **name**, a expressão seguinte irá procurar os objetos subseqüentes na Pilha de Objetos, até a propriedade ser encontrada ou até não haver mais objetos na pilha.

```
[0].name
```

O index [*n*] especifica a posição de início para pesquisa, ao invés do objeto a procurar. A expressão seguinte procura pelo terceiro objeto na pilha para a propriedade **user**.

```
[2]["user"]
```

Se você quiser procurar a partir do objeto superior, você pode remover o índice por inteiro. Portanto,

```
[0].password
```

é o mesmo que

```
password
```

Note também que, se o valor retornado tem propriedades, você pode usar a mesma sintaxe para acessar as propriedades. Por exemplo, se uma action Struts tem uma propriedade **address** que retorna uma instância de **Address**, você pode usar a seguinte expressão para acessar a propriedade **streetNumber** da propriedade **address** da action.

```
[0].address.streetNumber
```

Lendo Propriedades
de Objeto no Mapa de Contexto

Para acessar a propriedade de um objeto no Mapa de Contexto, use uma das formas:

```
#object.propertyName
#object['propertyName']
#object["propertyName"]
```

Por exemplo, a expressão seguinte retorna o valor do atributo de sessão **code:**

```
#session.code
```

Essa expressão retorna a propriedade **contactName** do atributo de requisição **customer**.

```
#request["customer"]["contactName"]
```

A expressão seguinte tenta encontrar o atributo **lastAccessDate** no objeto de requisição. Se nenhum atributo for encontrado, a pesquisa irá continuar com objetos de seção e aplicação.

```
#attr['lastAccessDate']
```

CHAMANDO CAMPOS E MÉTODOS

Você pode chamar campos e métodos estáticos em qualquer classe Java, não necessariamente em objetos que estão carregados na Pilha de Valores. Além disso, você chamar campos públicos e métodos (estáticos ou outros) em qualquer objeto na Pilha de Valores. Em ambos os casos, você pode passar argumentos a um método.

Para chamar um campo ou método estático, use essa sintaxe:

```
@fullyQualifiedClassName@fieldName
@fullyQualifiedClassName@methodName(Lista de Argumentos)
```

Como um exemplo, essa expressão acessa o campo estático **DECEMBER** em **java.util.Calendar**:

```
@java.util.Calendar@DECEMBER
```

Para chamar o método estático **now** na classe **app04.Util** (mostrado na Listagem 4.1), use o seguinte:

```
@app04a.Util@now()
```

Listagem 4.1: o Método Estático now

```
package app04a;
import java.util.Date;
public class Util {
  public static Date now() {
    return new Date();
  }
}
```

Para chamar um campo de instância e método, use essa sintaxe:

```
object.fieldName
object.methodName(Lista de Argumentos)
```

Aqui, *object* representa uma referência a um objeto da Pilha de Objetos. Você usa a mesma sintaxe, como quando acessa uma propriedade. Por exemplo, este se refere ao primeiro objeto na pilha:

```
[0]
```

Para chamar o campo **datePattern** em **app04.Test2Action** (mostrado na Listagem 4.2), use esta expressão:

```
[0].datePattern
```

Para chamar o método **repeat** em **app04.Test2Action**, use esta:

```
[0].repeat(3, "Hello")
```

Listagem 4.2: o Método repeat

```
public String repeat(int count, String s) {
  StringBuilder sb = new StringBuilder();
  for (int i = 0; i < count; i++) {
    sb.append(s);
  }
  return sb.toString();
}
```

Trabalhando com Arrays

Você pode ler uma propriedade que retorna um *array* da mesma maneira que faria com qualquer propriedade. Uma propriedade *array* retorna elementos separados por vírgula sem colchetes. Por exemplo, a propriedade **colors,** cujo método *get* é mostrado na Listagem 4.3, irá retornar isso:

```
blue, green, red
```

Listagem 4.3: o Método getColors

```
public String[] getColors() {
   String[] colors = {"blue", "green", "red"};
   return colors;
}
```

Você pode acessar elementos individuais usando a mesma notação que você usou para acessar um elemento array de Java. Por exemplo, o elemento abaixo retorna a primeira cor em **colors:**

```
colors[0]
```

Você também pode chamar um campo de comprimento do *array* para encontrar quantos elementos ele possui.

```
colors.length
```

Trabalhando com Listas

Você pode ler uma propriedade do tipo **java.util.List** exatamente como faria para qualquer propriedade. O valor de retorno de uma **List** é uma representação **String** de seus elementos, separados por vírgula em duplos colchetes. Por exemplo, a propriedade **countries,** cujo método *get* é mostrado na Listagem 4.4, retorna o seguinte:

```
[Australia, Fiji, New Zealand, Vanuatu]
```

Listagem 4.4: o Método getCountries

```java
public List<String> getCountries() {
    List<String> countries = new ArrayList<String>();
    countries.add("Australia");
    countries.add("Fiji");
    countries.add("New Zealand");
    countries.add("Vanuatu");
    return countries;
}
```

Você pode acessar elementos individuais em uma lista, usando a mesma notação que você usaria para acessar um elemento do *array*. Por exemplo, o elemento abaixo retorna o primeiro país em **countries:**

```
countries[0]
```

Você pode investigar sobre o tamanho de uma **Lista** chamando seu método **size** ou a palavra chave especial **size.** O exemplo seguinte retorna o número de elementos em countries:

```
countries.size
countries.size()
```

A palavra chave **isEmpty,** ou uma chamada a seu método **isEmpty,** lhe informa se uma **Lista** está vazia ou não.

```
countries.isEmpty
countries.isEmpty()
```

Você também pode usar expressões OGNL para criar listas. Essa propriedade será muito útil quando você estiver trabalhando com tags de formulários que requerem opções tais como **select** e **radio.** Para criar uma lista, você usa a mesma notação da declaração de um *array* em Java. Por exemplo, a expressão seguinte cria uma Lista de três **Strings:**

```
{"Alaska", "California", "Washington"}
```

A expressão seguinte cria uma Lista de dois *Integers*. Os elementos primitivos serão automaticamente convertidos para **Integers.**

```
{"Alaska", "California", "Washington"}[0]
```

Trabalhando com Mapas

Referenciar uma propriedade **Map** retorna todos seus pares chave/valor neste formato:

```
#{ chave-1=valor-1, chave-2=valor-2, ... , chave-n=valor-n }
```

Por exemplo, a propriedade **cities,** cujo *getter* é mostrado na Listagem 4.5, retorna o seguinte:

```
{UT=Salt Lake City, CA=Sacramento, WA=Olympia}
```

Listagem 4.5: o Método getCities

```java
public Map<String, String> getCities() {
    Map<String, String> cities = new HashMap<String, String>();
    cities.put("CA", "Sacramento");
    cities.put("WA", "Olympia");
    cities.put("UT", "Salt Lake City");
    return cities;
}
```

Para buscar um valor de um **MAP,** use esse formato:

```
map[key]
```

Por exemplo, para obter a cidade cuja chave é 2, use o formato:

```
cities["CA"]
```

ou

```
cities['CA']
```

Você pode usar **size** ou **size()** para obter o número de pares chave/valor em um **Map.**

```
cities.size
cities.size()
```

Você pode usar **isEmpty** ou **isEmpty()** para descobrir se um **Map** está vazio.

```
cities.isEmpty
cities.isEmpty()
```

E, também, você pode acessar os **Maps** no Mapa de Contexto. Apenas não se esqueça de usar um prefixo #. Por exemplo, a expressão seguinte acessa o **Map** de **application** e obtém o valor de "code":

```
#application["code"]
```

Você pode criar um Map usando a sintaxe:

```
#{ chave-1: valor-1, chave-2: valor-2, ... chave-n: valor-n }
```

Pode-se ter espaços em branco entre uma chave e o sinal de dois pontos e entre o sinal de dois pontos e um valor.

Por exemplo, o **Map** de **cities** pode ser reescrito usando esta expressão OGNL:

```
#{ "CA":"Sacramento", "WA":"Olympia", "UT":"Salt Lake City" }
```

Isso será útil quando você tiver começado a trabalhar com tags que precisem de opções, tais como **radio** e **select.**

JSP EL: QUANDO A OGNL NÃO PODE AJUDAR

Algumas vezes o OGNL e as *custom tags* do Struts não são as melhores opções. Por exemplo, para imprimir objeto da camada de negócio em um JSP você usa a tag **property**, que é incluída na biblioteca de tags do Struts, tal como:

```
<s:property value="serverValue"/>
```

Entretanto, você pode conseguir o mesmo usando esta pequena expressão da Expression Language do JSP:

```
${serverValue}
```

e, também, não há uma maneira fácil de usar as *custom tags* do Struts para exibir um cabeçalho de requisição. Com EL, isso é fácil. Por exemplo, a expressão EL seguinte exibe o valor do cabeçalho do host:

```
${header.host}
```

Portanto, você irá achar prático usar OGNL e EL juntas. A EL é explicada no Apêndice B, "A Expression Language do JSP".

SUMÁRIO

A camada de apresentação no padrão MVC (Model-View-Controller) é responsável por mostrar a camada de negócio e outros objetos, e você usa OGNL para acessar os objetos. Este capítulo discutiu a Pilha de Valores que armazena a action e os objetos de contexto e explicou como usar OGNL para acessá-los e criar *arrays*, listas, e mapas.

CAPÍTULO 5

TAGS DE FORMULÁRIOS

Struts lida com uma biblioteca de tag que incorpora dois tipos de tags: de Interface de Usuário (UI) e não-UI. As tags UI são categorizadas mais adiante em dois grupos: aqueles usados para entrada de dados e aqueles para mostrarem mensagens de erro. As tags UI no primeiro grupo são chamadas de tags de formulário e são o assunto de discussão desse capítulo. As tags UI para mostrar mensagens de erro são explicadas no Capítulo 8, "Validação da Entrada". As tags não-UI ajudam com fluxo de controle e acesso a dados e são apresentadas no Capítulo 6, "Tags Genéricas". Além disso, tem-se também tags que ajudam com programação AJAX e são discutidas no Capítulo 27, "AJAX".

form é a tag principal na categoria de tags de formulário. Essa tag é renderizada como um elemento de formulário HTML. Outras tags de formulário são desenhadas como elementos de entrada. O principal benefício de usar os tags de formulário é quando a validação da entrada falha e o formulário é retornado ao usuário. Com codificação HTML manual, você deve se preocupar em repopular os campos de entrada com os valores que o usuário entrou previamente. Com as tags de formulário, isso é feito para você.

Outra vantagem de usar tags de formulário é que elas ajudam com o modelo e tem-se vários templates de modelo para cada tag. Esses templates de modelo são organizados em temas e o Struts vem com vários temas, dando-lhe flexibilidade para escolher um modelo adequado a sua aplicação.

Esse capítulo explica cada um dos tags de formulário em uma seção diferente. Antes de você aprender a primeira tag, entretanto, é relevante a discussão de como usar as tags Struts e ler com atenção os atributos comuns compartilhados por todas as tags. Após algumas tags básicas, três atributos – **list, listKey,** e **listValue** – são mostrados em seções separadas devido a sua importância em tags que usam essa opção, incluindo **radio, combobox, select, checkboxlist, e doubleselect.** Após cobrir todas as tags de formulário, os temas serão explicados no final desse capítulo.

USANDO TAGS STRUTS

Você pode usar as tags UI e não-UI ao declarar essa diretiva **taglib** no topo do seu JSP.

```
<%@ taglib prefix="s" uri="/struts-tags" %>
```

Um atributo da tag pode ser atribuído a um valor estático ou à uma expressão OGNL. Se você atribuir uma expressão OGNL, a expressão será avaliada, se você confiná-la com %{e}. Por exemplo, o seguinte atributo **label** é atribuído a String literal "userName"

```
label="userName"
```

O exemplo abaixo atribui ao atributo label uma expressão userName da OGNL, e o valor será qualquer que seja o valor da propriedade da action userName:

```
label="%{userName}"
```

O exemplo abaixo atribui ao atributo **label** o valor do atributo **userName** de sessão.

```
label="%{#session.userName}"
```

A esse atributo **value** é atribuído o valor 6:

```
value="%{1 + 5}"
```

ATRIBUTOS COMUNS

Classes tag de todas as tags do Struts são parte do pacote **org.apache.struts2.components** e todas as tags UI são derivadas da classe **UIBean**. Essa classe define atributos comuns que são herdados pelas tags UI. A Tabela 5.1 lista os atributos.

Um nome de atributo com um asterisco indica que o atributo está disponível apenas se um tema diferente do simples for usado. Temas são explicados até o fim deste capítulo.

Tabela 5.1: Os Atributos Comuns

Nome	Tipo de dado	Descrição
cssClass	String	A classe CSS para o elemento renderizado.
cssStyle	String	O estilo CSS para o elemento renderizado.
title	String	Especifica o atributo **title** do HTML.
disabled	String	Especifica o atributo **disabled** do HTML
label*	String	Especifica o rótulo para um elemento de formulário no xhtml e no tema ajax.
labelPosition*	String	Especifica a posição do rótulo no xhtml e no tema ajax.
key	String	O nome da propriedade que esse campo de entrada representa. É um atalho para os atributos **name label.**
requiredposition *	String	Especifica a posição do rótulo de um elemento do formulário no xhtml e no tema ajax. Os valores possíveis são **left** e **right** (padrão).
name	String	Especifica o nome do atributo **name** do HTML que um elemento de entrada mapeia a uma propriedade de action.
required*	boolean	No tema xhtml, esse atributo indica quando um asterisco (*) pode ou não ser adicionado ao rótulo.
tabIndex	String	Especifica o atributo **tabIndex** do HTML.
value	String	Especifica o valor de um elemento do formulário.

O atributo **name** é provavelmente o mais importante dentre todos. Em uma tag de entrada, ele mapeia uma propriedade action. Outros atributos importantes incluem **value, label** e **key.** O atributo **value** guarda o valor do usuário. Você raramente usa esse atributo em uma tag de entrada a não ser que a tag de entrada seja um campo escondido.

Por padrão, cada tag de entrada é acompanhada por um elemento label. O atributo **label** especifica o texto para o elemento label. O atributo **key** é um atalho para os atributos **name** e **label.** Se o atributo **key** é usado, o valor atribuído a esse atributo será atribuído ao atributo **name** e o **value** retornado da chamada a **getText(key)** será atribuído ao atributo **label.** Em outras palavras:

```
key="aKey"
```

é o mesmo que

```
name="aKey" label="%{getText('aKey')}"
```

se ambos os atributos **key** e **name** estão presentes, o valor explícito para **name** tem precedência e ao atributo **label** é atribuído o resultado de **getText(key).** Se o atributo **key** e o atributo **label** estão presentes, o valor atribuído ao atributo **label** será usado.

Tabela 5.2: Atributos Relacionados ao Template

Nome	Tipo de Dado	Descrição
templateDir	String	O diretório no qual reside o template.
theme	String	O nome do tema.
template	String	O nome do template

Tabela 5.3: Atributos Relacionados ao Javascript

Nome	Tipo de Dado	Descrição
onClick	String	Atributo onclick do Javascript.
ondblclick	String	Atributo ondblclick do Javascript.
onmousedown	String	Atributo onmousedown do Javascript.
onmouseup	String	Atributo onmouseup do Javascript.
onmouseover	String	Atributo onmouseover do Javascript.
onmouseout	String	Atributo onmouseout do Javascript.
onfocus	String	Atributo onfocus do Javascript.
onkeypress	String	Atributo onkeypress do Javascript.
onkeyup	String	Atributo onkeyup do Javascript.
onkeydown	String	Atributo onkeydown do Javascript.
onselect	String	Atributo onselect do Javascript.
onchange	String	Atributo onchange do Javascript.

Tabela 5.4: Atributos Relacionados a Tooltip

Nome	Tipo de Dado	Descrição
tooltip	String	O texto usado como tooltip.
tooltipIconPath	String	O caminho para um ícone tooltip. O valor padrão é /struts/static/tooltip/tooltip.gif.
tooltipDelay	String	O atraso (em milissegundos) desde a hora que o mouse paira em cima do tooltip até a hora que o tooltip é mostrado. O valor padrão é 500.

O atributo **key** será discutido mais adiante no Capítulo 9, "Tratamento de Mensagens".

Além dos atributos comuns apresentados na Tabela 5.1, também existem atributos relacionados aos templates, JavaScript, e tooltips. Esses atributos são mostrados nas Tabelas 5.2, 5.3 e 5.4, respectivamente.

A Tag form

A tag **form** renderiza um formulário HTML. Seus atributos são mostrados na Tabela 5.5. Todos os atributos são opcionais.

Tabela 5.5: Atributos de Tag de Formulário

Nome	Tipo de Dado	Valor Padrão	Descrição
acceptcharset	String		Conjunto de caracteres delimitados por vírgula ou espaço que são aceitos para esse formulário.
Action	String	action corrente	A action à qual deva submeter esse formulário.
Enctype	String		O atributo **enctype** do formulário.
Method	String	post	O método do formulário.
namespace	String	namespace corrente	O namespace da action.
Onsubmit	String		O atributo **onSubmit** do Javascript.
openTemplate	String		Template para abrir o formulário renderizado.
portletMode	String		O modo portlet para mostrar após submeter o formulário.
Target	String		O atributo **target** do formulário.

Tabela 5.5: Atributos de Tag de Formulário (continuação)

Nome	Tipo de Dado	Valor Padrão	Descrição
validate	String	false	Indica se a validação no lado do cliente deva ser feita nos temas xhtml/ajax.
windowState	String		O estado da janela para mostrar após submeter o formulário.

A seguir tem-se um exemplo da tag de formulário.

```
<s:form>
   ...
</s:form>
```

Por padrão, uma tag de formulário é renderizada como um formulário HTML projetado em uma tabela:

```
<form id="..." name="..." method="POST" action="..."
     onsubmit="return true;">
   <table class="wwFormTable">

   </table>
</form>
```

Um campo de entrada aninhado dentro de uma tag de formulário é renderizado como uma linha da tabela. A linha tem dois campos, um para um rótulo e um para o elemento de entrada. Um botão de submit é traduzido em uma linha de tabela com uma célula única que ocupa duas colunas. Por exemplo, as tags seguintes:

```
<s:form action="...">
   <s:textfield name="userName" label="User Name"/>
   <s:password name="password" label="Password"/>
   <s:submit/>
</s:form>
```

são descritas como:

```
<form id="User_login" name="User_login" onsubmit="return
true;"
     action="..." method="POST">
```

```
<table class="wwFormTable">
<tr>
  <td class="tdLabel">
    <label for="User_login_userName" class="label">
    User Name:
    </label>
  </td>
  <td>
    <input type="text" name="userName" value=""
    id="User_login_userName"/>
  </td>
</tr>
<tr>
  <td class="tdLabel">
    <label for="User_login_password" class="label">
    Password:
    </label>
  </td>
  <td>
    <input type="password" name="password"
    id="User_login_password"/>
  </td>
</tr>
<tr>
  <td colspan="2">
    <div align="right">
        <input type="submit" id="User_login_0"
value="Submit"/>
    </div>
  </td>
</tr>
</table>
</form>
```

Você pode alterar o modelo padrão, alterando o tema. Temas são discutidos na seção "Temas", quase no final do capítulo.

AS TAGS TEXTFIELD, PASSWORD E HIDDEN

A tag **textfield** é renderizada como um campo de texto de entrada, a tag **password,** como um campo de senha e a tag **hidden,** como um campo escondido. Atributos comuns a **textfield** e **password** são mostrados na Tabela 5.6.

Tabela 5.6: Atributos das Tags textfield e Password

Nome	Tipo de Dado	Valor Padrão	Descrição
maxlength	integer		O número máximo de caracteres que o elemento renderizado pode aceitar.
readonly	boolean	false	Indica se a entrada é apenas leitura.
size	integer		O atributo do tamanho.

A tag **password** estende **textfield** ao adicionar um atributo **showPassword**. Esse atributo recebe um valor boleano e seu valor padrão é false. Ele determina se o valor inserido será ou não mostrado novamente quando o formulário contido falha na validação. Um valor true mostra novamente a senha quando o controle é redirecionado de volta ao formulário.

Por exemplo, a tag **password** seguinte tem seu atributo **showPassword** com o valor **true**.

```
<s:form action="Product_save">
   <s:password key="password" showPassword="true"/>
   ...
</s:form>
```

A action **TextField** na aplicação **app05a** lhe mostra como você pode usar as tags **textfield, password,** e **hidden**. A action é associada à classe **TextFieldTestAction**, na Listagem 5.1, e é encaminhada à página **TextField.jsp** na Listagem 5.2.

Listagem 5.1: a Classe TextFieldTestAction

```
package app05a;
import com.opensymphony.xwork2.ActionSupport;
public class TextFieldTestAction extends ActionSupport {
   private String userName;
   private String password;
   private String code;

   // getters e setters não são mostradas para economizar espaço
}
```

Listagem 5.2: a Página TextField.jsp

```
<%@ taglib prefix="s" uri="/struts-tags" %>
<html>
<head>
<title>Exemplo da Tag TextField</title>
<style type="text/css">@import url(css/main.css);</style>
</head>
<body>
<div id="global" style="width:150px">
   <h3>Login</h3>
   <s:form>
      <s:hidden name="code" value="1"/>
      <s:textfield name="userName" label="User Name"
         tooltip="Enter User Name"
         labelposition="top"
      />
      <s:password name="password" label="Password"
         tooltip="Enter Password"
         labelposition="top"
      />
      <s:submit value="Login"/>
   </s:form>
</div>
</body>
</html>
```

Você pode testar a action redirecionando seu navegador dessa forma:

```
http://localhost:8080/app05a/TextField.action
```

O formulário renderizado e os elementos de entrada são mostrados na Figura 5.1. O atributo **tooltip** para cada tag de entrada resulta no ícone de tooltip padrão a ser mostrado.

Figura 5.1: Usando textfield, password e hidden

A TAG SUBMIT

A tag **submit** renderiza um botão de submit. Essa tag pode ter um entre três tipos de renderização, dependendo do valor atribuído a seu atributo **type**. A seguir, temos valores válidos para o atributo **type:**

- input. Renderiza **submit** como <input type = "submit" .../>
- button. Renderiza **submit** como <button type = "submit" .../>
- image. Renderiza **submit** como <image type = "image" .../>

Os atributos para a tag **submit** estão listados na Tabela 5.7.

O exemplo seguinte é de um botão de submit cujo valor é "Login":

```
<s:submit value="Login"/>
```

Tabela 5.7: Atributos da Tag submit

Nome	Tipo de Dado	Valor Padrão	Descrição
action	String		O atributo **action** do HTML.
align	String		O atributo **align** do HTML.
method	String		O atributo **method**.
type	String	input	O tipo do elemento renderizado. O valor pode ser input, button, ou image.

A Tag RESET

A tag **reset** renderiza um botão de reset. Ela pode ter um entre dois tipos de renderização, dependendo do valor atribuído a seu atributo **type**. A seguir, temos valores válidos para o atributo **type**.

- input. Renderiza **reset** como <input type="reset".../>
- button. Renderiza **reset** como <button type="reset".../>

Os atributos da tag **reset** são mostrados na Tabela 5.8.

Tabela 5.8: Atributos da Tag reset

Nome	Tipo de Dado	Valor Padrão	Descrição
Action	String		O atributo **action** do HTML.
Align	String		O atributo **align** do HTML.
Method	String		O atributo **method**
Type	String	input	O tipo do elemento renderizado. O valor pode ser input ou button.

A seguir verifica-se uma tag **reset.**

```
<s:reset value="Reset to previous values" />
```

A Tag LABEL

A tag **label** é renderizada como um elemento label do HTML. Seu atributo é mostrado na Tabela 5.9.

Tabela 5.9: Atributo da Tag label

Nome	Tipo de Dado	Valor Padrão	Descrição
for	String		O atributo for do HTML.

A Tag HEAD

A tag **head** é renderizada como um elemento head do HTML. Ela é raramente utilizada. Entretanto, a tag nomeada identicamente na biblioteca de tags do AJAX apresenta um papel importante na programação AJAX com Struts.

A TAG TEXTAREA

Essa tag é renderizada como um elemento textarea. Seus atributos são mostrados na Tabela 5.10.

Tabela 5.10: Atributos da Tag textarea

Nome	Tipo de Dado	Valor Padrão	Descrição
cols	integer		O atributo cols do HTML.
readonly	boolean	false	Indica se a área de texto é apenas leitura.
rows	integer		O atributo rows do HTML.
wrap	boolean		O atributo wrap do HTML.

Por exemplo, a classe **TestAreaTestAction,** na Listagem 5.3, tem uma propriedade que é mapeada a uma tag **textarea,** na página **TextArea.jsp,** na Listagem 5.4.

Listagem 5.3: a Classe TextAreaTestAction

```
package app05a;
import com.opensymphony.xwork2.ActionSupport;
public class TextAreaTestAction extends ActionSupport {
    private String description;
    //getter and setter não são mostrados
}
```

Listagem 5.4: a Página TextArea.jsp

```
<%@ taglib prefix="s" uri="/struts-tags" %>
<html>
<head>
<title>textfield Tag Example</title>
<style type="text/css">@import url(css/main.css);</style>
</head>
<body>
<div id="global" style="width:450px">
  <s:form>
    <s:textarea name="description" label="Description"
         cols="35" rows="8"
    />
```

```
        <s:reset/>
        <s:submit/>
    </s:form>
</div>
</body>
</html>
```

Para testar esse exemplo, direcione o seu browser para essa URL:

http://localhost:8080/app05a/TextArea.action

Figura 5.2 mostra como se parece a tag **textarea**.

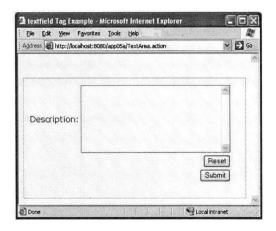

Figura 5.2: Usando Área de Texto

A TAG CHECKBOX

A tag **checkbox** renderiza uma caixa de verificação HTML. Ela tem apenas um atributo específico para essa tag, **fieldValue**, que é mostrado na Tabela 5.11. Você irá aprender, no final desta seção, que esse atributo pode ser muito útil.

Tabela 5.11: Atributo da Tag checkbox

Nome	Tipo de Dado	Valor Padrão	Descrição
fieldValue	String	true	O valor atual da caixa de verificação.

104 STRUTS 2 PROJETO E PROGRAMAÇÃO: UM TUTORIAL

Como outros elementos de entrada, uma caixa de verificação HTML adiciona um parâmetro de requisição à requisição HTML, quando o formulário contido é submetido. O valor de uma caixa de verificação marcada é "on". Se o nome do elemento da caixa de verificação é **subscribe**, por exemplo, o par chave/valor do parâmetro de requisição correspondente é

```
subscribe=on
```

Entretanto, uma caixa de verificação desmarcada não adiciona um parâmetro de requisição. Seria bom se ele enviasse isso:

```
subscribe=off
```

Mas ele não o faz.

E aqui está o problema: não há como o servidor saber se uma caixa de verificação marcada foi desmarcada. Considere um objeto, em **HttpSession,** que tem uma propriedade boleana ligada a uma caixa de verificação. Um valor de "on" (quando a caixa de verificação está marcada) poderia chamar a propriedade *setter* e colocar o valor em true. Uma caixa de verificação desmarcada poderia não chamar a propriedade *setter* e, como resultado, se o valor anterior foi true, ele deveria permanecer true.

A tag **checkbox** supera essa limitação criando um valor hidden acompanhado. Por exemplo, a seguinte tag **checkbox**

```
<s:checkbox label="inStock" key="inStock"/>
```

é renderizada como

```
<input type="checkbox" name="inStock" value="true"
   id="ActionName_inStock"/>
<input type="hidden" name="__checkbox_inStock" value="true"/>
```

Se a caixa de verificação estiver marcada quando o formulário contido é submetido, ambos os valores (a caixa de verificação e o valor hidden) serão enviados ao servidor. Se a caixa de verificação não estiver marcada, apenas o campo hidden será enviado e a ausência do parâmetro checkbox indicará que a caixa de verificação foi desmarcada. O interceptador checkbox ajuda, garantindo que a propriedade *setter* obtenha a chamada independente do estado da caixa de verificação. Uma caixa de verificação marcada irá passar o literal String **"true"** à propriedade *setter* e uma não marcada irá passar o literal String **"false"**.

Como um exemplo, a classe **CheckBoxTestAction,** na Listagem 5.5, tem propriedades boleanas que são mapeadas a três tags **checkbox** na página **CheckBox.jsp,** na Listagem 5.6.

Listagem 5.5: a Classe CheckBoxTestAction

```
package app05a;
import com.opensymphony.xwork2.ActionSupport;
public class CheckBoxTestAction extends ActionSupport {
    private boolean daily;
    private boolean weekly;
    private boolean monthly;

    //getters e setters foram removidos
}
```

Listagem 5.6: a Página CheckBox.jsp

```
<%@ taglib prefix="s" uri="/struts-tags" %>
<html>
<head>
<title>checkbox Tag Example</title>
<style type="text/css">@import url(css/main.css);</style>
</head>
<body>
<div id="global" style="width:300px">
    <h3>Subscription Type</h3>
    <s:form>
       <s:checkbox name="daily" label="Daily news alert"/>
       <s:checkbox name="weekly" label="Weekly reports"/>
       <s:checkbox name="monthly" label="Monthly reviews"
                value="true" disabled="true"
       />
       <s:submit/>
    </s:form>
</div>
</body>
</html>
```

Você pode testar o exemplo usando essa URL:

http://localhost:8080/app05a/CheckBox.action

A Figura 5.3 mostra as caixas de verificação:

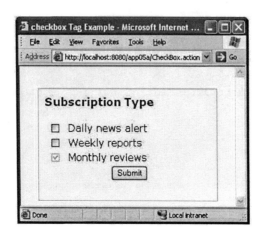

Figura 5.3: Usando caixas de verificação

A última caixa de verificação está desabilitada e seu valor não pode ser mudado. Às vezes você quer exibir uma caixa de verificação desabilitada para mostrar ao usuário uma seleção padrão que não pode ser alterada.

Agora, vamos dar uma olhada em outra grande propriedade da tag **checkbox**.

A tag **checkbox** tem um atributo **fieldName** que especifica o valor atual que é enviado ao servidor quando o formulário contido de uma caixa de verificação marcada é submetido. Se não existe nenhum atributo **fieldValue** presente, o valor da caixa de verificação pode ser tanto "**true**" como "false". Se ele estiver presente e a caixa de verificação estiver marcada, o valor do **fieldValue** é enviado. Se o atributo **fieldValue** estiver presente e a caixa de verificação não estiver marcada, nenhum parâmetro de requisição associado às caixas de verificação será enviado.

Esse atributo pode ser usado para enviar valores selecionados de uma série de caixas de verificação. Por exemplo, a classe **CheckBoxTest2Action** na Listagem 5.7 tem um *getter* que retorna uma lista de objetos **Magazine**. Você pode usar a tag **checkbox** e o atributo

fieldValue para construir o mesmo número de caixas de verificação que o número de revistas (magazines) na lista, como mostrado na página CheckBox2.jsp, na Listagem 5.8. À cada caixa de verificação é atribuído um código de revista.

Listagem 5.7: a Classe CheckBoxTest2Action

```
package app05a;
import com.opensymphony.xwork2.ActionSupport;
import java.util.ArrayList;
import java.util.List;

public class CheckBoxTest2Action extends ActionSupport{
    public List<Magazine> getMagazineList() {
        List<Magazine> magazines = new ArrayList<Magazine>();
        magazines.add(new Magazine("034", "The Economist"));
        magazines.add(new Magazine("122", "Business Week"));
        magazines.add(new Magazine("434", "Fortune"));
        magazines.add(new Magazine("906", "Small Business"));
        return magazines;
    }

    public void setMagazines(String[] codes) {
        for (String code : codes) {
            System.out.println(code + " is selected");
        }
    }
}

class Magazine {
    private String code;
    private String name;
    public Magazine(String code, String name) {
        this.code = code;
        this.name = name;
    }
    public String getCode() {
        return code;
    }
    public String getName() {
        return name;
    }
}
```

Listagem 5.8: a Página CheckBox2.jsp

```
<%@ taglib prefix="s" uri="/struts-tags" %>
<html>
 <head>
<title>CheckBox fieldValue Test</title>
</head>
<body>
<s:form>
<s:iterator value="magazineList">
   <s:checkbox name="magazines"
      label="%{name}"
      fieldValue="%{code}"/>
</s:iterator>
<s:submit/>
</s:form>
</body>
</html>
```

A tag **iterator** irá iterar sobre a lista de revistas e irá ser explicada no Capítulo 6, "Tags Genéricas". O formulário completo será renderizado como

```
<form ...>
<input type="checkbox" name="magazines" value="034" .../>
<input type="hidden" name="__checkbox_magazines" value="034" />
   <input type="checkbox" name="magazines" value="122" .../>
<input type="hidden" name="__checkbox_magazines" value="122" />
   <input type="checkbox" name="magazines" value="434" />
<input type="hidden" name="__checkbox_magazines" value="434" />
<input type="checkbox" name="magazines" value="906" />
<input type="hidden" name="__checkbox_magazines" value="906"
/>
</form>
```

Todas as caixas de verificação têm o mesmo nome (magazine), o que significa que seus valores estão ligados a um *array* ou a uma coleção. Se uma caixa de verificação é marcada, seu valor (código da revista) será enviado. Caso contrário, seu valor não é enviado. Como tal, você irá saber quais revistas foram selecionadas.

Você pode testar esse exemplo usando essa URL:

```
http://localhost:8080/app05a/CheckBox2.action
```

As caixas de verificação são mostradas na Figura 5.4. Note que lá existem quatro caixas de verificação construídas, considerando que há quatro revistas na lista.

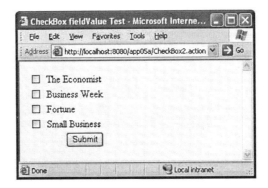

Figura 5.4: Usando o atributo fieldValue

Nota

A tag **checkboxlist** renderiza múltiplas caixas de verificação também, mas seu modelo é fixo. Usando tags **checkbox**, por outro lado, você terá mais flexibilidade em dispor os elementos renderizados.

OS ATRIBUTOS LIST, LISTKEY, E LISTVALUE

Os atributos **list, listKey,** e **listValue** são atributos importantes para algumas tags como **radio, combobox, select, checkboxlist, doubleselect** porque eles ajudam na busca de opções para as tags.

Um conjunto *radio*, por exemplo, precisa de opções. Considere essas tags de entrada de HTML que são renderizadas como botões *radio* na Figura 5.5.

```
<input type="radio" name="city" value="1"/>Atlanta
<input type="radio" name="city" value="2"/>Chicago
<input type="radio" name="city" value="3"/>Detroit
```

Como você pode observar, o conjunto de *radio* tem um conjunto de valores (1,2,3) e um conjunto de rótulos (Atlanta, Chicago, Detroit). Os pares valor / rótulo são como os seguintes:

```
1 - Atlanta
2 - Chicago
3 - Detroit
```

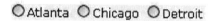

Figura 5.5: Botões Radio

Elementos select também necessitam de opções. Esse elemento select (mostrado na Figura 5.6) engloba as mesmas opções do conjunto de *radios*.

```
<select name="city">
  <option value="1">Atlanta</option>
  <option value="2">Chicago</option>
  <option value="3">Detroit</option>
</select>
```

Figura 5.6: O elemento select de city

Nota

Em um elemento select, o atributo **value** é opcional. Se ele não estiver presente, o rótulo será enviado como o valor de quando a opção correspondente é selecionada. Com botões *radio*, o atributo value não é necessário, mas quando o atributo value está ausente, **"on"** será enviado, e não o rótulo. Portanto, o botão *radio* deve ter sempre o atributo **value**.

Esta seção explica como você pode usar os atributos **list, listKey e listValue** em **radio, select,** e outras tags que requerem opções. Quando você usa essas tags, você precisa ter pares rótulo / valor com a origem de suas opções. Dos três atributos, o atributo **list** é preciso e os outros dois são opcionais. Você pode atribuir um **String**, um *array*, um **java.util.Enumeration,** um **java.util.Iterator,** um **java.util.Map,** ou uma **Collection** ao atributo list. O objeto pode ser posto em um objeto action, no objeto da seção, ou no objeto **ServletContext.**

Nota

Se o objeto que você atribui dinamicamente ao atributo **list** não tem nenhuma das opções, você deve retornar um array/Collection/Map vazio ao invés de nulo.

Atribuindo uma String

Você pode atribuir uma representação **String** de um *array*. Por exemplo, à tag **select** seguinte está atribuída uma string.

Essa tag **select** será renderizada como

```
<select>
    <option value="Atlanta">Atlanta</option>
    <option value="Chicago">Chicago</option>
    <option value="Detroit">Detroit</option>
</select>
```

Note que cada elemento string é usado como o valor ou como o rótulo.

Na maioria das vezes, você quer usar valores que são diferentes dos rótulos para suas opções. Nesse caso, a sintaxe é a seguinte:

```
#{'valor-1':'rótulo-1', 'valor-2':'rótulo-2', ... 'valor-n':'rótulo-n'}
```

Por exemplo, a tag select seguinte,

```
<s:select list="#{'1':'Atlanta', '2':'Chicago', '3':'Detroit'}"/>
```

é renderizada como

```
<select>
    <option value="1">Atlanta</option>
```

```
<option value="2">Chicago</option>
<option value="3">Detroit</option>
</select>
```

Atribuindo um Map

Você usa um **Map** como a origem para suas opções, se o valor de cada opção precisar ser diferente do rótulo. O uso de um **Map** é muito direto. Coloque os valores como chaves **Map** e os rótulos como os valores **Map**. Por exemplo, a seguir, mostramos como popular um **Map** chamado **cities** com três cidades:

```
Map<Integer, String> cities = new HashMap<Integer, String>();
cities.put(1, "Atlanta");
cities.put(2, "Chicago");
cities.put(3, "Detroit");
```

Se **cities** é uma propriedade de action, você pode atribuí-la ao atributo list, como mostrado:

```
<s:select list="{'Atlanta', 'Chicago', 'Detroit'}"/>
```

Ou, se **cities** é um atributo de aplicação, você pode usar este código:

```
<s:select list="#application.cities"/>
```

Atribuindo uma Collection ou um Array de Objetos

Você pode usar um *array* ou uma **Collection** de objetos como a origem para as opções. Neste caso, você precisa usar os atributos **list, listKey e listValue**. Atribua o *array* ou **Collection** ao atributo **list**. Atribua **listKey** à propriedade do objeto que irá fornecer o valor de cada opção e a **listValue** à propriedade do objeto que irá fornecer o rótulo para cada opção.

Por exemplo, assumindo que o método **getCities** do objeto action retorna uma **List** de objetos **City**, com propriedades **id** e **name**, você deveria usar o seguinte para atribuir a **List** para uma tag select.

```
<s:select list="cities" listKey="id" listValue="name"/>
```

Você irá ver mais exemplos nas próximas seções.

A Tag RADIO

A tag **radio** renderiza um grupo de botões *radio*. O número de botões *radio* é o mesmo que o número de opções com as quais você preencheu o atributo **list** da tag. Muito embora a tag **radio** trabalhe apenas com uma das opções, você deve usá-la para renderizar múltiplas opções, dentre as quais o usuário possa selecionar uma. Para um valor true / false, use uma caixa de verificação no lugar de *radio*.

Tabela 5.12: Atributos da Tag radio

Nome	Tipo de Dado	Valor Padrão	Descrição
list*	String		Uma fonte iterável de onde se popular.
listKey	String		A propriedade do objeto na lista que irá fornecer os valores das opções.
listValue	String		A propriedade do objeto na lista que irá fornecer os rótulos das opções..

A tag **radio** adiciona três atributos listados na Tabela 5.12. * indica um atributo necessário.

O exemplo seguinte usa duas tags **radio** para obter o tipo de usuário e o nível de renda, em um formulário de filiação de um clube. A primeira tag obtém suas opções de uma lista *hardcoded* e a segunda tag obtém suas opções de um **Map.**

A classe **RadioTestAction**, na Listagem 5.9, é a classe action para esse exemplo. Note que o **Map incomeLevels** é uma variável estática que é populada dentro de um bloco estático, de forma que seja populada apenas uma vez para todas as instâncias da classe action.

Listagem 5.9: a Classe RadioTestAction

```
package app05a;
import java.util.SortedMap;
import java.util.TreeMap;
import com.opensymphony.xwork2.ActionSupport;

public class RadioTestAction extends ActionSupport {
    private int userType;
    private int incomeLevel;
```

```
private static SortedMap<Integer, String> incomeLevels;
static {
  incomeLevels = new TreeMap<Integer, String>();
  incomeLevels.put(1, "0 - $10,000");
  incomeLevels.put(2, "$10,001 - $30,000");
  incomeLevels.put(3, "$30,001 - $50,000");
  incomeLevels.put(4, "Over $50,000");
}
public int getIncomeLevel() {
  return incomeLevel;
}
public void setIncomeLevel(int incomeLevel) {
  this.incomeLevel = incomeLevel;
}
public int getUserType() {
  return userType;
}
public void setUserType(int userType) {
  this.userType = userType;
}

public SortedMap<Integer, String> getIncomeLevels() {
  return incomeLevels;
}
}
```

Um **SortedMap** é usado em lugar de um **Map**, para garantir que as opções serão renderizadas na mesma ordem das chaves. Usar um **Map** não oferece a mesma garantia.

A página **Radio.jsp,** na Listagem 5.10, mostra as tags **radio.**

Listagem 5.10: a Página Radio.jsp

```
<%@ taglib prefix="s" uri="/struts-tags" %>
<html>
<head>
<title>radio Tag Example</title>
<style type="text/css">@import url(css/main.css);</style>
</head>
<body>
<div id="global" style="width:450px">
  <h3>Membership Form</h3>
  <s:form>
    <s:radio name="userType" label="User Type"
```

```
        list="#{'1':'Individual', '2':'Organization'}"
    />
    <s:radio name="incomeLevel" label="Income Level"
        list="incomeLevels"
    />
    <s:submit/>
  </s:form>
</div>
</body>
</html>
```

A fim de executar o teste, use essa URL:

http://localhost:8080/app05a/Radio.action

A Figura 5.7 mostra como os botões de *radio* são renderizados.

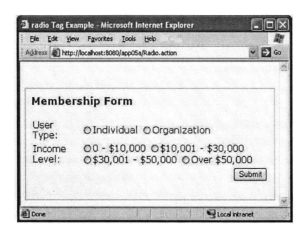

Figura 5.7: Usando a tag radio

Note que a primeira tag **radio** é renderizada como dois botões *radio*, de acordo com o número de opções *hardcoded*. A segunda tag **radio** traduz-se em quatro botões *radio* porque ela está ligada a um **Map** com quatro elementos.

A Tag select

A tag **select** renderiza um elemento select. Seus atributos são mostrados na Tabela 5.13.

Os atributos **headerKey** e **headerValue** podem ser usados para inserir uma opção. Por exemplo, a seguinte tag **select** insere um cabeçalho (header).

```
<s:select name="city" label="City"
    headerKey="0" headerValue="[Select a city]"
    list="#{'1':'Atlanta', '2':'Chicago', '3':'Detroit'}"
/>
```

O exemplo seguinte é usado para deixar o usuário selecionar um país e uma cidade usando dois elementos select. O primeiro elemento select mostra três países (US, Canada, Mexico) de um **Map**, no objeto **ServletContext**. Você, normalmente, coloca uma seleção de opções em um **ServletContext**, se pretende usar as opções de muitos pontos diferentes na sua aplicação. Você usa o **ServletContextListener,** na Listagem 5.11, para popular o **Map**.

Tabela 5.13: Atributos da Tag select

Nome	Tipo de Dado	Valor Padrão	Descrição
emptyOption	boolean	false	Indica se insere ou não uma opção vazia após o cabeçalho.
headerKey	String		A chave para o primeiro item na lista.
headerValue	String		O valor para o primeiro item na lista.
list*	String		Uma fonte iterável de onde se popular.
listKey	String		A propriedade do objeto na lista que irá fornecer os valores das opções.
listValue	String		A propriedade do objeto na lista que irá fornecer os rótulos das opções.
multiple	boolean	false	Indica se múltiplas seleções são ou não permitidas.
size	integer		O número de opções a mostrar.

Listagem 5.11: o listener da Aplicação

```java
package app05a;
import java.util.HashMap;
import java.util.Map;
import javax.servlet.ServletContext;
import javax.servlet.ServletContextEvent;
import javax.servlet.ServletContextListener;

public class ApplicationListener
    implements ServletContextListener {
  public void contextInitialized(ServletContextEvent cse) {
    Map<Integer, String> countries =
            new HashMap<Integer, String>();
    countries.put(1, "US");
    countries.put(2, "Canada");
    countries.put(3, "Mexico");
    ServletContext servletContext = cse.getServletContext();
    servletContext.setAttribute("countries", countries);
  }
  public void contextDestroyed(ServletContextEvent cse) {
  }
}
```

A segunda tag select mostra dinamicamente as cidades no país selecionado. Se o país selecionado é US, o elemento **select** mostra Atlanta, Chicago, e Detroit. Se o país selecionado é Canada, Vancouver, Toronto e Montreal são mostrados. Devido a **cities** ser dinâmica, as opções são geradas na classe action. Note que a seleção está presente em um *array* de objeto **City**. A classe **city** tem duas propriedades, **id** e **name**. A classe action e a classe **City** são mostradas na Listagem 5.12.

Listagem 5.12: as Classes SelectTestAction e City

```java
package app05a;
import com.opensymphony.xwork2.ActionSupport;

public class SelectTestAction extends ActionSupport {
  private int city;
  private int country;

  public City[] getCities() {
    City[] cities = null;
```

```java
        if (country == 1) {
          cities = new City[3];
          cities[0] = new City(1, "Atlanta");
          cities[1] = new City(2, "Chicago");
          cities[2] = new City(3, "Detroit");
        } else if (country == 2) {
          cities = new City[3];
          cities[0] = new City(4, "Vancouver");
          cities[1] = new City(5, "Toronto");
          cities[2] = new City(6, "Montreal");
        } else if (country == 3) {
          cities = new City[2];
          cities[0] = new City(7, "Mexico City");
          cities[1] = new City(8, "Tijuana");
        } else {
          cities = new City[0];
        }
        return cities;
      }
      public int getCity() {
        return city;
      }
      public void setCity(int city) {
        this.city = city;
      }
      public int getCountry() {
        return country;
      }
      public void setCountry(int country) {
        this.country = country;
      }
}

class City {
      private int id;
      private String name;
      public City(int id, String name) {
        this.id = id;
        this.name = name;
      }
      public int getId() {
        return id;
      }
      public void setId(int id) {
        this.id = id;
      }
```

```
public String getName() {
  return name;
}
public void setName(String name) {
  this.name = name;
}
}
```

O JSP usado para esse exemplo é mostrado na Listagem 5.13.

Listagem 5.13: a Página Select.jsp

```
<%@ taglib prefix="s" uri="/struts-tags" %>
<html>
<head>
<title>select Tag Example</title>
<style type="text/css">@import url(css/main.css);</style>
</head>
<body>
<div id="global" style="width:300px">
  <h3>Select Location</h3>
  <s:form>
    <s:select name="country" label="Country" emptyOption="true"
      list="#application.countries"
      onchange="this.form.submit()"
    />
    <s:select name="city" label="City"
      list="cities" listKey="id" listValue="name"
    />
    <s:submit/>
  </s:form>
</div>
</body>
</html>
```

A tag **country** do **select** tem seu atributo **emptyOption** recebendo valor true para fornecer uma opção vazia e seu atributo **list** ajustado para variáveis de escopo **countries** no objeto implícito **application**. Além disso, a cada atributo **onchange** é atribuida uma função Javascript, que irá submeter o formulário contido quando o valor do elemento **select** for alterado. Dessa maneira, quando o usuário seleciona um país, o formulário será submetido e chamará o objeto action que irá preparar as opções de cidade no método **getCities.**

Para executar esse teste, use essa URL:

http://localhost:8080/app05a/Select.action

A Figura 5.8 mostra as opções de cidade, quando US é selecionado, e a Figura 5.9 mostra quais cidades o usuário pode escolher quando o país é Canada.

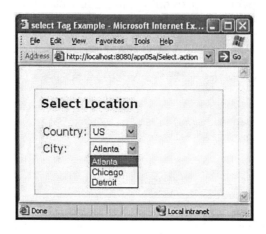

Figura 5.8: As opções de cidades para US

Figura 5.9: As opções de cidade para Canada

AGRUPAMENTO DE OPÇÕES EM SELECT COM OPTGROUP

Você pode agrupar opções em um elemento select usando a tag **optgroup**. Cada grupo de opções tem sua própria fonte. Os atributos da tag **outgroup** são mostrados na Tabela 5.14.

Tabela 5.14: Atributos da Tag optgroup

Nome	Tipo de Dado	Valor Padrão	Descrição
list*	String		Uma fonte iterável de onde se popular.
listKey	String		A propriedade do objeto na lista que irá fornecer os valores das opções.
listValue	String		A propriedade do objeto na lista que irá fornecer os rótulos das opções.

Por exemplo, a classe **OptGroupTestAction**, na Listagem 5.14, é uma classe action que tem três propriedades **Map, usCities, canadaCities,** e **mexicoCities.**

Listagem 5.14: a Classe optGroupTestAction

```
package app05a;
import java.util.HashMap;
import java.util.Map;
import com.opensymphony.xwork2.ActionSupport;
public class OptGroupTestAction extends ActionSupport {
    private int city;
    private static Map<Integer, String> usCities =
        new HashMap<Integer, String>();
    private static Map<Integer, String> canadaCities =
        new HashMap<Integer, String>();
    private static Map<Integer, String> mexicoCities =
        new HashMap<Integer, String>();
    static {
        usCities.put(1, "Atlanta");
        usCities.put(2, "Chicago");
        usCities.put(3, "Detroit");
        canadaCities.put(4, "Vancouver");
        canadaCities.put(5, "Toronto");
        canadaCities.put(6, "Montreal");
        mexicoCities.put(7, "Mexico City");
        mexicoCities.put(8, "Tijuana");
```

```
       }
       public int getCity() {
          return city;
       }
       public void setCity(int city) {
          this.city = city;
       }
       public Map<Integer, String> getUsCities() {
          return usCities;
       }
       public Map<Integer, String> getCanadaCities() {
          return canadaCities;
       }
       public Map<Integer, String> getMexicoCities() {
          return mexicoCities;
       }
}
```

A página **optGroup.jsp,** na Listagem 5.15, mostra como usar a tag **outgroup** para agrupar opções no elemento **select,** nesse exemplo.

Listagem 5.15: a Página OptGroup.jsp

```
<%@ taglib prefix="s" uri="/struts-tags" %>
<html>
<head>
<title>optgroup Tag Example</title>
<style type="text/css">@import url(css/main.css);</style>
</head>
<body>
<div id="global" style="width:300px">
   <h3>Select City</h3>
   <s:form>
      <s:select name="city" label="City" emptyOption="true"
         list="usCities">

         <s:optgroup label="Canada" list="canadaCities"/>
         <s:optgroup label="Mexico" list="mexicoCities"/>
      </s:select>
      <s:submit/>
   </s:form>
</div>
</body>
</html>
```

CAPÍTULO 5 – TAGS DE FORMULÁRIOS   123

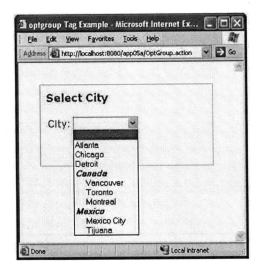

Figura 5.10: Usando optgroup

A URL para testar essa action é:

http://localhost:8080/app05a/OptGroup.action

A Figura 5.10 mostra o elemento select como grupos de opções.

Se você estiver curioso, pode visualizar a fonte e ver que o elemento select é renderizado como essas tags HTML.

```
<select name="city" id="OptGroup_city">
   <option value=""></option>
   <option value="2">Chicago</option>
   <option value="1">Atlanta</option>
   <option value="3">Detroit</option>

   <optgroup label="Canada">
      <option value="4">Vancouver</option>
      <option value="6">Montreal</option>
      <option value="5">Toronto</option>
   </optgroup>
   <optgroup label="Mexico">
      <option value="8">Tijuana</option>
      <option value="7">Mexico City</option>
   </optgroup>
</select>
```

A TAG CHECKBOXLIST

A tag checkboxlist é renderizada como um grupo de caixas de verificação. Seus atributos são listados na Tabela 5.15.

Tabela 5.15: Atributo da Tag checkboxlist

Nome	Tipo de Dado	Valor Padrão	Descrição
list*	String		Uma fonte iterável de onde se popular.
listKey	String		A propriedade do objeto na lista que irá fornecer os valores das opções.
listValue	String		A propriedade do objeto na lista que irá fornecer os rótulos das opções.

Uma tag **checkboxlist** é mapeada a um *array* de strings ou um *array* de primitivas. Se nenhuma caixa de verificação na lista é selecionada, à propriedade correspondente será atribuído um *array* vazio, não nulo.

O exemplo seguinte mostra como você pode usar a tag **checkboxlist**. A propriedade base do **checkboxlist** é um *array* de inteiros. As opções vêm de uma **Lista** de objetos **Interest.**

A Listagem 5.16 mostra a classe **CheckBoxListTestAction**, a classe action para esse exemplo, e a classe **Interest**.

Listagem 5.16: as Classes CheckBoxListTestAction e Interest

```
package app05a;
import java.util.ArrayList;
import java.util.List;
import com.opensymphony.xwork2.ActionSupport;

public class CheckBoxListTestAction extends ActionSupport {
    private int[] interests;
    private static List<Interest> interestOptions =
        new ArrayList<Interest>();
    static {
        interestOptions.add(new Interest(1, "Automotive"));
        interestOptions.add(new Interest(2, "Games"));
        interestOptions.add(new Interest(3, "Sports"));
    }
    public int[] getInterests() {
```

Capítulo 5 – Tags de Formulários   125

```
      return interests;
   }
   public void setInterests(int[] interests) {
      this.interests = interests;
   }
   public List<Interest> getInterestOptions() {
      return interestOptions;
   }

}
class Interest {
   private int id;
   private String description;
   public Interest(int id, String description) {
      this.id = id;
      this.description = description;
   }
   // getters e setters não mostrados
}
```

A Listagem 5.17 mostra a página **CheckBoxList.jsp,** que usa uma tag **checkboxlist.**

Listagem 5.17: a Página CheckBoxList

```
<%@ taglib prefix="s" uri="/struts-tags" %>
<html>
<head>
<title>checkboxlist Tag Example</title>
<style type="text/css">@import url(css/main.css);</style>
</head>
<body>
<div id="global" style="width:450px">
   <h3>Select Interests</h3>
   <s:form>
      <s:checkboxlist name="interests" label="Interests"
         list="interestOptions"
         listKey="id" listValue="description"
      />
      <s:submit/>
   </s:form>
</div>
</body>
</html>
```

Você pode executar a action direcionando seu browser para essa URL:

http://localhost:8080/app05a/CheckBoxList.action

O resultado é mostrado na Figura 5.11.

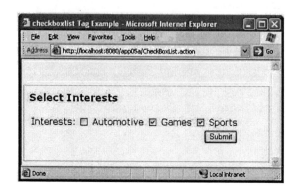

Figura 5.11: Usando grupos de caixa de verificação

A TAG COMBOBOX

A tag **combobox** é renderizada como um campo de entrada de texto e um elemento select. Seus atributos são listados na Tabela 5.16.

Tabela 5.16: Atributo da Tag combobox

Nome	Tipo de Dado	Valor Padrão	Descrição
emptyOption	boolean	false	Indica se uma opção vazia deve ser inserida.
headerKey	String		A chave para headerValue deve ser -1.
headerValue	String		Texto que será adicionado como uma opção de select, mas não pretende ser selecionado.
list*	String		Uma fonte iterável de onde se popular.
listKey	String		A propriedade do objeto na lista que irá fornecer os valores das opções.
listValue	String		A propriedade do objeto na lista que irá fornecer os rótulos das opções.
maxlength	integer	false	O atributo maxlength de comprimento máximo do HTML.

CAPÍTULO 5 – TAGS DE FORMULÁRIOS   127

Tabela 5.16: Atributo da Tag combobox (continuação)

Nome	Tipo de Dado	Valor Padrão	Descrição
readonly	boolean		Indica se o elemento renderizado é apenas de leitura.
size	integer		O tamanho do elemento renderizado.

Ao contrário da tag **select**, as opções para um menu de opções (combobox) normalmente não precisam de chaves. E, também, o rótulo da opção selecionada, e não o valor, é enviado quando o formulário contido é submetido.

Como um exemplo, a classe **ComboBoxTestAction**, na Listagem 5.18, é uma classe action que fornece uma propriedade (make) ligada à tag **combobox** no JSP, na Listagem 5.19.

Listagem 5.18: a Classe ComboBoxTestAction

```
package.app05a;
import com.opensymphony.xwork2.ActionSupport;
public class ComboBoxTestAction extends ActionSupport {
    private String make;
    // getter e setter não são mostrados
}
```

Listagem 5.19: a Página ComboBox.jsp

```
<%@ taglib prefix="s" uri="/struts-tags" %>
<html>
<head>
<title>combobox Tag Example</title>
<style type="text/css">@import url(css/main.css);</style>
<style type="text/css">
td {
    vertical-align:top;
}
</style>
</head>
<body>
<div id="global" style="width:300px">
    <h3>Select Car Make</h3>
    <s:form>
        <s:combobox name="make" label="Car Make" size="24"
```

```
        headerKey="-1" headerValue="Select a make"
        list="{ 'Ford', 'Pontiac', 'Toyota'}"
      />
      <s:submit/>
    </s:form>
  </div>
</body>
</html>
```

Use essa URL para testar a action:

http://localhost:8080/app05a/ComboBox.action

O resultado é mostrado na Figura 5.12.

Figura 5.12: Usando menu de opções

A TAG UPDOWNSELECT

A tag **updownselect** funciona como uma **checkboxlist,** permitindo que você selecione múltiplas opções de uma lista de opções. Uma tag **updownselect** é renderizada como um elemento select, com o seu atributo **multiple** indicando **multiple** e botões para selecionar todas as opções e opções de reordenar (veja Figura 5.13).

A Tabela 5.17 mostra a lista dos atributos de **updownselect.**

> **Nota**
>
> Quando o formulário contendo a tag **updownselect** falha na validação, o(s) valor(es) selecionados previamente na tag **updownselect** não são retidos.

O exemplo seguinte mostra como usar **updownselect** para selecionar múltiplas cores. A Listagem 5.20 mostra uma classe action (**UpDownSelecdtTestAction**) para esse exemplo e a Listagem 5.21 mostra o JSP que usa a tag.

Listagem 5.20: a Classe UpDownSelectTestAction

```
package app05a;
import com.opensymphony.xwork2.ActionSupport;
public class UpDownSelectTestAction extends ActionSupport {
    private int[] colors;
    // getter e setter não são mostrados
}
```

Tabela 5.17: O Atributo da Tag UpDownSelect.jsp

Nome	Tipo de Dado	Valor Padrão	Descrição
allowMoveDown	boolean	true	Indica se o botão de mover para baixo será mostrado.
allowMoveUp	boolean	true	Indica se o botão de mover para cima será mostrado.
allowSelectAll	boolean	true	Indica se o botão de selecionar todos será mostrado.
emptyOption	boolean	false	Indica se uma opção vazia (—) deve ser inserida após a opção de cabeçalho.
headerKey	String		A chave para o primeiro item na lista.
headerValue	String		O valor para o primeiro item na lista.
list*	String		Fonte iterável de onde popular
listKey	String		A propriedade do objeto na lista que irá fornecer os valores das opções.
listValue	String		A propriedade do objeto na lista que irá fornecer os rótulos das opções.
moveDownLabel	String	v	Texto a mostrar na botão de mover para baixo.

130 STRUTS 2 PROJETO E PROGRAMAÇÃO: UM TUTORIAL

Tabela 5.17: O Atributo da Tag UpDownSelect.jsp (continuação)

Nome	Tipo de Dado	Valor Padrão	Descrição
moveUpLabel	String	^	Texto a mostrar na botão de move para cima.
multiple	boolean	false	Indica se um múltiplo select deve ser criado.
selectAllLabel	String	*	Texto para mostrar no botão de selecionar todos.
size	Integer		O número de opções a mostrar.

Listagem 5.21: a Página UpDownSelect.jsp

```
<%@ taglib prefix="s" uri="/struts-tags" %>
<html>
<head>
<title>updownselect Tag Example</title>
<style type="text/css">@import url(css/main.css);</style>
<style type="text/css">
select {
   width:100px;
}
</style>
</head>
<body>
<div id="global" style="width:250px">
   <h3>Favorite colors</h3>
   <s:form>
      <s:updownselect name="colors" label="Colors" size="5"
         list="#{'1':'Green', '2':'Red', '3':'Yellow'}"
      />
      <s:submit/>
   </s:form>
</div>
</body>
</html>
```

Use essa URL para testar o exemplo:

```
http://localhost:8080/app05a/UpDownSelect.action
```

Os elementos renderizados são mostrados na Figura 5.13.

CAPÍTULO 5 – TAGS DE FORMULÁRIOS   131

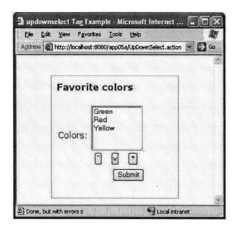

Figura 5.13: Usando updownselect

A TAG OPTIONTRANSFERSELECT

A tag **optiontransferselect** é renderizada como dois elementos select. Ela inclui funções Javascript para transferir opções entre os dois elementos select.

A Tabela 5.18 mostra os atributos de **optiontransferselect**.

Tabela 5.18: Atributos da Tag optiontransferobject

Nome	Tipo de Dado	Valor Padrão	Descrição
addAllToLeftLabel	String		O rótulo para o botão de adicionar todos à esquerda.
addAllToLeftOnClick	String		A função javascript para chamar quando o botão de adicionar todos à esquerda é selecionado.
addAllToRightLabel	String		O rótulo para o botão de adicionar todos à direita.
addAllToRightOnClick	String		A função javascript para chamar quando o botão de adicionar todos à direita é selecionado.
addToLeftLabel	String		O rótulo para o botão adicionar à esquerda.
addToLeftOnClick	String		A função javascript para chamar quando o botão de adicionar à esquerda é selecionado.

132 STRUTS 2 PROJETO E PROGRAMAÇÃO: UM TUTORIAL

Tabela 5.18: Atributos da Tag optiontransferobject (continuação)

Nome	Tipo de Dado	Valor Padrão	Descrição
addToRightLabel	String		O rótulo para o botão adicionar à direita.
addToRightOnClick	String		A função javascript para chamar quando o botão adicionar à esquerda é selecionado.
allowAddAllToLeft	boolean	true	Indica se deve-se habilitar ou não o botão adicionar todos à esquerda.
allowAddAllToRight	boolean	true	Indica se deve-se habilitar ou não o botão adicionar todos à direita.
allowAddToLeft	boolean	true	Indica se deve-se habilitar ou não o botão adicionar à esquerda.
allowAddToRight	boolean	true	Indica se deve-se habilitar ou não o botão adicionar à direita.
allowSelectAll	boolean	true	Indica se deve-se habilitar ou não o botão para selecionar todos.
allowUpDownOnLeft	boolean	true	Indica se deve-se habilitar ou não o movimento das opções para cima e para baixo no elemento select à esquerda.
allowUpDownOnRight	boolean	true	Indica se deve-se habilitar ou não o movimento das opções para cima e para baixo no elemento select a direita.
buttonCssClass	String		A classe CSS para os botões.
buttonCssStyle	String		O estilo CSS para os botões.
doubleCssClass	String		A classe CSS para a segunda lista.
doubleCssStyle	String		O estilo CSS para a segunda lista.
doubleDisabled	boolean	false	Indica se a segunda lista deve ser desabilitada.
doubleEmptyOption	boolean	false	Indica se uma opção vazia deva ser inserida na segunda lista.
doubleHeaderKey	String		A chave do cabeçalho para a segunda lista.
doubleHeaderValue	String		O valor do cabeçalho para a segunda lista.
doubleId	String		O identificador para a segunda lista.

Tabela 5.18: Atributos da Tag optiontransferobject (continuação)

Nome	Tipo de Dado	Valor Padrão	Descrição
doubleList*	String		A fonte iterável de onde se popular.
doubleListKey	String		A propriedade do objeto na segunda lista que irá fornecer os valores das opções.
doubleListValue	String		A propriedade do objeto na segunda lista que irá fornecer os rótulos das opções.
doubleMultiple	boolean	false	Indica se a segunda lista deve permitir múltiplas seleções.
doubleName*	String		O nome para o segundo componente.
doubleSize	String		O atributo size para a segunda lista.
emptyOption	boolean	false	Indica se uma opção vazia deva ser inserida na primeira lista.
formName	String		O nome do formulário contendo esse componente.
headerKey	String		A chave do cabeçalho para a primeira lista.
headerValue	String	.	O valor do cabeçalho para a primeira lista.
leftDownLabel	String		O rótulo para o botão abaixo à esquerda.
leftTitle	String		O título para a seleção à esquerda.
leftUpLabel	String		O rótulo para o botão acima à esquerda.
list*	String		A fonte iterável para popular a primeira lista.
listKey	String		A propriedade do objeto na primeira lista que irá fornecer os valores das opções
listValue	String		A propriedade do objeto na primeira lista que irá fornecer os rótulos das opções.
multiple	boolean		Indica se é permitida múltipla seleção para o primeiro elemento selecionado.

134 STRUTS 2 PROJETO E PROGRAMAÇÃO: UM TUTORIAL

Tabela 5.18: Atributos da Tag optiontransferobject (continuação)

Nome	Tipo de Dado	Valor Padrão	Descrição
rightDownLabel	String		O rótulo para o botão abaixo à direita.
rightTitle	String		O título para a seleção à direita.
rightUpLabel	String		O rótulo para o botão acima à direita.
selectAllLabel	String		O rótulo para o botão de selecionar todos.
selectAllOnClick	String		A função javascript para chamar quando o botão para selecionar todos é selecionado.
size	integer		O número de elementos para mostrar na primeira seleção.
upDownOnLeftOnClick	String		A função javascript que será chamada quando o botão acima/ abaixo à esquerda é selecionado.
upDownOnRightOnClick	String		A função javascript que será chamada quando o botão acima/ abaixo à direita é selecionado.

Nota

Apenas opções selecionadas (destacadas) são enviadas ao servidor. Simplesmente transferir uma opção a um elemento select à direita não torna a opção selecionada.

Por exemplo, a classe **OptionTransferSelectTestAction,** na Listagem 5.22 é uma classe action com uma propriedade **selectedLanguages** que é mapeada a uma tag **optiontransferselect**. A tag é usada na página **OptionTransferSelect.jsp,** na Listagem 5.23.

Listagem 5.22: a OptionTransferSelectTestAction

```
package app05a;
import com.opensymphony.xwork2.ActionSupport;
public class OptionTransferSelectTestAction extends
ActionSupport {
    private String[] selectedLanguages;
    public String[] getSelectedLanguages() {
        return selectedLanguages;
```

CAPÍTULO 5 – TAGS DE FORMULÁRIOS

```
}
   public void setSelectedLanguages(String[] selectedLanguages) {
      for (String language : selectedLanguages) {
         System.out.println("Language:" + language);
      }
      this.selectedLanguages = selectedLanguages;
   }
}
```

Listagem 5.23: a Página OptionTransferSelect.jsp

```
<%@ taglib prefix="s" uri="/struts-tags" %>
<html>
<head>
<title>optiontransferselect Tag Example</title>
<style type="text/css">@import url(css/main.css);</style>
<style>
select {
   width:170px;
}
</style>
</head>
<body>
<div id="global" style="width:550px">
   <s:form>
      <s:optiontransferselect label="Select languages"
         name="allLanguages"
         leftTitle="All languages"
         rightTitle="Selected languages"
         list="{'French', 'Spanish', 'German',
            'Dutch', 'Mandarin', 'Cantonese'}"
         multiple="true"
         headerKey="headerKey"
         headerValue="— Please Select —"
         size="12"

         emptyOption="true"
         doubleList="{'English'}"
         doubleName="selectedLanguages"
         doubleHeaderKey="doubleHeaderKey"
         doubleMultiple="true"
         doubleSize="5"
      />
      <s:submit/>
   </s:form>
```

```
</div>
</body>
</html>
```

Para testar esse exemplo, direcione o seu browser para essa URL:

`http://localhost:8080/app05a/OptionTransferSelect.action`

Os elementos renderizados são mostrados na Figura 5.14

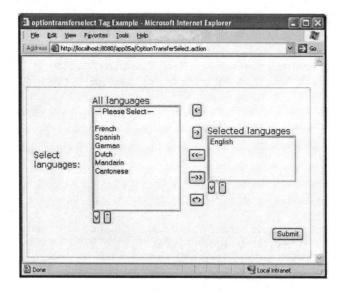

Figura 5.14: Usando optiontransferselect

A Tag doubleSelect

A tag **doubleSelect** renderiza dois elementos que são conectados juntos. Seus atributos estão listados na Tabela 5.19.

Tabela 5.19: Atributos optiontransferselect

Nome	Tipo de Dado	Valor Padrão	Descrição
doubleCssClass	String		A classe CSS para o segundo elemento do select.
doubleCssStyle	String		O estilo CSS para o segundo elemento do select.
doubleDisabled	boolean	false	Indica se o segundo elemento do select deve estar desabilitado.
doubleEmptyOption		false	Indica se uma opção vazia pode ser inserida no segundo elemento do select.
doubleHeadeyKey	String		A chave do cabeçalho para o segundo elemento do select.
doubleHeaderValue	String		O valor do cabeçalho para o segundo elemento do select.
doubleId	String		O identificador para o segundo elemento do select.
doubleList*	String		O objeto iterável para popular o segundo elemento do select.
doubleListKey*	String		A propriedade do objeto na segunda lista que irá fornecer os rótulos das opções.
doubleListValue	String		A propriedade do objeto na segunda lista que irá fornecer os rótulos das opções.
doubleMultiple	boolean	false	Indica se o segundo elemento do select deve permitir seleção múltipla.
doubleName*	String		O nome para a segunda seleção.
doubleSize	Integer		O número de opções a serem mostradas no segundo elemento do select.
doubleValue	String		O valor para o segundo elemento do select.
emptyOption	boolean	false	Indica se as opções vazias podem ou não ser inseridas no primeiro elemento do select.

138 STRUTS 2 PROJETO E PROGRAMAÇÃO: UM TUTORIAL

Tabela 5.19: Atributos optiontransferselect (continuação)

Nome	Tipo de Dado	Valor Padrão	Descrição
formName	String		O nome do formulário contido.
headerKey	String		A chave do cabeçalho para o primeiro elemento do select.
headerValue	String		O valor do cabeçalho para a o primeiro elemento do select.
List			O objeto iterável que irá popular o primeiro elemento do select.
listKey	String		A propriedade do objeto na primeira lista que irá fornecer os valores da opção.
listValue	String		A propriedade do objeto na primeira lista que irá fornecer os rótulos da opção.
Multiple	boolean	false	Indica se o primeiro elemento deve ou não permitir seleções múltiplas.
Size	Integer		O número de opções a serem mostradas no primeiro elemento.

Como um exemplo, a classe **DoubleSelectTestAction,** na Listagem 5.24, é uma classe action com duas propriedades ligadas à tag **doubleselect,** na página **DoubleSelect.jsp,** na listagem 5.25.

Listagem 5.24: a Classe DoubleSelectTestAction

```
package app05a;
import com.opensymphony.xwork2.ActionSupport;
public class DoubleSelectTestAction extends ActionSupport {
   private String country;
   private String city;
   // getters e setters não são mostrados
}
```

Listagem 5.25: a Página DoubleSelect.jsp

```
<%@ taglib prefix="s" uri="/struts-tags" %>
<html>
<head>
<title>doubleselect Tag Example</title>
```

```
<style type="text/css">@import url(css/main.css);</style>
<style>
select {
  width:170px;
}
</style>
</head>
<body>
<div id="global" style="width:300px">
   <s:form>
      <s:doubleselect label="Select Location"
         name="country"
         list="{'US', 'Canada', 'Mexico'}"
         doubleName="city"
         doubleList="top == 'US' ?
             {'Atlanta', 'Chicago', 'Detroit'}
           : (top == 'Canada' ?
             {'Vancouver', 'Toronto', 'Montreal'}
           : {'Mexico City', 'Tijuana'})"
      />

      <s:submit/>
   </s:form>
</div>
</body>
</html>
```

Para testar o exemplo, use a URL:

http://localhost:8080/app05a/DoubleSelect.action

A Figura 5.15 mostra a tag renderizada **doubleSelect.**

Figura 5.15: Usando doubleselect

TEMAS

Cada tag UI na Biblioteca de Tags de Struts é renderizada a um elemento HTML ou a elementos HTML. Struts permite que você escolha como a renderização deve acontecer. Por exemplo, por padrão, a tag **form** é renderizada como um elemento **form** HTML e um elemento **table.** Portanto,

```
<s:form></s:form>
```

pode ser traduzido como

```
<form id="..." name="..." onsubmit="return true;"
action="..."
  method="post">
<table class="wwFormTable">

</table>
</form>
```

O elemento table é adequado para formatação porque cada tag de entrada, tais como **textfield, checkbox,** e **submit,** serão renderizadas como um elemento de entrada contido entre um elemento **tr** e elementos **td,** acompanhados por um label.

```
Por exemplo, esta tag textfield
<s:textfield label="My Label">
```

será renderizada como

```
<tr>
  <td class="tdLabel">
    <label for="..." class="label">My Label:</label>
  </td>
  <td>
    <input type="text" name="..." id="..."/>
  </td>
</tr>
```

Considerando que a maioria dos formulários são formatados em uma tabela, esse tipo de renderização é útil.

Entretanto, algumas vezes você não deseja que sua tag **textfield** seja renderizada como um elemento de entrada em **tr** e **td**'s e, ao invés disso, você pode querer que ela seja traduzida como um **<input>**, apenas porque você quer aplicar a sua própria formatação. Será que você pode fazer isso?

Você pode, porque cada tag UI vem acompanhada de vários templates de renderização para você escolher. Um template renderiza **<s:form>** como elementos de um formulário e de uma tabela, mas outra traduz a mesma tag **form** em um elemento de formulário, sem um <table>. Esses templates são escritos em FreeMarker, mas você não precisa conhecer FreeMarker para usar esses templates.

Templates similares são empacotados juntos em um tema. Um tema, portanto, é uma coleção de templates que produzem a mesma aparência para todas as tags UI. Há, atualmente, quatro temas disponíveis:

- **simple**. Templates no tema simples traduzem tags UI em seus equivalentes HTML mais simples e irão ignorar o atributo label. Por exemplo, usando esse tema, um <s:form> é renderizado como um elemento **form**, sem um elemento **table**. Uma tag textfield traduz-se em um elemento **input** sem problemas.

- **xhtml**. O tema xhtml é o tema padrão. Templates nessa coleção provêm formatação automática, usando uma tabela de modelo. Eis o porquê de um <s:form> ser renderizado como um <form> e uma <table>.

- **css_xhtml**. Templates nessa tema são similares àqueles no tema xhtml, mas reescritos para usar CSS como modelo.

- **ajax**. Esse tema contém templates baseados em templates xhtml, mas fornece propriedades avançadas de AJAX. Programação AJAX será discutida no Capítulo 27, "AJAX".

Todos os templates dos quatro temas são incluídos no arquivo **struts-core-VERSION.jar**, abaixo do diretório **template.**

Agora que você sabe como tags UI são renderizadas, é hora de aprender a escolher um tema para suas tags UI.

Como mencionado anteriormente, se você não especifica um tema, os templates no tema xhtml serão usados. A maneira mais fácil de mudar um tema para uma tag UI é usar o atributo do tema daquela tag. Por exemplo, a seguinte tag **textfield** usa o tema simple:

```
<s:textfield theme="simple" name="userId"/>
```

142 STRUTS 2 PROJETO E PROGRAMAÇÃO: UM TUTORIAL

Se o atributo **theme** não está presente em uma tag UI de formulário de entrada, o tema do formulário será usado. Por exemplo, as seguintes tags usam o tema css_xhtml, já que o formulário contido usa aquele tema, exceto para a última tag **checkbox,** que usa o tema simple.

```
<s:form theme="css_xhtml">
<s:checkbox theme="simple" name="daily" label="Daily news
alert"/>
<s:checkbox name="weekly" label="Weekly reports"/>
<s:checkbox theme="simple" name="monthly" label="Monthly
reviews"
   value="true" disabled="true"
/>
<s:submit/>
</s:form>
```

Além de usar o atributo **theme**, há duas outras maneiras de selecionar um tema:

1. Adicionando um atributo denominado **theme** aos objetos **page, request, session,** ou **application** implícitos do JSP.

2. Atribuindo um tema à propriedade **struts.ui.theme** no arquivo **struts.properties**, discutido no Apêndice A, "Configuração do Struts".

SUMÁRIO

Struts apresenta uma biblioteca de tags que inclui tags UI e não UI. Algumas das tags UI são usadas para inserir valores de formulário e são referenciadas como as tags de formulário. Neste capítulo você aprendeu todas as tags nas tags de formulário.

CAPÍTULO 6

TAGS GENÉRICAS

Como explicado no capítulo 5, "Tags de Formulário", Struts apresenta um conjunto de bibliotecas de tags que contém tags UI e não-UI. Neste capítulo, iremos abordar as tags não-UI, que também são conhecidas como tags genéricas.

Há dois tipos de tags genéricas, tags de dados e tags de controle. A seguir, veremos as tags de dados:

- a
- action
- bean
- date
- debug
- i18n
- include
- param
- push
- set
- text

144 Struts 2 Projeto e Programação: Um Tutorial

- url
- property

Nota

As tags **i18n** e **text** estão relacionadas à internacionalização e são discutidas no capítulo 9, "Tratamento de Mensagens". A tag **debug** é usada para depuração e explicada no capítulo 16, "Depuração e Recuperação de Perfis (profiling)".

A seguir, veremos as tags de controle:
- if
- elseIf
- else
- append
- generator
- iterator
- merge
- sort
- subset

Cada uma das tags genéricas são discutidas nas seções seguintes. Os exemplos de acompanhamento podem ser encontrados na aplicação **app06a.**

A Tag property

Você usa a tag property para imprimir uma propriedade de action. Seus atributos são listados na Tabela 6.1. Todos os atributos são opcionais.

Tabela 6.1: Atributos da Tag property

Nome	Tipo	Default	Descrição
default	String		O valor default se **value** for nulo.
escape	boolean	true	Indica se caracteres especiais do HTML têm o caractere de escape.
value	String	<topo da pilha>	O valor a ser exibido.

Por exemplo, essa tag **property** imprime o valor da propriedade **customerId** da action.

```
<s:property value="customerId"/>
```

O exemplo a seguir imprime o valor do atributo de sessão **userName.**

```
<s:property value="#session.userName"/>
```

Se o atributo **value** não estiver presente, o valor do objeto no topo da Pilha de Valores será impresso. Por padrão, a tag **property** transforma os caracteres especiais do HTML em caracteres de escape, na Tabela 6.2, antes de imprimir um valor.

Tabela 6.2: Caracteres de Escape

Caractere	Caractere de escape
"	&quot;
&	&amp;
<	&lt;
>	&gt;

Note que, em muitos casos, a *Expression Language* do JSP provê sintaxe menor. Por exemplo, a seguinte expressão EL imprime a propriedade **customerId** da action.

```
${customerId}
```

A action **Property** em **app06a** demonstra o uso da tag **Property.** A action é associada à classe **PropertyTestAction** (na Listagem 6.1), que tem uma propriedade denominada **temperature.**

Listagem 6.1: a Classe PropertyTestAction

```
package app06a;
import com.opensymphony.xwork2.ActionSupport;
public class PropertyTestAction extends ActionSupport {
    private float temperature = 100.05F;
    // getter e setter não são mostrados
}
```

A página **Property.jsp,** na Listagem 6.2, imprime o valor da propriedade **temperature** e o valor do atributo de aplicação **degreeSymbol**. Se o atributo **degreeSymbol** não for encontrado, o default **°F** será usado.

Listagem 6.2: a Página Property.jsp

```
<%@ taglib prefix="s" uri="/struts-tags" %>
<html>
<head>
<title>property Tag Example</title>
<style type="text/css">@import url(css/main.css);</style>
</head>
<body>
<div id="global" style="width:250px">
   Temperature:<s:property value="temperature"/>
   <%- Default em Fahrenheit-%>
   <s:property value="#application.degreeSymbol"
      escape="false"
      default="&deg;F"
   />
</div>
</body>
</html>
```

Teste seu exemplo direcionando o seu browser para a seguinte URL:

http://localhost:8080/app06a/Property.action

A Figura 6.1 mostra o resultado

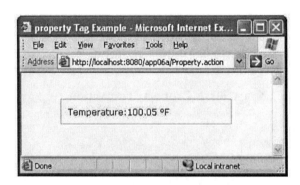

Figura 6.1: Usando a tag property

A Tag a

A tag a renderiza uma âncora HTML. Ela pode aceitar todos os atributos que o elemento a do HTML pode. Por exemplo, essa tag **a** cria uma âncora que aponta para www.example.com.

```
http://localhost:8080/app06a/Property.action
```

Essa tag não é de muita utilidade, entretanto a tag a na biblioteca de tags do AJAX, discutida no capítulo 27, "AJAX" é muito poderosa.

A Tag action

A tag **action** é usada para executar uma action e o resultado para aquela action. Ela também adiciona a action ao mapa de contexto da Pilha de Valores. Seus atributos são mostrados na Tabela 6.3.

Por exemplo, a seguinte tag **action** faz com que a action MyAction seja executada. O objeto action também será acessível pela variável **obj** no mapa de contexto da Pilha de Valores.

```
<s:action var="obj" name="MyAction" executeResult="false"/>
```

Tabela 6.3: Atributos da Tag action

Nome	Tipo	Default	Descrição
executeResult	boolean	false	Indica se o resultado da action deve ser executado/renderizado.
flush	boolean	true	Indica se o redator deve ser conduzido ao final da tag componente da action.
ignore ContextParam	boolean	false	Indica se os parâmetros de requisição devem ser incluídos quando a action é chamada.
name*	String		O nome da action a ser chamada, sem o sufixo .action.
namespace	String	O namespace de onde a tag é usada	O namespace da action a ser chamada.
var	String		O nome a ser usado para referenciar a action adicionada ao mapa de contexto.

A Tag param

A tag **param** é usada para passar um parâmetro à tag contida. Seus atributos são listados na Tabela 6.4.

Tabela 6.4: Atributos da Tag param

Nome	Tipo	Default	Descrição
name	String		O nome do parâmetro a ser passado à tag contida.
value	String		O valor do parâmetro a ser passado à tag contida.

O atributo **value** sempre é avaliado, mesmo se ele for escrito sem o % {e}. Por exemplo, o valor da **tag** param seguinte é a propriedade action **userName.**

```
<s:param name="userName" value="userName"/>
```

É o mesmo que

```
<s:param name="userName" value="%{userName}"/>
```

Para enviar um literal String, envolva-o com aspas simples. Por exemplo, o valor dessa tag **param** é **naomi.**

```
<s:param name="userName" value="'naomi'"/>
```

O atributo **value** também pode ser escrito como texto entre as tags de início e fim. Portanto, ao invés de escrever

```
<s:param name="..." value="..."/>
```

você pode escrever

```
<s:param name="...">[value]</s:param>
```

a segunda forma permite que você passe uma expressão EL. Por exemplo, a seguir verifica-se a passagem do host corrente ao parâmetro **host**.

```
<s:param name="host">${header.host}</s:param>
```

Isso não irá funcionar:

```
<s:param name="host" value="${header.host}"/>
```

A Tag BEAN

A tag **bean** cria um JavaBean e o armazena no mapa de contexto da Pilha de Valores. Essa tag é similar em funcionalidade ao elemento action do JSP **useBean**. Os atributos da tag **bean** são mostrados na Tabela 6.5.

Tabela 6.5: Atributos da Tag bean

Nome	Tipo	Default	Descrição
name*	String		O nome da classe qualificada completamente do JavaBean a ser criado.
var	String		O nome usado para referenciar o valor colocado no mapa de contexto da Pilha de Valores.

No exemplo seguinte, a classe **DegreeConverter** na Listagem 6.3 fornece métodos para converter Celsius a Fahrenheit e vice-versa. A página **Bean.jsp** na Listagem 6.4 usa a tag bean para instanciar a classe.

Listagem 6.3   a Classe DegreeConverter

```
package app06a;
public class DegreeConverter {
   private float celcius;
   private float fahrenheit;
   public float getCelcius() {
      return (fahrenheit - 32)*5/9;
   }
   public void setCelcius(float celcius) {
      this.celcius = celcius;
   }
   public float getFahrenheit() {
      return celcius * 9 / 5 + 32;
   }
   public void setFahrenheit(float fahrenheit) {
      this.fahrenheit = fahrenheit;
   }
}
```

Listagem 6.4: A página Bean.jsp

```jsp
<%@ taglib prefix="s" uri="/struts-tags" %>
<html>
<head>
<title>bean Tag Example</title>
<style type="text/css">@import url(css/main.css);</style>
</head>
<body>
<div id="global" style="width:250px">
  <s:bean name="app06a.DegreeConverter" id="converter">
    <s:param name="fahrenheit" value="212"/>
  </s:bean>
  212&deg;F=<s:property value="#converter.celcius"/>&deg;C
</div>
</body>
</html>
```

Para testar esse exemplo, direcione o seu browser a essa URL:

http://localhost:8080/app06a/Bean.action

A figura 6.2 mostra o resultado.

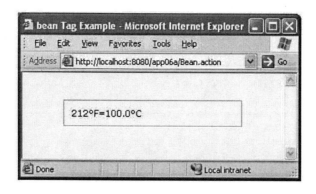

Figura 6.2: Usando a tag bean

A Tag Date

A tag **date** formata um objeto **Date** de Java. Seus atributos são mostrados na Tabela 6.6.

Tabela 6.6: Atributos da Tag date

Nome	Tipo	Default	Descrição
format	String		O nome da classe qualificada completamente do JavaBean a ser criado.
name*	String		O nome usado para referenciar o valor colocado no mapa de contexto da Pilha de Valores.
nice	boolean	false	Indica se é para aplicar formatação nice.
var	String		O nome usado para referenciar o valor colocado a pilha de valores.

O atributo **format** está de acordo com os modelos de data e tempo definidos para a classe **java.text.SimpleDateFormat.** Por exemplo, a página **Date.jsp**, na Listagem 6.5, usa tags **date** para formatar dados.

Listagem 6.5: a Página Date.jsp

```
<%@ taglib prefix="s" uri="/struts-tags" %>
<html>
<head>
<title>date Tag Example</title>
<style type="text/css">@import url(css/main.css);</style>
</head>
<body>
<div id="global" style="width:350px">
  <s:bean name="java.util.Date" var="today"/>

  Today (original format): <s:property value="#today"/>
  <s:date name="#today" var="format1" format="M/dd/yyyy"/>

  <br/>Today (mm/dd/yyyy): <s:property value="#format1"/>
  <s:date name="#today" var="format2" format="MMM d, yyyy"/>
  <br/>Today (MMM d, yyyy): <s:property value="#format2"/>

  <s:date name="#today" var="format3" format="MMM d, yyyy hh:mm"/>
  <br/>Today (MMM d, yyyy hh:mm): <s:property value="#format3"/>
```

```
</div>
</body>
</html>
```

Para testar o exemplo, direcione o seu browser para:

http://localhost:8080/app06a/Date.action

Os resultados são mostrados na Figura 6.3.

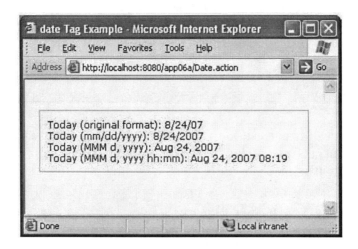

Figura 6.3: Usando a tag date

A Tag Include

Essa tag inclui a saída de um servlet ou de um JSP. Ela tem um atributo, **value,** descrito na Tabela 6.7.

Tabela 6.7: Atributo da tag include

Nome	Tipo	Default	Descrição
value	String		O servlet/JSP cuja saída é para ser incluída.

A Tag set

A tag **set** cria um par chave/valor em um dos seguintes mapas:

- o mapa de contexto da pilha de valores
- o mapa de sessão
- o mapa de aplicação
- o mapa de requisição
- o mapa da página

Os atributos da tag **set** são mostrados na Tabela 6.8.

Tabela 6.8: Atributos da Tag set

Nome	Tipo	Default	Descrição
name	String		A chave do atributo a ser criado.
value	String		O objeto a ser referenciado pela chave.
scope	String		O escopo da variável target. O valor pode ser aplicação, sessão, request, page ou default.

O exemplo seguinte, baseado na classe **setTestAction** na Listagem 6.6, mostra o benefício de usar **set**:

Listagem 6.6: a Classe setTestAction

```
package app06a;
import java.util.Map;
import org.apache.struts2.ServletActionContext;
import com.opensymphony.xwork2.ActionSupport;
public class SetTestAction extends ActionSupport {
    public String execute() {
        Map sessionMap = ServletActionContext.
            getContext().getSession();
        Customer customer = new Customer();
        customer.setContact("John Conroy");
        customer.setEmail("info@example.com");
        sessionMap.put("customer", customer);
        return SUCCESS;
    }

}
```

```
class Customer {
  private String contact;
  private String email;
  // getters e setters não são mostrados
}
```

O método **execute** da classe **setTestAction** insere um objeto Customer ao objeto **Session**. Você poderia mostrar as propriedades **contact** e **email** do objeto **Customer** usando essas tags **property:**

```
<s:property value="#session.customer.contact"/>
<s:property value="#session.customer.email"/>
```

Entretanto, como você pode observar na página **Set.jsp**, na Listagem 6.7, você também poderia colocar a variável **customer** para representar o objeto **Customer** no mapa **Session.**

```
<s:set name="customer" value="#session.customer"/>
```

Você pode, então, fazer referência ao objeto **Customer** simplesmente usando essas tags **property:**

```
<s:property value="#customer.contact"/>
<s:property value="#customer.email"/>
```

Listagem 6.7: a Página Set.jsp

```
<%@ taglib prefix="s" uri="/struts-tags" %>
<html>
<head>
<title>set Tag Example</title>
<style type="text/css">@import url(css/main.css);</style>
</head>
<body>
<div id="global" style="width:250px">
  <h3>Customer Details</h3>
  <s:set name="customer" value="#session.customer"/>
  Contact: <s:property value="#customer.contact"/>
  <br/>Email: <s:property value="#customer.email"/>
</div>
</body>
</html>
```

Teste esse exemplo direcionando o seu browser para a URL:

http://localhost:8080/app06a/Set.action

O resultado é mostrado na Figura 6.4.

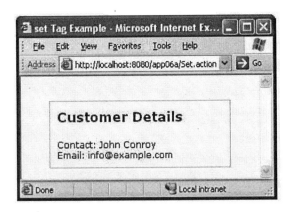

Figura 6.4: Usando a tag set

A TAG PUSH

A tag **push** é similar **à set**. A diferença é que **push** coloca um objeto na Pilha de Valores, e não no mapa de contexto. Outra característica peculiar de push é que a tag start coloca o objeto e a tag end o retira. Portanto, se você quiser obter vantagens de **push**, você precisa fazer tudo dentro das tags start e end.

A tag **push** tem apenas um atributo, **value,** descrito na Tabela 6.9.

Tabela 6.9: Atributo da tag push

Nome	Tipo	Default	Descrição
value*	String		O valor a ser colocado na pilha de valores

Por exemplo, a classe **PushTestAction,** na Listagem 6.8, tem um método **execute** que põe um objeto **Employee** no objeto **HttpSession**.

Listagem 6.8: a Classe PushTestAction

```java
package app06a;
import java.util.Map;
import org.apache.struts2.interceptor.SessionAware;
import com.opensymphony.xwork2.ActionSupport;
public class PushTestAction extends ActionSupport
    implements SessionAware {
  private Map sessionMap;
  public void setSession(Map sessionMap) {
    this.sessionMap = sessionMap;
  }
  public String execute() {
    Employee employee = new Employee();
    employee.setId(1);
    employee.setFirstName("Karl");
    employee.setLastName("Popper");
    sessionMap.put("employee", employee);
    return SUCCESS;
  }
}

class Employee {
  private int id;
  private String firstName;
  private String lastName;
  // getters e setters não são mostrados.
}
```

A página **Push.jsp**, na Listagem 6.9, usa uma tag **push** para colocar um objeto **Employee** na pilha de valores.

Listagem 6.9: a Página Push.jsp

```html
<%@ taglib prefix="s" uri="/struts-tags" %>
<html>
<head>
<title>push Tag Example</title>
<style type="text/css">@import url(css/main.css);</style>
</head>
<body>
<div id="global" style="width:250px">
  <h3>Employee Details</h3>
  <s:push value="#session.employee">
```

```
    Employee Id: <s:property value="id"/>
    <br/>First Name: <s:property value="firstName"/>
    <br/>Last Name: <s:property value="lastName"/>
  </s:push>
</div>
</body>
</html>
```

Para testar essa action, direcione o seu browser a essa URL:

http://localhost:8080/app06a/Push.action

A Figura 6.5 mostra o resultado.

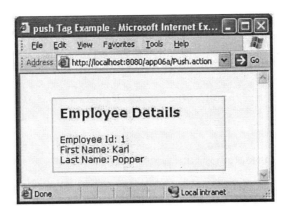

Figura 6.5: Usando a tag push

A TAG URL

Essa tag cria uma URL dinamicamente. Seus atributos estão listados na Tabela 6.10.

Tabela 6.10: Atributos da Tag url

Nome	Tipo	Default	Descrição
action	String		A action que a URL criada irá almejar.
anchor	String		A âncora para a URL criada
encode	boolean	true	Indica se irá codificar parâmetros.

158   STRUTS 2 PROJETO E PROGRAMAÇÃO: UM TUTORIAL

Tabela 6.10: Atributos da Tag url (continuação)

Nome	Tipo	Default	Descrição
escapeAmp	boolean	true	Indica se o caractere ampersand (&) irá ter o escape.
includeContext	boolean	true	Indica se o contexto atual deve ser incluído.
includeParams	String	get	Um desses valores: **one, get, all.**
method	String		O método da action.
namespace	String		O namespace almejado.
portletMode	String		O modo portlet resultante.
portletUrlType	String		Indica se a URL criada deve ser um renderizador de portlet ou uma URL de action.
scheme	String		O esquema ???
value	String		O valor do target a usar, se não estiver usando action.
var	String		???
windowState	String		Quando usado em ambiente portlet, especifica o estado da janela de portlet.

A tag **url** pode ser muito útil. Por exemplo, essa tag **url** cria uma URL para o protocolo HTTPS e inclui todos os parâmetros na URL corrente.

```
<s:url id="siteUrl" forceAddSchemeHostAndPort="true" value=""
   includeParams="none" scheme="https"/>
```

AS TAGS IF, ELSE, E ELSEIF

Essas três tags são usadas para desempenhar testes condicionais e são similares às palavras chaves do Java **if, else e if else.** As tags **if** e **else** devem ter o atributo **test,** descrito na Tabela 6.11.

Tabela 6.11: Atributos das Tags if e else

Nome	Tipo	Default	Descrição
test	boolean		A condição de teste.

Por exemplo, essa tag **if** testa se o parâmetros de requisição **ref** é nulo:

```
<s:if test="#parameters.ref == null">
```

CAPÍTULO 6 – TAGS GENÉRICAS   **159**

e essa faz um trim na propriedade **name** e testa se o resultado é vazio:

```
<s:if test="name.trim() == ''">
```

No exemplo seguinte, uma tag **if** é usada para testar se existe o atributo de sessão **loggedIn**. Se ele não for encontrado, um formulário de login é mostrado. Caso contrário uma saudação é mostrada. O exemplo mostra a classe **IfTestAction** na Listagem 6.10 e a página **If.jsp** na Listagem 6.11.

Listagem 6.10: a Classe IfTestAction

```
package app06a;
import org.apache.struts2.ServletActionContext;
import com.opensymphony.xwork2.ActionSupport;
public class IfTestAction extends ActionSupport {
    private String userName;
    private String password;
    // getters e setters não são mostrados
    public String execute() {
        if (userName != null && userName.length() > 0
                && password != null
                && password.length() > 0) {
            ServletActionContext.getContext().
                    getSession().put("loggedIn", true);
        }
        return SUCCESS;
    }
}
```

Listagem 6.11: a Página IfTestAction

```
<%@ taglib prefix="s" uri="/struts-tags" %>
<html>
<head>
<title>if Tag Example</title>
<style type="text/css">@import url(css/main.css);</style>
</head>
<body>
<div id="global" style="width:350px">
   <s:if test="#session.loggedIn == null">
      <h3>Login</h3>
      <s:form>
         <s:textfield name="userName" label="User Name"/>
```

```
            <s:password name="password" label="Password"/>
            <s:submit value="Login"/>
         </s:form>
      </s:if>
      <s:else>
         Welcome <s:property value="userName"/>
      </s:else>
</div>
</body>
</html>
```

Para testar o exemplo, use essa URL:

http://localhost:8080/app06a/If.action

O resultado é mostrado na Figura 6.6.

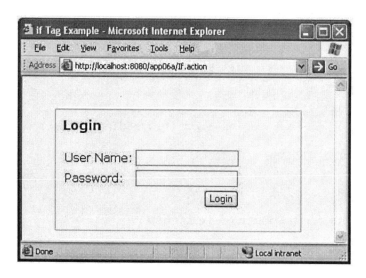

Figura 6.6: Usando as tags if, elseIf, e else

A TAG ITERATOR

Essa é a mais importante tag na categoria de tags de controle. Ela pode ser usada para iterar sobre um array, uma **Collection,** ou um **Map,** e coloca e retira cada elemento no objeto iterável na Pilha de Valores. A Tabela 6.12 lista os atributos da tag **iterator.**

Tabela 6.12: Atributos da Tag iterator

Nome	Tipo	Default	Descrição
value	String		O objeto iterável a se iterar sobre.
status	org.apache.struts2.views.jsp. IteratorStatus		
Var	String		A variável para referenciar o elemento corrente do objeto iterável.

Quando em execução, a tag **iterator** coloca uma instância de **IteratorStatus** no mapa de contexto e atualiza cada iteração. Ao atributo **status** pode ser atribuído um valor que aponte para esse objeto **IteratorStatus.**

As propriedades do objeto **IteratorStatus** são mostradas na Tabela 6.13.

Tabela 6.13: Atributos do Objeto IteratorStatus

Nome	Tipo	Descrição
index	integer	O índice baseado no zero de cada iteração.
count	integer	A iteração corrente ou index + 1.
first	boolean	O valor é true se o elemento atual é o primeiro elemento no objeto iterável.
last	boolean	O valor é true se o elemento atual é o último elemento no objeto iterável.
even	boolean	O valor é true se **count** é um número par.
odd	boolean	O valor é true se **count** é um número ímpar.
modulus	int	Essa propriedade recebe um integer e retorna o módulo de **count.**

Por exemplo, a **IteratorTestAction** na Listagem 6.12 apresenta uma classe action com duas propriedades, **interests** e **interestOption,** que retorna um *array* e uma **List,** respectivamente. A página **Iterator.jsp,** na Listagem 6.3, mostra como usar a tag **iterator** para iterar sobre um *array* ou uma **Collection.**

Listagem 6.12: a Classe IteratorTestAction

```
package app06a;
import java.util.ArrayList;
```

```
import java.util.List;
import com.opensymphony.xwork2.ActionSupport;

public class IteratorTestAction extends ActionSupport {
   private int[] interests;
   private static List<Interest> interestOptions =
       new ArrayList<Interest>();
   static {
      interestOptions.add(new Interest(1, "Automotive"));
      interestOptions.add(new Interest(2, "Games"));
      interestOptions.add(new Interest(3, "Sports"));
   }
   public int[] getInterests() {
      return interests;
   }
   public void setInterests(int[] interests) {
      this.interests = interests;
   }
   public List<Interest> getInterestOptions() {
      return interestOptions;
      }
}

class Interest {
   private int id;
   private String description;
   public Interest(int id, String description) {
      this.id = id;
      this.description = description;
   }
   // getters e setters não são mostrados
}
```

Listagem 6.13: a Página Iterator.jsp

```
<%@ taglib prefix="s" uri="/struts-tags" %>
<html>
<head>
<title>iterator Tag Example</title>
<style type="text/css">@import url(css/main.css);</style>
<style>
table {
   padding:0px;
   margin:0px;
   border-collapse:collapse;
```

```
}
td, th {
   border:1px solid black;
   padding:5px;
   margin:0px;
}
.evenRow {
   background:#f8f8ff;
}
.oddRow {
   background:#efefef;
}
</style>
</head>
<body>
<div id="global" style="width:250px">
   Primeiros quatro números primos
   <ul>
   <s:iterator value="{2, 3, 5, 7}">
      <li><s:property/></li>
   </s:iterator>
   </ul>

   <s:set name="car" value="{ 'Chrysler', 'Ford', 'Kia'}"/>
   Cars:
   <s:iterator value="#car" status="status">
      <s:property/><s:if test="!#status.last">,</s:if>
   </s:iterator>
   <p>
   <h3>Interest options</h3>
   <table>
   <tr>
      <th>Id</th>
      <th>Description</th>
   </tr>
   <s:iterator value="interestOptions" status="status">
   <s:if test="#status.odd">
      <tr class="oddRow">
   </s:if>
   <s:if test="#status.even">
      <tr class="evenRow">
   </s:if>
      <td><s:property value="id"/></td>
      <td><s:property value="description"/></td>
   </tr>
   </s:iterator>
```

```
    </table>
  </div>
 </body>
</html>
```

Para testar esse exemplo, direcione o seu browser para essa URL:

http://localhost:8080/app06a/Iterator.action

A Figura 6.7 mostra o resultado da action.

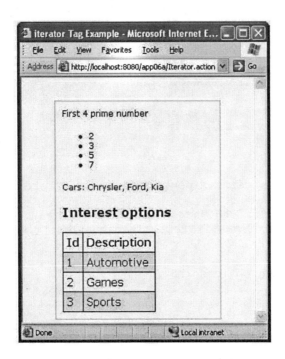

Figura 6.7: Usando a tag iterator

Outro uso muito útil de **iterator** é para simular um laço, similar ao laço **for** em Java. Isso é fácil de se fazer, já que tudo que um iterator precisa é de um *array* ou outros objetos iteráveis. O código seguinte cria uma tabela contendo quatro linhas. As células em cada linha contém duas tags **textfield,** cujos nomes são **user[n].firstName** e **user[n].lastName,** respectivamente. Isso é útil quando você precisa gerar um número variável de caixas de entrada.

```
<table>
<s:iterator value="new int[3]" status="stat">
<tr>
   <td><s:textfield
     name="%{'users['+#stat.index+'].firstName'}"/></td>
   <td><s:textfield
     name="%{'users['+#stat.index+'].lastName'}"/></td>
</tr>
</s:iterator>
</table>
```

Isso é o mesmo que escrever

```
<table>
<tr>
   <td><s:textfield name="users[0].firstName"/></td>
   <td><s:textfield name="users[0].lastName"/></td>
</tr>
<tr>
   <td><s:textfield name="users[1].firstName"/></td>
   <td><s:textfield name="users[1].lastName"/></td>
</tr>
<tr>
   <td><s:textfield name="users[2].firstName"/></td>
   <td><s:textfield name="users[2].lastName"/></td>
</tr>
</table>
```

Nesse caso, nós geramos um *array* de quatro **int**s. Não precisamos inicializar os elementos do *array* já que estamos apenas considerando o atributo **status.count** do *array*.

O exemplo seguinte emprega uma propriedade **modulus** do objeto **IteratorStatus** para formatar elementos iterados em uma tabela de quatro colunas.

```
<table border="1">
<s:iterator id="item" value="myList" status="status">
   <s:if test="#status.modulus(4)==1">
      <tr>
   </s:if>
   <td>${item}</td>
   <s:if test="#status.modulus(4)==0">
      </tr>
   </s:if>
</s:iterator>
```

STRUTS 2 PROJETO E PROGRAMAÇÃO: UM TUTORIAL

```
<%- se o tamanho da lista não é igualmente divisível por 4,
nós precisamos
  padronizar com <td></td> and </tr> -%>
<s:if test="myList.size%4!=0">
  <s:iterator value="new int[4 - myList.size%4]">
    <td> </td>
  </s:iterator>
  </tr>
</s:if>
</table>
```

A TAG APPEND

Essa tag é usada para concatenar iterators. Portanto, se você tiver duas listas com três elementos cada, a nova lista terá esses elementos:

- Lista 1, elemento 1
- Lista 1, elemento 2
- Lista 1, elemento 3
- Lista 2, elemento 1
- Lista 2, elemento 2
- Lista 2, elemento 3

A tag **append** adiciona um atributo, **var,** que é descrito na Tabela 6.14.

Tabela 6.14: Atributo da Tag append

Nome	Tipo	Default	Descrição
var	String		A variável default que será criada para referenciar os iterators com append.

Por exemplo, o código na Listagem 6.14 usa a tag **append** para concatenar duas listas:

Listagem 6.14: Usando append

```
<s:set var="list1" value="{'one', 'two'}"/>
<s:set var="list2" value="{'1', '2', '3'}"/>

<s:append var="allLists">
  <s:param value="#list1"/>
```

```
  <s:param value="#list2"/>
</s:append>

<s:iterator value="#allLists">
  <s:property/><br/>
</s:iterator>
```

O exemplo irá imprimir o seguinte no browser:

```
one
two
1
2
3
```

e também, veja a tag **merge**, que é muito similar à tag append. Se você substituir **append** por **merge** no exemplo acima, você irá obter:

```
one
1
two
2
3
```

A Tag merge

A tag **merge** lista e lê um elemento de cada lista em sucessão. Portanto, se você tiver duas listas com 3 elementos cada, a nova lista terá esses elementos:

- Lista 1, elemento 1
- Lista 2, elemento 1
- Lista 1, elemento 2
- Lista 2, elemento 2
- Lista 1, elemento 3
- Lista 2, elemento 3

A tag **merge** adiciona um atributo **var,** descrito na Tabela 6.15.

168 Struts 2 Projeto e Programação: Um Tutorial

Tabela 6.15: Atributo da Tag merge

Nome	Tipo	Default	Descrição
var	String		A variável que será criada para referenciar os iterators com append.

No exemplo seguinte, a classe action **MergeTestAction** provê três propriedades, cada uma retornando um **List: americanCars, europeanCars, e JapaneseCars.** A classe action é mostrada na Listagem 6.15.

Listagem 6.15: a Classe MergeTestAction

```java
package app06a;
import java.util.ArrayList;
import java.util.List;
import com.opensymphony.xwork2.ActionSupport;
public class MergeTestAction extends ActionSupport {
    private static List<String> americanCars;
    private static List<String> europeanCars;
    private static List<String> japaneseCars;
    static {
        americanCars = new ArrayList<String>();
        americanCars.add("Ford");
        americanCars.add("GMC");
        americanCars.add("Lincoln");
        europeanCars = new ArrayList<String>();
        europeanCars.add("Audi");
        europeanCars.add("BMW");
        europeanCars.add("VW");
        japaneseCars = new ArrayList<String>();
        japaneseCars.add("Honda");
        japaneseCars.add("Nissan");
        japaneseCars.add("Toyota");
    }
    public List<String> getAmericanCars() {
        return americanCars;
    }
    public List<String> getEuropeanCars() {
        return europeanCars;
    }
    public List<String> getJapaneseCars() {
        return japaneseCars;
    }
}
```

A página **Merge.jsp** na Listagem 6.16 mostra a tag **merge** em action.

Listagem 6.16: a Página Merge.jsp

```
<%@ taglib prefix="s" uri="/struts-tags" %>
<html>
<head>
<title>merge Tag Example</title>
<style type="text/css">@import url(css/main.css);</style>
</head>
<body>
<div id="global" style="width:250px">
   <h3>All cars</h3>
   <s:merge id="cars">
      <s:param value="%{americanCars}"/>
      <s:param value="%{europeanCars}"/>
      <s:param value="%{japaneseCars}"/>
   </s:merge>
   <ul>
   <s:iterator value="%{#cars}">
      <li><s:property/></li>
   </s:iterator>
   </ul>
</div>
</body>
</html>
```

Para testar o exemplo, direcione o seu browser para essa URL:

http://localhost:8080/app06a/Merge.action

A Figura 6.8 mostra o resultado

Figura 6.8: Usando a tag merge

A Tag generator

Essa tag é usada para gerar um iterator e colocá-lo na Pilha de Valores. O generator que fecha retira o iterator tal que qualquer trabalho que precise ser feito deva ser feito entre as tags start e end. Alternativamente, você pode criar uma referência ao iterator como um atributo page. Dessa forma, você pode acessar o iterator em um estágio posterior.

Os atributos são listados na Tabela 6.16

Tabela 6.16: Atributos da Tag generator

Nome	Tipo	Default	Descrição
converter	Converter		O conversor para converter a entrada de String analisado de *val* em um objeto.
count	Integer		O número máximo de elementos em iterator.
separator*	String		O separador para separar o *val* em entradas do iterator.
val*	String		A fonte a ser analisada em um iterator.
var	String		A variável que referencia o iterator resultante.

Quando usado, o atributo **converter** deve ser configurado a uma propriedade action do tipo **Converter,** uma interface interna definida na classe **org.apache.struts2.util.IteratorGenerator.**

O uso do conversor é mostrado no segundo exemplo desta seção.

A página **Generator.jsp,** na Listagem 6.17, ilustra o uso do **generator** para criar uma lista de Strings (car makes).

Listagem 6.17: a Página Generator.jsp

```
<%@ taglib prefix="s" uri="/struts-tags" %>
<html>
<head>
<title>generator Tag Example</title>
<style type="text/css">@import url(css/main.css);</style>
</head>
<body>
<div id="global" style="width:250px">
   <s:generator val="%{'Honda,Toyota,Ford,Dodge'}"
          separator=",">
```

```
      <ul>
      <s:iterator>
        <li><s:property/></li>
      </s:iterator>
      </ul>
  </s:generator>

  <s:generator id="cameras"
    count="3"
    val="%{'Canon,Nikon,Pentax,FujiFilm'}"
    separator=",">
  </s:generator>
  <s:iterator value="#attr.cameras">
    <s:property/>
  </s:iterator>
</div>
</body>
</html>
```

Para testar o exemplo, direcione o seu browser para:

http://localhost:8080/app06a/Generator.action

Você irá ver a lista gerada na Figura 6.9.

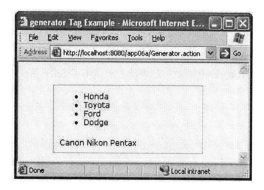

Figura 6.9: Usando a tag generator

Como um segundo exemplo, considere a classe **GeneratorConverterTestAction** na Listagem 6.18. Essa classe tem uma propriedade, **myConverter**, que retorna uma implementação de

IteratorGenerator.Converter. A interface **Converter** define um método, **convert**, cuja assinatura é dada como a seguir:

```
Object convert(String value) throws Exception
```

Em uma tag **generator** que tem um conversor, cada elemento do iterator gerado será passado a esse método.

Listagem 6.18: a Classe GeneratorConverterTestAction

```
package app06a;
import org.apache.struts2.util.IteratorGenerator;
import com.opensymphony.xwork2.ActionSupport;
public class GeneratorConverterTestAction extends
ActionSupport {
    public IteratorGenerator.Converter getMyConverter() {
        return new IteratorGenerator.Converter() {
            public Object convert(String value) throws Exception {
                return value.toUpperCase();
            }
        };
    }
}
```

A página **GeneratorConverter.jsp,** na Listagem 6.19, usa uma tag **generator** cujo atributo do conversor é atribuído a um conversor.

Listagem 6.19: a Página GeneratorConverter.jsp

```
<%@ taglib prefix="s" uri="/struts-tags" %>
<html>
<head>
<title>Generator Converter Example</title>
<style type="text/css">@import url(css/main.css);</style>
</head>
<body>
<div id="global" style="width:250px">
    <s:generator val="%{'Honda,Toyota,Ford,Dodge'}"
            separator=","
            converter="myConverter">
    <ul>
    <s:iterator>
```

```
        <li><s:property/></li>
      </s:iterator>
    </ul>
  </s:generator>
</div>
</body>
</html>
```

Você pode testar o exemplo direcionando o seu browser a essa URL:

`http://localhost:8080/app06a/GeneratorConverter.action`

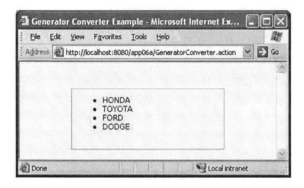

Figura 6.10: O exemplo do conversor generator

Como você pode observar na Figura 6.10, todos os elementos foram convertidos para letras maiúsculas.

A TAG SORT

Essa tag ordena os elementos de um iterator. Seus atributos são mostrados na Tabela 6.17.

Tabela 6.17: Atributo da Tag sort

Nome	Tipo	Default	Descrição
comparator	Java.util.comparator		O comparador que será usado na ordenação.
source	String		A fonte iterável para ordenar.
var	String		A variável que será criada para referenciar o iterator new.

Nota

É uma boa escolha de projeto deixar a ordenação de dados com a camada de apresentação, muito embora possa ser mais fácil ordenar dados no nível de negócio ou de dados, usando a cláusula ORDER BY na instrução SQL. Isso é uma decisão de projeto que deve ser considerada com cuidado.

Por exemplo, a classe **SortTestAction** na Listagem 6.20 fornece uma propriedade do tipo **Comparator**, que é usada pela tag **sort** na página **Sort.jsp** (Veja a Listagem 6.21).

Listagem 6.20: a Classe SortTestAction

```
package app06a;
import java.util.Comparator;
import com.opensymphony.xwork2.ActionSupport;

public class SortTestAction extends ActionSupport {
    public Comparator getMyComparator() {
        return new Comparator() {
            public int compare(Object o1, Object o2) {
                return o1.toString().compareTo(o2.toString());
            }
        };
    }
}
```

Listagem 6.21: a Página Sort.jsp

```
<%@ taglib prefix="s" uri="/struts-tags" %>
<html>
<head>
<title>sort Tag Example</title>
<style type="text/css">@import url(css/main.css);</style>
</head>
<body>
<div id="global" style="width:250px">
    <h4>Computers</h4>
    <s:generator id="computers"
        val="%{'HP,Dell,Asus,Fujitsu,Toshiba'}"
        separator=",">
      <s:sort comparator="myComparator">
        <s:iterator>
```

```
            <s:property/>
        </s:iterator>
    </s:sort>
</s:generator>
<hr/>

<h4>Cameras</h4>
<s:generator id="cameras"
        val="%{'Canon,Nikon,Pentax,FujiFilm'}"
        separator=",">
    </s:generator>
    <s:sort source="#attr.cameras" id="sortedCameras"
          comparator="myComparator">
    </s:sort>
    <s:iterator value="#attr.sortedCameras">
        <s:property/>
    </s:iterator>
</div>
</body>
</html>
```

Para verificar os elementos nos iterators ordenados, direcione o seu browser a essa URL:

http://localhost:8080/app06a/Sort.action

A Figura 6.11 mostra o resultado

Figura 6.11: Usando a tag sort

A Tag SUBSET

Essa tag cria um subconjunto de um iterator. Seus atributos são listados na Tabela 6.18.

Você informa à tag **subset** como criar um subconjunto de um iterator usando uma instância da classe **Decider**, que é uma classe interna de **org.apache.struts2.util.SubsetIteratorFilter**. Por exemplo, a classe **SubsetTestAction** na Listagem 6.22 é um **Decider**. Isso fará com que a tag **subset** inclua um elemento se a representação String do elemento tiver um tamanho superior a quatro caracteres. A página **Subset.jsp** na Listagem 6.23 emprega uma tag **subset** que usa um **Decider.**

Tabela 6.18: Atributo da tag subset

Nome	Tipo	Default	Descrição
count	Integer		O número de entradas no iterator resultante.
decider	Decider		Uma implementação da interface **SubsetIterator Filter.Decider** que determina se uma entrada deve ser incluída no subconjunto resultante.
source	String		O iterator fonte para o subconjunto.
start	Integer		O índice inicial do iterator fonte a ser incluído no subconjunto.
var	String		A variável a ser criada para referenciar o conjunto.

Listagem 6.22: a Classe SubsetTestAction

```
package app06a;
import org.apache.struts2.util.SubsetIteratorFilter;
import com.opensymphony.xwork2.ActionSupport;

public class SubsetTestAction extends ActionSupport {
   public SubsetIteratorFilter.Decider getMyDecider() {
      return new SubsetIteratorFilter.Decider() {
         public boolean decide(Object o1) {
            return o1.toString().length() > 4;
         }
      };
   }
}
```

Listagem 6.23: a Página Subset.jsp

```
<%@ taglib prefix="s" uri="/struts-tags" %>
<html>
<head>
<title>subset Tag Example</title>
<style type="text/css">@import url(css/main.css);</style>
</head>
<body>
<div id="global" style="width:250px">
   <h4>Computers</h4>
   <s:generator id="computers"
           val="%{'HP,Dell,Asus,Fujitsu,Toshiba'}"
           separator=",">
   </s:generator>
   <s:subset source="#attr.computers" decider="myDecider">
     <s:iterator>
        <s:property/>
     </s:iterator>
   </s:subset>
</div>
</body>
</html>
```

Teste esse exemplo direcionando o seu browser a essa URL:

http://localhost:8080/app06a/Subset.action

A figura 6.12 mostra o resultado

Figura 6.12: Usando a tag subset

SUMÁRIO

A biblioteca de tag do Struts vem com tags não-UI que são freqüentemente referenciadas como tags genéricas. Essas tags podem ser categorizadas em tags de dados e nas tags de controle e você aprendeu cada uma delas nesse capítulo.

Capítulo 7

Conversão de Tipos

No capítulo 5, "Tags de Formulário", você aprendeu a usar tags de formulário para receber entradas de usuário e submetê-las a um objeto action. No capítulo 6, "Tags Genéricas", você viu como aqueles valores puderam ser mostrados. Em ambos os capítulos, você verificou conversões de tipo.

De um formulário HTML a um objeto action, as conversões são de strings para não-strings. Todas as entradas de formulário são enviadas ao servidor como parâmetros de requisição e cada entrada do formulário é tanto uma **String** como um *array* de **String** porque HTTP é agnóstico a tipo. No lado do servidor, o desenvolvedor web ou o framework converte a **String** a outro tipo de dado, tal como um **int** ou um **java.util.Date.**

Como você irá aprender neste capítulo, Struts suporta conversões de tipo sem falhas. Além disso, essa propriedade é extensível, logo você pode construir seus próprios conversores de tipo. Conversores adaptados também são vistos neste capítulo.

Visão Geral de Conversão de Tipo

O interceptador Parameters, um dos interceptadores na pilha default, é responsável por mapear parâmetros de requisição com propriedades action. Já que todos os parâmetros de requisição são **String**s, e nem todas as propriedades action são do tipo **String**, conversões de tipo devem ser desenvolvidas em qualquer propriedade action que não seja **String**. O interceptador Parameters usa a API OGNL para conseguir isso. Para ser exato, caso você se interesse no código fonte do Struts, é a classe **ognl.OgnlRuntime**, que neste caso se baseia na reflexão Java. Para cada propriedade que precise ser setada, **OgnlRuntime** cria um objeto **java.lang.reflection.Method** e chama seu método **invoke.**

Com a classe **Method, Strings** são automaticamente convertidas em outros tipos, habilitando entradas de usuário a serem atribuídas a propriedades actin do tipo **int, java.util.Date, boolean**, e outros. A **String** "123" mapeada a uma propriedade **int** será convertida a 123, "12/12/2008" mapeado a uma propriedade **Date,** será convertido a December 12, 2008.

Nota

Como é feito na conversão de **String** para **Date**, o padrão de data para analisar a **String** é determinado pelo local da requisição HTTP. Nos Estados Unidos, o formato é MM/dd/yyyy. Para aceitar datas em um padrão diferente do local, você deve usar um conversor adaptado.

Conversores de tipo, entretanto, correm o risco de falhar. A tentativa de atribuir "abcd" a uma propriedade **property** definitivamente irá falhar. Bem como atribuir um número formatado tal como 1,200 a um **int.** Nesse último caso, a vírgula entre 1 e 2 faz com que ele falhe. É imperativo que o usuário seja notificado quando uma conversão falha, de forma que ele ou ela possa corrigir a entrada. É tarefa do programador alertar ao usuário, mas como você faz isso?

Uma conversão que falhou deixará a propriedade inalterada. Em outras palavras, **int** irá reter o valor de 0 e uma propriedade **Date** irá permanecer nula. Um valor zero ou nulo pode ser uma indicação de que uma conversão de tipo tenha falhado, mas não será um indicador óbvio se zero ou nulo é um valor permitido para uma propriedade. Se zero ou nulo é um valor de propriedade válido, não há como você descobrir que uma conversão tenha produzido um erro sem ser pela comparação do valor da propriedade como o parâmetro de requisição correspondente. Fazer isso, entretanto, não é recomendado. Não apenas verificar o parâmetro de requisição é uma solução deselegante, como também retira o propósito de usar Struts, porque Struts é capaz de mapear parâmetros de requisição da propriedades action.

Então, o que o Struts tem a oferecer?

Um conversor de tipo que falhou não necessariamente irá para o Struts. Tem-se dois possíveis resultados para esse mal comportamento. Qual deles irá ocorrer depende se a sua classe action irá ou não implementar a interface **com.opensymphone.xwork2.ValidationAware.**

Se a classe action não implementar essa interface, Struts irá prosseguir chamando o método action sobre conversores de tipo que falharam, como se não tivesse acontecido nada de errado.

Se a classe action implementar **ValidationAware**, Struts irá evitar que o método action seja chamado. Melhor, Struts irá investigar se a declaração do elemento action correspondente contém um resultado **input.** Em caso afirmativo, Struts irá encaminhar a página definida no elemento **result.** Se nenhum result desse foi encontrado, Struts irá gerar uma exceção.

ADAPTANDO MENSAGENS DE ERRO DE CONVERSÃO

O interceptador Conversor Error, também na pilha default, é responsável por adicionar erros de conversão (desde que a action implemente **ValidationAware**) e por salvar o valor original de um parâmetro de requisição tal que um valor de entrada incorreto possa ser mostrado novamente. O campo de entrada como o valor inválido, considerando que um tema não simples é usado para a tag renderizando o campo, irá obter uma mensagem de erro nesse formato:

```
Invalid field value for field fieldName.
```

Você pode redefinir a mensagem default de erro fornecendo um par chave/valor nesse formato:

```
invalid.fieldvalue.fieldName=Custom error message
```

Aqui, *fieldName* é o nome do campo pelo qual uma mensagem de erro customizada é fornecida. O par chave/valor deve ser adicionado ao arquivo *ClassName.properties*, onde *ClassName* é o nome da classe que contém o campo que é o target da conversão. Mais adiante, o arquivo **ClassName.properties** deve ser localizado no mesmo diretório da classe java.

Além disso, para customizar uma mensagem de erro, você também pode customizar seu estilo CSS. Cada mensagem de erro é encapsulada em um elemento span do HTML, e você pode aplicar formatação a mensagem ao redefinir o estilo CSS **errorMessage**. Por exemplo, para fazer as mensagens de erro de conversão mostradas em vermelho (red), você pode adicionar o seguinte a seu JSP:

```
<style>
.errorMessage {
  color:red;
}
</style>
```

Um exemplo de customização de erro de conversão de tipo é mostrado na aplicação **app07a**. A estrutura de diretório dessa aplicação é mostrada na Figura 7.1.

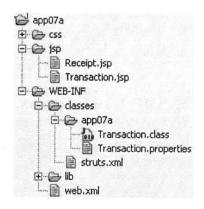

Figura 7.1: Estrutura de diretório app07a

A classe action **Transaction** na Listagem 7.1 tem quatro propriedades: **accountId (String), transactionDate (Date), amount (double), e transactionType (int)**. Mais importante, **Transaction** estende a classe **ActionSupport**, logo implementando indiretamente **ValidationAware**.

Listagem 7.1: a Classe action Transaction

```java
package app07a;
import java.util.Date;
import com.opensymphony.xwork2.ActionSupport;
public class Transaction extends ActionSupport {

    private String accountId;
    private Date transactionDate;
    private double amount;
    private int transactionType;

    // getters e setters não são mostrados
}
```

Nota

Nós poderíamos usar **java.util.Currency** para **amount**, mas usar um **double** serve como um bom exemplo para as conversões de tipo nesse exemplo.

Existem duas actions nesse exemplo, **Transaction1** e **Transaction2**. A seguir, veremos as declarações para as actions no arquivo **struts.xml**.

```xml
<action name="Transaction1">
    <result>/jsp/Transaction.jsp</result>
</action>
<action name="Transaction2" class="app07a.Transaction">
    <result name="input">/jsp/Transaction.jsp</result>
    <result name="success">/jsp/Receipt.jsp</result>
</action>
```

Transaction1 simplesmente mostra a página **Transaction.jsp**, a qual contém um formulário e é mostrada na Listagem 7.2. **Transaction2** tem duas abordagens de resultados. A primeira é executada se o método action retornar "input", que é o caso quando há um erro de conversão de tipo. A segunda é executada se nenhum erro de conversão de tipo ocorrer e encaminha à página **Receipt.jsp,** na Listagem 7.3.

Listagem 7.2: a Página Transaction.jsp

```jsp
<%@ taglib prefix="s" uri="/struts-tags" %>
<html>
<head>
<title>Transaction Details</title>
<style type="text/css">@import url(css/main.css);</style>
<style>
.errorMessage {
  color:red;
}
</style>
</head>
<body>
<div id="global" style="width:350px">
  <h4>Transaction Details</h4>
  <s:form action="Transaction2">
    <s:textfield name="accountId" label="Account ID"/>
    <s:textfield name="transactionDate"
      label="Transaction Date"/>
    <s:textfield name="transactionType"
      label="Transaction Type"/>
    <s:textfield name="amount" label="Amount"/>
    <s:submit/>
  </s:form>
</div>
</body>
</html>
```

Listagem 7.3: a Página Receipt.jsp

```jsp
<%@ taglib prefix="s" uri="/struts-tags" %>
<html>
<head>
<title>Transaction Complete</title>
<style type="text/css">@import url(css/main.css);</style>
</head>
<body>
<div id="global" style="width:250px">
  <h4>Transaction details:</h4>
  <table>
  <tr>
    <td>Account ID:</td>
    <td><s:property value="accountId"/>
```

```
  </tr>
  <tr>
    <td>Transaction Date:</td>
    <td><s:property value="transactionDate"/>
  </tr>
  <tr>
    <td>Transaction Type:</td>
    <td><s:property value="transactionType"/>
  </tr>
  <tr>
    <td>Amount:</td>
    <td><s:property value="amount"/>
  </tr>
  </table>
</div>
<s:debug/>
</body>
</html>
```

O arquivo **Transaction.properties**, mostrado na Listagem 7.4, redefine a mensagem de erro de conversão de tipo para o campo **TransactionDate**. Esse arquivo deve ser localizado no mesmo diretório da classe action **Transaction.**

Listagem 7.4: o Arquivo Transaction.properties

```
invalid.fieldvalue.transactionDate=Please enter a date in MM/dd/yyyy
↪ format
```

Para testar esse exemplo, chame a action **Transaction1** direcionando o seu browser para:

```
http://localhost:8080/app07a/Transaction1.action
```

Você irá ver o formulário com quatro caixas de entrada como na Figura 7.2

Figura 7.2: A página Transaction.jsp

Para testar as propriedades da conversão de tipos em Struts, eu deliberadamente entro com valores incorretos nas caixas de Transaction Date e Amount. Na caixa Transaction Date eu entro **abcd** e na caixa Amount eu digito **14,999.95.** Após esse formulário ser submetido, você irá ver o mesmo formulário, como mostrado na Figura 7.3.

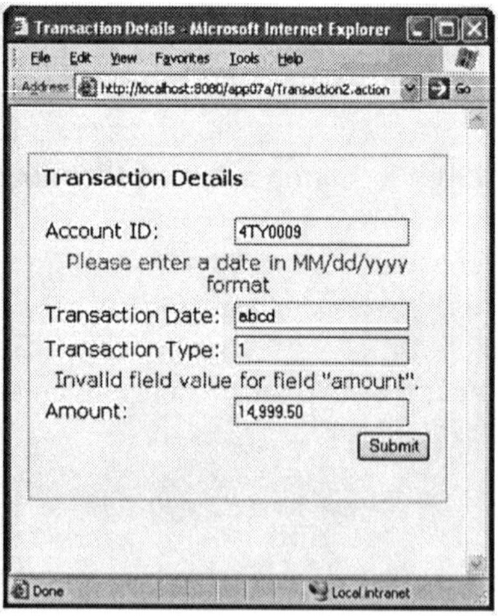

Figura 7.3: Conversões de tipos falhadas

O que aconteceu foi que **abcd** não pôde ser convertido a um **Date.** **14,999.50** parece um valor numérico válido, mas sua formatação o torna um mal candidato para um **double**, o tipo da propriedade **amount.** Se eu tivesse entrado **14,999.50**, Struts poderia tê-lo convertido com sucesso a um **double** e atribuído-lhe a propriedade **amount.**

O campo Transaction Date está sendo enfeitado como a mensagem de erro custom especificada no arquivo **Transaction.properties.** O campo Amount está sendo acompanhado por uma mensagem de erro padrão, já que o arquivo **Transaction.properties** não especifica uma para esse campo.

Uma coisa importante a verificar é que os valores errados são reexibidos. Isso é uma característica importante, já que os usuários podem facilmente verificar o que está errado com seu formulário.

CONVERSORES DE TIPO ADAPTADOS

Sofisticados como eles podem ser, os conversores de tipo embutidos não são adequados. Eles não permitem números formatados (tais como 1,200) a serem convertidos em um **java.lang.Number** ou em um primitivo. Eles não são inteligentes o suficiente para permitirem um padrão de datas arbitrário a ser usado. Para superar essa limitação, você deve construir seu próprio conversor. Felizmente, isso não é difícil de fazer.

Um conversor de tipo adaptado deve implementar a interface **ognl.TypeConverter** ou estender uma classe de implementação. Como você pode observar na Figura 7.4, existem duas classes de implementação disponíveis para você estender. **DefaultTypeConverter** e **StrutsTypeConverter.** **DefaultTypeConverter** será discutido nessa se-ção e **StrutsTypeConverter,** na próxima seção.

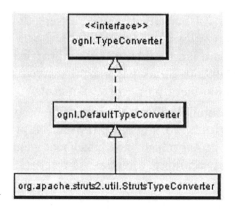

Figura 7.4: Classe TypeConverter e sua implementação

A interface **TypeConverter** tem apenas um método, **ConvertValue**, cuja assinatura é mostrada a seguir. Struts chama esse método e passa os parâmetros necessários sempre que ele precisa do serviço do conversor.

```
java.lang.Object convertValue(java.util.Map context,
   java.lang.Object target, java.lang.reflect.Member member,
   java.lang.String propertyName, java.lang.Object value,
   java.lang.Class toType);
```

Os parâmetros são como mostrados abaixo:
- context. O contexto OGNL sob qual a conversão está sendo feita.
- target. O objeto target no qual a propriedade está sendo setada.
- member. O membro da classe (construtor, método ou campo) sendo setado.
- propertyName. O nome da propriedade sendo setada.
- value. O valor a ser convertido.
- toType. O tipo no qual o valor deve ser convertido.

O argumento **context** é muito útil, já que ele contém referências a Pilha de Valores e a vários recursos. Por exemplo, para buscar a Pilha de Valores, utilize o código seguinte:

```
ValueStack valueStack = (ValueStack)
   context.get(ValueStack.VALUE_STACK);
```

E, é claro, uma vez que você tenha a referência da Pilha de Valores, você pode obter um valor da propriedade usando o método **findValue.**

```
valueStack.findValue(propertyName);
```

A fim de obter os objetos **ServletContext, HttpServletRequest,** e o **HttpServletResponse,** use os *static finals* definidos na interface **org.apache.struts2.StrutsStatics:**

```
context.get(StrutsStatics.SERVLET_CONTEXT);
context.get(StrutsStatics.HTTP_REQUEST);
context.get(StrutsStatics.HTTP_RESPONSE);
```

Para um conversor adaptado a funções, você precisa fornecer código que funcione para cada conversor de tipo suportado. Tipicamente, um conversor deve suportar no mínimo dois conversores de tipo, de **String** a outro tipo e vice-versa. Por exemplo, um conversor de moeda para converter **String** em **double**, e **double** em **String** deveria implementar **convertValue,** como mostrado a seguir.

```
public Object convertValue(Map context, Object target,
    Member member, String propertyName, Object value,
    Class toType) {
  if (toType == String.class) {
    // converte de double a String e retorna o resultado
    ...
  } else if (toType == Double.class || toType ==
  Double.TYPE) {
    // converte String para double e retorna o resultado
    ...
  }
  return null;
}
```

Implementar **TypeConverter** não é tão simples como estender a classe DefaultTypeConverter, uma implementação default de **TypeConverter.** **DefaultTypeConverter,** mostrado na Listagem 7.5, fornece uma implementação default de **convertValue** que chama outro método **convertValue** como uma assinatura mais simples.

Listagem 7.5: a Classe DefaultTypeConverter

```
package ognl;
import java.lang.reflect.Member;
import java.util.Map;
public class DefaultTypeConverter implements TypeConverter {
    public Object convertValue(Map context, Object target,
        Member member, String propertyName, Object value,
        Class toType){
      return convertValue(context, value, toType);
    }
    public Object convertValue(Map context, Object value,
        Class toType) {
      return OgnlOps.convertValue(value, toType);
    }
}
```

Configurando Conversores Adaptados

Antes de você poder usar um conversor de tipo adaptado em sua aplicação, você deve configurá-lo. A configuração pode ser tanto baseada em campo como baseada em classe.

A configuração baseada em campo permite que você especifique um conversor adaptado para cada propriedade em uma action. Você faz isso criando um arquivo que deve ser denominado de acordo com o seguinte formato:

```
ActionClass-conversion.properties
```

Aqui, *ActionClass* é o nome da classe action. Por exemplo, para configurar conversores adaptados para uma classe action chamada **User**, cria-se um arquivo denominado **User-conversion.properties.** O conteúdo desse arquivo poderia se parecer com o seguinte:

```
field1=customConverter1
field2=customConverter2
...
```

Além disso, o arquivo de configuração deve residir no mesmo diretório da classe action. A aplicação **app07a** mostra como escrever um arquivo de configuração baseado em campo para seus conversores adaptados.

CAPÍTULO 7 – CONVERSÃO DE TIPOS

Em uma configuração baseada em classe, você especifica o conversor que irá converter um parâmetro de requisição em uma instância de uma classe. Nesse caso, você cria um arquivo **xwork-conversion.properties** abaixo de WEB-INF/classes e une uma classe como o conversor. Por exemplo, para utilizar **CustomConverter1** para uma classe, você irá escrever:

```
fullyQualifiedClassName=CustomConverter1
...
```

app07a ensina como usar configuração baseada em classe.

Exemplos de Conversores Adaptados

A aplicação **app07a** mostra como implementar **TypeConverter** e estender **DefaultTypeConverter**. A estrutura de diretórios de **app07a** é mostrada na Figura 7.5. Existem dois conversores adaptados exibidos nessa aplicação, um para converter moedas e um para converter datas. O primeiro implementa **TypeConverter** e o segundo estende **DefaultTypeConverter**.

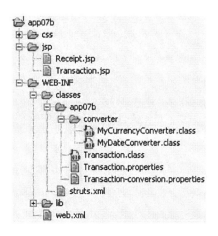

Figura 7.5: A estrutura de diretórios app07a

O conversor de moedas é encapsulado na classe **MyCurrencyConvertr** na Listagem 7.6. O primeiro bloco **if** fornece conversão a String usando **NumberFormat** e **DecimalFormat**. Conversões de **String** a **Double** são feitas no segundo bloco **if**, removendo todas as vírgulas do valor.

Listagem 7.6: a Classe MyCurrencyConverter

```java
package app07b.converter;
import java.lang.reflect.Member;
import java.text.DecimalFormat;
import java.text.NumberFormat;
import java.util.Map;
import ognl.TypeConverter;
import com.opensymphony.xwork2.util.TypeConversionException;

public class MyCurrencyConverter implements TypeConverter {
    public Object convertValue(Map context, Object target,
        Member member, String propertyName, Object value,
        ClasstoType) {
      if (toType == String.class) {
        NumberFormat formatter = new DecimalFormat("#,##0.00");
        return formatter.format((Double) value);
      } else if (toType == Double.class
          || toType == Double.TYPE) {
        try {
            String[] s = (String[]) value;
            String doubleValue = s[0];
            // remove vírgulas,
            // nós poderíamos usar um expressão regular de uma linha,
            // String doubleValue = s[0].replaceAll("[,]", "");
            // mas expressões regulares são comparativamente
            // mais lentas
            return Double.parseDouble(
                replaceString(doubleValue, ',', ""));
        } catch (NumberFormatException e) {
            System.out.println("Error:" + e);
            throw new TypeConversionException("Wrong");
        }
      }
      return null;
    }

    public static String replaceString(String s, char c,
        String with) {
      if (s == null) {
        return null;
      }
      int length = s.length();
      StringBuilder sb = new StringBuilder(s.length() * 2);
      for (int i = 0; i < length; i++) {
        char c2 = s.charAt(i);
```

CAPÍTULO 7 – CONVERSÃO DE TIPOS   193

```
    if (c2 == c) {
       sb.append(with);
    } else {
       sb.append(c2);
    }
  }
  return sb.toString();
 }
}
```

O conversor de datas é encapsulado na classe **MyDateConverter** na Listagem 7.7. Apenas conversões de **String** para **Date** são supridas. **Date** para **String** não é importante, considerando que você usa a tag **date** para formatar e imprimir uma propriedade **Date**.

Listagem 7.7: a Classe MyDateConverter

```
package app07b.converter;
import java.text.DateFormat;
import java.text.ParseException;
import java.text.SimpleDateFormat;
import java.util.Date;
import java.util.Map;
import javax.servlet.ServletContext;
import org.apache.struts2.StrutsStatics;
import ognl.DefaultTypeConverter;
import com.opensymphony.xwork2.util.TypeConversionException;

public class MyDateConverter extends DefaultTypeConverter {
   public Object convertValue(Map context, Object value,
   Class
      toType) {
      if (toType == Date.class) {
         ServletContext servletContext = (ServletContext)
            context.get(SStrutsStatics.SERVLET_CONTEXT);
         String datePattern =
            servletContext.getInitParameter("datePattern");
         DateFormat format = new SimpleDateFormat(datePattern);
         format.setLenient(false);
         try {
            String[] s = (String[]) value;
            Date date = format.parse(s[0]);
            return date;
         } catch (ParseException e) {
```

```
        System.out.println("Error:" + e);
        throw new
            TypeConversionException("Invalid conversion");
      }
    }
  return null;
  }
}
```

Você pode usar qualquer padrão de data para formatar as datas e analisar as **Strings**. Você passa o padrão de datas como um parâmetro inicial ao objeto **ServletContext**. Se você abrir o arquivo **web.xml** de **app07a**, você irá observar esse elemento **context-param**, que indica que o padrão de datas é yyyy-MM-dd.

```
<context-param>
  <param-name>datePattern</param-name>
  <param-value>yyyy-MM-dd</param-value>
</context-param>
```

Como você pode observar no bloco **if**, na Listagem 7.7, você primeiro precisa obter o padrão de datas do objeto **ServletContext**. Após isso, você emprega um **java.text.DateFormat** para converter uma **String** em **Date**.

Finalmente, o arquivo **Transaction-conversion.properties** (mostrado na Listagem 7.8) registra os dois conversores adaptados, usando configuração baseada em arquivo.

Listagem 7.8: o Arquivo Transaction-conversion.properties

```
amount=app07b.converter.MyCurrencyConverter
transactionDate=app07b.converter.MyDateConverter
```

Para testar esse exemplo, direcione o seu browser para a seguinte URL:

```
http://localhost:8080/app07b/Transaction1.action
```

ESTENDENDO STRUTSTYPECONVERTER

Considerando que na maioria dos conversores de tipo você precisa fornecer implementação para conversões **String** para não Strings e vice-versa, faz sentido fornecer uma classe de implementação de **TypeConverter** que separa as duas tarefas em dois métodos diferentes. A classe **StrutsTypeConverter,** um filho de **DefaultTypeConverter,** é essa classe. Existem dois métodos abstratos que você precisa implementar quando estender **StrutsTypeConverter, convertFromString** e **convertToString.** Veja a definição da classe **StrutsTypeConverter** na Listagem 7.9.

Listagem 7.9: a Classe StrutsTypeConverter

```
package org.apache.struts2.util;
import java.util.Map;
import ognl.DefaultTypeConverter;

public abstract class StrutsTypeConverter
    extends DefaultTypeConverter {
  public Object convertValue(Map context, Object o,
  Class toClass) {
    if (toClass.equals(String.class)) {
      return convertToString(context, o);
    } else if (o instanceof String[]) {
      return convertFromString(context, (String[]) o,
toClass);
    } else if (o instanceof String) {
      return convertFromString(context,
        new String[]{(String) o}, toClass);
    } else {
      return performFallbackConversion(context, o, toClass);
    }
  }

  public abstract Object convertFromString(Map context,
    String[] values, Class toClass);

  public abstract String convertToString(Map context, Object o);

  protected Object performFallbackConversion(Map context,
Object o,
    Class toClass) {

    return super.convertValue(context, o, toClass);
  }
}
```

A implementação de **converterValue** em StrutsTypeConverter chama tanto **convertFromString** quanto **convertToString**, dependendo em que direção a conversão de tipo deve ser efetuada. Além disso, o método **performFallbackConversion** será chamado se o objeto a ser convertido não for uma **String** ou o tipo Target (**toClass**) não for uma **String** ou um *array* de **String**.

A aplicação **app07c** ilustra o uso de **StrutsTypeConverter** ao caracterizar um conversor para converter objetos **Color** em **String**s e vice-versa. O usuário pode especificar uma cor ao definir suas componentes vermelho (red), verde (green) e azul (blue) em uma **String** delimitada por vírgula. Por exemplo, azul é 0,0, 255 e verde é 0,255,0. Cada valor da componente deve ser um integer na faixa de 0 a 255. Um objeto **Color** é uma instância da classe **Color** mostrada na Listagem 7.10. Uma cor consiste nas componentes vermelho, verde e azul, e tem um método **getHexCode** que retorna o código hexadecimal da cor.

Listagem 7.10: a Classe Color

```
package app07c;
import com.opensymphony.xwork2.ActionSupport;

public class Color extends ActionSupport {
   private int red;
   private int green;
   private int blue;

   // getters e setters não são mostrados

   public String getHexCode() {
     return (red < 16? "0" : "")
       + Integer.toHexString(red)
       + (green < 16? "0" : "")
       + Integer.toHexString(green)
       + (blue < 16? "0" : "")
       + Integer.toHexString(blue);
   }
}
```

A estrutura de diretórios de **app07c** é mostrada na Figura 7.6. Existem duas actions definidas nela, **Design1** e **Design2**, como descrito no arquivo **struts.xml** acompanhando **app07c**. As declarações de action são impressas na Listagem 7.11.

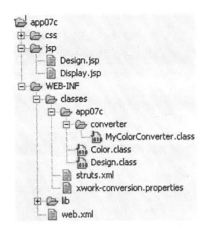

Figura 7.6: Estrutura de diretório app07d

Listagem 7.11: a Declaração action

```
<package name="app07c" extends="struts-default">
  <action name="Design1">
    <result>/jsp/Design.jsp</result>
  </action>
  <action name="Design2" class="app07c.Design">
    <result name="input">/jsp/Design.jsp</result>
    <result name="success">/jsp/Display.jsp</result>
  </action>
</package>
```

A action Design1 é usada para obter um projeto do usuário. Um projeto é modelado como uma instância da classe Design na Listagem 7.12. Ele é uma classe simples que tem duas propriedades, designName e color

Listagem 7.12: a Classe Design

```
package app07c;
import com.opensymphony.xwork2.ActionSupport;
public class Design extends ActionSupport {
  private String designName;
  private Color color;
  // getters e setters não são mostrados
}
```

198 STRUTS 2 PROJETO E PROGRAMAÇÃO: UM TUTORIAL

A classe **MyColorConverter**, na Listagem 7.13, é derivada de **StrutsTypeConverter,** que provê serviços para converter uma **String** em um **Color** e um **Color** em um **String**. Seu método **convertFromString** separa uma representação **String** de uma cor em suas componentes vermelho, verde e azul e constrói um objeto Color. Seu método **convertToString** recebe um objeto **Color** e constrói uma **String**.

Listagem 7.13: a Classe MyColorConverter

```
package app07c.converter;
import java.util.Map;
import org.apache.struts2.util.StrutsTypeConverter;
import app07c.Color;
import com.opensymphony.xwork2.util.TypeConversionException;

public class MyColorConverter extends StrutsTypeConverter {
    public Object convertFromString(Map context, String[] values,
            Class toClass) {
        boolean ok = false;
        String rgb = values[0];
        String[] colorComponents = rgb.split(",");
        if (colorComponents != null
                && colorComponents.length == 3) {
            String red = colorComponents[0];
            String green = colorComponents[1];
            String blue = colorComponents[2];
            int redCode = 0;
            int greenCode = 0;
            int blueCode = 0;
            try {
                redCode = Integer.parseInt(red.trim());
                greenCode = Integer.parseInt(green.trim());
                blueCode = Integer.parseInt(blue.trim());
                if (redCode >= 0 && redCode < 256
                        && greenCode >= 0 && greenCode < 256
                        && blueCode >= 0 && blueCode < 256) {
                    Color color = new Color();
                    color.setRed(redCode);
                    color.setGreen(greenCode);
                    color.setBlue(blueCode);
                    ok = true;
                    return color;
                }
            } catch (NumberFormatException e) {
```

```
      }
   }
   if (!ok) {
      throw new
         TypeConversionException("Invalid color codes");
   }
   return null;
}

   public String convertToString(Map context, Object o) {
      Color color = (Color) o;
      return color.getRed() + ","
         + color.getGreen() + ","
         + color.getBlue();
   }
}
```

A fim de usar **MyColorConverter,** você deve, antes de qualquer coisa, configurá-lo. O arquivo **xwork-conversion.properties,** na Listagem 7.14, é o arquivo de configuração baseado em classe. Existe apenas uma entrada nesse arquivo, mapeando a classe **Color** com **MyColorConverter.** Se você está mapeando mais de uma classe, esteja a vontade para adicionar mais entradas nesse arquivo.

Listagem 7.14: o Arquivo xwork-conversion.properties

```
app07c.Color=app07c.converter.MyColorConverter
```

Como alternativa, você poderia fazer também uma configuração baseada no campo, ao criar um arquivo **Default-converstion.properties** no diretório **WEB-INF/classes/app07c** com uma entrada

```
color=app07c.converter.MyColorConverter
```

Para testar o conversor de cor, direcione o seu browser para essa URL:

```
http://localhost:8080/app07c/Design1.action
```

Você irá ver um formulário com dois campos de texto, como aquele da Figura 7.7. Entre um nome de projeto e uma cor.

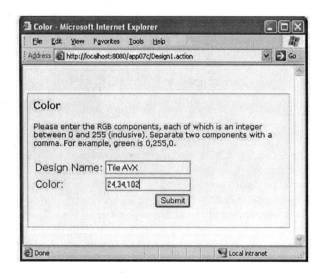

Figura 7.7: Usando um conversor de cor

Se você entrar uma cor válida e submeter o formulário, você irá chamar a action **Design2** e ter a cor mostrada como na Figura 7.8.

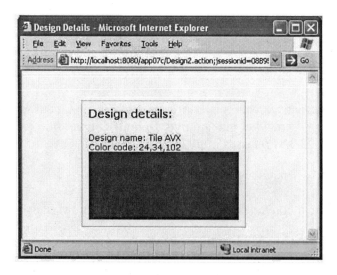

Figura 7.8: Mostrando uma cor

TRABALHANDO COM OBJETOS COMPLEXOS

Freqüentemente, campos de formulário são mapeados para propriedades em múltiplos objetos. Graças a OGNL, é fácil fazer isso e usar um conversor adaptado para uma propriedade em qualquer objeto. A aplicação **app07d**, cujo diretório é mostrado na Figura 7.9, ilustra como lidar com esse cenário.

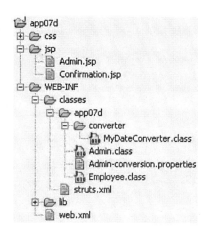

Figura 7.9: Estrutura de diretório app07d

Essa aplicação exemplo tem duas actions, **Admin1** e **Admin2**, que podem ser usadas para adicionar um Employee à base de dados. Cada vez que um novo empregado é adicionado, o admin id também deve ser notado, porque há múltiplos usuários no papel admin. As declarações de action em **struts.xml** são mostradas na Listagem 7.15.

Listagem 7.15: a Declaração de action

```
<package name="app07d" extends="struts-default">
  <action name="Admin1">
    <result>/jsp/Admin.jsp</result>
  </action>
  <action name="Admin2" class="app07d.Admin">
    <result name="input">/jsp/Admin.jsp</result>
    <result name="success">/jsp/Confirmation.jsp</result>
  </action>
</package>
```

A classe **Admin** (veja Listagem 7.16) tem duas propriedades, **adminId** e **employee**. **adminId** é uma **String**, mas employee é do tipo **Employee**, outra classe (mostrada na Listagem 7.17) com suas próprias propriedades (**firstName, lastName** e **birthDate**). Com um formulário HTML, você popula um **Admin** e um **Employee** e, ao mesmo tempo, usa um conversor adaptado para a propriedade **birthDate?**

Listagem 7.16: a Classe Admin

```
package app07d;
import com.opensymphony.xwork2.ActionSupport;
public class Admin extends ActionSupport {
   private Employee employee;
   private String adminId;
   // getters e setters não são mostrados

   public String execute() {
      // código para inserir o empregado na base de dados aqui
      return SUCCESS;
   }
}
```

Listagem 7.17: a Classe Employee

```
package app07d;
import java.util.Date;

public class Employee {
   private String firstName;
   private String lastName;
   private Date birthDate;

   // getters e setters não são mostrados
}
```

A resposta é simples: OGNL. Uma tag **form** pode ser mapeada para uma propriedade de uma propriedade. Por exemplo, para mapear um campo para uma propriedade **firstName** da propriedade **employee** da action, utilize a expressão OGNL **employee.firstName**. A página **Admin.jsp**, na Listagem 7.18, mostra o formulário cujos campos mapeiam para dois objetos.

Listagem 7.18: a Página Admin.jsp

```jsp
<%@ taglib prefix="s" uri="/struts-tags" %>
<html>
<head>
<title>Add Employee</title>
<style type="text/css">@import url(css/main.css);</style>
<style>
.errorMessage {
  color:red;
}
</style>
</head>
<body>
<div id="global" style="width:450px">
  <h4>Add Employees</h4>
  <s:form action="Admin2">
    <s:textfield name="adminId" label="Admin ID"/>
    <s:textfield name="employee.firstName"
      label="Employee First Name"/>
    <s:textfield name="employee.lastName"
      label="Employee Last Name"/>
    <s:textfield name="employee.birthDate"
      label="Employee Birth Date (yyyy-MM-dd)"/>
  <s:submit/>
  </s:form>
</div>
</body>
</html>
```

A página **Confirmation.jsp**, na Listagem 7.19, mostra como exibir a propriedade **Admin**, bem como as propriedades da propriedade **employee**.

Listagem 7.19: a Página Confirmation.jsp

```jsp
<%@ taglib prefix="s" uri="/struts-tags" %>
<html>
<head>
<title>Employee Details</title>
<style type="text/css">@import url(css/main.css);</style>
</head>
<body>
<div id="global" style="width:350px">
  Admin Id: <s:property value="adminId"/>
```

```
<h4>Employee Created:</h4>
<s:property value="employee.firstName"/>
<s:property value="employee.lastName"/>
(<s:date name="employee.birthDate"
   format="MMM dd, yyyy"/>)
</div>
</body>
</html>
```

E por último, mas não menos importante, a propriedade **birthDate** da classe **Employee** deve ser configurada para usar o conversor **MyDateConverter**. A Listagem 7.20 mostra o arquivo **Admin-conversion.properties**, que registra **MyDateConverter** para **birthDate**.

Listagem 7.20: o Arquivo Admin-conversion.properties

```
employee.birthDate=app07d.converter.MyDateConverter
```

Para testar essa aplicação, direcione o seu browser como segue:

```
http://localhost:8080/app07d/Admin1.action
```

TRABALHANDO COM COLEÇÕES (COLLECTIONS)

Struts também lhe permite popular objetos em uma **Collection.** Normalmente, você iria querer fazer isso para uma entrada mais rápida de dados. Ao invés de adicionar um employee por vez, como nós fizemos em **app07d, app07c** habilita múltiplos empregados a serem adicionados no mesmo instante.

A estrutura de diretórios de **app07a** é mostrada na Figura 7.10 e as declarações action na Listagem 7.21.

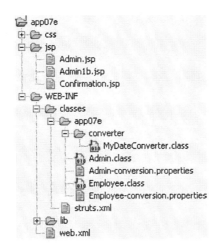

Figura 7.10: Estrutura de diretórios app07e

Listagem 7.21: a Declaração action

```
<package name="app07e" extends="struts-default">
  <action name="Admin1">
    <result>/jsp/Admin.jsp</result>
  </action>
  <action name="Admin2" class="app07e.Admin">
    <result name="input">/jsp/Admin.jsp</result>
    <result name="success">/jsp/Confirmation.jsp</result>
  </action>
  <action name="Admin1b">
    <result>/jsp/Admin1b.jsp</result>
  </action>
</package>
```

A action **Admin1** mostra o formulário para a entrada de dois empregados e **Admin2**

insere os empregados na base de dados e mostra os dados adicionados. A action **Admin1b** é adicional e permite um número qualquer de empregados. **Admin1b** será discutida no final dessa seção.

A classe **Admin** e a classe **Employee** são mostradas na Listagem 7.22 e na Listagem 7.23, respectivamente. Note que a classe **Admin** contém uma propriedade **employee** que é do tipo **Collection.**

Listagem 7.22: a Classe Admin

```java
package app07e;
import java.util.Collection;
import com.opensymphony.xwork2.ActionSupport;

public class Admin extends ActionSupport {
   private Collection employees;
   public Collection getEmployees() {
      return employees;
   }
   public void setEmployees(Collection employees) {
      this.employees = employees;
   }
}
```

Listagem 7.23: a Classe Employee

```java
package app07e;
import java.util.Date;

public class Employee {
   private String firstName;
   private String lastName;
   private Date birthDate;

   // getters e setters não são mostrados

   public String toString() {
      return firstName + " " + lastName;
   }
}
```

A página **Admin.jsp**, na Listagem 7.24, contém um formulário que permite que você entre dois employees. O primeiro employee irá se tornar o primeiro elemento da propriedade **employee** de **Collection** na action **Admin**. Denota-se com **employees[0]**, e o segundo empregado é **employees[1]**. Conseqüentemente, a tag **textfield** mapeada para a propriedade **lastName** do primeiro empregado tem sua propriedade **name** atribuída a **employees[0].lastName**.

Listagem 7.24: a Página Admin.jsp

```jsp
<%@ taglib prefix="s" uri="/struts-tags" %>
<html>
<head>
<title>Add Employees</title>
<style type="text/css">@import url(css/main.css);</style>
<style>
.errorMessage {
  color:red;
}
</style>
</head>
<body>
<div id="global" style="width:450px">
  <h4>Add Employees</h4>
  <s:fielderror/>
  <s:form theme="simple" action="Admin2">
  <table>
  <tr>
    <th>First Name</th>
    <th>Last Name</th>
    <th>Birth Date</th>
  </tr>
  <tr>
    <td><s:textfield name="employees[0].firstName"/></td>
    <td><s:textfield name="employees[0].lastName"/></td>
    <td><s:textfield name="employees[0].birthDate"/></td>
  </tr>
  <tr>
    <td><s:textfield name="employees[1].firstName"/></td>
    <td><s:textfield name="employees[1].lastName"/></td>
    <td><s:textfield name="employees[1].birthDate"/></td>
  </tr>
  <tr>
    <td colspan="3"><s:submit/></td>
  </tr>
  </table>
  </s:form>
</div>
</body>
</html>
```

208 STRUTS 2 PROJETO E PROGRAMAÇÃO: UM TUTORIAL

A página **Confirmation.jsp,** mostrada na Listagem 7.25, usa a tag **Iterator** para iterar em uma propriedade employees na action **Admin**. Ela também emprega a tag **date** para formatar as datas de aniversário.

Listagem 7.25: a Página Confirmation.jsp

```
<%@ taglib prefix="s" uri="/struts-tags" %>
<html>
<head>
<title>Confirmation</title>
<style type="text/css">@import url(css/main.css);</style>
</head>
<body>
<div id="global" style="width:350px">
  <h4>Employee Created:</h4>
  <table>
  <s:iterator value="employees">
    <tr>
      <td><s:property value="firstName"/>
      <s:property value="lastName"/>
      (<s:date name="birthDate" format="MMM dd, yyyy"/>)
      </td>
    </tr>
  </s:iterator>
  </table>
</div>
<s:debug/>
</body>
</html>
```

Você pode testar esse exemplo direcionando o seu browser para essa URL:

```
http://localhost:8080/app07e/Admin1.action
```

A Figura 7.11 mostra o formulário.

CAPÍTULO 7 – CONVERSÃO DE TIPOS   209

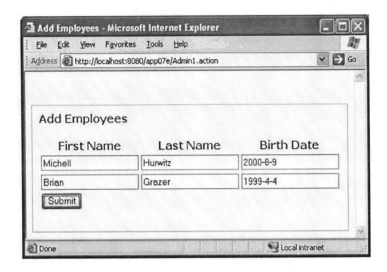

Figura 7.11: Adicionando múltiplos employees ao mesmo tempo

Siga em frente e adicione dados ao formulário e o envie. A Figura 7.12 mostra os dados exibidos.

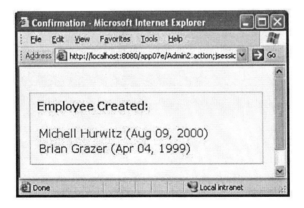

Figura 7.12: Exibindo os employees adicionados

Ser capaz de adicionar dois employees é fantástico, mas você provavelmente quer mais. O resto da seção discute como obter mais flexibilidade.

Ao invés de escrever no próprio código os campos de texto para employees, como nós fizemos na página **Admin.jsp**, nós usamos uma tag **iterator** para construir os campos de texto dinamicamente. Por exemplo, para criar quatro conjuntos de campos, você necessita de uma tag **iterator** com quatro elementos como esse a seguir.

```
<s:iterator value="new int[4]" status="stat">
```

Ou, melhor ainda, você pode passar um parâmetro de requisição **count** à URL e usar o valor para construir o iterator.

```
new int[#parameters.count[0]]
```

Note que o **[0]** é necessário porque **parameters** sempre retorna um *array* de **Strings**, não uma **String**.

Aqui estão as tags que constroem campos de texto instantaneamente. Você pode encontrá-las na página **Admin1b.jsp** em **app07e**.

```
<s:iterator value="new int[#parameters.count[0]]"
status="stat">
<tr>
   <td><s:textfield
     name="%{'employees['+#stat.index+'].firstName'}"/></td>
   <td><s:textfield
     name="%{'employees['+#stat.index+'].lastName'}"/></td>
   <td><s:textfield
     name="%{'employees['+#stat.index+'].birthDate'}"/></td>
</tr>
</s:iterator>
```

Chame a action usando essa URL, embutindo um parâmetro de requisição **count**, onde n é o número de linhas que você cria. Agora você pode entrar quantos employees você quiser de uma vez.

TRABALHANDO COM MAPAS

A maioria das vezes você provavelmente irá ficar satisfeito populando objetos em uma **Collection**. Em casos raros, entretanto, você deve precisar popular objetos em um **Map**. Muito embora isso seja mais difícil, é algo que o Struts fará com prazer para você também, como você pode observar na aplicação **app07f**. Como de costume, começo apresentando a estrutura de diretório da aplicação. Isso é mostrado na Figura 7.13.

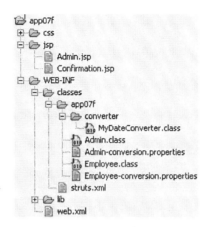

Figura 7.13: Estrutura de diretório app07f

As declarações action, mostradas na Listagem 7.26, são similares àquelas em **app07e**. **Admin1** mostra um formulário de entrada múltipla de registros, **Admin2** mostra os dados entrados, e **Admin3** pode ser usado para adicionar qualquer número de empregados.

Listagem 7.26: a Declaração action

```
<package name="app07f" extends="struts-default">
  <action name="Admin1">
    <result>/jsp/Admin.jsp</result>
  </action>
  <action name="Admin2" class="app07f.Admin">
    <result name="input">/jsp/Admin.jsp</result>
    <result name="success">/jsp/Confirmation.jsp</result>
  </action>
  <action name="Admin1b">
    <result>/jsp/Admin1b.jsp</result>
  </action>
</package>
```

A classe **Admin** é mostrada na Listagem 7.27. Note que a propriedade **employees** é um **Map**. A classe **Employee** é apresentada na Listagem 7.28 e é um template para employees.

Listagem 7.27: a Classe Admin

```
package app07f;
import java.util.Map;
import com.opensymphony.xwork2.ActionSupport;
public class Admin extends ActionSupport {
  private Map employees;
  private String[] userName;

  // getters e setters não são mostrados
}
```

Listagem 7.28: a Classe Employee

```
package app07f;
import java.util.Date;
public class Employee {
  private String firstName;
  private String lastName;
  private Date birthDate;
  public String toString() {
     return firstName + " " + lastName;
  }
  // getters e setters não são mostrados
}
```

Para popular uma propriedade **Map**, que é **employees**, você precisa informar Struts qual classe instanciar para cada entrada. O Arquivo **Admin-conversion.properties,** na Listagem 7.29, é um arquivo de configuração baseado em campo que indica que cada elemento da propriedade **employees** é uma instância de **app07f.Employee** e que isso deveria criar um novo **Map** se **employees** é nulo.

Listagem 7.29: o Arquivo Admin-conversion.properties

```
Element_employees=app07f.Employee
CreateIfNull_employees=true
```

Além disso, nós queremos usar um conversor de datas para a propriedade **birthDate** em **Employee**. A Listagem 7.30 mostra o arquivo de configuração baseado em campo para a classe **Employee**.

Listagem 7.30: o Arquivo Employee-conversion.properties

```
birthDate=app07f.converter.MyDateConverter
```

A página **Admin.jsp**, na Listagem 7.31, contém um formulário para entrada de dois employees. **employees['user0'].lastName** indica a propriedade **lastName** da entrada no **employees Map,** cuja chave é **user0.**

Listagem 7.31: a Página Admin.jsp

```
<%@ taglib prefix="s" uri="/struts-tags" %>
<html>
<head>
<title>Add Employees</title>
<style type="text/css">@import url(css/main.css);</style>
<style>
.errorMessage {
  color:red;
}
</style>
</head>
<body>
<div id="global" style="width:450px">
  <h4>Add Employees</h4>
  <s:fielderror/>
  <s:form theme="simple" action="Admin2">
  <table>
  <tr>
      <th>First Name</th>
      <th>Last Name</th>
      <th>Birth Date</th>
    </tr>
    <tr>
      <td><s:textfield name="employees['user0'].firstName"/></td>
      <td><s:textfield name="employees['user0'].lastName"/></td>
      <td><s:textfield name="employees['user0'].birthDate"/></td>
```

```
    </tr>
    <tr>
      <td><s:textfield name="employees['user1'].firstName"/></td>
      <td><s:textfield name="employees['user1'].lastName"/></td>
      <td><s:textfieldname="employees['user1'].birthDate"/></td>
    </tr>
    <tr>
      <td colspan="3"><s:submit/></td>
    </tr>
    </table>
    </s:form>
</div>
</body>
</html>
```

A Listagem 7.32 mostra a página **Configuration.jsp** que exibe dados entrados ao iterar sobre o **employees Map**.

Listagem 7.32: a Página Confirmation.jsp

```
<%@ taglib prefix="s" uri="/struts-tags" %>
<html>
<head>
<title>Confirmation</title>
<style type="text/css">@import url(css/main.css);</style>
</head>
<body>
<div id="global" style="width:350px">
  <h4>Employees Created:</h4>
  <ul>
  <s:iterator value="employees.keySet()" var="key" status="stat">
    <li><s:property value="#key"/>:
      <s:property value="employees[#key].firstName"/>
      <s:property value="employees[#key].lastName"/>
    </li>
  </s:iterator>
  </ul>
</div>
</body>
</html>
```

Para testar a aplicação, use a URL abaixo:

http://localhost:8080/app07f/Admin1.action

Você irá ver um formulário como o mostrado na Figura 7.14. Entre valores nos campos de texto e submeta o formulário e você irá ver os dados de entrada exibidos, como mostrados na Figura 7.15.

Para ter um formulário para entrada de employees, use a técnica descrita em **app07e.**

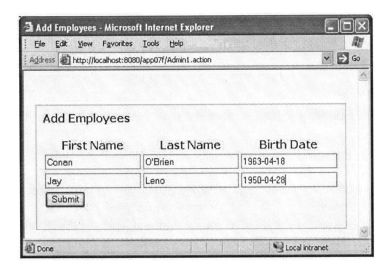

Figura 7.14: Populando um Map

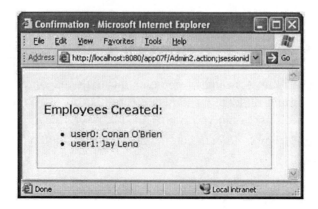

Figura 7.15: Mostrando elementos de um Map

SUMÁRIO

Struts desenvolve conversões de tipo quando popula propriedades action. Quando uma conversão falha, Struts também mostra uma mensagem de erro tal que o usuário saiba como corrigir a entrada. Você aprendeu neste capítulo como redefinir a mensagem de erro.

Algumas vezes, conversores de tipo default não são suficientes. Por exemplo, se você tem um objeto complexo ou você quer usar um formato diferente do default, você precisa escrever conversores adaptados. Esse capítulo também tem mostrado como escrever vários conversores adaptados e como configurá-los.

CAPÍTULO 8

VALIDAÇÃO DA ENTRADA

Uma aplicação robusta na Web deve garantir que a entrada do usuário seja válida. Por exemplo, você pode querer se certificar de que a informação entrada do usuário em um formulário será apenas armazenada na base de dados caso a senha selecionada seja, no mínimo, de comprimento n caracteres e que a data de aniversário seja uma data não superior à data atual. Struts torna a validação da entrada fácil, ao fornecer validadores embutidos que são baseados no Xwork Validation Framework. Usar esses validadores não requer programação. Pelo contrário, você declara em um arquivo XML como um validador deve funcionar. Entre muitas coisas a declarar, deve-se saber qual campo necessita ser validado e qual mensagem enviar ao browser se uma validação falhar.

Em cenários mais complexos, validadores embutidos podem ajudar pouco e você tem que escrever código para validar a entrada.A isso, damos o nome de validação programática e, juntamente com validadores embutidos, será discutido neste capítulo.

Visão Geral do Validator

Há dois tipos de validadores (validators): validadores de campo e validadores simples (validadores que não são de campo). Um validador de campo é associado a um campo de formulário e funciona verificando um valor, antes do valor ser atribuído a uma propriedade action. Muitos validadores empacotados são validadores de campo. Um validador simples não está associado a um campo e é usado para testar se uma certa condição foi satisfeita. O interceptador validation, que é parte da pilha default, é responsável por carregar e executar validadores registrados.

Usar um validador requer esses três passos:

1. Determinar a action cuja entrada está para ser validada.

2. Escrever um arquivo de configuração do validador. O nome do arquivo deve seguir um desses modelos:

```
ActionClass-validation.xml
ActionClass-alias-validation.xml
```

O primeiro modelo é mais comum. Entretanto, considerando que uma classe action possa ser usada por múltiplas actions, há casos em que você quer apenas aplicar validação em algumas actions. Por exemplo, a classe **UserAction** pode ser usada com as actions **User_create** e **User_edit.** Se ambas as actions estão para ser validadas usando as mesmas regras, você pode simplesmente declarar as regras em um arquivo **UserAction-validation.xml.** Entretanto, se **User_create** e **User_edit** usam regras diferentes de validação, você deve criar dois arquivos de configuração de validadores, **UserAction-User_create-validation.xml** e **UserAction-User_edit-validation.xml.**

3. Determinar para onde o usuário deve ser encaminhado quando a validação falha ao se definir um elemento **<result name="input">** no arquivo **struts.xml.** Normalmente, o valor do elemento **result** é o mesmo JSP que contém o formulário validado.

Nota sobre Registro de Validadores

Todos os validadores empacotados são registrados por padrão e podem ser usados sem você ter que se preocupar com o registro. O registro torna-se um problema se você está usando um validador adaptado. Se esse for o caso, leia a seção "Escrevendo Validadores Adaptados", mais adiante neste capítulo.

Configuração do Validator

A tarefa de configurar validadores se fundamenta em escrever arquivos de configuração de validador, que são documentos XML que devem estar de acordo com o validador DTD do XWork.

Um arquivos de configuração do validador sempre começa com a instrução **DOCTYPE**.

```
<!DOCTYPE validators PUBLIC
    "-//OpenSymphony Group//XWork Validator 1.0.2//EN"
    "http://www.opensymphony.com/xwork/xwork-validator-1.0.2.dtd">
```

O elemento raiz de um arquivo de configuração de um validator é **validators.** **<validators>** pode ter qualquer número de elementos **field** e **validator**. Um elemento **field** representa um campo de formulário no qual um ou mais validadores de campo serão aplicados. Um elemento **validator** representa um validador simples. Aqui, tem-se o esqueleto de um arquivo de configuração de um validador.

```
<!DOCTYPE validators PUBLIC
    "-//OpenSymphony Group//XWork Validator 1.0.2//EN"
    "http://www.opensymphony.com/xwork/xwork-validator-1.0.2.dtd">
<validators>
    <field name="...">
        ...
    </field>
    <field name="...">
        ...
    </field>
    ...
    <validator type="...">
        ...
    </validator>
    <validator type="...">
        ...
    </validator>
    ...

</validators>
```

220 STRUTS 2 PROJETO E PROGRAMAÇÃO: UM TUTORIAL

O atributo **name** em um elemento **field** especifica o formulário a ser validado.

Você pode aplicar um número qualquer de validadores a um campo de formulário, ao aninhar elementos **field-validator** dentro do elemento **field**. Por exemplo, o elemento **field** seguinte indica que o campo **userEmail** deve ser validado pelos validadores *required* e *email*.

```
<field name="userEmail">
  <field-validator type="required">
  </field-validator>
  <field-validator type="email">
  </field-validator>
</field>
```

Um elemento **field-validator** deve ter um atributo **type**, que aponta para um validador. Além disso, ele pode ter um atributo **short-circuit**. O valor de **short-circuit** pode ser true ou false (padrão). Um valor true indica que, se o validador corrente falhar, os próximos validadores para o mesmo campos não serão executados. Por exemplo, no arquivo de configuração abaixo, se o validador *required* falha, o validador *email* não será executado.

```
<field name="userEmail">
  <field-validator type="required" short-circuit="true">
  </field-validator>
  <field-validator type="email">
  </field-validator>
</field>
```

Você pode passar parâmetros a um validador aninhando elementos **param** no elemento **field-validator**. Você também pode definir uma mensagem de erro para o validador, usando o elemento **message** contido no elemento **field-validator**. Como um exemplo, esse validador de campo **stringLength** recebe dois parâmetros, **minLength** e **maxLength**, e a mensagem de erro, que deve ser exibida quando a validação falha.

```
<field-validator type="stringlength">
  <param name="minLength">6</param>
  <param name="maxLength">14</param>
  <message>
     User name deve ter entre 6 e 16 caracteres
  </message>
</field-validator>
```

Um elemento **field-validator** pode ter zero ou mais elementos **param** e no máximo um elemento **message**.

O elemento **validator** é usado para representar um validador simples. Ele também pode conter múltiplos elementos **param** e um elemento **message**. Por exemplo, o elemento **validator** seguinte informa que o campo **max** deve ser superior ao campo **min** ou a validação irá falhar.

```
<validator type="expression">
  <param name="expression">
    max > min
  </param>
  <message>
    A temperatura máxima deve ser superior à temperatura mínima
  </message>
</validator>
```

Assim como field-validator, o elemento validator deve ter um atributo **type** e deve ter um atributo **short-circuit**.

VALIDADORES EMBUTIDOS

Struts tem esses validadores embutidos:

- validador required
- validador requiredstring
- validador int
- validador date
- validador expression
- validador fieldexpression
- validador email
- validador url
- validador visitor
- validador conversion
- validador stringlength
- validador regex

cada um desses validadores é discutido em uma sessão separada a seguir.

Validador required

Esse validador garante que um valor de campo não é nulo. Uma string vazia não é nula e, portanto, não irá gerar uma exceção.

Por exemplo, a classe **RequiredTestAction,** na Listagem 8.1, tem duas propriedades, **userName** e **password,** e emprega um arquivo de configuração do validador, apresentado na Listagem 8.2.

Listagem 8.1: a Classe RequiredTestAction

```
package app08a;
import com.opensymphony.xwork2.ActionSupport;
public class RequiredTestAction extends ActionSupport {
    private String userName;
    private String password;
    // getters e setters não são mostrados
}
```

Listagem 8.2: o Arquivo RequiredTestAction-validation.xml

```
<!DOCTYPE validators PUBLIC
    "-//OpenSymphony Group//XWork Validator 1.0.2//EN"
    "http://www.opensymphony.com/xwork/xwork-validator-1.0.2.dtd">
<validators>
    <field name="userName">
        <field-validator type="required">
            <message>Please enter a user name</message>
        </field-validator>
    </field>
    <field name="password">
        <field-validator type="required">
            <message>Please enter a password</message>
        </field-validator>
    </field>
</validators>
```

Quando você submete um formulário ao **RequiredTestAction,** dois campos são exigidos. A Listagem 8.3 mostra o JSP usado para demonstrar o validador required. A tag **texgtfield userName** foi comentada para poder disparar o validador.

Listagem 8.3: a Página Required.jsp

```
<%@ taglib prefix="s" uri="/struts-tags" %>
<html>
<head>
<title>required Validator Example</title>
<style type="text/css">@import url(css/main.css);</style>
<style>
.errorMessage {
  color:red;
}
</style>
</head>
<body>
<div id="global" style="width:350px">
   <h3>Enter user name and password</h3>
   <s:fielderror/>
   <s:form action="Required2">
<%— <s:textfield name="userName" label="User Name"/>
—%>
      <s:password name="password" label="Password"/>
      <s:submit/>
   </s:form>
</div>
</body>
</html>
```

Você pode usar essa URL para mostrar a página:

http://localhost:8080/app08a/Required2.action

A Figura 8.1 mostra o formulário após uma validação falhada. Ela é rejeitada, já que o campo **fieldName** está faltando.

Figura 8.1: O validador Required

Validador requiredstring

O validador requiredstring garante que um valor de campo não seja nulo ou não vazio. Ele tem um parâmetro **trim** cujo valor é true por padrão. Se **trim** é true, o campo validado será cortado (**trimmed**) antes da validação. Se trim é **false**, o valor do campo validado não será cortado. O parâmetro **trim** é descrito na Tabela 8.1.

Tabela 8.1: Parâmetro requiredstring do Validador

Nome	Tipo de Dado	Descrição
trim	boolean	Indica se os espaços trailing serão ou não cortados antes da validação.

Com **trim** true, um campo que contém apenas espaços irá falhar ao ser validado.

O exemplo seguinte valida os campos associados às propriedades da classe **RequiredStringTestAction** na Listagem 8.4. O arquivo de configuração da validação, na Listagem 8.5, atribui o validador requiredstring aos campos userName e password.

Listagem 8.4: a Classe RequiredStringTestAction

```
package app08a;
import com.opensymphony.xwork2.ActionSupport;
public class RequiredStringTestAction extends ActionSupport
{
    private String userName;
    private String password;
    // getters e setters removidos
}
```

Listagem 8.5: o Arquivo RequiredStringTestAction-validation.xml

```
<!DOCTYPE validators PUBLIC
    "-//OpenSymphony Group//XWork Validator 1.0.2//EN"
    "http://www.opensymphony.com/xwork/xwork-validator-1.0.2.dtd">

<validators>
    <field name="userName">
        <field-validator type="requiredstring">
```

```
      <param name="trim">true</param>
      <message>Please enter a user name</message>
    </field-validator>
  </field>
  <field name="password">
    <field-validator type="requiredstring">
      <param name="trim">false</param>
      <message>Please enter a password</message>
    </field-validator>
  </field>
</validators>
```

Note que o validador requiredstring para o **UserName** tem seu parâmetro **trim** ajustado a **true**, que significa que um espaço, ou espaços, não qualificam. A página **RequiredString.jsp,** na Listagem 8.6, mostra o formulário para esse exemplo.

Listagem 8.6: a Página RequiredString.jsp

```
<%@ taglib prefix="s" uri="/struts-tags" %>
<html>
<head>
<title>requiredstring Validator Example</title>
<style type="text/css">@import url(css/main.css);</style>

<style>
.errorMessage {
  color:red;
}
</style>
</head>
<body>
<div id="global" style="width:350px">
  <h3>Enter user name and password</h3>
  <s:form action="RequiredString2">
    <s:textfield name="userName" label="User Name"/>
    <s:password name="password" label="Password"/>
    <s:submit/>
  </s:form>
</div>
</body>
</html>
```

Para testar este exemplo, direcione o seu browser para essa URL:

http://localhost:8080/app08a/RequiredString1.action

Submeter esse formulário sem antes entrar valores nos campos resultará no formulário sendo retornado.

Figura 8.2: Usando requiredString

Validator stringlength

Você usa stringlength para garantir que um valor de campo não vazio seja de um determinado comprimento. Você especifica os comprimentos mínimo e máximo através dos parâmetros **minLength** e **maxLength**. A lista completa de parâmetros é mostrada na Tabela 8.2.

Tabela 8.2: Parâmetros do Validador stringlength

Nome	Tipo de Dado	Descrição
maxLength	int	O comprimento máximo permitido. Se esse parâmetro não estiver presente, não haverá nenhuma restrição de comprimento máximo para o campo associado.
minLength	int	O comprimento mínimo permitido. Se esse parâmetro não estiver presente, não haverá nenhuma restrição de comprimento mínimo para o campo associado.
trim	boolean	Indica se os espaços trailing serão ou não cortados antes da validação.

Por exemplo, a classe **stringLengthAction,** na Listagem 8.7, define duas propriedades, **userName** e **password.** Um nome de usuário deve ter entre seis e catorze caracteres e o validador stringlength é usado para garantir isso. O arquivo de configuração do validador para esse exemplo é apresentado na Listagem 8.8. A página **StringLength.jsp,** na Listagem 8.9, mostra o formulário cujo campo é mapeado à propriedade **userName.**

Listagem 8.7: a Classe stringLengthTestAction

```
package app08a;
import com.opensymphony.xwork2.ActionSupport;
public class StringLengthTestAction extends ActionSupport {
    private String userName;
    private String password;
    // getters e setters removidos
}
```

Listagem 8.8: o Arquivo stringLengthTestAction-validation.xml

```
<!DOCTYPE validators PUBLIC
    "-//OpenSymphony Group//XWork Validator 1.0.2//EN"
    "http://www.opensymphony.com/xwork/xwork-validator-1.0.2.dtd">

<validators>
    <field name="userName">
        <field-validator type="stringlength">
            <param name="minLength">6</param>
            <param name="maxLength">14</param>
            <message>
                Nome do usuário deve ter entre 6 e 14 caracteres
            </message>
        </field-validator>
    </field>
</validators>
```

Listagem 8.9: a Página stringLength.jsp

```
<%@ taglib prefix="s" uri="/struts-tags" %>
<html>
<head>
<title>stringlength Validator Example</title>
<style type="text/css">@import url(css/main.css);</style>
<style>
```

```
.errorMessage {
    color:red;
}
</style>
</head>
<body>
<div id="global" style="width:480px">
  <h3>Select a user name</h3>
  <s:form action="StringLength2">
    <s:textfield name="userName"
        label="User Name (6-14 characters)"/>
    <s:submit/>
  </s:form>
</div>
</body>
</html>
```

Para testar esse exemplo, direcione o seu browser para essa URL:

http://localhost:8080/app08a/StringLength1.action

A Figura 8.3 mostra o formulário

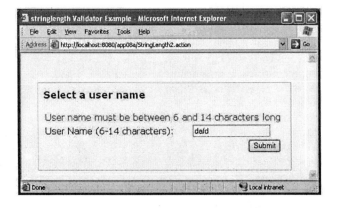

Figura 8.3: Usando stringLength

Validador int

O validador int verifica se um valor de campo pode ser convertido em um int e se os parâmetros min e max são usados, se seu valor se encaixa na faixa especificada. Os parâmetros do validador int são mostrados na Tabela 8.3.

Tabela 8.3: Parâmetros do Validador int

Nome	Tipo de Dado	Descrição
min	int	O valor mínimo permitido. Se esse parâmetro não estiver presente, não haverá valor mínimo.
max	int	O valor máximo permitido. Se esse parâmetro não estiver presente, não haverá valor máximo.

Como um exemplo, considere a classe **IntTestAction** na Listagem 8.10. Ele expõe uma propriedade **year**, que é um int representando a parte do ano de uma data.

Listagem 8.10: a Classe IntTestAction

```
package app08a;
import com.opensymphony.xwork2.ActionSupport;
public class IntTestAction extends ActionSupport {
    private int year;
    // getter e setter não são mostrados
}
```

O arquivo de configuração na Listagem 8.11 garante que qualquer valor de year submetido a um objeto **IntTestAction** deve estar entre 1990 e 2009 (inclusive).

Listagem 8.11: o Arquivo IntTestAction-validation.xml

```
<!DOCTYPE validators PUBLIC
    "-//OpenSymphony Group//XWork Validator 1.0.2//EN"
    "http://www.opensymphony.com/xwork/xwork-validator-1.0.2.dtd">

<validators>
    <field name="year">
```

```
      <field-validator type="int">
        <param name="min">1990</param>
        <param name="max">2009</param>
        <message>Year deve estar entre 1990 e 2009</message>
      </field-validator>
   </field>
</validators>
```

A página **Int.jsp,** na Listagem 8.12, mostra um formulário com uma tag **textfield** denominada **year.** No envio do formulário, o validador irá insistir para garantir que o valor de **year** esteja dentro da faixa prescrita.

Listagem 8.12: a Página Int.jsp

```
<%@ taglib prefix="s" uri="/struts-tags" %>
<html>
<head>
<title>int Validator Example</title>
<style type="text/css">@import url(css/main.css);</style>
<style>
.errorMessage {
    color:red;
}
</style>
</head>
<body>
<div id="global" style="width:350px">
    <h3>Enter a year</h3>
    <s:form action="Int2">
    <s:textfield name="year" label="Year (1990-2009)"/>
    <s:submit/>
    </s:form>
</div>
</body>
</html>
```

Direcione o seu browser para essa URL para testar o validador int.

```
http://localhost:8080/app08a/Int1.action
```

Você verá o formulário como mostrado na Figura 8.4.

CAPÍTULO 8 – VALIDAÇÃO DA ENTRADA   231

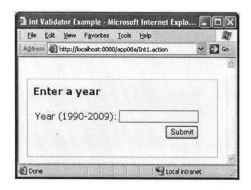

Figura 8.4: Usando o validador int

Validator Date

Esse validador verifica se uma data especificada está numa faixa determinada. A Tabela 8.4 lista todos os parâmetros possíveis do validador date.

Tabela 8.4: Parâmetros do Validador date

Nome	Tipo de Dado	Descrição
min	int	O valor mínimo permitido. Se esse parâmetro não estiver presente, não haverá valor mínimo.
max	int	O valor máximo permitido. Se esse parâmetro não estiver presente, não haverá valor máximo.

Nota
O padrão de datas usado para validar uma data é dependente do local corrente.

Por exemplo, a classe **DateTestAction,** na Listagem 8.13, é usada para testar o validador date. O arquivo de configuração **DateTestAction-validation.xml,** na Listagem 8.14, atribui o validador date ao campo **birthDate.**

232 STRUTS 2 PROJETO E PROGRAMAÇÃO: UM TUTORIAL

Listagem 8.13: a Classe DateTestAction

```
package app08a;
import java.util.Date;
import com.opensymphony.xwork2.ActionSupport;
public class DateTestAction extends ActionSupport {
  private Date birthDate;
  // getter e setter removidos
}
```

Listagem 8.14: o Arquivo DateTestAction-validation.xml

```
<!DOCTYPE validators PUBLIC
  "-//OpenSymphony Group//XWork Validator 1.0.2//EN"
  "http://www.opensymphony.com/xwork/xwork-validator-1.0.2.dtd">

<validators>
  <field name="birthDate">
    <field-validator type="date">
      <param name="max">1/1/2000</param>
      <message>
      Você deve ter nascido antes do ano 2000 para se registrar
      </message>
    </field-validator>
  </field>
</validators>
```

O arquivo de configuração especifica que o valor de year deve ser anterior a primeiro de Janeiro de 2000. O padrão de datas usado aqui é **US_en.**

A página **Date.jsp,** na Listagem 8.15, contém um formulário que submete o campo **birthDate** à action **DateTestAction.**

Listagem 8.15: a Página Date.jsp

```
<%@ taglib prefix="s" uri="/struts-tags" %>
<html>
<head>
<title>date Validator Example</title>

<style type="text/css">@import url(css/main.css);</style>
<style>
```

```
.errorMessage {
    color:red;
}
</style>
</head>
<body>
<div id="global" style="width:350px">
  <h3>Enter your birthdate</h3>
  <s:form action="Date2">
    <s:textfield name="birthDate" label="Birth Date"/>
    <s:submit/>
  </s:form>
</div>
</body>
</html>
```

Para testar o validador date, direcione o seu browser para essa URL:

http://localhost:8080/app08a/Date1.action

O formulário será mostrado no seu browser e irá se parecer com o da Figura 8.5.

Figura 8.5: Usando o validador date

Validator email

O validador *email* pode ser usado para verificar se uma **String** se desenvolve a um endereço de email. Esse validador usa o API do Java Regular Expression e usa o padrão seguinte:

```
"\\b(^[_A-Za-z0-9-]+(\\.[_A-Za-z0-9-]+)*@([A-Za-z0-9-])+(\\.[A-Zaz0-
9-]+)*((\\.[A-Za-z0-9]{2,})|(\\.[A-Za-z0-9]{2,}\\.[A-Za-z0-
9]{2,}))$)\\b"
```

Isso significa que um email pode começar com qualquer combinação de letras e números, que é seguida por qualquer número de pontos e letras e números. Ele deve ter um caractere @, seguido por um nome de host válido.

Como um exemplo, a classe **EmailTestAction,** na Listagem 8.16, define uma propriedade **email** que será validada usando o validador *email*. O arquivo de configuração do validador é mostrado na Listagem 8.17 e o JSP que contém um formulário com o campo correspondente é impresso na Listagem 8.18.

Listagem 8.16: a Classe EmailTestAction

```
package app08a;
import com.opensymphony.xwork2.ActionSupport;
public class EmailTestAction extends ActionSupport {
   private String email;
   //getter e setter não são mostrados
}
```

Listagem 8.17: o Arquivo EmailTestAction-validator.xml

```
<!DOCTYPE validators PUBLIC
    "-//OpenSymphony Group//XWork Validator 1.0.2//EN"
    "http://www.opensymphony.com/xwork/xwork-validator-1.0.2.dtd">
<validators>
   <field name="email">
     <field-validator type="email">
       <message>Invalid email</message>
     </field-validator>
   </field>
</validators>
```

Listagem 8.18: a Página Email.jsp

```
<%@ taglib prefix="s" uri="/struts-tags" %>
<html>
<head>
<title>email Validator Example</title>
<style type="text/css">@import url(css/main.css);</style>
<style>
.errorMessage {
    color:red;
}
</style>
</head>
<body>
<div id="global" style="width:350px">
   <h3>Enter your email</h3>
   <s:form action="Email2">
      <s:textfield name="email" label="Email"/>
      <s:submit/>
   </s:form>
</div>
</body>
</html>
```

Para testar o validador *email*, direcione o seu browser para essa URL:

http://localhost:8080/app08a/Email1.action

A Figura 8.6 mostra o formulário que contém uma tag **textfield** denominada **email**.

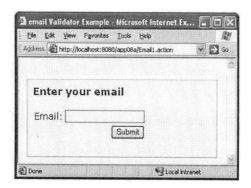

Figura 8.6: Usando o validador email

Validador url

O validador *url* pode ser usado para verificar se uma **String** se qualifica como uma URL válida. O validador faz seu trabalho tentando criar um objeto **java.net.URL** usando a String. Se nenhuma exceção é gerada durante o processo, a validação será um sucesso.

A seguir, temos exemplos de URLs válidas:

```
http://www.google.com
https://hotmail.com
ftp://yahoo.com
file:///C:/data/V3.doc
```

esta aqui é inválida, pois não há nenhum protocolo

```
java.com
```

Como um exemplo, considere que a classe **UrlTestAction,** na Listagem 8.19, tem uma propriedade **url** que será validada usando o validador url. O arquivo de configuração do validador é mostrado na Listagem 8.20.

Listagem 8.19: a Classe UrlTestAction

```
package app08a;
import com.opensymphony.xwork2.ActionSupport;
public class UrlTestAction extends ActionSupport {
    private String url;
    // getter e setter não são mostrados
}
```

Listagem 8.20: o Arquivo UrlTestAction-validator.xml

```
<!DOCTYPE validators PUBLIC
    "-//OpenSymphony Group//XWork Validator 1.0.2//EN"
    "http://www.opensymphony.com/xwork/xwork-validator-1.0.2.dtd">
<validators>
    <field name="url">
        <field-validator type="url">
            <message>Invalid URL</message>
        </field-validator>
    </field>
</validators>
```

A página Url.jsp, na Listagem 8.21, contém um formulário com uma tag **textfield** denominada **url**.

Listagem 8.21: a Página Url.jsp

```
<%@ taglib prefix="s" uri="/struts-tags" %>
<html>
<head>
<title>url Validator Example</title>
<style type="text/css">@import url(css/main.css);</style>
<style>
.errorMessage {
    color:red;
}
</style>
</head>
<body>
<div id="global" style="width:350px">
   <h3>What is your website?</h3>
   <s:form action="Url2">
      <s:textfield name="url" label="URL" size="40"/>
      <s:submit/>
   </s:form>
</div>
</body>
</html>
```

Para testar esse exemplo, direcione o seu browser para essa URL:

```
http://localhost:8080/app08a/Url1.action
```

A Figura 8.7 mostra o formulário

Figura 8.7: Usando o Validador url

Validator regex

Esse validador verifica se um campo se encaixa no padrão da expressão regular especificada. Seus parâmetros são listados na Tabela 8.5. Veja a documentação para a classe **java.lang.regex.Param** para obter mais detalhes nos padrões de expressões regulares para o Java.

Tabela 8.5: Parâmetros do Validador regex

Nome	Tipo de Dado	Descrição
expression*	int	O padrão da expressão regular para combinação.
caseSensitive	int	Indica se a combinação deve ou não ser feita de uma forma sensível a maiúsculas e minúsculas. O valor padrão é true.
trim	boolean	Indica se o campo deve ou não ser cortado antes da validação. O valor padrão é true.

Validadores expression e fieldexpression

Os Validadores expression e fieldexpression são usados para validar um campo numa expressão OGNL. expression e fieldexpression são similares, exceto porque o primeiro não é um validador de campo ao passo que o primeiro é. A outra diferença é que uma falha na validação que o validator expression irá gerar um erro de action. fieldexpression irá gerar um erro de campo em uma validação falhada. O parâmetro para esses validadores é mostrado na Tabela 8.6.

CAPÍTULO 8 – VALIDAÇÃO DA ENTRADA 239

Tabela 8.6: Parâmetros dos Validadores expression e fieldexpression

Nome	Tipo de Dado	Descrição
expression*	String	A expressão OGNL que governa o processo de validação.

Tem-se dois exemplos nesta seção. O primeiro deles lida com o validador expression, o segundo lida com o validador fieldexpression.

Exemplo do Validador expression

A classe **ExpressionTestAction,** na Listagem 8.22, tem duas propriedades, **min** e **max**, que serão usadas na expressão OGNL de uma instância do validador expression. A Listagem 8.23 mostra o arquivo de configuração do validador, que usa o validador expression e especifica que o valor da propriedade **max** deve ser superior ao valor de **min**. A listagem 8.24 mostra um JSP com um formulário com dois campos.

Listagem 8.22: a Classe ExpressionTestAction

```
package app08a;
import com.opensymphony.xwork2.ActionSupport;
public class ExpressionTestAction extends ActionSupport {
    private int min;
    private int max;
    // getters e setters não são mostrados
}
```

Listagem 8.23: o Arquivo ExpressionTestAction-validator.xml

```
<!DOCTYPE validators PUBLIC
    "-//OpenSymphony Group//XWork Validator 1.0.2//EN"
    "http://www.opensymphony.com/xwork/xwork-validator-1.0.2.dtd">

<validators>
    <validator type="expression">
        <param name="expression">
            max > min
        </param>
        <message>
            A temperatura Máxima deve ser superior à Mínima
        </message>
```

Listagem 8.24: a Página Expression.jsp

```jsp
<%@ taglib prefix="s" uri="/struts-tags" %>
<html>
<head>
<title>expression Validator Example</title>
<style type="text/css">@import url(css/main.css);</style>
<style>
.errorMessage {
    color:red;
}
</style>
</head>
<body>
<div id="global" style="width:400px">
  <s:actionerror/>
  <h3>Enter the minimum and maximum temperatures</h3>
  <s:form action="Expression2">
    <s:textfield name="min" label="Minimum temperature"/>
    <s:textfield name="max" label="Maximum temperature"/>
    <s:submit/>
  </s:form>
</div>
</body>
</html>
```

Para testar este exemplo, direcione o seu browser para essa URL:

```
http://localhost:8080/app08a/Expression1.action
```

Você irá ver um formulário como o mostrado na Figura 8.8. Você pode submeter o formulário com sucesso apenas se você entrou com inteiros nos campos de entrada e o valor de **min** é inferior ao valor de **max.**

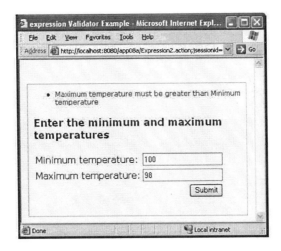

Figura 8.8: Usando expression

Exemplo do Validador fieldexpression

A classe **FieldExpressionTestAction**, na Listagem 8.25, tem duas propriedades, **min** e **max**, que deverão seguir um determinado critério, que especifica que **min** deve ser inferior a **max**. O arquivo de configuração do validador, na Listagem 8.26, especifica uma expressão OGNL para o validador fieldexpression. A Listagem 8.27 mostra o JSP usado nesse exemplo.

Listagem 8.25: a Classe FieldExpressionTestAction

```
package app08a;
import com.opensymphony.xwork2.ActionSupport;
public class FieldExpressionTestAction extends ActionSupport {
  private int min;
  private int max;
  // getters e setters não são mostrados
}
```

Listagem 8.26: o Arquivo FieldExpressionTestAction-validator.xml

```
<!DOCTYPE validators PUBLIC
  "-//OpenSymphony Group//XWork Validator 1.0.2//EN"
  "http://www.opensymphony.com/xwork/xwork-validator-1.0.2.dtd">
```

```
<validators>
  <field name="max">
    <validator type="fieldexpression">
      <param name="expression">
        max > min
      </param>
      <message>
        A temperatura Máxima deve ser superior à Mínima
      </message>
    </validator>
  </field>
</validators>
```

Listagem 8.27: a Página FieldExpression.jsp

```
<%@ taglib prefix="s" uri="/struts-tags" %>
<html>
<head>
<title>fieldexpression Validator Example</title>
<style type="text/css">@import url(css/main.css);</style>
<style>
.errorMessage {
    color:red;
}
</style>
</head>
<body>
<div id="global" style="width:400px">
  <h3>Enter the minimum and maximum temperatures</h3>
  <s:form action="FieldExpression2">
    <s:textfield name="min" label="Minimum temperature"/>
    <s:textfield name="max" label="Maximum temperature"/>
    <s:submit/>
  </s:form>
</div>
</body>
</html>
```

Teste esse exemplo direcionando seu browser para:

http://localhost:8080/app08a/FieldExpression1.action

A Figura 8.9 mostra o validador fieldExpression em action.

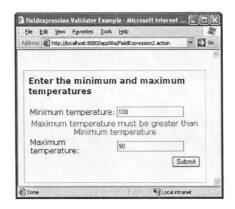

Figura 8.9: Usando fieldvalidator

Validador conversion

O validador conversion informa se a conversão de tipo para uma propriedade action gerou um erro de conversão. O validador também deixa você adicionar uma mensagem adaptada acima da mensagem de erro padrão de conversão. Abaixo, verifica-se a mensagem padrão para um erro de conversão.

```
Invalid field value for field "fieldName".
```

Com o validador *conversion*, você pode adicionar outra mensagem:

```
Invalid field value for field "fieldName".
[Your custom message]
```

Por exemplo, a classe **ConversionTestAction** na Listagem 8.28 tem uma propriedade, **age**, que é um int. O arquivo de configuração do validador na Listagem 8.29 configura o validador conversion para o campo **age** e adiciona uma mensagem de erro para uma conversão falhada.

Listagem 8.28: a Classe ConversionTestAction

```
package app08a;
import com.opensymphony.xwork2.ActionSupport;
public class ConversionTestAction extends ActionSupport {
   private int age;
   // getter e setter removidos
}
```

Listagem 8.29: o Arquivo ConversionTestAction-validator.xml

```
<!DOCTYPE validators PUBLIC
  "-//OpenSymphony Group//XWork Validator 1.0.2//EN"
  "http://www.opensymphony.com/xwork/xwork-validator-1.0.2.dtd">

<validators>
  <field name="age">
    <field-validator type="conversion">
      <message>
        Uma idade deve ser um inteiro.
      </message>
    </field-validator>
  </field>
</validators>
```

A página **Conversion.jsp,** na Listagem 8.30, contém um formulário com um campo mapeado à propriedade **age**.

Listagem 8.30: a Página Conversion.jsp

```
<%@ taglib prefix="s" uri="/struts-tags" %>
<html>
<head>
<title>conversion Validator Example</title>
<style type="text/css">@import url(css/main.css);</style>
<style>
.errorMessage {
    color:red;
}
</style>
</head>
<body>
<div id="global" style="width:350px">
  <h3>Enter your age</h3>
  <s:form action="Conversion2">
    <s:textfield name="age" label="Age"/>
    <s:submit/>
  </s:form>
</div>
</body>
</html>
```

Para testar esse exemplo, direcione o seu browser para essa URL:

http://localhost:8080/app08a/Conversion1.action

A Figura 8.10 mostra o validador conversion na action. Há duas mensagens de erro exibidas: a mensagem padrão e a que você adicionou usando o validador conversion.

Figura 8.10: O validador conversion na action

Validador visitor

O Validador visitor introduz algum nível de re-usabilidade, permitindo usar o mesmo arquivo de configuração do validador com mais de uma action. Considere o sequinte cenário:

Suponha que você tenha uma classe action (exemplo: **Customer**), que tem uma propriedade **address** do tipo **Address**, que, por sua vez, tem cinco propriedades (**streetName, streetNumber, city, state,** e **zipCode**). Para validar a propriedade **zipCode** em um objeto **Address,** que é uma propriedade da classe action **Customer**, você iria escrever esse elemento **field** em um arquivo **Customer-validation.xml.**

```
<field name="address.zipCode">
  <field-validator type="requiredstring">
    <message>Zip Code must not be empty</message>
  </field-validator>
</field>
```

Notou como OGNL torna possível referenciar um objeto complexo?

Suponha, também, que você tenha uma classe action **Employee** que usa **Address** como um tipo de propriedade. Se a propriedade **address** de **Employee** requer as mesmas regras de validação, como as propriedades **address** em **Customer**, você teria um arquivo **Emplyee-validation.xml** que é uma cópia exata do arquivo **Customer-validation.xml.**

Esse é um arquivo redundante e o validador visitor pode ajudar a isolar regras de validadores idênticos em um arquivo. Cada vez que você precisar usar as regras de um validador, você irá precisar simplesmente referenciar o arquivo. Neste exemplo, você isolaria as regras de validação para a classe **Address** em um arquivo **Address-validation.xml**. Então, no seu arquivo **Customer-validation.xml,** você escreveria:

```
<field name="address">
  <field-validator type="visitor">
    <message>Address: </message>
  </field-validator>
</field>
```

O elemento **field** informa à propriedade **address,** para usar o arquivo de validação que vem com o tipo da propriedade (**Address**). Em outras palavras, Struts deveria usar o arquivo **Address-validation.xml** para validar a propriedade **address**. Se você usa **Address** em múltiplas classes action, você não precisa escrever as mesmas regras de validação em todos arquivos de configuração do validador para cada action.

Outra propriedade do validador visitor é o uso de contexto. Se uma ou duas actions que usam **Address** precisam de outras regras de validação, diferentes das especificadas no arquivo **Address-validation.xml** você pode criar um novo arquivo de configuração de do validador apenas para aquela action. O novo arquivo de configuração do validador deveria ser nomeado:

```
Address-context-validation.xml
```

Aqui, context é o *alias* da action que precisa de regras específicas de validação para a classe Address. Se a action **AddEmployee** precisa de regras de validação especiais para sua propriedade **address**, você teria esse arquivo:

```
Address-AddEmployee-validation.xml
```

Isso não é tudo. Se o nome de context é diferente do *alias* do action, por exemplo, se a action **AddManager** também requerer as regras de validação em **Address-AddEmployee-validation.xml** ao invés das que estão em **Address-validation.xml**, você pode informar ao validador visitor para olhar para um contexto diferente, escrevendo esse elemento de campo.

```
<field name="address">
  <field-validator type="visitor">
    <param name="context">specific</param>
    <message>Address: </message>
  </field-validator>
</field>
```

Isso indica que, para validar a propriedade **Address**, o validador visitor deve usar **Address-specific-validation.xml** e não **Address-AddManager-validation.xml**.

Agora, vamos verificar as três aplicações exemplo (**app08b, app08c,** e **app08d**) que mostram o uso do validador visitor. A aplicação **app08b** mostra uma action **Customer** que tem uma propriedade **address** do tipo **Address** e usa uma maneira convencional para validar address. A aplicação **app08c** apresenta as mesmas classes **Customer** e **Address,** mas usa o validador visitor para validar a propriedade **address**. A aplicação **app08d** emprega o validador visitor e usa um contexto diferente.

Validando um Objeto Complexo (app08b)

Nesse exemplo, uma classe **Customer** tem uma propriedade **address** do tipo **Address**. É mostrado como você pode validar um objeto complexo com a ajuda das expressões OGNL. O exemplo é mostrado em **app08b** e sua estrutura de diretório é mostrada na figura 8.11. A classe **Customer** e a calsse **Address** são mostradas nas Listagens 8.31 e 8.32, respectivamente.

Figura 8.11: Estrutura de diretório app08b

Listagem 8.31: a Classe Customer

```
package app08b;
import com.opensymphony.xwork2.ActionSupport;
public class Customer extends ActionSupport {
  private String firstName;
  private String lastName;
  private Address address;
  // getters e setters não são mostrados
}
```

Listagem 8.32: a Classe Address

```
package app08b;
public class Address {
  private String streetName;
  private String streetNumber;
  private String city;
  private String state;
  private String zipCode;
  // getters e setters não são mostrados
}
```

Para validar a classe action Customer, use o arquivo **Customer-validation.xml** na Listagem 8.33. Note que você pode especificar os validadores para as propriedades no objeto **Address** aqui.

Listagem 8.33: o Customer-validation.xml

```
<!DOCTYPE validators PUBLIC
    "-//OpenSymphony Group//XWork Validator 1.0.2//EN"
    "http://www.opensymphony.com/xwork/xwork-validator-1.0.2.dtd">

<validators>
  <field name="firstName">
    <field-validator type="requiredstring">
      <message>First Name must not be empty</message>
    </field-validator>
  </field>
  <field name="lastName">
    <field-validator type="requiredstring">
      <message>Last Name must not be empty</message>
    </field-validator>
  </field>
```

```
<field name="address.streetName">
  <field-validator type="requiredstring">
    <message>Street Name must not be empty</message>
    </field-validator>
  </field>
<field name="address.streetNumber">
  <field-validator type="requiredstring">
    <message>Street Number must not be empty</message>
    </field-validator>
  </field>
<field name="address.city">
  <field-validator type="requiredstring">
    <message>City must not be empty</message>
    </field-validator>
  </field>
<field name="address.state">
  <field-validator type="requiredstring">
    <message>State must not be empty</message>
    </field-validator>
  </field>
<field name="address.zipCode">
  <field-validator type="requiredstring">
    <message>Zip Code must not be empty</message>
    </field-validator>
  </field>
</validators>
```

A página **Customer.jsp,** na Listagem 8.34, contém um formulário com campos que mapeiam às propriedades na action **Customer.**

Listagem 8.34: a Página Customer.jsp

```
<%@ taglib prefix="s" uri="/struts-tags" %>
<html>
<head>
<title>Add Customer</title>
<style type="text/css">@import url(css/main.css);</style>
<style>
.errorMessage {
    color:red;
}
</style>
</head>
<body>
```

```
<div id="global" style="width:350px">
  <h3>Enter customer details</h3>
  <s:form action="Customer2">
    <s:textfield name="firstName" label="First Name"/>
    <s:textfield name="lastName" label="Last Name"/>
    <s:textfield name="address.streetName" label="Street Name"/>
    <s:textfield name="address.streetNumber"
        label="Street Number"/>
    <s:textfield name="address.city" label="City"/>
    <s:textfield name="address.state" label="State"/>
    <s:textfield name="address.zipCode" label="Zip Code"/>
    <s:submit/>
  </s:form>
</div>
</body>
</html>
```

Para testar esse exemplo, direcione o seu browser para a URL:

http://localhost:8080/app08b/Customer1.action

O formulário é mostrado na Figura 8.12.

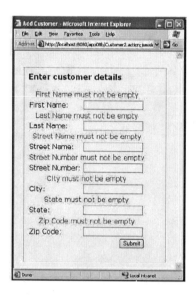

Figura 8.12: Validações para um objeto complex

Usando o Validador visitor (app08c)

app08c, cuja estrutura de diretórios é mostrada na Figura 8.13, é similar a **app08b**. Ele tem classe **Address** e **Customer** e uma página **Customer.jsp** que são idênticas às mostradas em **app08b**. Entretanto, as regras de validação para a classe **Address** foram movidas para um arquivo **Admin-validation.xml** (veja a Listagem 8.35).

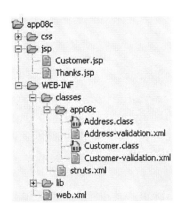

Figura 8.13: Estrutura de diretórios app08c

Listagem 8.35: o Arquivo Address-validation.xml

```
<!DOCTYPE validators PUBLIC
  "-//OpenSymphony Group//XWork Validator 1.0.2//EN"
  "http://www.opensymphony.com/xwork/xwork-validator-1.0.2.dtd">

<validators>
  <field name="streetName">
    <field-validator type="requiredstring">
      <message>Street Name must not be empty</message>
    </field-validator>
  </field>
  <field name="streetNumber">
    <field-validator type="requiredstring">
      <message>Street Number must not be empty</message>
    </field-validator>
  </field>
  <field name="city">
    <field-validator type="requiredstring">
        <message>City must not be empty</message>
```

```
    </field-validator>
  </field>
  <field name="state">
    <field-validator type="requiredstring">
      <message>State must not be empty</message>
    </field-validator>
  </field>
  <field name="zipCode">
    <field-validator type="requiredstring">
      <message>Zip Code must not be empty</message>
    </field-validator>
  </field>
</validators>
```

O arquivo **Customer-validation.xml** (mostrado na Listagem 8.36) agora é menor, já que as regras de validação para a propriedade **Address** não estão mais aqui. Ao invés disso, ele usa o validador visit para apontar ao arquivo **Address-validation.xml**.

Listagem 8.36: o Arquivo Customer-validation.xml

```
<!DOCTYPE validators PUBLIC
  "-//OpenSymphony Group//XWork Validator 1.0.2//EN"
  "http://www.opensymphony.com/xwork/xwork-validator-1.0.2.dtd">

<validators>
  <field name="firstName">
    <field-validator type="requiredstring">
      <message>First Name must not be empty</message>
    </field-validator>
  </field>
  <field name="lastName">
    <field-validator type="requiredstring">
      <message>Last Name must not be empty</message>
    </field-validator>
  </field>
  <field name="address">
    <field-validator type="visitor">
      <message>Address: </message>
    </field-validator>
  </field>
</validators>
```

Teste esse exemplo direcionando o seu browser para a URL:

http://localhost:8080/app08c/Customer1.action

Usando o Validador visitor em contextos diferentes (app08d)

app08d é similar à app08c e sua estrutura de diretórios é mostrada na Figura 8.14. Seus arquivos **Address-Validation.xml** e **Customer-validation.xml** são os mesmos mostrados em **app08c**.

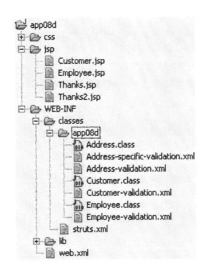

Figura 8.14: Estrutura de diretório app08d

Além da classe **Customer**, existe uma classe **Employee**, que tem uma propriedade **address**. Temos um novo arquivo de configuração do validador para a classe **Address**, **Address-specific-validation.xml**, mostrado na Listagem 8.37.

Listagem 8.37: o Arquivo Address-specific-validation.xml

```
<!DOCTYPE validators PUBLIC
    "-//OpenSymphony Group//XWork Validator 1.0.2//EN"
    "http://www.opensymphony.com/xwork/xwork-validator-1.0.2.dtd">

<validators>
  <field name="zipCode">
```

```
<field-validator type="regex">
  <param name="expression">
    <![CDATA[\d\d\d\d\d]]>
  </param>
  <message>
    Invalid zip code or invalid format
  </message>
</field-validator>
  </field>
</validators>
```

A propriedade **address** em **Employee** usa as regras de validação em **Address-specific-validation.xml**, e não as mostradas em **Address-validation.xml**. Isso é indicado no arquivo **Employee-validation.xml** na Listagem 8.38. O parâmetro **context** instrui Struts a usar o contexto **specific.**

Listagem 8.38: o Arquivo Employee-validation.xml

```
<!DOCTYPE validators PUBLIC
  "-//OpenSymphony Group//XWork Validator 1.0.2//EN"
  "http://www.opensymphony.com/xwork/xwork-validator-1.0.2.dtd">

<validators>
  <field name="firstName">
    <field-validator type="requiredstring">
      <message>First Name must not be empty</message>
    </field-validator>
  </field>
  <field name="lastName">
    <field-validator type="requiredstring">
      <message>Last Name must not be empty</message>
    </field-validator>
  </field>
  <field name="address">
    <field-validator type="visitor">
      <param name="context">specific</param>
      <message>Address: </message>
    </field-validator>
  </field>
</validators>
```

Para testar esse exemplo, direcione o seu browser para a URL:

http://localhost:8080/app08d/Employee1.action

ESCREVENDO VALIDADORES ADAPTADOS

Usar os validadores empacotados não requer que você saiba alguma coisa sobre as classes bases dos validadores. Se você quiser escrever seu próprio validador, entretanto, você precisa saber ambos os mecanismos de registro e classes para validadores Struts.

Um validador deve implementar a interface **Validator,** que é parte do pacote **com.opensymphony.xwork2.validator.** A Figura 8.15 mostra essa interface, sua sub-interface, e classes de implementação.

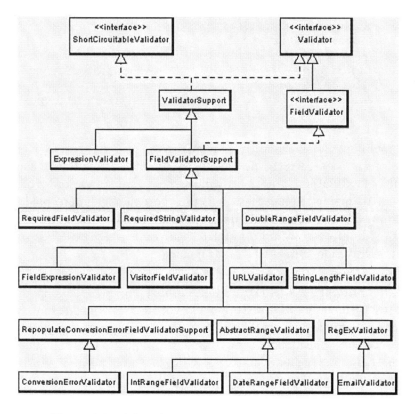

Figura 8.15: A interface do Validador e tipos suportados

256 STRUTS 2 PROJETO E PROGRAMAÇÃO: UM TUTORIAL

Os nomes dos pacotes na Figura 8.15 foram omitidos. As interfaces **Validator, FieldValidator, e ShortCircuitValidator** pertencem ao pacote **com.opensymphony.xwork2.validator.** O restante é parte dos pacotes **com.opensymphony.xwork2.validator.validators.** A interface **Validator** é impressa na Listagem 8.39.

Listagem 8.39: a Interface Validator

```
package com.opensymphony.xwork2.validator;
public interface Validator {
    void setDefaultMessage(String message);
    String getDefaultMessage();
    String getMessage(Object object);
    void setMessageKey(String key);
    String getMessageKey();
    void setValidatorType(String type);
    String getValidatorType();

    void setValidatorContext(ValidatorContext validatorContext);
    ValidatorContext getValidatorContext();
    void validate(Object object) throws ValidationException;
}
```

O interceptador Validation é responsável por carregar e executar validadores. Após carregar um validador, o interceptador irá chamar o método **setValidationContext** do validador e passar o **ValidatorContext** corrente, o qual permite acesso à action corrente. O interceptador irá, então, invocar o método **validate**, passando o objeto a ser validado. O método **validate** é o método do qual você precisa para redefinir quando estiver escrevendo um validador adaptado.

É muito mais fácil estender uma das classes de conveniência **ValidationSupport** e **FieldValidationSupport** ao invés de implementar **Validator**. Estenda **ValidationSupport** se você estiver criando um validador simples. Faça uma subclasse de **FieldValidationSupport** se você estiver escrevendo um validador de campo. Se você projeta o seu validador para ser capaz de aceitar um parâmetro, adicione uma propriedade para o parâmetro também. Por exemplo, se o seu validador permite um parâmetro **minValue**, você precisa do getter e setter para a propriedade de **minValue**.

A classe **ValidationSupport** adiciona vários métodos, dos quais três são métodos de conveniência que você pode chamar de sua classe de validação.

```
protected java.lang.Object getFieldValue(java.lang.String name,
    java.lang.Object object) throws ValidationException
```

Retorna o valor do campo denominado name do objeto.

```
protected void addActionError(java.lang.Object actionError)
```

Adiciona um erro da action

```
protected void addFieldError(java.lang.String propertyName,
    java.lang.Object object)
```

Adiciona um erro de campo.

Do seu método **validate** você pode chamar **AddActionError** quando um validador simples falha ou o **addFieldError** quando um validador de campo falha.

FieldValidationSupport estende **ValidationSupport** e adiciona duas propriedades, **propertyType** e **fieldName.**

A Listagem 8.40 mostra a classe **RequiredStringValidator**, base para o validador requiredstring.

Listagem 8.40: a Classe RequiredStringValidator

```
package com.opensymphony.xwork2.validator.validators;
import com.opensymphony.xwork2.validator.ValidationException;
public class RequiredStringValidator extends FieldValidatorSupport {
    private boolean doTrim = true;
    public void setTrim(boolean trim) {
        doTrim = trim;
    }
    public boolean getTrim() {
        return doTrim;
    }
    public void validate(Object object) throws ValidationException {
        String fieldName = getFieldName();
        Object value = this.getFieldValue(fieldName, object);

        if (!(value instanceof String)) {
            addFieldError(fieldName, object);
        } else {
            String s = (String) value;
```

```
        if (doTrim) {
            s = s.trim();
        }

        if (s.length() == 0) {
            addFieldError(fieldName, object);
        }
    }
  }
}
```

O validador requiredstring pode aceitar um parâmetro **trim**, portanto sua classe base precisa ter uma propriedade **trim**. O setter será chamado pelo interceptador da validação, se um parâmetro trim for passado ao validador.

O método **validate** faz a validação. Se a validação falha, esse método deve chamar o método **addFieldError.**

Registro

Como mencionado no início desse capítulo, os validadores empacotados já são registrados, então você não precisa registrá-los antes do uso. Eles são registrados no arquivo **com/opensymphony/xwork2/validator/validators/default.xml** (mostrado na Listagem 8.41), o qual é incluído no arquivo jar do xwork. Se você está usando um validador adaptado ou de terceiros, você precisa registrá-lo em um arquivo **validators.xml** deployed abaixo de WEB-INF/classes ou no classpath.

Nota

A página na Web do Struts mantém, até esse momento, que se você tem um arquivo **validator.xml** no seu classpath, você deve registrar todos os validadores empacotados nesse arquivo, porque Struts não irá carregar o arquivo **default.xml**. Meu teste revelou o contrário. Você ainda pode usar os validadores embutidos, se registrá-los em um arquivo **validators.xml**.

Listagem 8.41: o Arquivo default.xml

```
<?xml version="1.0" encoding="UTF-8"?>
<!DOCTYPE validators PUBLIC
    "-//OpenSymphony Group//XWork Validator Config 1.0//EN"
    "http://www.opensymphony.com/xwork/xwork-validator-config-1.0.dtd">
```

```
<validators>
  <validator name="required"
    class="com.opensymphony.xwork2.validator.validators.
RequiredFieldValidator"/>
    <validator name="requiredstring" class="com.opensymphony.xwork2.
    ↦   validator.validators.RequiredStringValidator"/>
    <validator name="int" class="com.opensymphony.xwork2.validator.
    ↦   validators.IntRangeFieldValidator"/>
    <validator name="double" class="com.opensymphony.xwork2.
    ↦   validator.validators.DoubleRangeFieldValidator"/>
    <validator name="date" class="com.opensymphony.xwork2.validator.
    ↦   validators.DateRangeFieldValidator"/>
    <validator name="expression" class="com.opensymphony.xwork2.
    ↦   validator.validators.ExpressionValidator"/>
    <validator name="fieldexpression" class="com.opensymphony.
    ↦   xwork2.validator.validators.FieldExpressionValidator"/>
    <validator name="email" class="com.opensymphony.xwork2.
    ↦   validator.validators.EmailValidator"/>
    <validator name="url" class="com.opensymphony.xwork2.validator.
    ↦   validators.URLValidator"/>
    <validator name="visitor" class="com.opensymphony.xwork2.
    ↦   validator.validators.VisitorFieldValidator"/>
    <validator name="conversion" class="com.opensymphony.xwork2.
    ↦   validator.validators.ConversionErrorFieldValidator"/>
    <validator name="stringlength" class="com.opensymphony.xwork2.
    ↦   validator.validators.StringLengthFieldValidator"/>
    <validator name="regex" class="com.opensymphony.xwork2.
    ↦   validator.validators.RegexFieldValidator"/>
</validators>
```

Exemplo

O exemplo seguinte mostra como escrever um validador adaptado e como registrá-lo. Esse exemplo exibe um validador forte de senha que verifica a força de uma senha. Uma senha é considerada forte se ela contém no mínimo um dígito, um caractere minúsculo e um caractere maiúsculo. Além disso, o validador pode aceitar um parâmetro **minLength** que o usuário pode passar para configurar o comprimento mínimo de uma senha aceitável.

Figura 8.16 mostra a estrutura de diretório da aplicação (**app08e**).

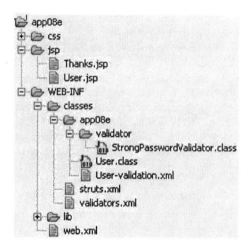

Figura 8.16: Estrutura de diretório app08e

A classe de suporte para **strongpassword** é a classe **app08e.validator.StrongPasswordValidator**. Essa classe estende a classe **FieldValidationSupport** e é mostrada na Listagem 8.42. O método **validate** usa o método **isPasswordStrong** para testar a força de uma senha.

Listagem 8.42: a Classe StrongPasswordValidator

```
package app08e.validator;
import com.opensymphony.xwork2.validator.ValidationException;
import com.opensymphony.xwork2.validator.validators.
↪  FieldValidatorSupport;

public class StrongPasswordValidator extends FieldValidatorSupport {
   private int minLength = -1;
   public void setMinLength(int minLength) {
      this.minLength = minLength;
   }
   public int getMinLength() {
      return minLength;
   }
   public void validate(Object object) throws ValidationException {
      String fieldName = getFieldName();
      String value = (String) getFieldValue(fieldName, object);
      if (value == null || value.length() == 0) {
```

```
        // use um validador required para esses.
        return;
    }
    if ((minLength > -1) && (value.length() < minLength)) {
        addFieldError(fieldName, object);
    } else if (!isPasswordStrong(value)) {
        addFieldError(fieldName, object);
    }
}

private static final String GROUP_1 =
    "abcdefghijklmnopqrstuvwxyz";
private static final String GROUP_2 =
    "ABCDEFGHIJKLMNOPQRSTUVWXYZ";
private static final String GROUP_3 = "0123456789";
protected boolean isPasswordStrong(String password) {
    boolean ok1 = false;
    boolean ok2 = false;
    boolean ok3 = false;
    int length = password.length();
    for (int i = 0; i < length; i++) {
        if (ok1 && ok2 && ok3) {
            break;
        }
        String character = password.substring(i, i + 1);
        if (GROUP_1.contains(character)) {
            ok1 = true;
            continue;
        }
        if (GROUP_2.contains(character)) {
            ok2 = true;
            continue;
        }
        if (GROUP_3.contains(character)) {
            ok3 = true;
        }
    }
    return (ok1 && ok2 && ok3);
}
}
```

O arquivo **validator.xml,** na Listagem 8.43, registra o validador
strongpassword.

Listagem 8.43: o Arquivo validators.xml

```
<?xml version="1.0" encoding="UTF-8"?>
<!DOCTYPE validators PUBLIC
   "-//OpenSymphony Group//XWork Validator Config 1.0//EN"
   "http://www.opensymphony.com/xwork/xwork-validator-config-
      ↪ 1.0.dtd">

<validators>
   <validator name="strongpassword"
      class="app08e.validator.StrongPasswordValidator"/>
</validators>
```

Agora que você registrou seu validador adaptado, você pode usá-lo da mesma maneira que você faria com um validador empacotado. Por exemplo, a classe **User** na Listagem 8.44 tem uma propriedade **password** que pode ser atribuído apenas a uma senha forte. O arquivo **User-validation.xml** na Listagem 8.45 configura os validadores para a classe **User.**

Listagem 8.44: a Classe User

```
package app08e;
import com.opensymphony.xwork2.ActionSupport;
public class User extends ActionSupport {
   private String userName;
   private String password;
   // getters e setters não são mostrados
}
```

Listagem 8.45: o Arquivo User-validation.xml

```
<!DOCTYPE validators PUBLIC
   "-//OpenSymphony Group//XWork Validator 1.0.2//EN"
   "http://www.opensymphony.com/xwork/xwork-validator-1.0.2.dtd">

<validators>
   <field name="userName">
      <field-validator type="requiredstring">
         <message>User Name must not be empty</message>
      </field-validator>
   </field>
   <field name="password">
      <field-validator type="requiredstring">
```

CAPÍTULO 8 – VALIDAÇÃO DA ENTRADA   263

```
      <message>Password must not be empty</message>
    </field-validator>
  </field>
  <field name="password">
    <field-validator type="strongpassword">
      <param name="minLength">8</param>
        <message>
          Password must be at least 8 characters long and
          contains at least one lower case character,
          one upper case character, and a digit.
        </message>
    </field-validator>
  </field>
</validators>
```

Listagem 8.46: o Arquivo User.jsp

```
<%@ taglib prefix="s" uri="/struts-tags" %>
<html>
<head>
<title>Select user name and password</title>
<style type="text/css">@import url(css/main.css);</style>
<style>
.errorMessage {
  color:red;
}
</style>
</head>
<body>
<div id="global" style="width:350px">
  <h3>Please select your user name and password</h3>
  <s:form action="User2">
    <s:textfield name="userName" label="User Name"/>
    <s:password name="password" label="Password"/>
    <s:submit/>
  </s:form>
</div>
</body>
</html>
```

A página **User.jsp,** na Listagem 8.47, caracteriza um formulário que aceita um userName e um password. Direcione o seu browser para este endereço, para testar esse exemplo.

```
http://localhost:8080/app08e/User1.action
```

A Figura 8.17 mostra o validador strongpassword em action.

Figura 8.17: O validador strongpassword em action

VALIDAÇÃO PROGRAMÁTICA USANDO VALIDATEABLE

Já vimos anteriormente o uso e a escrita de validadores que podem ser usados declarativamente. Em alguns casos, as regras de validação são complexas demais para serem especificados em uma validação declarativa e você precisa escrever código para tal. Em outras palavras, você precisa desenvolver validação programática.

Struts vem com a interface **com.opensymphony.xwork2.Validateable** a qual uma classe action pode implementar validação programática. Há apenas um método nessa interface: **validate**.

```
void.validate()
```

Se uma classe action implementa **Validateable**, Struts irá chamar seu método **validate**. Você escreve código que valida entrada de usuário dentro desse método. Já que a classe **ActionSupport** implementa essa interface, você não precisa implementar **Validateable** se sua classe estende **ActionSupport**.

A aplicação **app08f** demonstra como escrever regras de validação programática. A action **User** (veja Listagem 8.47) redefine o método **validate** e adiciona um erro de campo se o valor **userName** entrado pelo usuário já estiver na lista **userNames.**

Listagem 8.47: a Classe User

```
package app08f;
import java.util.ArrayList;
import java.util.List;
import com.opensymphony.xwork2.ActionSupport;
public class User extends ActionSupport {
   private String userName;
   private String password;
   private static List<String> userNames = new ArrayList<String>();
   static {
      userNames.add("harry");
      userNames.add("sally");
   }
   // getters e setters não são mostrados
   public void validate() {
      if (userNames.contains(userName)) {
         addFieldError("userName",
            "'" + userName + "' has been taken.");
      }
   }
}
```

Mesmo quando emprega validação programática, você ainda pode usar os validadores empacotados. Nesse exemplo, o campo **userName** também é ´guardado´ por um validador stringrequired, como mostrado no arquivo **User-validation.xml,** na Listagem 8.48.

Listagem 8.48: o Arquivo User-validation.xml

```
<!DOCTYPE validators PUBLIC
   "-//OpenSymphony Group//XWork Validator 1.0.2//EN"
   "http://www.opensymphony.com/xwork/xwork-validator-1.0.2.dtd">

<validators>
   <field name="userName">
      <field-validator type="requiredstring">
```

```
        <message>User Name must not be empty</message>
      </field-validator>
   </field>
   <field name="password">
      <field-validator type="requiredstring">
        <message>Password must not be empty</message>
      </field-validator>
   </field>
</validators>
```

Para testar esse exemplo, direcione o seu browser para essa URL:

http://localhost:8080/app08f/User1.action

A Figura 8.18 mostra o validador programático em uso.

Figura 8.18: Validação programática

SUMÁRIO

Validação da entrada é uma das características que o Struts oferece para promover o desenvolvimento de aplicações Web. Na realidade, Struts vem com validadores embutidos que estão disponíveis para uso em muitos casos. Como você aprendeu neste capítulo, você também pode escrever validadores adaptados para prover validações ainda não cobertas por nenhum dos validadores empacotados. Além disso, você pode desempenhar validação programática em situações mais complexas.

CAPÍTULO 9

TRATAMENTO DE MENSAGENS E INTERNACIONALIZAÇÃO

Tratamento de mensagens é uma tarefa importante em desenvolvimento de aplicações. Por exemplo, é quase sempre mandatório que texto e mensagens sejam editáveis sem que se precise recompilar o código. Além disso, hoje em dia é quase uma exigência que uma aplicação seja capaz de "falar" muitas línguas. Uma técnica para desenvolver aplicações que suportem múltiplas linguagens e formatos de dados, sem ter que reescrever lógica de programação, é chamada internacionalização. Internacionalização é abreviado para **i18n** porque a palavra em inglês começa com *i* e termina com *n,* e tem 18 caracteres entre o primeiro *i* e o último *n*. Além disso, localização é uma técnica para adaptar uma aplicação internacionalizada para suportar uma localidade específica. Uma localidade é uma região específica geográfica, política, ou cultural. Uma operação que recebe um local em consideração é dita sensível à localidade. Por exemplo, a exibição de uma data é sensível à localidade porque a data deve estar no formato usado pelo país ou região do usuário. O dia 15 de novembro de 2005 é escrito como 11/15/2005 em US, mas impresso como 15/11/2005 na Austrália. Localização é abreviada como **l10n** porque a palavra em inglês começa com *l* e termina com *n* e tem-se 10 letras entre o *l* e o *n*.

268 STRUTS 2 PROJETO E PROGRAMAÇÃO: UM TUTORIAL

Com internacionalização, você pode alterar texto visual em uma aplicação rapidamente e facilmente. Java tem suportes embutidos para internacionalização e Struts faz uso dessa propriedade e tem sido projetada desde o princípio para suportar tratamento de mensagens fácil e internacionalização. Por exemplo, a classe **com.opensymphony.xwork2.ActionSupport,** que foi introduzida no Capítulo 3, "Ações e Resultados", tem métodos **getText** para leitura de mensagens de um arquivo texto e seleção de mensagens na linguagem correta. Uma custom tag pode mostrar uma mensagem localizada simplesmente chamando um desses métodos.

Este capítulo explora como usar suporte Struts para internacionalização e localização. Duas tags, **text** e **i18n**, também são discutidas.

Nota

Mesmo se você está desenvolvendo uma página na web com apenas um idioma, você deve se beneficiar do suporte de internacionalização do Struts para um melhor tratamento de mensagens.

LOCALES E RECURSOS JAVA

Uma localidade é uma região geográfica, política ou cultural específica. Tem-se três componentes de uma localidade: idioma, país, e variante. O idioma é, obviamente, a parte mais importante; entretanto, às vezes a própria linguagem não é suficiente para diferenciar uma localidade. Por exemplo, o idioma alemão falado na Suíça não necessariamente é o mesmo usado na Alemanha. Portanto, é necessário especificar o país do idioma. Como outro exemplo, o idioma inglês usado nos Estados Unidos é levemente diferente do falado na Inglaterra. Diz-se *favor* nos Estados Unidos, mas *favour* na Inglaterra.

O argumento variante é código específico do browser ou do vendedor. Por exemplo, você usa WIN para Windows, MAC para Macintosh, e POSIX para POSIX. Se existem duas variantes, separe-as com um caractere de underscore (_), e coloque a mais importante primeiro. Por exemplo, uma colação tradicional da Espanha deve construir uma localidade com parâmetros para o idioma, o país, e a variante como **es, ES, Tradicional_WIN,** respectivamente.

O código do idioma é um código ISO 639 válido da linguagem. A Tabela 9.1 exibe alguns códigos para país. A lista completa pode ser encontrada em http://www.w3.org/WAI/ER/IG/ert/iso639.htm.

O argumento country também é um código ISO válido, que é um de duas letras, código em maiúscula especificado em ISO 3166. A Tabela 9.2 lista alguns dos códigos de país na ISO 3166. A lista completa pode se encontrada em http://userpage.chemie.fu-berlin.de/diverse/doc/ISO_3166.html ou http://www.iso.org/iso/en/prods-services/iso3166ma/02iso-3166-code-lists/list-en1.html.

Tabela 9.1: Exemplos de códigos de linguagem ISO 639

Código	Linguagem
de	Alemão
el	Grego
en	Inglês
es	Espanhol
fr	Francês
hi	Hindi
it	Italiano
ja	Japonês
nl	Holandês
pt	Português
ru	Russo
Zh	Chinês

Tabela 9.2: Exemplos de códigos de país ISO 3166

País	Código
Austrália	AU
Brasil	BR
Canadá	CA
China	CN
Egito	EG
França	FR
Alemanha	DE
Índia	IN
México	MX
Suíça	CH
Taiwan	TW

270 STRUTS 2 PROJETO E PROGRAMAÇÃO: UM TUTORIAL

Tabela 9.2: Exemplos de códigos de país ISO 3166 (continuação)

País	Código
Reino Unido	GB
Estados Unidos	US

Uma aplicação internacionalizada armazena seus elementos textuais em um arquivo de propriedades separado para cada localidade. Cada arquivo contém pares chave/valor, e cada chave identifica unicamente um objeto específico da localidade. Chaves são sempre strings, e valores pode ser strings ou qualquer outro tipo de objeto. Por exemplo, para suportar Inglês Americano, Alemão, e Chinês, você terá três arquivos de propriedades, todos com as mesmas chaves.

Verifica-se aqui a versão em Inglês do arquivo de propriedades. Note que ele tem duas chaves: greetings e farewell:

```
greetings = Hello
farewell = Goodbye
```

A versão Alemã deveria ser como a seguir:

```
greetings = Hallo
farewell = Tschüß
```

E o arquivo de propriedades para a linguagem Chinês deveria ser esse:

```
greetings=\u4f60\u597d
farewell=\u518d\u89c1
```

> **Convertendo caracteres chineses (ou outros caracteres especiais da linguagem) para Unicode**
>
> A seguir, temos a aplicação para todas as linguagens que têm caracteres especiais. Chinês será visto como exemplo.
>
> Em chinês, a saudação mais comum é □□ (representada pelos códigos Unicode 4f60 e 597d, respectivamente), e farewell é □□ (representado pelos código Unicode 518d e 89c1, respectivamente). É claro, ninguém se lembra do código Unicode de cada caracter Chinês. Portanto, você cria o arquivo .properties em dois passos:

CAPÍTULO 9 – TRATAMENTO DE MENSAGENS E INTERNACIONALIZAÇÃO   271

1. Usando o seu editor de texto favorito, crie um arquivo texto como o mostrado abaixo:

```
greetings=□□
farewell=□□
```

2. convertendo o conteúdo do arquivo texto na representação Unicode. Normalmente, um editor de texto Chinês tem uma propriedade para converter caracteres em Chinês em códigos Unicode. Você irá obter este resultado final:

```
greetings=\u4f60\u597d
farewell=\u518d\u89c1
```

Esse é o conteúdo dos arquivos de propriedades que você usa na sua aplicação Java.

Nota

Com Struts você não precisa conhecer nada mais, além de escrever arquivos de propriedade em múltiplas linguagens. Entretanto, se tiver interesse, você pode querer aprender sobre a classe **java.util.ResourceBundle** e estudar como ela seleciona e lê um arquivo de propriedade específico para a localidade do usuário.

Cada arquivo de propriedades em uma aplicação internacionalizada deve ser nomeado de acordo com esse formato:

```
basename_languageCode_countryCode
```

Por exemplo, se o nome base é **My_action** e você define três localidades, **US-en, DE-de, CN-zh,** você teria esses arquivos de propriedades:

- MyAction_en_US.properties
- MyAction_de_DE.properties
- MyAction_zh_CN.properties

Agora, vamos ver os recursos de mensagens em Struts.

Suporte à Internacionalização em Struts

Struts tem um suporte embutido para internacionalização e localização. Você irá obter a maioria desse suporte simplesmente estendendo a classe **ActionSupport**. Dentro da classe temos uma implementação de **com.opensymphony.xwork2.TextProvider**, uma interface que provê acesso a pacotes de recursos e suas mensagens de texto bases. Chamadas aos métodos **getText** em **ActionSupport** são delegadas a esse **TextProvider**. A maioria das vezes você não precisa conhecer nada sobre **TextProvider**.

Verifica-se aqui as sobrecargas (overloads) mais importantes de **getText**.

public java.lang.String getText(java.lang.String *key*)

Obtém a mensagem associada à chave e retorna nulo se a mensagem não puder ser encontrada.

```
public java.lang.String getText(java.lang.String key,
    java.lang.String defaultValue)
```

Obtém a mensagem associada à chave e retorna o valor padrão especificado, se a mensagem não puder ser encontrada.

```
public java.lang.String getText(java.lang.String key,
    java.lang.String[] args)
```

Obtém a mensagem associada à chave e a formata usando os argumentos especificados de acordo com as regras definidas em **java.text.MessageFormat.**

```
public java.lang.String getText(java.lang.String key,
    java.util.List args)
```

Obtém a mensagem associada à chave e a formata usando os argumentos especificados de acordo com as regras definidas em **java.text.MessageFormat.**

```
public java.lang.String getText(java.lang.String key,
    java.lang.String defaultValue, java.lang.String[] args)
```

Obtém a mensagem associada à chave e a formata usando os argumentos especificados de acordo com as regras definidas em **java.text.MessageFormat.** Se a mensagem não puder ser encontrada, esse método retorna o valor padrão especificado.

CAPÍTULO 9 – TRATAMENTO DE MENSAGENS E INTERNACIONALIZAÇÃO   273

```
public java.lang.String getText(java.lang.String key,
  java.lang.String defaultValue, java.util.List args)
```
Obtém a mensagem associada à chave e a formata usando os argumentos especificados de acordo com as regras definidas em **java.text.MessageFormat**. Se a mensagem não puder ser encontrada, esse método retorna o valor padrão especificado.

Quando você chama um método **getText**, ele procura pelo arquivo de propriedades apropriado, na seguinte ordem:

1. O arquivo de propriedades da classe action, isto é, um cujo nome base seja o mesmo do nome da classe action correspondente e localizado no mesmo diretório da classe action. Por exemplo, se a classe action é **app09a.Customer**, o arquivo relevante para a localização padrão é **Customer.properties** em **WEB-INF/classes/app09a.**

2. O arquivo de propriedades para cada interface que a classe action implementa. Por exemplo, se a classe action implementa uma interface **Dummy**, o arquivo de propriedades padrão, que corresponde a essa interface, é **Dummy.properties**.

3. O arquivo de propriedades para cada uma de suas classes pai, seguido por cada interface que a classe pai implementa. Por exemplo, se a classe action estende **ActionSupport,** o arquivo **ActionSupport.properties** será usado. Se a mensagem não for encontrada, a pesquisa continua acima até o próximo pai na hierarquia, até o **java.lang.Object**.

4. Se a classe action implementa **com.opensymphony.xwork2.ModelDriven**, Struts chama o método **getModel** e faz uma pesquisa na hierarquia da classe para a classe do objeto modelo. **ModelDriven** é explicado no Capítulo 10, "Interceptadores Model Driven e Prepare".

5. O arquivo de package padrão. Se a classe action é **app09a.Customer**, o pacote padrão **ResourceBundle** é empacotado em **app09a**.

6. O pacote de resource bundled no próximo pacote pai.

7. Recursos Globais.

Você pode exibir uma mensagem localizada usando a tag **property** ou o atributo label de um tag de formulário chamando **getText**. A sintaxe para chamá-la é:

```
%{getText('key')}
```

Por exemplo, para usar uma tag **textfield** para buscar a mensagem associada à chave **customer.name**, use isso:

```
<s:textfield name="name" label="%{getText('customer.name')}"/>
```

A tag **property** a seguir imprime uma mensagem associada à chave **customer.contact**.

```
<s:property value="%{getText('customer.contact')}"/>
```

A aplicação exemplo seguinte mostra como usar propriedades de Tratamento de mensagens em uma aplicação de um único idioma. É mostrado aqui como é fácil alterar mensagens pela aplicação simplesmente editando arquivos de propriedades.

A aplicação centraliza ao redor da classe action **Customer**, a qual implementa uma interface nominada **Dummy**. Essa interface não define qualquer método e é usada para demonstrar a ordem de busca do arquivo de propriedades.

A estrutura de diretórios do exemplo (**app09a**) é mostrada na Figura 9.1.

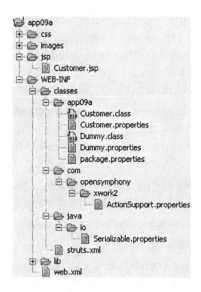

Figura 9.1: Estrutura de diretórios app09a

A classe **Customer** é mostrada na Listagem 9.1 e a página **Customer.jsp,** na Listagem 9.2.

Listagem 9.1: a Classe action Customer

```
package app09a;
import com.opensymphony.xwork2.ActionSupport;
public class Customer extends ActionSupport implements Dummy {
    private String name;
    private String contact;
    private String address;
    private String city;
    private String state;
    private String zipCode;
    // getters e setters não são mostrados
}
```

Listagem 9.2: a Página Customer.jsp

```
<%@ taglib prefix="s" uri="/struts-tags" %>
<html>
<head>
<title>Customers</title>
<style type="text/css">@import url(css/main.css);</style>
</head>
<body>
<div id="global" style="width:350px">
<h4>Customer</h4>
<s:form>
    <s:textfield name="name" label="%{getText('customer.name')}"/>
    <s:textfield name="contact"
        label="%{getText('customer.contact')}"/>
    <s:textfield name="address"
        label="%{getText('customer.address')}"/>
    <s:textfield name="city" label="%{getText('customer.city')}"/>
    <s:textfield name="zipCode"
        label="%{getText('customer.zipCode', 'Zip Code')}"/>
    <s:submit/>
</s:form>
</div>
</body>
</html>
```

Você pode testar a aplicação usando a URL:

```
http://localhost:8080/app09a/Customer.action
```

Você pode experimentar as mensagens localizadas editando os arquivos de propriedades.

A TAG TEXT

A tag **text** é uma tag de dados para renderizar uma mensagem internacionalizada. Isso é equivalente a chamar **getText** da tag **property**. Os atributos da tag **text** são mostrados na Tabela 9.3.

Tabela 9.3: Atributos da Tag text

Nome	Tipo de Dados	Descrição
name*	String	A chave da mensagem a ser buscada.
var	String	O nome da variável que referencia o valor a ser colocado no contexto de pilha.

Por exemplo, a tag **text** seguinte imprime a mensagem associada à chave **greetings:**

```
<s:text name="greetings"/>
```

se o atributo **var** está presente, a mensagem não é impressa mas colocada no mapa de contexto da Pilha de Valores. O exemplo a seguir coloca a mensagem associada a **greetings** ao mapa de contexto e cria uma variável denominada **msg** que referencia à mensagem.

```
<s:text name="greetings" id="msg"/>
```

Você pode então usar a tag **property** para acessar a mensagem.

```
<s:text name="greetings" id="msg"/>
<s:property value="#msg"/>
```

Você pode passar parâmetros a uma tag **text**. Por exemplo, se você tem a chave a seguir em um arquivo de propriedades

```
greetings=Hello {0}
```

você pode usar essa tag **text** para passar um parâmetro.

```
<s:text name="greetings">
  <s:param>Visitor</s:param>
</s:text>
```

A tag irá imprimir esta mensagem:

```
Hello Visitor
```

Um parâmetro pode ser um valor dinâmico também. Por exemplo, o código seguinte passa o valor da propriedade **firstName** à tag **text**.

```
<s:text name="greetings">
  <s:param><s:property value="firstName"/></s:param>
</s:text>
```

A aplicação **app09b** mostra como você usa a tag **text** em uma página de múltiplos idiomas. Três linguagens são suportadas: Inglês (padrão), Alemão e Chinês.

A Figura 9.2 mostra a estrutura de diretórios de **app09b**.

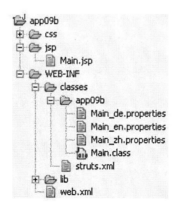

Figura 9.2: Estrutura de diretórios app09b

278 STRUTS 2 PROJETO E PROGRAMAÇÃO: UM TUTORIAL

Note que três arquivos de propriedades correspondem à classe **Main**. Os arquivos de propriedades são mostrados nas Listagens 9.3 a 9.5.

Listagem 9.3: o Arquivo Main_en.properties

```
greetings=\u4f60\u597d {0}
farewell=\u518d\u89c1
```

Listagem 9.4: o Arquivo Main_de.properties

```
greetings=Hallo {0}
farewell=Tschüß
```

Listagem 9.5: o Arquivo Main_zh.properties

```
greetings=\u4f60\u597d {0}
farewell=\u518d\u89c1
```

A classe **Main** é mostrada na Listagem 9.6 e a página **Main.jsp,** na Listagem 9.7.

Listagem 9.6: a Classe Main

```
package app09b;
import com.opensymphony.xwork2.ActionSupport;
public class Main extends ActionSupport {
}
```

Listagem 9.7: a Classe Main.jsp

```
<%@ taglib prefix="s" uri="/struts-tags" %>
<html>
<head>
<title>I18N</title>
<style type="text/css">@import url(css/main.css);</style>
</head>
<body>
<div id="global" style="width:350px">

<s:text name="greetings">
   <s:param>Jon</s:param>
```

```
</s:text>.
<s:text name="farewell"/>

</div>
</body>
</html>
```

Para testar este exemplo, direcione o seu browser para essa URL:

http://localhost:8080/app09b/Main.action

Figura 9.3 mostra as mensagens na localidade Alemanha.

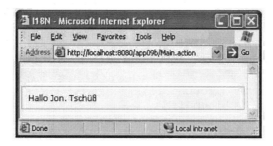

Figura 9.3: a Localidade Alemanha

A TAG i18n

A tag **i18n** carrega um **ResourceBundle** adaptado. Você pode querer fornecer um ResourceBundle adaptado por uma das seguintes razões:

- Você quer usar um **ListResourceBundle,** logo você pode associar uma chave a um objeto não String.
- Você deseja pré-processar uma chave.
- A mensagem vem de uma origem não convencional.

A tag cai de volta no resource bundle default se o **ResourceBundle** adaptado não puder ser encontrado.

A tag **i18n** tem um atributo, name, o qual é descrito na Tabela 9.4.

280 STRUTS 2 PROJETO E PROGRAMAÇÃO: UM TUTORIAL

Tabela 9.4: Atributo da tag i18n

Nome	Tipo de Dado	Descrição
name	String	A classe java qualificada completamente para carregar.

Por exemplo, a aplicação **app09c** apresenta dois **ResourceBundle** adaptados que estendem **ListResourceBundle, MyCustomResourceBundle** e **MyCustomResourceBundle_de**. Os **ResourceBundles** adaptados são mostrados na Listagem 9.8 e 9.9, respectivamente. Esses **ResourceBundles** retornam uma de duas arrays de mensagens. Se a hora corrente é antes de 12 am, ele irá retornar o primeiro array. Caso contrário, o segundo array será retornado. Portanto, o usuário irá obter uma mensagem diferente dependendo da hora corrente.

Listagem 9.8: a Classe MyCustomResourceBundle

```
package app09c.resourcebundle;
import java.util.Calendar;
import java.util.ListResourceBundle;

public class MyCustomResourceBundle extends ListResourceBundle {
    public Object[][] getContents() {
        if (Calendar.getInstance().get(Calendar.HOUR_OF_DAY) < 12) {
            return contents1;
        } else {
            return contents2;
        }
    }
    static final Object[][] contents1 = {
        { "greetings", "Good morning {0}" },
        { "farewell", "Good bye" } };

    static final Object[][] contents2 = {
        { "greetings", "Hello {0}" },
        { "farewell", "Good bye" } };
}
```

Listagem 9.9: a Classe MyCustomResourceBundle_de

```
package app09c.resourcebundle;
import java.util.Calendar;
import java.util.ListResourceBundle;
```

CAPÍTULO 9 – TRATAMENTO DE MENSAGENS E INTERNACIONALIZAÇÃO 281

```java
public class MyCustomResourceBundle_de extends ListResourceBundle {
    public Object[][] getContents() {
        if (Calendar.getInstance().get(Calendar.HOUR_OF_DAY) < 12) {
            return contents1;
        } else {
            return contents2;
        }
    }
    static final Object[][] contents1 = {
        { "greetings", "Guten Morgen {0}" },
        { "farewell", "Tschüß" } };

    static final Object[][] contents2 = {
        { "greetings", "Hallo {0}" },
        { "farewell", "Tschüß" } };
}
```

A página **Main.jsp,** na Listagem 9.10, usa uma tag **i18n** para selecionar um **ResourceBundle** custom e emprega duas tags **text** para mostrar as mensagens localizadas.

Listagem 9.10: a Página Main.jsp

```jsp
<%@ taglib prefix="s" uri="/struts-tags" %>
<html>
<head>
<title>I18N</title>
<style type="text/css">@import url(css/main.css);</style>
</head>
<body>
<div id="global" style="width:350px">

<s:i18n name="app09c.resourcebundle.MyCustomResourceBundle">
    <s:text name="greetings">
        <s:param>Jon</s:param>
    </s:text>.
    <s:text name="farewell"/>
</s:i18n>
</div>
</body>
</html>
```

282 STRUTS 2 PROJETO E PROGRAMAÇÃO: UM TUTORIAL

Você pode testar a aplicação direcionando o seu browser para essa URL:

```
http://localhost:8080/app09c/Main.action
```

SELECIONANDO MANUALMENTE UM RESOURCE BUNDLE

O **ResourceBundle** que é selecionado é baseado na localidade do browser. Se você quer deixar o usuário selecionar um que não é dependente de browser, você pode. Você precisa apenas passar um parâmetro de requisição **request_locale**. Por exemplo, o seguinte parâmetro de requisição indica ao servidor que o usuário queria ser servido em idioma alemão.

```
request_locale=de
```

A localidade será retida através da sessão.

Como um exemplo, a aplicação app09d ilustra como você pode criar uma aplicação que deixa o usuário selecionar um idioma. As actions nessa aplicação são declaradas na Listagem 9.11.

Listagem 9.11: as Declarações action

```
<package name="app09d" extends="struts-default">
  <action name="Language">
    <result>/jsp/Language.jsp</result>
  </action>
  <action name="Main1" class="app09d.Main">
    <result>/jsp/Main1.jsp</result>
  </action>
  <action name="Main2" class="app09d.Main">
    <result>/jsp/Main2.jsp</result>
  </action>
</package>
```

A primeira action, **Language**, apresenta a página **Language.jsp** (mostrada na Listagem 9.12) que retorna dois links que deixam o usuário selecionar um idioma.

Listagem 9.12: a Página Language.jsp

```jsp
<%@ taglib prefix="s" uri="/struts-tags" %>
<html>
<head>
<title>Select Language</title>
<style type="text/css">@import url(css/main.css);</style>
</head>
<body>
<div id="global" style="width:350px">

<s:url action="Main1" id="enUrl">
  <s:param name="request_locale">en</s:param>
</s:url>
<s:url action="Main1" id="deUrl">
  <s:param name="request_locale">de</s:param>
</s:url>

<h3>Select Language</h3>
  <ul>
    <li><s:a href="%{enUrl}">English</s:a></li>
    <li><s:a href="%{deUrl}">Deutsch</s:a></li>
  </li>
</div>
</body>
</html>
```

Selecionar o primeiro link invoca a action **Main1** e passa o parâmetro de requisição **request_locale=en** para o servidor. Selecionar o segundo link invoca **Main2** e passa **request_locale=de.** As páginas **Main.jsp** e **Main2.jsp**, associadas às actions **Main1** e **Main2.jsp**, são mostradas nas Listagens 9.3 e 9.14, respectivamente.

Listagem 9.13: a Página Main.jsp

```jsp
<%@ taglib prefix="s" uri="/struts-tags" %>
<html>
<head>
<title>I18N</title>
<style type="text/css">@import url(css/main.css);</style>
<style type="text/css">
img {
  border:none;
}
```

```
</style>
</head>
<body>
<div id="global" style="width:350px">
<s:text name="greetings">
  <s:param>Jon</s:param>
</s:text>
</div>

<s:url action="Main2" id="url"/>
<s:a href="%{url}"><img src="images/next.png"/></s:a>
</body>
</html>
```

Listagem 9.14: a Página Main2.jsp

```
<%@ taglib prefix="s" uri="/struts-tags" %>
<html>
<head>
<title>I18N</title>
<style type="text/css">@import url(css/main.css);</style>
</head>
<body>
<div id="global" style="width:350px">
<s:text name="farewell"/>
</div>
</body>
</html>
```

Para testar o exemplo, direcione o seu browser para essa URL:

```
http://localhost:8080/app09d/Language.action
```

Você irá ver algo similar à Figura 9.4.

CAPÍTULO 9 – TRATAMENTO DE MENSAGENS E INTERNACIONALIZAÇÃO 285

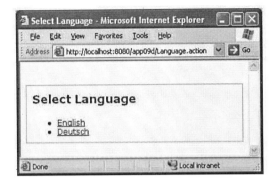

Figura 9.4: Deixando o usuário selecionar uma língua

SUMÁRIO

Tratamento de mensagens é uma das mais importantes tarefas em desenvolvimento de aplicação. As aplicações atuais também requerem freqüentemente a capacidade de mostrar mensagens internacionalizadas e localizadas. Struts tem sido projetado com i18n e l10n em mente, e as tags na biblioteca do Struts suportam tratamento de mensagens internacionalizadas.

Capítulo 10

Interceptadores Model Driven e Prepare

Este capítulo explica os interceptadores Model Driven e Prepare, dois interceptadores muito importantes que ajudam na separação da action e da camada de negócio. Ele começa discutindo porque separar a action da camada de negócio é uma boa idéia e continua com duas aplicações exemplo que ilustram os papéis dos interceptadores.

Separando a action da Camada de Negócio

Aplicações web são normalmente multi-camada. Há a camada de apresentação, a camada lógica, e a camada de dados. A comunicação entre duas camadas é conduzida ao invocar métodos e passando dados na forma de objetos de transferência. Também conhecida como um objeto de valor, um objeto de transferência é simples e não tem nenhum método. Na realidade, existe um padrão que governa o projeto e usa os objetos de transferência: o padrão Data Transfer Object (DTO).

Struts reside principalmente na camada de apresentação e, desde que você possa escrever lógicas de negócio em actions Struts, você pode argumentar que Struts encapsula a camada lógica também. Em uma aplicação empresarial, entretanto, é menos freqüente que você escreva lógica de negócio em classes action. Ao invés disso, você irá chamar métodos em outra camada das suas classes action.

Uma action Struts tem métodos e propriedades e pode definitivamente agir como um objeto de transferência. Entretanto, é muito apropriado enviar um objeto action a outra camada?

A resposta é não. Uma classe action tem métodos que são úteis apenas na camada de apresentação. O que faria um método **execute** que retorna "sucesso" em um container EJB, por exemplo? Transferir um objeto action para outra camada não é apenas estranho como também pode ser perigoso.

Agora, se você aceitar isso, você irá saber que deve-se ter uma separação clara entre a action e a camada de negócio em uma aplicação empresarial que usa Struts como front-end. Haverá classes action que não representam objetos da camada de negócio e cujas funções são limitadas a servir à camada de apresentação. Os nomes de tais classes action terminam com **Action**. Classes da camada de negócio, por outro lado, não devem ter sufixo. Uma classe action que controla produtos poderia se chamar **ProductAction,** ao passo que uma instância de uma classe **Product** deveria ser usada como um objeto de transferência que encapsula informação sobre um produto.

Até agora você provavelmente se acostumou a receber o serviço do Struts que mapeia campos de formulário com propriedades action. Você provavelmente irá perguntar, se você está para criar uma camada de negócio que não é uma instância de uma classe action, como você mapeia campos de formulário como as propriedades dos objetos de transferência? A resposta é: empregando o interceptador Model Driven.

O Interceptador Model Driven

Como mencionado na seção precedente, você freqüentemente precisa se preocupar com uma camada de negócio que é separada de uma classe action. Se você tem uma classe **ProductAction** que controla produtos, você terá que pensar em criar e popular a classe de negócio. O interceptador Model Driven trabalha em qualquer action que implementa a interface **com.opensymphony.xwork2.ModelDriven**. Essa interface é mostrada na Listagem 10.1.

Listagem 10.1: a Interface ModelDriven

```
package com.opensymphony.xwork2;
/**
 * ModelDriven Actions provê um objeto da camada de negócio
a ser colocado em
 * uma ValueStack além da própria Action, permitindo a uma
abordagem de tipo
 * FormBean como Struts 1.
*/
public interface ModelDriven<T> {
  /**
   * @retorna o modelo a ser colocado na ValueStack ao invés
   da própria
   * Action
   */
   T getModel();
}
```

Uma classe action que implementa **ModelDriven** deve redefinir o método **getModel**. Como um exemplo, a classe **ProductAction,** na Listagem 10.2, implementa **ModelDriven** e seu método **getModel** retorna uma instância da classe **Product** (mostrada na Listagem 10.3).

Listagem 10.2: uma Action ModelDriven

```
public class ProductAction extends ActionSupport
     implements ModelDriven {
  public String execute() throws Exception {
    return SUCCESS;
  }
  public Object getModel() {
    return new Product();
  }
}
```

Listagem 10.3: a Classe Product

```
public class Product {
  private String productName;
  private String description;
  private float price;
  // getters e setters não são mostrados
}
```

Quando o usuário chama a action **ProductAction**, o interceptador Model Driven irá chamar seu método **getModel** em **ProductAction** e colocar o modelo retornado (neste caso, uma instância de **Product**) na Pilha de Valores. Se a pilha básica ou a pilha padrão foi configurada para ser usada após o interceptador Model Driven, o interceptador Parameters irá então mapear campos de formulário às propriedades dos objetos na Pilha de Valores. Já que agora o modelo (o objeto **Product**) está no topo da Pilha de Valores, ele será populado. Se um campo não tem uma propriedade combinada no modelo, o interceptador Param irá tentar o próximo objeto na Pilha de Valores. Nesse caso, o objeto **ProductAction** será usado.

Como um exemplo, a aplicação **app10a** mostra como você pode separar uma action de uma camada de negócio. Essa aplicação simples gerencia employees e apresenta duas actions:

- **Employee_list,** que mostra todos employees (empregados) no sistema.

- **Employee_create,** que é usado para adicionar um novo employee.

As declarações da action para essa aplicação são mostradas na Listagem 10.4.

Listagem 10.4: o Arquivo struts.xml

```
<package name="app10a" extends="struts-default">
   <action name="Employee_list" method="list"
        class="app10a.EmployeeAction">
     <result>/jsp/Employee.jsp</result>
   </action>
   <action name="Employee_create" method="create"
        class="app10a.EmployeeAction">
     <result type="redirect-action">Employee_list</result>
     <result name="input">/jsp/Employee.jsp</result>
   </action>
</package>
```

Como você pode observar na Listagem 10.4, ambas as actions são controladas pela classe **EmployeeAction**. O método **list** é usado para controlar a action **Employee_list** e o método **create** é usado para criar um novo employee.

A classe **EmployeeAction** é mostrada na Listagem 10.5.

Listagem 10.5: a Classe EmployeeAction

```java
package app10a;
import com.opensymphony.xwork2.ActionSupport;
import com.opensymphony.xwork2.ModelDriven;
import java.util.List;

public class EmployeeAction extends ActionSupport
     implements ModelDriven {

   private Employee employee;
   private List<Employee> employees;

   public Object getModel() {
      employee = new Employee();
      return employee;
   }

   public List<Employee> getEmployees() {
      employees = EmployeeManager.getEmployees();
      return employees;
   }
   public Employee getEmployee() {
      return employee;
   }

   public void setEmployee(Employee employee) {
      this.employee = employee;
   }

   public void setEmployees(List<Employee> employees) {
      this.employees = employees;
   }

   public String list() {
      employees = EmployeeManager.getEmployees();
      return SUCCESS;
   }

   public String create() {
      EmployeeManager.create(employee);
      return SUCCESS;
   }
}
```

A camada de negócio usada nessa aplicação é a classe **Employee,** na Listagem 10.6.

Listagem 10.6: a Classe de Negócio Employee

```
package app10a;
  public class Employee {
  private int id;
  private String firstName;
  private String lastName;

  public Employee() {
  }
  public Employee(int id, String firstName, String lastName) {
    this.id = id;
    this.firstName = firstName;
    this.lastName = lastName;
  }

  // getters e setters não são mostrados
}
```

Note que a classe de negócio deve ter um construtor sem argumentos. Já que a classe **Employee** tem um construtor que aceita três argumentos, um construtor sem argumentos deve ser definido explicitamente. A classe **Employee** mesmo é muito simples com três propriedades, **id, firstName,** e **lastName.**

Ambos os métodos **list** e **create,** em **EmployeeAction,** contam com uma classe **EmployeeManager** que esconde a complexidade da lógica de negócio que gerencia employees. Em uma solução do mundo real, **EmployeeManager** poderia ser um serviço de negócios que lê de e escreve a uma base de dados. Nessa aplicação, **EmployeeManager** provê um repositório simples de objetos **Employee** em uma **List.**

Nota

Capítulo 11, "Camada de Persistência" explica o padrão de projetos Data Access Object para acesso a dados.

A classe **EmployeeManager** é mostrada na Listagem 10.7.

Listagem 10.7: a Classe EmployeeManager

```java
package app10a;
import java.util.ArrayList;
import java.util.List;

public class EmployeeManager {
    private static List<Employee> employees;
    public static int id;
    static {
        employees = new ArrayList<Employee>();
        employees.add(new Employee(++id, "Ken", "Cornell"));
        employees.add(new Employee(++id, "Cindy", "Huang"));
        employees.add(new Employee(++id, "Ross", "Geller"));
        employees.add(new Employee(++id, "George", "Michael"));
        employees.add(new Employee(++id, "Bruce", "Santiago"));
    }

    public static List<Employee> getEmployees() {
        return employees;
    }

    public static void create(Employee employee) {
        employee.setId(++id);
        employees.add(employee);
    }
}
```

Você pode executar a aplicação direcionando o seu browser para essa URL:

```
http://localhost:8080/app10a/Employee_list.action
```

A Figura 10.1 mostra como a lista de employees se parece.

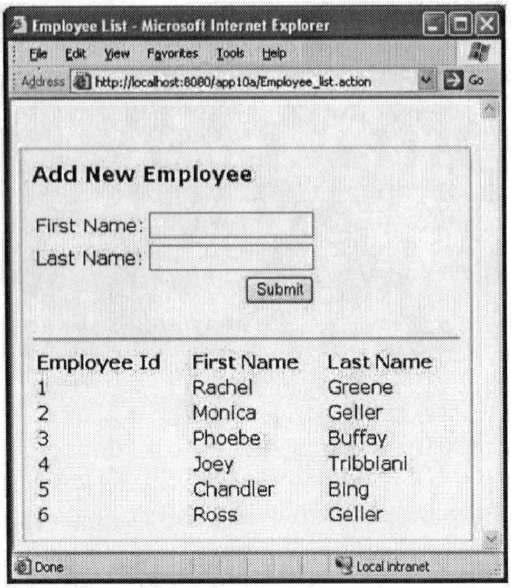

294   STRUTS 2 PROJETO E PROGRAMAÇÃO: UM TUTORIAL

Figura 10.1: Usando o interceptador Model Driven

Se você clicar no botão de submit, o método create no objeto action será chamado. Um arquivo de validação (denominado **EmployeeAction-Employee_create-validatio.xml**) é usado para garantir que o primeiro nome e o último nome não sejam vazios. A listagem 10.8 mostra o arquivo **EmployeeAction-Employee_create-validatio.xml).**

Listagem 10.8: o Arquivo EmployeeAction-Employee_create-validatio.xml

```
<!DOCTYPE validators PUBLIC
  "-//OpenSymphony Group//XWork Validator 1.0.2//EN"
  "http://www.opensymphony.com/xwork/xwork-validator-1.0.2.dtd">

<validators>
  <field name="firstName">
    <field-validator type="requiredstring">
      <message>Por favor digite um primeiro nome</message>
    </field-validator>
  </field>
  <field name="lastName">
    <field-validator type="requiredstring">
```

```
<message>Por favor digite um último nome</message>
  </field-validator>
 </field>
</validators>
```

Agora, preste atenção aos elementos **result** para a action **Employee_create**, no arquivo de configuração:

```
<action name="Employee_create" method="create"
    class="app10a.EmployeeAction">
  <result type="redirect-action">Employee_list</result>
  <result name="input">/jsp/Employee.jsp</result>
</action>
```

Após um create com sucesso, o usuário será redirecionado à action **Employee_list**. Por que nós não fizemos um forward, que poderia ter sido mais rápido?

O formulário Create Employee é submetido a essa URI:

```
/Employee_create.action
```

Se tivéssemos usado um forward, então a URI poderia ter permanecido a mesma após a action e o result terem sido executados. Como um resultado, se o usuário clicou no botão Refresh/Reload do browser, o formulário poderia ser submetido novamente e um novo employee poderia ser criado.

Ao fazer o redirecionamento, a URI após **Emplyee_create** será a seguinte, que não irá causar outro create se o usuário (acidentalmente) recarregar a página.

```
/Employee_list.action
```

O INTERCEPTADOR PREPARABLE

Como você pode observar na seção precedente, o método **getModel** de uma action **ModelDriven** sempre retorna um novo objeto. Entretanto, como modelos são algumas vezes buscados de bases de dados, você não pode simplesmente retornar uma nova instância cada vez que você redefine **getModel**. No último caso, o interceptador Preparable pode ajudar. Esse interceptador chama o método **prepare** de algum objeto da action, cuja

296 STRUTS 2 PROJETO E PROGRAMAÇÃO: UM TUTORIAL

classe implemente a interface **com.opensymphony.xwork2.Preparable.**
Essa interface é mostrada na Listagem 10.9.

Listagem 10.9: a Interface Preparable

```
package com.opensymphony.xwork2;
public interface Preparable {
  void prepare() throws Exception;
}
```

Vamos continuar com um exemplo.

A aplicação **app10b** estende **app10a** ao adicionar três actions:

- Employee_edit
- Employee_update
- Employee_delete

As declarações para as actions em **app10b** são mostradas na Listagem 10.10.

Listagem 10.10: as Declarações de action em app10b

```
<package name="app10b" extends="struts-default">
  <action name="Employee_list" method="list"
      class="app10b.EmployeeAction">
    <result>/jsp/Employee.jsp</result>
    <result name="input">/jsp/Employee.jsp</result>
  </action>
  <action name="Employee_create" method="create"
      class="app10b.EmployeeAction">
    <result type="redirect-action">Employee_list</result>
    <result name="input">/jsp/Employee.jsp</result>
  </action>
  <action name="Employee_edit" method="edit"
        class="app10b.EmployeeAction">
        <interceptor-ref name="paramsPrepareParamsStack"/>
    <result>/jsp/EditEmployee.jsp</result>
  </action>
  <action name="Employee_update" method="update"
        class="app10b.EmployeeAction">
    <result type="redirect-action">Employee_list</result>
  </action>
  <action name="Employee_delete" method="delete"
        class="app10b.EmployeeAction">
```

Capítulo 10 – Interceptadores Model Driven e Prepare   297

```
      <result>/jsp/Employee.jsp</result>
    </action
</package>
```

A classe **EmployeeAction**, mostrada na Listagem 10.11, controla todas as actions em **app10b**.

Listagem 10.11: a Classe EmployeeAction

```java
package app10b;
import com.opensymphony.xwork2.ActionSupport;
import com.opensymphony.xwork2.ModelDriven;
import com.opensymphony.xwork2.Preparable;
import java.util.List;

public class EmployeeAction extends ActionSupport
      implements Preparable, ModelDriven {
  private Employee employee;
  private int employeeId;
  private List<Employee> employees;

  public void prepare() throws Exception {
    if (employeeId == 0) {
      employee = new Employee();
    } else {
      employee = EmployeeManager.find(employeeId);
    }
  }

  public Object getModel() {
    return employee;
  }

  public List<Employee> getEmployees() {
    employees = EmployeeManager.getEmployees();
    return employees;
  }

  public Employee getEmployee() {
    return employee;
  }

  public void setEmployee(Employee employee) {
    this.employee = employee;
  }
```

```java
public void setEmployees(List<Employee> employees) {
   this.employees = employees;
}

public String list() {
   employees = EmployeeManager.getEmployees();
   return SUCCESS;
}

public String create() {
   EmployeeManager.create(employee);
   return SUCCESS;
}

public String edit() {
   return SUCCESS;
}

public String update() {
   EmployeeManager.update(employee);
   return SUCCESS;
}

public String delete() {
   EmployeeManager.delete(employeeId);
   return SUCCESS;
}

public int getEmployeeId() {
   return employeeId;
}

public void setEmployeeId(int employeeId) {
   this.employeeId = employeeId;
}

}
```

Note que o método **prepare,** na classe **EmployeeAction,** irá criar um novo objeto **Employee** apenas se **EmployeeId** for 0. Se uma chamada da action popula a propriedade **EmployeeId** do objeto action, o método **prepare** irá tentar encontrar um objeto **Employee,** através da classe **EmployeeManager.**

Esse é o motivo para que a action **Employee_edit** use a pilha **paramsPrepareParamsStack,** que chama o interceptador Param duas vezes, como mostrado abaixo:

```
<interceptor-stack name="paramsPrepareParamsStack">
    ...
    <interceptor-ref name="params"/>
    ...

    <interceptor-ref name="prepare"/>
    <interceptor-ref name="model-driven"/>
    ...
    <interceptor-ref name="params"/>
    ...
</interceptor-stack>
```

A primeira vez que o interceptador Parameters é chamado, ele popula a propriedade **EmployeeId** no objeto **EmployeeAction**, tal que o método **prepare** saiba como buscar o objeto **Employee** a ser editado. Após os interceptadores Prepare e Model Driven serem chamados, o interceptador Parameters é chamado novamente, dessa vez dando-o a oportunidade de popular o modelo.

A classe do modelo (**Employee)** para essa aplicação é exatamente a mesma da mostrada em **app10a** e não será reexibida aqui. Entretanto, a classe **EmployeeManager** foi modificada e é mostrada na Listagem 10.12.

Listagem 10.12: a Classe EmployeeManager

```
package app10b;
import java.util.ArrayList;
import java.util.List;

public class EmployeeManager {
    private static List<Employee> employees;
    public static int id;
    static {
        employees = new ArrayList<Employee>();
        employees.add(new Employee(++id, "Ken", "Cornell"));
        employees.add(new Employee(++id, "Cindy", "Huang"));
        employees.add(new Employee(++id, "Ross", "Geller"));
        employees.add(new Employee(++id, "George", "Michael"));
        employees.add(new Employee(++id, "Bruce", "Santiago"));
    }
```

```java
    public static List<Employee> getEmployees() {
        return employees;
    }

    public static void create(Employee employee) {
        employee.setId(++id);
        employees.add(employee);
    }

    public static void delete(int employeeId) {
        for (Employee employee : employees) {
            if (employee.getId() == employeeId) {
                employees.remove(employee);
                break;
            }
        }
    }


    public static Employee find(int employeeId) {
        for (Employee employee : employees) {
            if (employee.getId() == employeeId) {
                System.out.println("found");
                return employee;
            }
        }
        return null;
    }

    public static void update(Employee employee) {
        int employeeId = employee.getId();
        for (Employee emp : employees) {
            if (emp.getId() == employeeId) {
                emp.setFirstName(employee.getFirstName());
                emp.setLastName(employee.getLastName());
                break;
            }
        }
    }
}
```

Você pode chamar a aplicação usando essa URL:

```
http://localhost:8080/app08b/Employee_list.action
```

A Figura 10.2 mostra a lista de employees. Isso é similar, exceto que agora há os links Edit e Delete para cada employee.

Figura 10.2: Usando o interceptador Prepare

SUMÁRIO

É freqüentemente necessário separar a action e o modelo, especialmente em uma aplicação empresarial e numa aplicação Struts mais complexa. Este capítulo mostrou como os interceptadores Model Driven e Prepare poderiam ajudar.

Capítulo 11

A Camada de Persistência

Em algum estágio, dados de aplicação precisam ser persistidos ou salvos em um armazenamento secundário. Vários métodos estão disponíveis, incluindo a armazenagem deles em arquivos, base de dados relacionais, documentos XML e daí por diante. Desses, persistir dados a uma base de dados é o mais confiável e o mais popular. Além disso, ferramentas de mapeamento de base de dados objeto a relacional podem ser adquiridas sem ressalto para ajudar programadores Java a persistirem objetos Java.

Sem uma ferramenta de mapeamento, você tem outras opções disponíveis. Incluindo o padrão Data Access Object (DAO), Java Data Objects (JDO), bibliotecas de código aberto tal como Hibernate, e daí por diante. Dentre essas, o padrão DAO é o mais fácil para aprender e é suficiente na maioria das aplicações. Este capítulo mostra a você como implementar o padrão DAO para persistência de dados.

Note também que, devido a muitas partes da aplicação poderem precisar persistir objetos, um bom projeto dita que você crie uma camada dedicada para persistência de dados. Essa camada de persistência provê métodos que podem ser chamados por qualquer componente que precise persistir objetos. Além de simplificar sua arquitetura de aplicação (porque agora a persistência de objetos é controlada por apenas um componente), a camada de aplicação também esconde a complexidade de acessar a base de dados relacional. A camada de persistência é descrita na Figura 11.1.

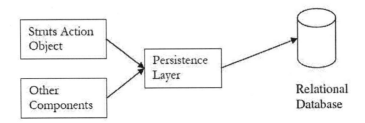

Figura 11.1: A camada de persistência

A camada de persistência provê métodos públicos para armazenagem, busca e manipulação de objetos de valor, e o cliente da camada de persistência não precisa saber como a camada de persistência executa isso. Tudo com o que eles se preocupam é que seus dados sejam salvos e recuperados.

O PADRÃO DATA ACCESS OBJECT

Com esse padrão, você escreve uma classe para cada tipo de objeto que você precise persistir. Por exemplo, se sua aplicação precisa persistir três tipos de objetos de transferência – **Product, Customer,** e **Order** – você precisa de três classes DAO, cada qual cuida de um tipo de objeto. Portanto, você teria as seguintes classes: **ProductDAO, CustomerDAO** e **OrderDAO**. O sufixo DAO no final do nome da classe indica que a classe é uma classe DAO. É uma convenção que você deveria seguir, a menos que você tenha razões convincentes para não fazer isso.

Uma classe DAO típica cuida da adição, exclusão, modificação e recuperação de um objeto, e da pesquisa para tais objetos. Por exemplo, uma classe **ProductDAO** pode suportar os seguintes métodos:

```
void addProduct(Product product)
void updateProduct(Product product)
void deleteProduct(int productId)
Product getProduct(int productId)
List<Product> findProducts(SearchCriteria searchCriteria)
```

Há várias variantes do padrão DAO. Você irá aprender as três variantes mais comuns: do mais básico ao mais flexível.

A Implementação mais Simples do Padrão DAO

Nessa implementação, um cliente instancia a classe DAO diretamente e chama seus métodos. A figura 11.2 mostra a classe **ProductDAO** nessa variante do padrão DAO.

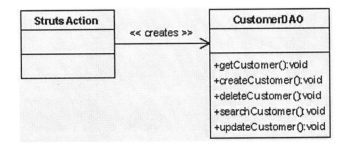

Figura 11.2: A implementação mais simples do padrão DAO

Quando um objeto action do Struts precisa acessar informação de produto, ele instancia a classe **ProductDAO** e chama seus métodos.

O Padrão DAO com uma Interface DAO

Um aplicação Struts típica tem mais de uma classe DAO. As instâncias das classes DAO precisam de uma maneira uniforme de obter um objeto de conexão para acessar a fonte de dados. Portanto, é conveniente ter uma interface **DAO** que provê o método **getConnection** e uma classe **DAOBase** que provê a implementação do método. Todas as classes DAO, então, estendem a classe **DAOBase,** como ilustrado na Figura 11.3.

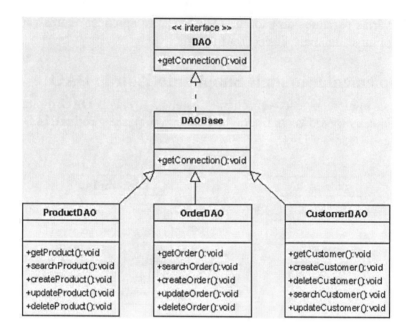

Figura 11.3: Padrão DAO com uma interface DAO

O padrão DAO com o Padrão Abstract Factory

Cada método na classe DAO acessa a base de dados usando uma instrução SQL. Infelizmente, a instrução SQL pode variar dependendo do tipo da base de dados. Por exemplo, para inserir um registro em uma tabela, a base de dados do Oracle suporta a noção de sequências para gerar números seqüenciais para novos registros. Portanto, no Oracle, você iria desenvolver duas operações e inserir um novo registro. MySQL, ao contrário, suporta auto-numerações que são geradas quando novos registros são inseridos. Nesse caso, um método **insert** irá depender da base de dados a que ele está persistindo dados. Para permitir que sua aplicação suporte múltiplas bases de dados, você pode modificar a implementação de seu padrão DAO para empregar o padrão Abstract Factory. A Figura 11.4 mostra a interface **CustomerDAO**, que define os métodos que precisam existir no objeto **CustomerDAO**. Uma implementação **CustomerDAO** será amarrada a um tipo de base de dados. Na figura 11.4, duas classes de implementação estão disponíveis, **CustomerDAOMySQLImpl** e **CustomerDAOOracleImpl**, as quais suportam objetos persistentes à base de dados MySQL e base de dados Oracle, respectivamente.

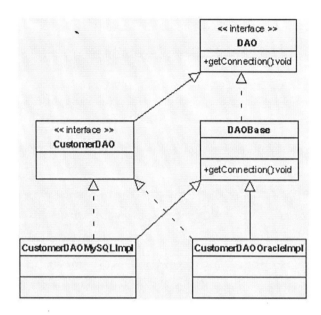

Figura 11.4: Padrão DAO com padrão Abstract Factory

IMPLEMENTANDO O PADRÃO DAO

A aplicação **app11a** exemplifica o padrão DAO. Nessa aplicação você pode pesquisar customers, adicionar, atualizar e deletar customers. A interface **CustomerDAO** provê métodos para manipulação de objetos **CustomerTo**. O diagrama de classes é o mesmo do mostrado na Figura 11.4. A interface **CustomerDAO** tem uma implementação, **CustomerDAOMySQLImpl**.

A fim de discutir a aplicação a fundo, eu divido a aplicação em subseções.

Nota

Para executar a aplicação **app11a**, você precisa ter uma base de dados MySQL instalada em sua máquina e executar o arquivo **MySQLScript.sql,** incluído na aplicação **app11b,** para criar a tabela **Customers** na base de dados **test**.

A Interface DAO e a Classe DAOBase

DAO é uma interface que todas as classes DAO devem implementar, tanto diretamente como indiretamente. Tem apenas um método definido na interface **DAO, getConnection.** A interface DAO é mostrada na Listagem 11.1.

Listagem 11.1: a Interface DAO

```
package app11a.dao;
import java.sql.Connection;
public interface DAO {
   public Connection getConnection() throws DAOException;
}
```

A classe DAOBase, mostrada na Listagem 11.2, fornece uma implementação do método **getConnection** da interface DAO.

Listagem 11.2: a Classe DAOBase

```
package app11a.dao;
import java.sql.Connection;
import java.sql.SQLException;
import javax.servlet.ServletContext;
import javax.sql.DataSource;
import org.apache.struts2.ServletActionContext;
public class DAOBase implements DAO {
   public Connection getConnection() throws DAOException {
      ServletContext servletContext = ServletActionContext.
         getServletContext();
      DataSource dataSource = (DataSource)
         servletContext.getAttribute("dataSource");
      Connection connection = null;
      if (dataSource != null) {
         try {
            connection = dataSource.getConnection();
         } catch (SQLException e) {
             System.out.println("DAOBase");
             throw new DAOException();
         }
      }
      return connection;
   }
}
```

O método **getConnection** retorna um **java.sql.Connection** que pode ser usado pelos objetos DAO para acessar a base de dados. Em Java SE você pode obter um objeto **Connection** via **java.sql.DriverManager.** Em Java EE, entretanto, escalabilidade é muito importante e você definitivamente quer usar um *pooling* de conexão para obter objetos **Connection** rapidamente. O **javax.sql.DataSource** suporta *pooling* de conexão e todos os containers dos Java EE devem prover um objeto DataSource de onde os objetos **Connection** podem ser obtidos. *Pooling* de conexão é tão importante que você pode até encontrar essa feature em Tomcat, muito embora Tomcat não seja um container Java EE.

Em Java EE você obtém um objeto **DataSource** empregando um JNDI lookup, através do código abaixo:

```
try {
  Context context = new InitialContext();
  DataSource dataSource = (DataSource)
    context.lookup(dataSourceJndiName);
  ...
```

JNDI lookups são operações caras e, como tais, obter um **DataSource** requer muito recurso. Portanto, você pode querer fazer um cache nesse objeto e o objeto **ServletContext** será um local ideal para fazer um cache nele. Em **app11b,** nós usamos um application listener na Listagem 11.3 para obter um objeto **DataSource** e armazená-lo no objeto **ServletContext**. Mais tarde, na classe DAOBase, na Listagem 11.3, você pode obter um **DataSource** usando esse código:

```
ServletContext servletContext = ServletActionContext.
  getServletContext();
DataSource dataSource = (DataSource)
  servletContext.getAttribute("dataSource");
```

Listagem 11.3: a Classe AppListener

```
package app11a.listener;
import javax.naming.Context;
import javax.naming.InitialContext;
import javax.naming.NamingException;
import javax.servlet.ServletContext;
import javax.servlet.ServletContextEvent;
import javax.servlet.ServletContextListener;
```

```
import javax.sql.DataSource;
public class AppListener implements ServletContextListener {
   public void contextInitialized(ServletContextEvent sce) {
      ServletContext servletContext = sce.getServletContext();
      String dataSourceJndiName = servletContext
          .getInitParameter("dataSourceJndiName");
      try {
         Context context = new InitialContext();
         DataSource dataSource = (DataSource)
      context.lookup(dataSourceJndiName);
         servletContext.setAttribute("dataSource", dataSource);
      } catch (NamingException e) {
         throw new RuntimeException();
      }
   }
   public void contextDestroyed(ServletContextEvent cse) {
   }
}
```

Pooling de Conexão no TomCat

Para configurar *pooling* de conexão no Tomcat, adicione esse elemento
Context sob **<Host>** no arquivo **server.xml** do Tomcat.

```
<Context path="/app11a" docBase="app11a"
reloadable="true"
     debug="8">
  <Resource name="jdbc/myDataSource" auth="Container"
  type="javax.sql.DataSource"/>
  <ResourceParams name="jdbc/myDataSource">
     <parameter>
        <name>factory</name>
        <value>
           org.apache.commons.dbcp.BasicDataSourceFactory
        </value>
     </parameter>
     <parameter>
        <name>maxActive</name>
        <value>100</value>
     </parameter>
     <parameter>
        <name>maxIdle</name>
        <value>30</value>
     </parameter>
     <parameter>
```

```
            <name>maxWait</name>
            <value>10000</value>
         </parameter>
         <parameter>
            <name>username</name>
            <value>root</value>
         </parameter>
         <parameter>
            <name>password</name>
            <value></value>
         </parameter>
         <parameter>
            <name>driverClassName</name>
            <value>com.mysql.jdbc.Driver</value>
         </parameter>
         <parameter>
            <name>url</name>
            <value>jdbc:mysql://localhost/test</value>
         </parameter>
      </ResourceParams>
   </Context>
```

O elemento **Context** acima facilita a criação do objeto **DataSource** do qual você obtém objetos **java.sql.Connection** do pool. As características do objeto **DataSource** são mostradas nos elementos **parameter** do elemento **ResourceParams**. Os parâmetros **username** e **password** especificam o nome do usuário e senha usados para acessar a base de dados, o parâmetro **driverClassName** especifica o driver JDBC, e o parâmetro **url** especifica a URL da base de dados para acessar a base de dados MySQL. O parâmetro **url** indica que o servidor de base de dados reside na mesma máquina do Tomcat (o uso de **localhost** na URL) e a base de dados que o objeto **DataSource** referencia é a base de dados de teste.

Além disso, para sua implementação DAO, você pode querer estender a classe **java.lang.Exception** para ter sua própria exceção específica DAO. Métodos em objetos DAO podem gerar sua exceção específica, tal que você possa prover código para lidar com falhas de acesso a dados e manipulação de dados.

Uma classe simples de exceção específica DAO, denominada **DAOException,** é mostrada na Listagem 11.4.

Listagem 11.4: a Classe DAOException

```
package app11a.dao;
public class DAOException extends Exception {

}
```

A Interface EmployeeDAO

A aplicação **app11a** usa uma classe DAO, **employeeDAO**. Para suportar múltiplas bases de dados, **employeeDAO** é escrita como uma interface que define os métodos para objetos **employeeDAO**. A Listagem 11.5 apresenta a interface **employeeDAO**.

Listagem 11.5: a Interface employeeDAO

```
package app11a.dao;
import app11a.Employee;
import app11a.EmployeeSearchCriteria;
import java.util.List;

public interface EmployeeDAO {
    public void createEmployee(Employee employee)
        throws DAOException;
    public void updateEmployee(Employee customer)
        throws DAOException;
    public Employee getEmployee(int employeeId) throws DAOException;
    public void deleteEmployee(int employeeId) throws DAOException;
    public List<Employee> searchEmployees(EmployeeSearchCriteria
        searchCriteria) throws DAOException;
}
```

Os métodos **createEmployee** e **updateEmployee** aceitam um objeto **Employee** para ser inserido ou atualizado. Os métodos **getEmployee** e **deleteEmployee** aceitam um identificador employee, e o método **searchEmployee** aceita um **EmployeeSearchCriteria.**

Em **app11a,** a classe **EmployeeSearchCriteria** é semelhante à classe **Employee**, entretanto, em outras aplicações isso pode incluir propriedades relacionadas à pesquisa, tais como **sortOrder** e **maximumSearchResults**, que não existem em **Employee**. Logo, há necessidade de outra classe que encapsule um critério de pesquisa do usuário.

A Classe EmployeeDAOMySQLImpl

A **EmployeeDAOMySQLImpl,** apresentada na Listagem 11.6, é uma implementação da interface **EmployeeDAO.** Para suportar outra base de dados, você pode criar outra implementação **EmployeeDAO,** tal como **EmployeeDAOOracleImpl, EmployeeDAOSQLServerImpl** etc.

Listagem 11.6: a Interface EmployeeDAOSQLImpl

```
package app11a.dao;
import java.sql.SQLException;
import java.sql.Connection;
import java.sql.PreparedStatement;
import java.sql.ResultSet;
import java.sql.Statement;
import java.util.ArrayList;
import java.util.List;
import app11a.Employee;
import app11a.EmployeeSearchCriteria;
import app11a.dao.DAOException;
import app11a.dao.DBUtil;

public class EmployeeDAOMySQLImpl extends DAOBase
      implements EmployeeDAO {
    private static final String CREATE_EMPLOYEE_SQL =
    "INSERT INTO employees (firstName,lastName) VALUES (?, ?)";
    public void createEmployee(Employee customer)
        throws DAOException {
    Connection connection = null;
    PreparedStatement pStatement = null;
    try {
       connection = getConnection();
       // Prepara uma instrução para inserir um registro
       pStatement = connection.prepareStatement(
           CREATE_EMPLOYEE_SQL);
       pStatement.setString(1, customer.getFirstName());
       pStatement.setString(2, customer.getLastName());
       pStatement.executeUpdate();
       pStatement.close();
    } catch (SQLException ex) {
       throw new DAOException();
    } finally {
       try {
         connection.close();
       } catch (SQLException ex) {
```

```java
            throw new DAOException();
      }
   }
}

private static final String UPDATE_EMPLOYEE_SQL =
   "UPDATE employees SET firstName=?, lastName=? WHERE id = ?";
public void updateEmployee(Employee employee)
      throws DAOException {
   Connection connection = null;
   PreparedStatement pStatement = null;
   try {
      connection = getConnection();
      pStatement = connection.prepareStatement(
            UPDATE_EMPLOYEE_SQL);
      pStatement.setString(1, employee.getFirstName());
      pStatement.setString(2, employee.getLastName());
      pStatement.setInt(3, employee.getId());
      pStatement.executeUpdate();
      pStatement.close();
   } catch (SQLException e) {
      throw new DAOException();
   } finally {
      try {
         connection.close();
      } catch (SQLException ex) {
      }
   }
}

private static final String GET_EMPLOYEE_SQL =
   "SELECT firstName, lastName FROM employees WHERE id = ?";
public Employee getEmployee(int employeeId)
      throws DAOException {
   Connection connection = null;
   PreparedStatement pStatement = null;
   ResultSet rs = null;
   Employee employee = new Employee();
   try {
      connection = getConnection();
      pStatement = connection.prepareStatement(
            GET_EMPLOYEE_SQL);
      pStatement.setInt(1, employeeId);
      rs = pStatement.executeQuery();
      if (rs.next()) {
         employee.setFirstName(rs.getString("firstName"));
```

CAPÍTULO 11 – A CAMADA DE PERSISTÊNCIA   315

```java
        employee.setLastName(rs.getString("lastName"));
        employee.setId(employeeId);
      }
      rs.close();
      pStatement.close();
    } catch (SQLException ex) {
      throw new DAOException(); .
    } finally {
      try {
        connection.close();
      } catch (SQLException ex) {
      }
    }
    return employee;
}

private static final String DELETE_EMPLOYEE_SQL =
  "DELETE FROM employees WHERE id = ?";
public void deleteEmployee(int employeeId) throws DAOException {
    Connection connection = null;
    PreparedStatement pStatement = null;
    try {
      connection = getConnection();
      pStatement =
    connection.prepareStatement(DELETE_EMPLOYEE_SQL);
      pStatement.setInt(1, employeeId);
      pStatement.executeUpdate();
      pStatement.close();
    } catch (SQLException e) {
      throw new DAOException();
    } finally {
      try {
        connection.close();
      } catch (SQLException ex) {
      }
    }
}

private static final String SEARCH_EMPLOYEES_SQL =
   "SELECT id, firstName, lastName FROM employees WHERE ";
public List<Employee> searchEmployees(
     EmployeeSearchCriteria searchCriteria)
     throws DAOException {
    List<Employee> employees = new ArrayList<Employee>();
    Connection connection = null;
    Statement statement = null;
```

316 STRUTS 2 PROJETO E PROGRAMAÇÃO: UM TUTORIAL

```java
ResultSet resultSet = null;

// Constrói os critérios de pesquisa
criteriaSql = new StringBuilder(512);
criteriaSql.append(SEARCH_EMPLOYEES_SQL);
if (searchCriteria.getFirstName() != null) {
  criteriaSql.append("firstName LIKE '%" +
  DBUtil.fixSqlFieldValue(searchCriteria.getFirstName())
  + "%' AND ");
}
if (searchCriteria.getLastName() != null) {
  criteriaSql.append("lastName LIKE '%" +
  DBUtil.fixSqlFieldValue(searchCriteria.getLastName())
  + "%' AND ");
}
// Remover 'And' & 'WHERE' não usados
if (criteriaSql.substring(criteriaSql.length() - 5).
    equals(" AND "))
  criteriaSql.delete(criteriaSql.length() - 5,
      criteriaSql.length() - 1);
if (criteriaSql.substring(criteriaSql.length() - 7).
    equals(" WHERE "))
  criteriaSql.delete(criteriaSql.length() - 7,
      criteriaSql.length() - 1);

try {
  connection = getConnection();
  statement = connection.createStatement();
  resultSet = statement.executeQuery(
        criteriaSql.toString());
  while (resultSet.next()) {
    Employee employee = new Employee();
    employee.setId(resultSet.getInt("id"));
    employee.setFirstName(
        resultSet.getString("firstName"));
    employee.setLastName(
        resultSet.getString("lastName"));
    employees.add(employee);
  }
  resultSet.close();
  statement.close();
} catch (SQLException e) {
  throw new DAOException();
} finally {
  try {
    connection.close();
```

CAPÍTULO 11 – A CAMADA DE PERSISTÊNCIA 317

```
    } catch (SQLException ex) {
    }
  }
  return employees;
  }
}
```

As instruções SQL para todos os métodos, exceto **searchEmployee**, são definidas como static final **Strings**, porque elas nunca irão mudar. Torná-las static final evita a criação das mesmas **Strings** todas as vezes. Além disso, todos aqueles métodos usam um **PrepareStatement** em vez de um **java.sql.Statement**, muito embora o objeto **PrepareStatement** seja executado apenas uma vez. O uso de **PrepareStatement** evita que você tenha que verificar se um dos argumentos contém uma aspa simples. Como um **Statement**, você pode usar um caracter escape qualquer como aspa simples no argumento.

O método **searchEmployees**, por outro lado, é baseado em um SQL dinâmico. Isso necessita que nós usemos um objeto **Statement**. Conseqüentemente, você deve verificar as aspas simples nos argumentos, usando o método **fixSqlFieldValue** da classe **DbUtil**. A Listagem 11.7 apresenta o método **fixSqlFieldValue**.

Listagem 11.7: o Método fixSqlFieldValue

```
package app11a.dao;

public class DBUtil {
  public static String fixSqlFieldValue(String value) {
    if (value == null) {
      return null;
    }
    int length = value.length();
    StringBuilder fixedValue = new StringBuilder((int) (length *
1.1));
    for (int i = 0; i < length; i++) {
      char c = value.charAt(i);
      if (c == '\'') {
        fixedValue.append("''");
      } else {
        fixedValue.append(c);
      }
```

```
    }
    return fixedValue.toString();
  }
}
```

Nota

Você poderia substituir o método **fixSqlFieldValue** pelo método **replaceAll** da classe **String,** como a seguir:

```
String t= s.replaceAll("[\']", "'");
```

Entretanto, esse método requer muito recurso porque ele usa expressões regulares e deve ser evitado em aplicações projetadas para serem escaláveis.

A Classe DAOFactory

A Classe **DAOFactory** ajuda o cliente instanciar a classe DAO. Também, há necessidade de uma classe **DAOFactory.** A classe **DAOFactory,** na aplicação, vem do fato de que o nome da classe de implementação não é conhecida em tempo de projeto, por exemplo, se ela for **EmployeeDAOMySQLImpl** ou **EmployeeDAOOracleImpl.** Como tal, a classe **DAOFactory** esconde a complexidade de criar objeto DAO.

A classe **DAOFactory** é apresentada na Listagem 11.8.

Listagem 11.8: a Classe DAOFactory

```
package app11a.dao;
import javax.servlet.ServletContext;
import org.apache.struts2.ServletActionContext;

public class DAOFactory {
  private String databaseType;
  private static DAOFactory instance;
  static {
    instance = new DAOFactory();
  }
  private DAOFactory() {
    ServletContext servletContext = ServletActionContext
      .getServletContext();
    databaseType = servletContext.getInitParameter("dbType");
  }
```

```
public static DAOFactory getInstance() {
    return instance;
}
public EmployeeDAO getEmployeeDAO() {
    if ("mysql".equalsIgnoreCase(databaseType)) {
        return new EmployeeDAOMySQLImpl();
    } else if ("oracle".equalsIgnoreCase(databaseType)) {
        // return new EmployeeDAOOracleImpl();
    } else if ("mssql".equalsIgnoreCase(databaseType)) {
        // return new EmployeeDAOMsSQLImpl();
    }
    return null;
}
}
```

Você pode usar a **DAOFactory** se você conhece as classe de implementação para todos os seus DAOs quando a aplicação é escrita. Isso significa que, se você está pensando em suportar apenas duas bases de dados - MySQL e Oracle -, você sabe de antemão que o tipo para a classe **EmployeeDAO** pode ser **EmployeeDAOMySQLImpl** ou **EmployeeDAOOracleImplo**. Se, no futuro, sua aplicação precisar suportar Microsoft SQL Server, você deve reescrever a classe **DAOFactory**, isto é, adicionar outra para a instrução **if** na classe **getCustomerDAO.**

Você pode adicionar suporte de mais bases de dados sem recompilar a classe **DAOFactory,** se você usa reflexão para criar objeto DAO. Ao invés do parâmetro **dbType** em seu arquivo **web.xml**, você teria **employeeDAOType.** Então, você teria o seguinte código em seu método **getCustomerDAO** da classe **DAOFactory:**

```
String customerDAOType = Config.getCustomerDAOType();
Class customerDAOClass = Class.forName(customerDAOType);
CustomerDAO customerDAO = customerDAOClass.newInstance();
```

A Classe EmployeeManager

A classe **EmployeeManager** (mostrada na Listagem 11.9) é o cliente das classes DAO. Essa classe provê outra camada entre as actions Struts e as classes DAO.

Listagem 11.9: a Classe EmployeeManager

```java
package app11a;
import java.util.List;
import app11a.Employee;
import app11a.dao.DAOException;
import app11a.dao.DAOFactory;
import app11a.dao.EmployeeDAO;

public class EmployeeManager {
   public static List<Employee> getEmployees() {
     return search(new EmployeeSearchCriteria());
   }

   public static void create(Employee employee) {
     EmployeeDAO employeeDAO =
       DAOFactory.getInstance().getEmployeeDAO();
     try {
       employeeDAO.createEmployee(employee);
     } catch (DAOException e) {
     }
   }

   public static void delete(int employeeId) {
     EmployeeDAO employeeDAO =
         DAOFactory.getInstance().getEmployeeDAO();
     try {
       employeeDAO.deleteEmployee(employeeId);
     } catch (DAOException e) {
     }
   }

   public static Employee find(int employeeId) {
     EmployeeDAO employeeDAO =
         DAOFactory.getInstance().getEmployeeDAO();
     try {
       return employeeDAO.getEmployee(employeeId);
     } catch (DAOException e) {
     }
     return null;
   }


   public static void update(Employee employee) {
     EmployeeDAO employeeDAO =
         DAOFactory.getInstance().getEmployeeDAO();
```

```
    try {
        employeeDAO.updateEmployee(employee);
    } catch (DAOException e) {
    }
}

public static List<Employee> search(
    EmployeeSearchCriteria criteria) {
    EmployeeDAO employeeDAO =
        DAOFactory.getInstance().getEmployeeDAO();
    try {
        return employeeDAO.searchEmployees(criteria);
    } catch (DAOException e) {
    }
    return null;
}
}
```

Executando a Aplicação

A aplicação **app111a** provê as classes action para criação de um novo employee, atualizando e removendo um employee existente, e pesquisa por employees. O ponto de entrada principal é a action **Employee_list**. Para invocar essa action, use a seguinte URL:

```
http://locahost:8080/app11a/Employee_list.action
```

Você irá ver algo semelhante à Figura 11.5.

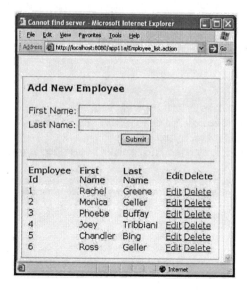

Figura 11.5: O formulário Employee

Quando você executar essa aplicação pela primeira vez, você não verá a lista dos employees existentes.

HIBERNATE

Hibernate tem ganhado popularidade em alguns anos atrás como um adendo para Java EE e outras aplicações. Sua página na web (www.hibernate.org) aconselha esse produto grátis como 'uma persistência altíssima objeto/relacional, poderosa e de serviço de query para java'. Usando Hibernate, você não precisa implementar sua própria camada de persistência. Em vez disso, você usa uma ferramenta para criar bases de dados e tabelas relacionadas e determina como seus objetos devam ser persistidos. Hibernate virtualmente suporta todos tipos de servidores de bases de dados no mercado hoje em dia, e sua Hibernate Query Language provê "uma ponte elegante entre o objeto e mundos relacionais".

Mais pessoas estarão usando Hibernate em um futuro próximo. Se você tiver tempo, invista nele.

SUMÁRIO

A maioria das aplicações precisam de uma camada de persistência para persistirem objetos de valor. A camada de persistência esconde a complexidade de acesso a base de dados de seus clientes, notavelmente os objetos action. A camada de persistência pode ser implementada como entity beans, o padrão DAO, usando Hibernate, etc.

Este capítulo mostrou em detalhes como implementar o padrão DAO. Existem várias variantes desse padrão e qual você deve escolher depende da especificação de projeto. O padrão DAO mais flexível é preferível, porque você pode estender sua aplicação facilmente, caso ele tenha que ser alterado no futuro.

CAPÍTULO **12**

UPLOAD DE ARQUIVO

Upload de arquivo HTTP é especificado em Request For Comments (RFC) 1867. O interceptador de upload de arquivo do Struts suporta upload de arquivo HTTP ao incorporar sem falhas a biblioteca Jakarta Commons FileUpload, que contém um analisador multipart. Este capítulo discute upload de arquivo em geral e como você pode fazer uploads de arquivo simples e múltiplos em Struts.

VISÃO GERAL DE UPLOAD DE ARQUIVO

Quando usar um formulário HTML para fazer um upload em um arquivo ou múltiplos arquivos, ao atributo **enctype** do formulário deve ser atribuído **multipart/form-data** e o método do form deve ser **post**. O form deve parecer com o seguinte:

```
<form action="anAction" enctype="multipart/form-data" method="post">
...
</form>
```

A fim de habilitar o usuário a selecionar um arquivo, você deve ter um campo **<input type="file">**. Além do campo **file**, o formulário também contém uma caixa de texto denominada **description** e um botão submit.

```
<form action="Upload.action" enctype="multipart/form-data"
      method="post">
   Select file to upload <input type="file" name="filename"/><br/>
   Description: <input type="text" name="description"/><br/>
   <input type="submit" value="Upload"/>
</form>
```

A Figura 12.1 mostra como o campo de entrada **file** é renderizado como uma caixa de texto e um botão Browse.

Figura 12.1: Elementos visuais renderizados de <input type=file>

Sem Struts ou a biblioteca Java Commons FileUpload, você teria que chamar o método **getInputStream** em **HttpServletRequest** e analisar o objeto resultante **InputStream** para recuperar o arquivo cujo upload foi feito. Essa é uma tarefa tediosa e suscetível a erros. Felizmente, Struts torna muito fácil a recuperação de arquivos enviados.

UPLOAD DE ARQUIVO EM STRUTS

Em Struts, o interceptador File Upload e a biblioteca Java Commons FileUpload ajudam a analisar os arquivos enviados. Basicamente, há apenas duas coisas que você precisa fazer.

Primeiro, use a tag **file** em um formulário no seu JSP. Dê a ela o nome descritivo, tal como **attachment** ou **upload**. Para múltiplos uploads de arquivos, use múltiplas tags **file** e dê a elas o mesmo nome. Por exemplo, o seguinte formulário contém três tags **file** denominadas **attachment**.

```
<s:form action="File_multipleUpload"
    enctype="multipart/form-data">
  <s:file name="attachment" label="Attachment 1"/>
  <s:file name="attachment" label="Attachment 2"/>
  <s:file name="attachment" label="Attachment 3"/>
  <s:submit />
</s:form>
```

Uma tag **file** será renderizada como o seguinte elemento **input** no browser:

```
<input type="file" name="inputName"/>
```

Segundo: crie uma classe action com três propriedades. As propriedades devem ser denominadas de acordo com esses parâmetros:

- [inputName]File
- [*inputName*]FileName
- [*inputName*]ContentType

Aqui [*inputName*] fica o nome das tag(s) file no JSP. Por exemplo, se o nome da tag **file** é **attachment**, você terá essas propriedades na sua classe action:

- attachmentFile
- attachmentFileName
- attachmentContentType

Para um único upload de arquivo, o tipo de [**inputName**] é **java.io.File** e referencia o arquivo enviado. As segundas e terceiras propriedades são **String** e fazem referência ao arquivo enviado e ao content type, respectivamente.

Para múltiplos uploads de arquivos, você pode usar arrays ou **java.util.List**s. Por exemplo, as seguintes propriedades são arrays de **File**s e **String**s.

```
private File[] attachmentFile;
private String[] attachmentFileName;
private String[] attachmentContentType;
```

Se você decide usar **List**s, você deve atribuir uma lista vazia a cada uma das propriedades:

328 **S**TRUTS **2 P**ROJETO E **P**ROGRAMAÇÃO: **U**M **T**UTORIAL

```
private List<File> attachmentFile = new ArrayList<File>();
private List<String> attachmentFileName = new
ArrayList<String>();
private List<String> attachmentContentType =
    new ArrayList<String>();
```

Você pode acessar essas propriedades de seu método action. Normalmente, você iria querer salvar o arquivo enviado em um diretório ou em uma base de dados e você iria iterar sobre um array **File**, se um array estivesse sendo usado:

```
ServletContext servletContext =
      ServletActionContext.getServletContext();
String dataDir = servletContext.getRealPath("/WEB-INF");
for (int i=0; i < attachment.length; i++) {
  File savedFile = new File(dataDir, attachmentFileName[i]);
  attachment[i].renameTo(savedFile);
}
```

Como você freqüentemente precisa acessar ambos os arquivos enviados e o nome do arquivo a cada iteração, usar arrays é mais fácil porque um array deixa você iterar sobre seus elementos por índice. Por outro lado, iterar sobre uma lista poderia ser mais difícil.

O I**NTERCEPTADOR** F**ILE** U**PLOAD**

O interceptador é responsável pelo upload do arquivo e é incluído na pilha default. Mesmo se você não sabe nada sobre esse interceptador, você ainda pode controlar arquilos enviados facilmente. Entretanto, entender como esse interceptador trabalha permite a você fazer uso completo da propriedade de upload de arquivo em Struts.

Existem duas propriedades importantes que você pode desejar configurar no seu interceptador. Você pode limitar o tamanho do arquivo enviados bem como determinar o content type permitido, configurando as seguintes propriedades do interceptador File Upload.

- **maximumSize.** O tamanho máximo (em bytes) do arquivo enviado. O default é aproximadamente 2MB.

- **allowedTypes.** Uma lista separada por vírgula de content types permitidos.

Por exemplo, a seguinte action impõe um limite de tamanho e o tipo do arquivo enviado. Apenas arquivos de até 1,000,000 bytes em tamanho e arquivos JPEG, e PNG podem ser enviados.

```
<action name="File_upload" class="app14a.FileUploadAction">
    <interceptor-ref name="fileUpload"/>
        <param name="maximumSize">1000000</param>
        <param name="allowedTypes">
          image/gif,image/jpeg,image/png
        </param>
        </interceptor-ref>
    </interceptor-ref>
    <interceptor-ref name="basicStack"/>
    ...
</action>
```

Se o usuário fez um upload de um arquivo que é maior que o tamanho máximo especificado ou um tipo que não esteja entre os parâmetros allowedTypes, uma mensagem de erro será mostrada. Mensagens de erro relacionadas a upload de arquivos são predefinidas no arquivo **struts-messages.properties,** o qual é incluído no arquivo núcleo Struts JAR. Abaixo, verifica-se o conteúdo desse arquivo:

```
struts.messages.error.uploading=Error uploading: {0}
struts.messages.error.file.too.large=File too large: {0} "{1}" {2}
struts.messages.error.content.type.not.allowed=Content-Type not
allowed: {0} "{1}" {2}
```

Para redefinir as mensagens aqui, crie um arquivo **struts-messages.properties** que contenha valores com os quais você queira redefinir os valores default e coloque o arquivo abaixo de **WEB-INF/ classes/org/apache/struts2.** Se você criar um arquivo **struts-messages.properties** novo, o arquivo padrão não será verificado. Isso significa que se você redefinir uma chave de mensagem e decidir usar as outras padrão, você deve copiar a última em seu arquivo de propriedades.

Exemplo de um único Upload de Arquivo

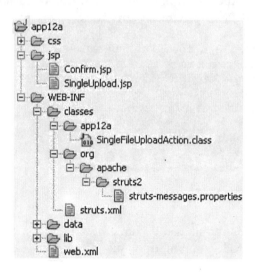

Figura 12.2: Estrutura de diretório app12a

Há duas actions nessa aplicação, uma para mostrar um form de upload de arquivos e uma para receber o arquivo enviado. As declarações da action são impressas na Listagem 12.1.

Listagem 12.1: o Arquivo struts.xml

```
<package name="app12a" extends="struts-default">
  <action name="File">
     <result>/jsp/SingleUpload.jsp</result>

  </action>

  <action name="File_singleUpload"
     class="app12a.SingleFileUploadAction" method="upload">
  <interceptor-ref name="fileUpload">
    <param name="maximumSize">100000</param>
    <param name="allowedTypes">
       image/gif,image/jpeg,image/png
```

CAPÍTULO 12 – UPLOAD DE ARQUIVO 331

```
      </param>
    </interceptor-ref>
    <interceptor-ref name="basicStack"/>
    <result name="input">/jsp/SingleUpload.jsp</result>
    <result>/jsp/SingleUpload.jsp</result>
  </action>
</package>
```

A página **SingleUpload.jsp** (mostrada na Listagem 12.2) contém um form com uma tag **file**.

Listagem 12.2: a Página SingleUpload.jsp

```
<%@ taglib prefix="s" uri="/struts-tags" %>
<html>
<head>
<title>File Upload</title>
<style type="text/css">@import url(css/main.css);</style>
</head>
<body>
<div id="global">
  <h1>Single File Upload</h1>
  <s:fielderror />
  <s:form action="File_singleUpload"
          enctype="multipart/form-data">
    <s:textfield name="description" label="Description"/>
    <s:file name="attachment" label="Attachment"/>
    <s:submit />
  </s:form>
</div>
</body>
</html>
```

Quando o usuário submete o form, a action **File_singleUpload** é invocada. A classe **SingleFileUploadAction,** na Listagem 12.3, controla essa action.

Listagem 12.3: a Classe SingleFileUploadAction

```
package app12a;
import java.io.File;
import javax.servlet.ServletContext;
```

332 STRUTS 2 PROJETO E PROGRAMAÇÃO: UM TUTORIAL

```java
import org.apache.struts2.ServletActionContext;
import com.opensymphony.xwork2.ActionSupport;

public class SingleFileUploadAction extends ActionSupport {
    private File attachment;
    private String attachmentFileName;
    private String attachmentContentType;
    private String description;

    // getters não setters são mostrados

    public String upload() throws Exception {
        System.out.println(description);
        ServletContext servletContext =
            ServletActionContext.getServletContext();
        if (attachment != null) {
            // attachment will be null if there's an error,
            // such as if the uploaded file is too large
            String dataDir = servletContext.getRealPath("/WEB-INF");
            File savedFile = new File(dataDir, attachmentFileName);
            attachment.renameTo(savedFile);
        }
        return SUCCESS;
    }
}
```

A classe action tem três propriedades, **attachmentFileName, attachmentContentType, e description,** as primeiras duas delas estão relacionadas ao arquivo enviado. Ela salva o arquivo enviado abaixo do **WEB-INF,** mas você pode escolher uma localização diferente.

A aplicação **app12a** também redefine as mensagens de erro customizadas ao fornecer um novo arquivo **struts-messages.properties,** na Listagem 12.4.

Listagem 12.4: o Arquivo struts-messages.properties

```
struts.messages.error.content.type.not.allowed=Error. Tama-
nho de arquivo não permitido.
struts.messages.error.file.too.large=Error. Arquivo muito largo.
```

Execute a aplicação **app12a,** invocando essa URL:

```
http://localhost:8080/app12a/File.action
```

Você irá verificar o form uploaded como o mostrado na Figura 12.3.

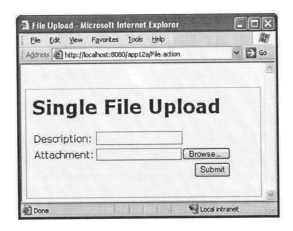

Figura 12.3: Upload de um arquivo

EXEMPLO DE UPLOAD MÚLTIPLO DE ARQUIVO

A aplicação **app12b** demonstra upload múltiplo de arquivo. Há duas actions em **app12b**, **File** (para exibição de um formulário de upload de arquivo) e **File_multipleUpload** (para controle de arquivos enviados). As declarações da action são mostradas na Listagem 12.5.

Listagem 12.5: as Declarações action

```
<package name="app12b" extends="struts-default">
  <action name="File">
     <result>/jsp/MultipleUpload.jsp</result>
  </action>
  <action name="File_multipleUpload"
      class="app12b.MultipleFileUploadAction"
      method="upload">
     <result name="input">/jsp/MultipleUpload.jsp</result>
     <result>/jsp/MultipleUpload.jsp</result>
  </action>
</package>
```

A action **File** mostra a página **MultipleUpload.jsp** na Listagem 12.6.

334 STRUTS 2 PROJETO E PROGRAMAÇÃO: UM TUTORIAL

Listagem 12.6: a Página MultipleUpload.jsp

```
<%@ taglib prefix="s" uri="/struts-tags" %>
<html>
<head>
<title>File Upload</title>
<style type="text/css">@import url(css/main.css);</style>
</head>
<body>
<div id="global">
  <h1>Multiple File Upload</h1>
    <s:actionerror />
    <s:fielderror />
  <s:form action="File_multipleUpload"
        enctype="multipart/form-data">
    <s:file name="attachment" label="Attachment 1"/>
    <s:file name="attachment" label="Attachment 2"/>
    <s:file name="attachment" label="Attachment 3"/>
    <s:submit />
  </s:form>
</div>
</body>
</html>
```

Quando o formulário de upload de arquivo é submetido, a action
File_multipleUpload é invocada. Essa action é controlada pela classe
MultipleFileUploadAction na Listagem 12.7. Note que arrays são usados
para os arquivos enviados, nomes de arquivos e content types.

Listagem 12.7: a Classe MultipleFileUploadAction

```
package app12b;
import java.io.File;
import java.util.Map;
import javax.servlet.ServletContext;
import javax.servlet.http.HttpServletRequest;
import org.apache.struts2.ServletActionContext;
import com.opensymphony.xwork2.ActionContext;
import com.opensymphony.xwork2.ActionSupport;

public class MultipleFileUploadAction extends ActionSupport {
    private File[] attachment;
    private String[] attachmentFileName;
    private String[] attachmentContentType;
```

```
// getters e setters não são mostrados

public String upload() throws Exception {
    ServletContext servletContext =
        ServletActionContext.getServletContext();
    String dataDir = servletContext.getRealPath("/WEB-INF");
    for (int i=0; i < attachment.length; i++) {
        File savedFile = new File(dataDir,
            attachmentFileName[i]);
        attachment[i].renameTo(savedFile);
    }
    return SUCCESS;
}
}
```

Você pode começar fazendo o upload de múltiplos arquivos direcionando o seu browser, como a seguir:

http://localhost:8080/app12b/File.action

Você irá ver um formulário semelhante ao mostrado na Figura 12.4.

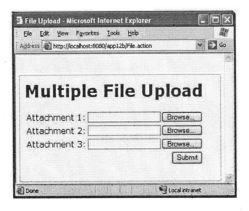

Figura 12.4: Upload de arquivo múltiplo

Você também pode usar **Lists** ao invés de arrays. A classe multipleFileUploadAction2, na Listagem 12.8, mostra como usar **Lists**. Note que você deve instanciar uma implementação **List** para as variáveis **List**.

Listagem 12.8: Usando Lists

```java
package app12a;
import com.opensymphony.xwork2.ActionSupport;
import java.io.File;
import java.util.ArrayList;
import java.util.List;
public class MultipleFileUploadAction2 extends ActionSupport {
    private List<File> attachment =
        new ArrayList<File>();
    private List<String> attachmentFileName =
        new ArrayList<String>();
    private List<String> attachmentContentType =
        new ArrayList<String>();

    // getters e setters não são mostrados

    public String upload() throws Exception {
        for (String fileName : attachmentFileName) {
            System.out.println(fileName);
        }
        return SUCCESS;
    }
}
```

O uso de arrays é melhor comparado a **Listas** porque com arrays você pode iterar sobre os arquivos enviados pelo índice.

SUMÁRIO

Este capítulo discutiu upload de arquivo. Struts suporta upload de arquivo através do interceptador File Upload que incorpora a biblioteca Jakarta Commons FileUpload. Dois exemplos que ilustraram upload de um único arquivo e upload múltiplo de arquivo foram apresentados neste capítulo.

CAPÍTULO 13

DOWNLOAD DE ARQUIVO

Este capítulo discute download de arquivo, um tópico importante que não obtém atenção suficiente com freqüência em livros de programação web. Struts suporta download de arquivo programático provendo um tipo de resultado Stream. Dois exemplos ilustram o uso do tipo deste resultado.

VISÃO GERAL DE DOWNLOAD DE ARQUIVO

Fazer download de arquivos é uma atividade diária para um surfista da Internet. Escrever uma aplicação web que permita que apenas usuários autorizados façam o download de determinados arquivos é uma estória diferente. Uma solução seria usar o sistema de autenticação do sistema operacional ou do contêiner da web. Esse mecanismo de autenticação deixa você proteger arquivos por senha para que o download de arquivo seja permitido apenas após o usuário ter entrado com o nome do usuário e senha corretos. Entretanto, se você tem mais de um usuário, a senha deve ser compartilhada, reduzindo enormemente a efetividade da senha. Quanto mais pessoas souberem a senha, menos segura ela é. Além do mais, quando muitos usuários usam a mesma senha, é quase impossível guardar quem fez o download de quê.

338   STRUTS 2 PROJETO E PROGRAMAÇÃO: UM TUTORIAL

Em outras aplicações, você pode desejar enviar dinamicamente um arquivo quando o nome ou localização do arquivo não forem conhecidos em tempo de projeto. Por exemplo, em um formulário de pesquisa de produto, você mostra os produtos encontrados como o resultado da pesquisa. Cada produto tem uma imagem na foto. Como você não sabe em tempo de projeto qual produto será pesquisado, você não sabe quais arquivos de imagem enviar ao browser.

Em outro cenário, você tem uma imagem ampla e custosa que deve ser mostrada apenas em suas páginas web. Como você evita que outras páginas na web façam referência cruzada com ela? Você pode fazer isso ao verificar o cabeçalho **referer** de cada requisição para essa imagem antes de permitir que a imagem seja baixada e apenas permitindo acesso se o cabeçalho **referer** contiver seu nome do domínio.

Download programável de arquivo pode ajudar a resolver todos os problemas detalhados acima. Em suma, download programável de arquivo deixa você selecionar um arquivo para enviar ao browser.

Nota

Para proteger um arquivo a fim de que alguém que conheça sua URL não possa fazer o download dele, você deve armazenar o arquivo fora do diretório da aplicação ou abaixo de **WEB-INF** ou em armazenamento externo, tais como em uma base de dados.

Para enviar um arquivo ao browser, faça o seguinte:

1. Configure o content type da resposta ao content type do arquivo. O cabeçalho **Content-Type** especifica o tipo do dado no corpo de uma entidade e consiste no tipo de mídia e identificadores de subtipo. Visite http://www.iana.org/assignments/media-types para encontrar todos os content types padrão. Se você não sabe qual é o content type ou quer que o browser sempre mostre o diálogo Download de arquivo, ajuste-o para **Application/Octet-stream**. Esse valor é insensível a maiúscula/minúscula.

2. Adicione um cabeçalho de resposta HTTP denominado **Content-Disposition** e dê a ele o valor **attachment;filename=***theFileName*, onde *theFileName* é o nome padrão para o arquivo que aparece na caixa de diálogo de Download de arquivo. Geralmente é o mesmo nome do arquivo, mas não precisa ser.

Por exemplo, esse código envia um arquivo ao browser:

```
FileInputStream fis = new FileInputStream(file);
BufferedInputStream bis = new BufferedInputStream(fis);
byte[] bytes = new byte[bis.available()];
response.setContentType(contentType);
OutputStream os = response.getOutputStream();
bis.read(bytes);
os.write(bytes);
```

Primeiro você lê o arquivo como um **FileInputStream** e carrega o conteúdo a um array de byte. Então, você obtém o **OutputStream** do objeto **HttpServletResponse** e chama seu método **write**, passando o array de byte.

O Tipo de Resultado Stream

Struts provê o tipo de resultado Stream específico para download de arquivo. Quando estiver usando um resultado Stream, você não precisa de um JSP porque a saída será proveniente de um **InputStream**. Os parâmetros que um resultado Stream podem receber estão listados na Tabela 13.1. Todos os parâmetros são opcionais.

Tabela 13.1: Parâmetros do resultado Stream

Nome	Tipo de Dado	Valor padrão	Descrição
inputName	String	inputStream	O nome da propriedade da classe action que retorna o objeto InputStream a ser enviado ao browser.
bufferSize	int	1024	O tamanho do buffer usado quando lendo o InputStream e o OutputStream usado para enviar dados ao browser.
contentType	String	text/plain	Configura o cabeçalho de resposta do Content-Type.
contentLength	int		Configura o cabeçalho de resposta do Content-Length.
content Disposition	String	inline	Configura o cabeçalho de resposta do Content-Disposition.

340 STRUTS 2 PROJETO E PROGRAMAÇÃO: UM TUTORIAL

Pegue a aplicação **app13a** como um exemplo. Existem duas actions que são relacionadas ao download de arquivo, **ViewCss** e **DownloadCss.** **ViewCss** envia um arquivo CSS ao browser e instrui o browser a exibir seu conteúdo. O arquivo **DownloadCss** envia o arquivo CSS como um download de arquivo. Você pode modificar esse exemplo para trabalhar como outros tipos de arquivos, não apenas CSS.

Se o browser irá enviar um conteúdo de arquivo ou exibir um diálogo de Download de arquivo, depende do valor que você colocou no cabeçalho do **Content-Type.** Configurar para "text/css" informa ao browser que o arquivo é um arquivo CSS e deve ser exibido. Configurar para "application/octet-stream" informa ao browser que o usuário deva ter uma oportunidade de salvar o arquivo. A Listagem 13.1 mostra as declarações action em **app13a.** A action **Menu** mostra a página **Menu.jsp** de onde o usuário pode selecionar se é para visualizar ou fazer um download do arquivo CSS.

Listagem 13.1: as Declarações action

```
<package name="app13a" extends="struts-default">
  <action name="Menu">
    <result>/jsp/Menu.jsp</result>
  </action>
  <action name="ViewCss" class="app13a.FileDownloadAction">
    <result name="success" type="stream">
      <param name="inputName">inputStream</param>
      <param name="contentType">text/css</param>
      <param name="contentDisposition">
        filename="main.css"</param>
      <param name="bufferSize">2048</param>
    </result>
  </action>
  <action name="DownloadCss" class="app13a.FileDownloadAction">
    <result name="success" type="stream">
      <param name="inputName">inputStream</param>
      <param name="contentType">
        application/octet-stream
      </param>
      <param name="contentDisposition">
        filename="main.css"
      </param>
      <param name="bufferSize">2048</param>
    </result>
  </action>
</package>
```

Note que a diferença principal entre **ViewCss** e **DownloadCss** recai no valor do parâmetro **Content-Type**. Ambos usam a classe **FileDownloadAction** na Listagem 13.2. Essa classe implementa **ServletContextAware** porque ela precisa acessar o objeto **ServletContext** e usar seu método **getResourceAsStream**. Usar esse método é uma maneira fácil de retornar um recurso **java.io.InputStream**.

Listagem 13.2: a Classe FileDownloadAction

```
package app13a;
import java.io.InputStream;
import javax.servlet.ServletContext;
import org.apache.struts2.util.ServletContextAware;
import com.opensymphony.xwork2.ActionSupport;
public class FileDownloadAction extends ActionSupport
        implements ServletContextAware {

    private String filePath;
    private ServletContext servletContext;

    public void setServletContext(
            ServletContext servletContext) {
        this.servletContext = servletContext;
    }
    public void setFilePath(String filePath) {
        this.filePath = filePath;
    }
    public InputStream getInputStream() throws Exception {
        return servletContext.getResourceAsStream(filePath);
    }
}
```

A classe **FileDownloadAction** tem uma propriedade **filePath** que indica o caminho do arquivo do recurso requisitado. Você deve ajustar essa propriedade do seu JSP, a página **Menu.jsp** mostrada na Listagem 13.3.

Listagem 13.3: o Arquivo Menu.jsp

```
<%@ taglib prefix="s" uri="/struts-tags" %>
<html>
<head>
<title>File Download</title>
```

```
<style type="text/css">@import url(css/main.css);</style>
</head>
<body>
<div id="global" style="width:200px">

  <s:url id="url1" action="ViewCss">
    <s:param name="filePath">css/main.css</s:param>
  </s:url>
  <s:a href="%{url1}">View CSS</s:a>

  <br/>
  <s:url id="url2" action="DownloadCss">
    <s:param name="filePath">css/main.css</s:param>
  </s:url>
  <s:a href="%{url2}">Download CSS</s:a>

</div>
</body>
</html>
```

A página **Main.jsp** emprega duas tags **url** com parâmetros diferentes. As URLs são, então, usadas pela tag **a** na página.

Para testar esse exemplo, aponte o seu browser para essa URL:

```
http://localhost:8080/app13a/Menu.action
```

Figura 13.1: Download de arquivos

Você irá ver dois links como mostrados ra Figura 13.1. Se você clicar no primeiro link, o conteúdo do arquivo **main.css** será exibido. Se você clicar no segundo link, o diálogo de Download de arquivo do seu browser irá abrir e você pode salvar o arquivo.

Download Programático de Arquivo

O exemplo anterior mostrou como usar o resultado **Stream**. Em ambas actions, o usuário tinha que saber o nome do recurso e o caminho ao recurso. A aplicação **app13b** nessa sessão mostra como você pode desempenhar download programático de arquivo, no caso em que o nome do recurso não é conhecido pelo usuário. Aqui você também pode restringir acesso a determinados recursos caso você deseje. Considere as actions **DisplayProducts** e **GetImage** declaradas na Listagem 13.4.

Listagem 13.4: Declarações action

```
<package name="app13b" extends="struts-default">
  <action name="DisplayProducts"
      class="app13b.DisplayProductsAction">
    <result>/jsp/Product.jsp</result>

  </action>
  <action name="GetImage" class="app13b.GetImageAction">
    <result name="success" type="stream">
      <param name="inputName">inputStream</param>
    </result>
  </action>
</package>
```

Um produto é representado pela classe **Product** na Listagem 13.5 e **DisplayProducts** obtém uma lista de produtos e exibe os detalhes de cada produto. A classe **DisplayProductsAction**, a classe action para **DisplayProducts,** é mostrada na Listagem 13.6.

Listagem 13.5: a Classe Product

```
package app13b;
import java.io.Serializable;
public class Product implements Serializable {
  private int id;
  private String name;
  public Product() {
  }
  public Product (int id, String name) {
    this.id = id;
    this.name = name;
```

344 STRUTS 2 PROJETO E PROGRAMAÇÃO: UM TUTORIAL

```
}
// getters e setters não são mostrados
}
```

Listagem 13.6: a Classe DisplayProducts

```java
package app13b;
import java.util.ArrayList;
import java.util.List;
import com.opensymphony.xwork2.ActionSupport;

public class DisplayProductsAction extends ActionSupport {
    public List<Product> getProducts() {
        List<Product> products = new ArrayList<Product>();
        products.add(new Product(1, "Television"));
        products.add(new Product(2, "Computer"));
        products.add(new Product(3, "VCR"));
        products.add(new Product(4, "Game Console"));
        return products;
    }
}
```

A página **Product.jsp** na Listagem 13.7 é usada para exibir a lista de produtos.

Listagem 13.7: a Página Product.jsp

```jsp
<%@ taglib prefix="s" uri="/struts-tags" %>
<html>
<head>
<title>File Download</title>
<style type="text/css">@import url(css/main.css);</style>
</head>
<body>
<div id="global" style="width:200px">

    <h3>Products</h3>
    <table>
    <tr>
        <th>Name</th>
        <th>Picture</th>
    </tr>
    <s:iterator value="products" id="product">
        <tr>
```

```
<td><s:property value="#product.name"/></td>
<td>
   <s:url id="url" action="GetImage">
      <s:param name="productId">
         <s:property value="#product.id"/>
      </s:param>
   </s:url>
   <img src="<s:property value='#url'/>"
      width="100" height="50"/>
   </td>
  </tr>
 </s:iterator>
 </table>
</div>
</body>
</html>
```

Um produto deve ter uma imagem armazenada no diretório **images** da aplicação. Uma imagem de produto é denominada de acordo com o identificador do produto em um formato amigável à web (um de jpeg, gif, ou png). Para identificador do produto 3, o nome da imagem seria 3.gif ou 3.jpeg ou 3.png. Como o nome do arquivo da imagem não é armazenado, você tem que encontrar uma forma de exibir a imagem.

A action **GetImage** encaminha uma imagem ao browser. Note que, na página **Product.jsp,** a tag **iterator** contém um elemento **img** cuja origem é uma URL que referencia à action **GetImage** e passa um parâmetro **productId.**

Agora, vamos focar na classe **GetImageAction** na Listagem 13.8.

Listagem 13.8: a Classe GetImageAction

```
package app13b;
import java.io.IOException;
import java.io.InputStream;
import java.io.File;
import java.io.FileInputStream;
import javax.servlet.ServletContext;
import javax.servlet.http.HttpServletResponse;
import org.apache.struts2.ServletActionContext;
import org.apache.struts2.dispatcher.StreamResult;
import org.apache.struts2.interceptor.ServletResponseAware;
import org.apache.struts2.util.ServletContextAware;
```

346 STRUTS 2 PROJETO E PROGRAMAÇÃO: UM TUTORIAL

```java
import com.opensymphony.xwork2.ActionContext;
import com.opensymphony.xwork2.ActionSupport;
import com.opensymphony.xwork2.Result;

public class GetImageAction extends ActionSupport implements
    ServletResponseAware, ServletContextAware {

  private String productId;
  private HttpServletResponse servletResponse;
  private ServletContext servletContext;
  public void setServletResponse(HttpServletResponse
      servletResponse) {
    this.servletResponse = servletResponse;
  }
  public void setServletContext(ServletContext servletContext) {
    this.servletContext = servletContext;
  }
  public InputStream getInputStream() throws Exception {
    String contentType = "image/gif";
    String imageDirectory =
      servletContext.getRealPath("images");
    // As imagens podem ser um jpg ou gif,
    // recupera imagem default se nenhum arquivo foi encontrado
    File file = new File(imageDirectory, productId + ".gif");
    if (!file.exists()) {
      file = new File(imageDirectory, productId + ".jpg");
      contentType = "image/jpeg";
    }
    if (!file.exists()) {
      file = new File(imageDirectory, "noimage.jpg");
    }
    if (file.exists()) {
      Result result = ActionContext.getContext().
      getActionInvocation().getResult();
      if (result != null && result instanceof StreamResult) {
        StreamResult streamResult = (StreamResult) result;
        streamResult.setContentType(contentType);
      }
      try {
        return new FileInputStream(file);
      } catch (IOException ex) {
      }
    }
    return null;
  }
```

```
    public String getProductId() {
      return productId;
    }

    public void setProductId(String productId) {
      this.productId = productId;
    }
}
```

Essa classe é semelhante à classe **FileDownloadAction** em **app13a**. Entretanto, a classe **getImage** tem uma propriedade **productId** que é configurada pelo parâmetro de requisição **productId**. O método **getInputStream** recupera a imagem como um arquivo e faz um wrap com ela em um **FileInputStream**.

Você pode testar essa aplicação direcionando o seu browser para essa URL:

http://localhost:8080/app13b/DisplayProducts.action

Você irá ver algo semelhante à Figura 13.2.

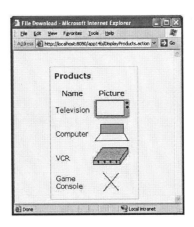

Figura 13.2: As imagens enviadas do objeto GetImageAction

SUMÁRIO

Nesse capítulo você aprendeu como funciona o download de arquivo em aplicações web. Você também aprendeu como selecionar um arquivo e enviá-lo ao browser.

CAPÍTULO 14

SEGURANÇA NAS APLICAÇÕES STRUTS

Segurança é uma das questões mais críticas em desenvolvimento de aplicações web. Como para aplicações servlet, há duas maneiras de tornar seguro recursos da aplicação, configurando a aplicação e escrevendo código Java. O primeiro é mais popular devido à sua flexibilidade. Editando seu *deployment descriptor* (arquivo **web.xml**), você pode alterar seu policiamento de segurança sem reescrever código. Por exemplo, você pode restringir acesso a certos papéis e métodos HTTP, determinar como usuários podem se autenticar, e daí por diante. Como Struts é baseado na tecnologia Servlet, tornar segura uma aplicação Struts irá centrar nessa configuração mais a propriedade de segurança no próprio Struts.

Para ser bom em configuração de segurança, você deve estar familiarizado com os conceitos de principal e papéis, portanto esse capítulo começa com uma discussão de ambos. Mais adiante, o capítulo explica como escrever um policiamento de segurança e lida com métodos de autenticação. Após uma sessão sobre como esconder recursos e outra sobre propriedades de segurança específica do Struts, esse capítulo se conclui com a segunda forma de aplicações de servlet de segurança: escrever código.

Principals e Papéis

Um principal é uma entidade que pode ser um indivíduo ou uma organização. Um papel é um agrupamento abstrato de usuários. Considere um papel como uma posição. Vera, Chuck e Dave são usuários. Administrador, Diretor, Gerente, Programador são papéis. Qualquer usuário pode estar em nenhum papel ou em vários papéis. Por exemplo, Vera pode estar nos papéis Gerente e Programador, Chuck pode estar no papel de Admistrador, e daí por diante.

Cada contêiner servlet provê um mecanismo diferente de gerenciar usuários e papéis. Você deve consultar a documentação que acompanha o contêiner servlet nele.

Em Tomcat você gerencia principal e papéis no arquivo **tomcat-users.xml** sob o diretório **conf** do diretório de deployment. Eis um exemplo do arquivo **tomcat-users.xml:**

```
<tomcat-users>
    <role rolename="manager"/>
    <role rolename="admin"/>
    <user username="vera" password="arev" roles="manager"/>
    <user username="chuck" password="chuck" roles="admin"/>
    <user username="dave" password="secret" roles="manager,admin"/>
</tomcat-users>
```

O arquivo diz que há dois papéis (admin e manager) e três usuários (vera, chuck e dave). Você pode adicionar quantos papéis e usuários quiser ao arquivo **tomcat-users.xml.**

Escrevendo Policiamentos de Segurança

Escrever um policiamento de segurança envolve as seguintes tarefas:

- Proteger recursos;
- Determinar o método login para autenticação do usuário.

Essas tarefas são discutidas nas subseções seguintes.

Protegendo Recursos

Você reforça o policiamento de segurança usando o elemento **security-constraint** no *deployment descriptor*. Veja a descrição desse elemento.

CAPÍTULO 14 – SEGURANÇA NAS APLICAÇÕES STRUTS 351

```
<!ELEMENT security-constraint (display-name?,
  web-resource-collection+, auth-constraint?,
  user-data-constraint?)>
```

Isso significa que o elemento **security-constraint** pode ter um subelemento opcional **display-name**, um ou vários subelementos **web-resource-collection**, um subelemento opcional **auth-constraint** e um subelemento opcional **data-constraint.**

Você especifica o conjunto de recursos web que você quer proteger no elemento **web-resource-collection**, e você usa o elemento **auth-constraint** para definir os papéis de usuário permitidos para acessá-los. Os subelementos são descritos mais adiante abaixo.

Você usa o elemento **web-resource-collection** para especificar quais recursos devem ser protegidos ao especificar o padrão URL para aqueles recursos. Além disso, você também pode especificar a quais métodos HTTP (GET, POST etc) devem ser permitidos o acesso aos recursos protegidos. O elemento **web-resource-collection** pode ter os seguintes subelementos.

- **web-resource-collection.** Um identificador de recurso. Esse elemento é requerido.

- **description**. Uma descrição do recurso. Esse elemento é opcional.

- **url-pattern**. Especifica o padrão URL no qual a restrição deva ser aplicada. Podem existir zero ou mais elementos **url-pattern** em um elemento **web-resource-collection**. Por exemplo, se você quer proteger os recursos nos diretórios **members** e **trading**, você precisa de dois elementos **url-pattern.**

- **http-method.** Especifica o método restrito. Por exemplo, se o valor do elemento **http-method** é **GET,** então todas as requisições **GET** serão restritas.

O elemento **auth-constraint** pode ter os seguintes subelementos:

- **description**. Uma descrição. Esse é um elemento opcional.

- **role-name**. O papel do usuário de acesso permitido ao recurso restrito. Podem existir zero ou mais elementos **role-name** em um elemento **auth-constraint.**

O elemento **user-data-constraint** pode conter os seguintes elementos:

- **description**. Uma descrição. Esse é um elemento opcional.

- **transport-guarantee**. Os valores possíveis são **NONE, INTE-GRAL, CONFIDENTIAL. NONE** significa que a aplicação não

352 STRUTS 2 PROJETO E PROGRAMAÇÃO: UM TUTORIAL

requer nenhuma garantia de transporte. **INTEGRAL** significa que o dado deve ser transportado de uma forma tal que ele não possa ser alterado em trânsito. **CONFIDENTIAL** significa que o dado transmitido deve ser criptografado.

O exemplo a seguir é um elemento **security-constraint:**

```
<security-constraint>
  <web-resource-collection>
    <web-resource-name>Manager Area</web-resource-name>
    <url-pattern>/manager/*.do</url-pattern>

  </web-resource-collection>
  <auth-constraint>
    <role-name>manager</role-name>
  </auth-constraint>
</security-constraint>
```

O elemento **security-constraint** irá fazer com que o contêiner web bloqueie qualquer requisição que combine o padrão **/manager/*.do** que não venha de um usuário pertencente ao papel manager. Porque nenhum elemento **http-method** é usado, o contêiner web irá tentar bloquear todas as requisições sem considerar o método HTTP que está sendo usado para acessar o recurso.

Além disso, você deve registrar todos papéis usados para acessar os recursos restritos usando o elemento **security-role**. Dentro de um elemento **security-role** você escreve um elemento **role-name** para cada papel. Por exemplo, o elemento **security-role** seguinte define dois papéis, admin e manager.

```
<security-role>
  <role-name>admin</role-name>
  <role-name>manager</role-name>
</security-role>
```

Especificando o Método login

Após isso, você especificar quais recursos são restritos e quais papéis podem acessá-los, você deve especificar como um usuário pode fazer o login para provar que ele ou ela está no papel (ou papéis) permitido. Você especifica o método login usando o elemento **login-config**. Aqui está a descrição do elemento **login-config**.

Capítulo 14 – Segurança nas Aplicações Struts

```
<!ELEMENT login-config (auth-method?, realm-name?,
    form-login-config?)>
<!ELEMENT auth-method (#PCDATA)>
<!ELEMENT realm-name (#PCDATA)>
<!ELEMENT form-login-config (form-login-page, form-error-page)>
```

O método **auth-method** especifica o método para autenticar usuários. Seus valores possíveis são **BASIC, DIGEST, FORM** ou **CLIENT-CERT.** A próxima sessão, "Métodos de Autenticação", explica mais sobre esses métodos.

O elemento **realm-name** especifica um nome descritivo que será exibido no diálogo de login padrão quando usar o método de autenticação BASIC.

O elemento **form-login-config** é usado quando o valor de **<auth-method>** for FORM. Ele especifica a página de login a ser usada e a página de erro a ser exibida se a autenticação falhou.

Aqui temos um elemento **login-config**

```
<login-config>
    <auth-method>BASIC</auth-method>
    <realm-name>User Basic Authentication</realm-name>
</login-config>
```

Métodos de autenticação são o assunto de discussão na próxima sessão.

MÉTODOS DE AUTENTICAÇÃO

Existem diversos métodos de autenticação: basic, form-based, digest, Secure Socket Layer (SSL) e autenticação client certificate. Com a autenticação basic, o contêiner web pede ao browser para exibir a caixa de diálogo Login padrão, que contém dois campos: o nome do usuário e a senha. A caixa de diálogo Login padrão aparecerá diferente em browsers diferentes. No Internet Explorer, parece com o mostrado na Figura 14.1.

Figura 14.1: A caixa de diálogo Login padrão no Internet Explorer

Se o usuário digita o nome do usuário e senha corretamente, o servidor irá exibir o recurso requerido. Caso contrário, a caixa de diálogo Login será reexibida, perguntando ao usuário para tentar novamente. O servidor irá deixar o usuário tentar fazer o login três vezes, após as quais uma mensagem de erro será enviada. A desvantagem desse método é que o nome de usuário e senha são transmitidos ao servidor usando a codificação base64, a qual é um esquema de criptografia muito fraco. Entretanto, você pode usar SSL para criptografar a credencial do usuário.

Autenticação baseada em Form é semelhante à autenticação BASIC. Entretanto, você especifica uma página de Login você mesmo. Isso te dá uma oportunidade de customizar a aparência de seu diálogo de login. Esse método de autenticação também irá exibir uma página de Erro customizada escrita pelo desenvolvedor em uma tentativa falha para fazer o login. Novamente, você pode usar SSL para criptografar credenciais dos usuários.

Autenticação digest funciona como autenticação Basic; entretanto, a informação de Login não é transmitida. Ao invés disso, o hash da password é enviado. Isso protege a informação de farejadores maliciosos.

Métodos de autenticação Basic e digest são especificados na RFC 2617, que você pode encontrar em ftp://ftp.isi.edu/in-notes/rfc2617.txt. Mais informação sobre SSL pode ser encontrada em http://home.netscape.com/eng/ssl3/3-SPEC.HTM.

As sessões subseqüentes fornecem exemplos dos métodos de autenticação basic e baseado em form.

> **Nota**
>
> Temos duas mensagens de erros possíveis com relação à autenticação, 401 e 403.
> o usuário irá obter um 401 se ele ou ela não puder fornecer o nome de usuário e
> senha corretos de algum usuário. A um usuário normalmente são dadas três
> oportunidades, mas isso é específico do browser. O usuário irá obter um 403 se
> ele ou ela puder digitar o nome de usuário e senha corretos de um usuário, mas
> o usuário não está na lista permitida de papéis.

Usando Autenticação Basic

A aplicação **app14a** apresenta um exemplo de como usar autenticação Basic. Há duas actions definidas **User_input** e **User**, como mostrado na Listagem 14.1.

Listagem 14.1: Declarações action

```
<package name="app14a" extends="struts-default">
    <action name="User_input">
        <result>/jsp/User.jsp</result>
    </action>

    <action name="User" class="app15a.User">
        <result>/jsp/Thanks.jsp</result>
    </action>
</package>
```

O que é especial é a maneira como esses três recursos são protegidos usando configuração no arquivo **web.xml**, que é mostrado na Listagem 14.2.

Listagem 14.2: o Deployment Descriptor (arquivo web.xml)

```
<?xml version="1.0" encoding="ISO-8859-1"?>
<web-app xmlns="http://java.sun.com/xml/ns/javaee"
    xmlns:xsi="http://www.w3.org/2001/XMLSchema-instance"
    xsi:schemaLocation="http://java.sun.com/xml/ns/javaee
        http://java.sun.com/xml/ns/javaee/web-app_2_5.xsd"
    version="2.5">

    <filter>
        <filter-name>struts2</filter-name>
```

```
<filterclass>
org.apache.struts2.dispatcher.FilterDispatcher</
filterclass>
</filter>
<filter-mapping>
  <filter-name>struts2</filter-name>
  <url-pattern>/*</url-pattern>
</filter-mapping>

<!— Restringe acesso direto aos JSPs.
  Para o security constraint funcionar, os elementos
  auth-constraint
  login-config devem estar presentes —>
<security-constraint>
  <web-resource-collection>
    <web-resource-name>JSPs</web-resource-name>
    <url-pattern>/jsp/*</url-pattern>
  </web-resource-collection>
  <auth-constraint/>
</security-constraint>

<security-constraint>
  <web-resource-collection>
    <web-resource-name>Admin Area</web-resource-name>
    <url-pattern>/User_input.action</url-pattern>
    <url-pattern>/User.action</url-pattern>
  </web-resource-collection>
  <auth-constraint>

    <role-name>admin</role-name>
  </auth-constraint>
</security-constraint>
<login-config>
  <auth-method>BASIC</auth-method>
  <realm-name>User Basic Authentication</realm-name>
</login-config>
<security-role>
  <role-name>admin</role-name>
</security-role>
<error-page>
  <error-code>403</error-code>
<location>/403.html</location>
</error-page>
</web-app>
```

Preste atenção às sessões em destaque. Praticamente, as URLs para invocar as duas actions são protegidas. Usando Tomcat com o arquivo **tomcat-user.xml** seguinte, você sabe que as actions podem ser acessadas por Chuck e Dave, mas não por Vera.

```
<?xml version='1.0' encoding='utf-8'?>
<tomcat-users>
  <role rolename="manager"/>
  <role rolename="admin"/>
  <user username="vera" password="arev" roles="manager"/>
  <user username="dave" password="secret"
  roles="manager,admin"/>
  <user username="chuck" password="chuck" roles="admin"/>
</tomcat-users>
```

Apenas usuários no papel Admin podem acessá-lo. Use essa URL para testar isso:

```
http://localhost:8080/app14a/User_input.action
```

A primeira vez que você tenta acessar esse recurso, você verá uma página de autenticação Basic que pede que você digite um nome de usuário e senha. Se você não entra o nome de usuário e senha de um usuário no papel admin, você irá obter um erro 403. A sessão **error-page,** no arquivo **web.xml,** informa ao contêiner do servlet para exibir o arquivo **403.html** quando ocorrer um erro 403. Sem a declaração **error-page**, você irá obter uma página de erro padrão do contêiner servlet, como mostrado na Figura 14.2.

Você pode usar a seguinte URL para testar a aplicação:

```
http://localhost:8080/app14a/displayAddOrderForm.do
```

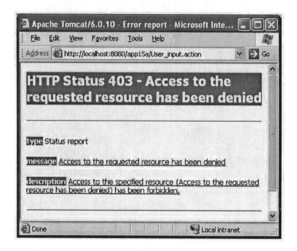

Figura 14.2: Página de erro padrão do Tomcat

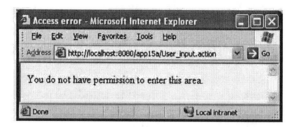

Figura 14.3: Página de erro customizada

Usando Autenticação Baseada em Form

A aplicação **app14b** é semelhante à **app14a**, exceto que **app14b** usa autenticação baseada em form. A Listagem 14.3 mostra o arquivo **web.xml.**

Listagem 14.3: o Arquivo web.xml para app14b

```
<?xml version="1.0" encoding="ISO-8859-1"?>
<web-app xmlns="http://java.sun.com/xml/ns/javaee"
   xmlns:xsi="http://www.w3.org/2001/XMLSchema-instance"

xsi:schemaLocation="http://java.sun.com/xml/ns/javaee
   http://java.sun.com/xml/ns/javaee/web-app_2_5.xsd"
version="2.5">
```

Capítulo 14 – Segurança nas Aplicações Struts

```xml
<filter>
  <filter-name>struts2</filter-name>
  <filterclass>
  org.apache.struts2.dispatcher.FilterDispatcher</filterclass>
</filter>
<filter-mapping>
  <filter-name>struts2</filter-name>
  <url-pattern>/*</url-pattern>
</filter-mapping>

<!- Restring acesso direto aos JSPs.
  Para o security constraint funcionar, os elementos
  auth-constraint e login-config devem estar presentes -->
<security-constraint>
  <web-resource-collection>
    <web-resource-name>JSPs</web-resource-name>
    <url-pattern>/jsp/*</url-pattern>
  </web-resource-collection>
  <auth-constraint/>
</security-constraint>
<security-constraint>
  <web-resource-collection>
    <web-resource-name>Admin Area</web-resource-name>
    <url-pattern>/User_input.action</url-pattern>
    <url-pattern>/User.action</url-pattern>
  </web-resource-collection>
  <auth-constraint>
    <role-name>admin</role-name>
  </auth-constraint>
</security-constraint>
<login-config>
  <auth-method>FORM</auth-method>
  <form-login-config>
    <form-login-page>/login.html</form-login-page>
    <form-error-page>/loginError.html</form-error-page>
  </form-login-config>
</login-config>
<security-role>
  <role-name>admin</role-name>
</security-role>

<error-page>
  <error-code>403</error-code>
  <location>/403.html</location>
</error-page>
</web-app>
```

360   STRUTS 2 PROJETO E PROGRAMAÇÃO: UM TUTORIAL

Para o form login, o campo para o nome do usuário deve ser **j_username**, o campo da senha deve ser **j_password**, e a action do form deve ser **j_security_check**. A Listagem 14.4 apresenta o form login usado em **app14b**.

Listagem 14.4: A página login em app14b

```html
<html>
<title>Authentication Form</title>
</head>
<body>
<form method="post" action="j_security_check">
  <table>
  <tr>
    <td colspan="2">Login:</td>
  </tr>
  <tr>
    <td>User Name:</td>
    <td><input type="text" name="j_username"/></td>
  </tr>
  <tr>
    <td>Password:</td>
    <td><input type="password" name="j_password"/></td>
  </tr>
  <tr>
    <td><input type="submit"/></td>
    <td><input type="reset"/></td>
  </tr>
  </table>
</form>
</body>
</html>
```

Você pode testar a aplicação **app14b** usando a seguinte URL:

```
http://localhost:8080/app14b/User_input.action
```

Como a aplicação **app14a**, Chuck e Dave podem acessar os recursos restritos mas Vera não pode.

A primeira vez em que você requisitar a action, você irá observar a página de login na Figura 14.4.

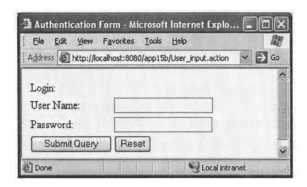

Figura 14.4: A página de Login

Há duas páginas de erro providas em **app14b**. O **loginError.html**, declarado no arquivo **web.xml**, é mostrado se o usuário não pode entrar com o nome de usuário e senha corretos. O arquivo **403.html** é mostrado se o usuário pode produzir um nome de usuário e senha corretos mas não está na lista de papéis permitidos.

ESCONDENDO RECURSOS

Um leitor observador iria notar que todos acessos deveriam ir pelo servlet action do Struts e que JSPs não deveriam ser acessíveis diretamente. Proteger JSPs de acesso direto pode ser alcançado facilmente de várias maneiras:

1. Colocando os recursos, i.e. JSPs, abaixo de **WEB-INF**, o que torna os JSPs não acessíveis ao digitar suas URLs. Dessa forma, os JSPs podem ser exibidos apenas se eles são uma destinação encaminhada do servlet action. Entretanto, você também notou que, ao longo desse livro, todos os JSPs não estão no diretório **WEB-INF**. Isso é porque alguns contêineres (tal como WebLogic) não serão capazes de encaminhar controle a um JSP abaixo de **WEB-INF**. Armazenar JSPs em WEB-INF também pode alterar como outros recursos, tais como arquivos imagens e JavaScript, podem ser referenciados do JSPs.

2. Usando um filtro para proteger os JSPs fora do diretório **WEB-INF**. É fácil implementar tal filtro. Tudo que você precisa fazer é aplicar o filtro e ele irá redirecionar acesso a uma página de usuário se a

362 STRUTS 2 PROJETO E PROGRAMAÇÃO: UM TUTORIAL

URL terminar com .jsp. Entretanto, isso não é tão fácil como o truque explicado no Passo 3.

3. Usando o elemento **security-constraint** no arquivo **web.xml** para proteger todos os JSPs mas sem prover um papel de usuário legítimo para acessá-los. Por exemplo, em ambos **app14a** e **app14b**, você tem dois elementos **security-constraint** nos arquivos **web.xml**. Um para evitar que todos os JSPs sejam acessados diretamente, outro para proteger actions.

```
<security-constraint>
  <web-resource-collection>
    <web-resource-name>
      Acesso direto aos JSPs
    </web-resource-name>
    <url-pattern>*.jsp</url-pattern>
  </web-resource-collection>
  <auth-constraint>
    <role-name>none</role-name>
  </auth-constraint>
</security-constraint>
<security-constraint>
  <web-resource-collection>
    <web-resource-name>Admin Area</web-resource-name>
    <url-pattern>/User_input.action</url-pattern>
    <url-pattern>/User.action</url-pattern>
  </web-resource-collection>
  <auth-constraint>
    <role-name>admin</role-name>
  </auth-constraint>
</security-constraint>
```

Todas as Urls terminadas por .jsp podem ser acessadas apenas por usuários no papel **none**. Se você não tem um usuário nesse papel, ninguém pode acessar os JSPs diretamente.

CONFIGURAÇÃO DE SEGURANÇA DO STRUTS

Struts adiciona uma propriedade que permite a você especificar quais papéis podem acessar uma action através do interceptador Roles. Esse interceptador pode aceitar esses parâmetros:

- **allowedRoles**. Uma lista de papéis que são permitidos para acessar a action correspondente. Roles podem ser delimitados por vírgula.

CAPÍTULO 14 – SEGURANÇA NAS APLICAÇÕES STRUTS 363

- **disallowedRoles.** Uma lista de papéis que não são permitidos para acessar a action correspondente. Roles podem ser delimitados por vírgula.

A aplicação **app14c** provê um exemplo de uso do atributo **roles**. Para ser específico, você usa o *deployment descriptor* na Listagem 14.5, no qual você restringe acesso a todas URLs terminando com **.action**, com efeito de restringir acesso a todas actions do Struts.

Listagem 14.5:   o Deployment Descriptor

```
<?xml version="1.0" encoding="ISO-8859-1"?>
<web-app xmlns="http://java.sun.com/xml/ns/javaee"
  xmlns:xsi="http://www.w3.org/2001/XMLSchema-instance"
  xsi:schemaLocation="http://java.sun.com/xml/ns/javaee
    http://java.sun.com/xml/ns/javaee/web-app_2_5.xsd"
  version="2.5">

<filter>
  <filter-name>struts2</filter-name>
  <filterclass>
  org.apache.struts2.dispatcher.FilterDispatcher</
  filterclass>
</filter>
<filter-mapping>
  <filter-name>struts2</filter-name>
  <url-pattern>/*</url-pattern>
</filter-mapping>

<!- Restringe acesso direto aos JSPs.
  Para o security constraint funcionar, os elementos
  auth-constraint
  login-config devem estar presentes ->
<security-constraint>
  <web-resource-collection>
    <web-resource-name>JSPs</web-resource-name>
    <url-pattern>/jsp/*</url-pattern>
  </web-resource-collection>
  <auth-constraint/>
</security-constraint>

<security-constraint>
  <web-resource-collection>
    <web-resource-name>Admin Area</web-resource-name>
    <url-pattern>*.action</url-pattern>
```

```
      </web-resource-collection>
      <auth-constraint>
        <role-name>admin</role-name>
        <role-name>manager</role-name>
      </auth-constraint>
    </security-constraint>
    <login-config>
      <auth-method>BASIC</auth-method>
      <realm-name>User Basic Authentication</realm-name>
    </login-config>
    <security-role>
      <role-name>admin</role-name>
      <role-name>manager</role-name>
    </security-role>
</web-app>
```

Você também especifica que dois papéis podem acessar a aplicacação, admin e manager.

Agora, você tem as seguintes actions na aplicação **app14c**: User_input e User. Você quer que ambas sejam acessíveis por todos os managers e admins. Os elementos mostrados na Listagem 14.6 mostram como declarar as actions e interceptadores em ambas actions.

Listagem 14.6: Declarações action

```
<package name="app14c" extends="struts-default">
  <action name="User_input">
    <interceptor-ref name="completeStack"/>
    <interceptor-ref name="roles">
      <param name="allowedRoles">admin,manager</param>
    </interceptor-ref>
    <result>/jsp/User.jsp</result>
  </action>
  <action name="User" class="app14c.User">
    <interceptor-ref name="completeStack"/>
    <interceptor-ref name="roles">
      <param name="allowedRoles">admin,manager</param>
    </interceptor-ref>
    <result>/jsp/Thanks.jsp</result>
  </action>
</package>
```

Para testar a aplicação **app14c**, direcione o seu browser para essa URL:

```
http://localhost:8080/app14c/User_input.action
```

Segurança Programática

Muita embora configurar o *deployment descriptor* e especificar papéis no arquivo **tomcat-users.xml** signifique que você não precisa escrever código Java, às vezes a codificação é inevitável. Por exemplo, você pode querer gravar todos os usuários que fizeram o login. A interface **javax.servlet.http.HttpServletRequest** provê vários métodos que habilitam você a ter acesso a porções de informação de login do usuário. Esses métodos são **getAuthType, isUserInRole, getPrincipal, e getRemoteUser**. Os métodos são explicados nas subsessões seguintes.

O Método getAuthType

O Método **getAuthType** tem a seguinte assinatura:

```
public String getAuthType()
```

Esse método retorna o nome do esquema de autenticação usado para proteger o servlet. O valor de retorno é uma dos seguintes valores: **BASIC_AUTH, FORM_AUTH, CLIENT_CERT_AUTH, e DIGEST_AUTH.** Ele retorna **null** se a requisição não foi autenticada.

O Método isUserInRole

Aqui temos a assinatura do método **isUserInRole:**

```
public boolean isUserInRole(String role)
```

Esse método indica se o usuário autenticado é incluído no papel especificado. Se o usuário não tiver sido autenticado, o método retorna false.

O Método getUserPrincipal

A assinatura de **getUserPrincipal** é como a seguir:

```
public java.security.Principal getUserPrincipal()
```

Esse método retorna um objeto **java.security.Principal** contendo o nome do usuário autenticado corrente. Se o usuário não tiver sido autenticado, o método retorna **null**.

O Método getRemoteUser

O método **getRemoteUser** tem a seguinte assinatura:

```
public String getRemoteUser()
```

Esse método retorna o nome do usuário que faz essa requisição, se o usuário tiver sido autenticado. Caso contrário, ele retorna null. Se o nome do usuário é enviado com cada requisição subseqüente, depende do browser e tipo de autenticação.

SUMÁRIO

Nesse capítulo, você aprendeu como configurar o *deployment descriptor* para restringir acesso a algum ou a todos os recursos em suas aplicações servlet. A configuração significa que você precisa apenas modificar seu arquivo *deployment descriptor,* nenhuma programação é necessária. Além disso, você também aprendeu como usar o atributo **roles** nos elementos **action** do seu arquivo de configuração Struts.

Escrever código Java para tornar seguras aplicações web também é possível através dos seguintes métodos da interface **javax.servlet.http.HttpServletRequest: getRemoteUser, getPrincipal, getAuthType, e isUserInRole.**

Capítulo 15

Prevenindo Submits Duplos

Submits duplos em formulário geralmente acontecem sem intenção ou pelo fato de o usuário não saber o que fazer quando está levando muito tempo para processar um formulário. Alguns submits duplos têm conseqüências fatais, outros, apenas inconvenientes. Por exemplo, ao submeter um pagamento online, no qual um cartão de crédito será cobrado, o usuário deve clicar o botão de submit pela segunda vez se o tempo de resposta do servidor for muito lento. Isso pode resultar no cartão de crédito dele/dela sendo cobrado duas vezes. Outros exemplos menos críticos incluem formulários que adicionam um novo produto e nos quais um submit duplo fará com que o produto seja adicionado novamente.

Comportamentos do browser são diferentes com relação à prevenção de submits duplos. O Mozilla Filefox não irá responder a cliques subseqüentes no mesmo botão, provendo a você algum tipo de proteção. Outros browsers, incluindo Internet Explorer, ainda não implementam a propriedade para prevenir submits duplos. Além disso, nos browsers Mozilla e os não Mozilla, se o usuário pressiona o botão de Refresh/Reload do browser após a requisição ser processada, a mesma requisição será submetida novamente, causando submits duplos efetivamente. Como tal, você deve sempre estar atento para o caso de submits duplos causarem conseqüências inadvertidas em sua lógica de negócio.

Struts tem suporte embutido para prevenir submits duplos. Ele emprega uma técnica que você também pode encontrar em outras tecnologias de desenvolvimento de aplicações web. Essa técnica envolve armazenagem de um único token no servidor e a inserção de uma cópia do token em um formulário. Quando o formulário é submetido, esse token também é enviado ao servidor. A aplicação do servidor irá comparar o token com sua própria cópia para o usuário corrente. Se eles combinam, a submissão do formulário é considerada válida e o token é zerado. Submits subseqüentes (acidentais) do mesmo formulário irão falhar, pois o token no servidor foi zerado.

Esse capítulo explica como usar propriedades embutidas do Struts para prevenir submits duplos.

GERENCIANDO TOKENS

Struts provê a tag **token** que gera um token único. Essa tag, que deve estar contida em uma tag **form**, insere um campo hidden no formulário e armazena o token no objeto **HttpSession**. Se você usa a tag **debug** na mesma página do formulário, você irá ver um atributo de sessão **session.token** com um valor de caractere 32.

O uso de **token** deve ser acompanhado por um de dois interceptadores, Token e Token Session, que são capazes de gerenciar tokens. O interceptador Token, em um submit duplo, retorna o resultado "invalid.token" e acrescenta um erro da action. A mensagem padrão para esse erro é:

```
The form has already been processed or no token was
supplied, please try again.
```

Isso é confuso para muitos usuários. Será que eles devem tentar novamente ao reenviar o formulário? O formulário não foi processado?

Para redefinir a mensagem, você pode criar um arquivo de validação e adicionar um valor para a chave **struts.messages.invalid.token**. A classe de suporte para o interceptador Token é **org.apache.struts2.interceptor.TokenInterceptor.** Portanto, para redefinir a mensagem, você deve colocar o par chave/valor em um arquivo **TokenInterceptor.properties** e colocá-lo abaixo desse diretório:

```
/WEB-INF/classes/org/apache/struts2/interceptor
```

O interceptador Token Session estende o interceptador Token e provê um serviço mais sofisticado. Ao invés de retornar um resultado especial e adicionar um erro de action, ele simplemente bloqueia submits subseqüentes. Como um resultado, o usuário irá ver a mesma resposta como se tivesse apenas um submit.

As seções seguintes provêem exemplos em ambos interceptadores.

USANDO O INTERCEPTADOR TOKEN

A aplicação **app15a** mostra como você pode usar o interceptador Token. A estrutura de diretório de **app15a** é mostrada na Figura 15.1.

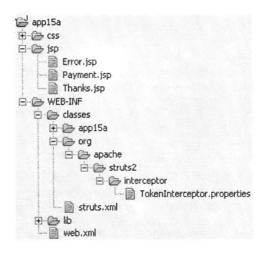

Figura 15.1: Estrutura de diretório app15a

Há duas actions na aplicação, **Pay_input** e **Pay**. As declarações para essas actions são mostradas na Listagem 15.1. **Pay_input** mostra a página **Payment.jsp**, que contém um formulário para obter detalhes de pagamento. A submissão do formulário chama a action **Pay**. A action **Pay** é protegida pelo interceptador Token.

Listagem 15.1: as Declarações action

```
<package name="app15a" extends="struts-default">
  <action name="Pay_input">
```

```
  <result>/jsp/Payment.jsp</result>
 </action>
 <action name="Pay" class="app15a.Payment">
  <interceptor-ref name="token"/>
  <interceptor-ref name="basicStack"/>
  <result name="invalid.token">/jsp/Error.jsp</result>
  <result name="input">/jsp/Payment.jsp</result>
  <result>/jsp/Thanks.jsp</result>
 </action>
</package>
```

A action **Pay** provê três resultados. O resultado **invalid.token**, executado se um token é inválido, encaminha à página **Error.jsp**. O resultado **input**, o qual irá ser executado se validação de input falhou, encaminha à página **Payment.jsp**. Finalmente, o resultado **success** encaminha à página **Thanks.jsp**.

Listagem 15.2: a Classe action Payment

```
package app15a;
import java.util.ArrayList;
import java.util.List;

import com.opensymphony.xwork2.ActionSupport;
public class Payment extends ActionSupport {
   private double amount;
   private int creditCardType;
   private String nameOnCard;
   private String number;
   private String expiryDate;

   // getters e setters não são mostrados

   public String execute() {
      // simula uma tarefa longa de processamento
      try {
         Thread.sleep(4000);
      } catch (InterruptedException e) {
      }
      return SUCCESS;
   }
}
```

A action **Pay** usa a classe **Payment,** na Listagem 15.2, como sua classe action. A classe simula uma tarefa longa de processamento que irá durar quatro segundos, dando a você a oportunidade de fazer um submit duplo no formulário.

O arquivo **TokenInterceptor.properties,** na Listagem 15.3, redefine a mensagem em um token inválido. A página **Payment.jsp**, a página Error.jsp, e a página **Thanks.jsp** são mostradas nas Listagens 15.4, 15.5, e 15.6, respectivamente.

Listagem 15.3: o Arquivo TokenInterceptor.properties

```
struts.messages.invalid.token=You have submitted the form the second
time. Please contact the administrator.
```

Listagem 15.4: a Página Payment.jsp

```
<%@ taglib prefix="s" uri="/struts-tags" %>
<html>
<head>
<title>Check out</title>
<style type="text/css">@import url(css/main.css);</style>
<style>
.errorMessage {
  color:red;
}
</style>
</head>
<body>
<div id="global" style="width:350px">
  <h3>Please enter the amount and your credit card details</h3>
  <s:form action="Pay">
    <s:token/>
    <s:textfield name="amount" label="Amount"/>
    <s:select name="creditCardType" label="Credit Card"
list="#{'1':'Visa', '2':'Mastercard', '3':'American Express'}"/>
    <s:textfield name="nameOnCard" label="Name on Credit Card"/>
    <s:textfield name="number" label="Credit Card Number"/>
    <s:textfield name="expiryDate" label="Expiry Date (mm/yy)"/>
    <s:submit/>
  </s:form>
</div>
</body>
</html>
```

372 STRUTS 2 PROJETO E PROGRAMAÇÃO: UM TUTORIAL

Listagem 15.5: a Página Error.jsp

```
<%@ taglib prefix="s" uri="/struts-tags" %>
<html>
<head>
<title>Thank you</title>
<style type="text/css">@import url(css/main.css);</style>
</head>
<body>
<div id="global">
  <s:actionerror/>
</div>
</body>
</html>
```

Listagem 15.6: a Página Thanks.jsp

```
<%@ taglib prefix="s" uri="/struts-tags" %>
<html>
<head>
<title>Thank you</title>
<style type="text/css">@import url(css/main.css);</style>
</head>
<body>
<div id="global">
Thank you. We will ship your order within 24 hours.
</div>
</body>
</html>
```

Para testar essa aplicação, direcione o seu browser para essa URL:

```
http://localhost:8080/app15a/Pay_input.action
```

Figura 15.2 mostra o formulário

CAPÍTULO 15 – PREVENINDO SUBMITS DUPLOS   373

Figura 15.2: O formulário Payment

Clique o botão submit e clique de novo rapidamente. Você verá uma mensagem de erro em seu browser.

USANDO O INTERCEPTADOR TOKEN SESSION

A aplicação **app15b** ilustra o uso do interceptador Token Session. Esse exemplo é muito semelhante a **app15a,** entretanto não há mais um arquivo de propriedade para gerenciar mensagens de erro ou um JSP para exibir uma mensagem de erro. A Figura 15.3 mostra a estrutura de diretório de **app15b.**

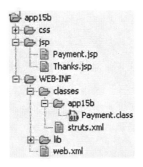

Figura 15.3: Estrutura de diretório app15b

374 STRUTS 2 PROJETO E PROGRAMAÇÃO: UM TUTORIAL

A listagem 15.6 mostra as declarações action. Ao invés do interceptador Token para a action **Pay**, nós usamos o interceptador Token Session. Os JSPs são os mesmos daqueles em **app15a** e não será reexibido aqui.

Listagem 15.7: as Declarações action de app15b

```
<package name="app15b" extends="struts-default">
  <action name="Pay_input">
    <result>/jsp/Payment.jsp</result>
  </action>
  <action name="Pay" class="app15b.Payment">
    <interceptor-ref name="tokenSession"/>
    <interceptor-ref name="basicStack"/>
    <result name="invalid.token">/jsp/Error.jsp</result>
    <result name="input">/jsp/Payment.jsp</result>
    <result>/jsp/Thanks.jsp</result>
  </action>
</package>
```

Para testar essa aplicação, direcione o seu browser para essa URL:

```
http://localhost:8080/app15b/Pay_input.action
```

SUMÁRIO

Submits duplos em formulário geralmente acontecem por acaso ou pelo fato do usuário não saber o que fazer quando se está levando um tempo longo para processar um formulário. A técnica para prevenir que um formulário seja submetido duas vezes é empregar um token que é zerado no primeiro submit de um formulário. Struts tem suporte embutido para gerenciar esse token, através da tag **token** e dos interceptadores Token e Token Session.

CAPÍTULO 16

DEPURAÇÃO E RECUPERAÇÃO DE PERFIS (PROFILING)

Este capítulo discute dois tópicos relacionados que podem ajudar você a depurar sua aplicação, depuração e recuperação de perfis. A depuração é tornada fácil pela introdução da tag **debug** na biblioteca de tag de Struts e pelo interceptador Debugging. A recuperação de perfis deixa você traçar um perfil de cortesia de sua aplicação do interceptador Profiling.

Este capítulo começa com a tag **debug** e continua com o interceptador Debugging. Ele, então, conclui com recuperação de perfis.

A TAG DEBUG

A tag **debug** mostra o conteúdo da Pilha de Valor e outros objetos. Usar **debug** não é complicado já que você precisa apenas escrever:

```
<s:debug/>
```

Essa tag tem um atributo, **id**, mas você quase não precisa usá-la.
O código na Listagem 16.1 é um JSP que usa uma tag **debug**.

Listagem 16.1: a Página Debug.jsp

```
<%@ taglib prefix="s" uri="/struts-tags" %>
<html>
<head>
<title>debug Tag Example</title>
<style type="text/css">@import url(css/main.css);</style>
</head>
<body>
   <s:debug/>
</body>
</html>
```

Você pode direcionar o seu browser para essa URL para testar a tag **debug:**

http://localhost:8080/app16a/Debug.action

A página na Figura 16.1 mostra como a tag é renderizada inicialmente.

Figura 16.1: A tag Debug

Se você clica no link **[Debug]**, você verá os objetos da pilha e os objetos no mapa de contexto, como mostrado na Figura 16.2.

Você pode usar a tag **debug** para ver os valores das propriedades actions e o conteúdo de objetos tais como mapas de sessão e aplicação. Isso ajudará você a apontar qualquer erro em sua aplicação rapidamente.

O INTERCEPTADOR DEBUGGING

O interceptador Debugging, que é parte da pilha padrão, permite que você observe dentro da Pilha de Valor e outros objetos. Você pode chamar esse interceptador adicionando **debug=xml** ou **debug=console** à URL que chama uma action.

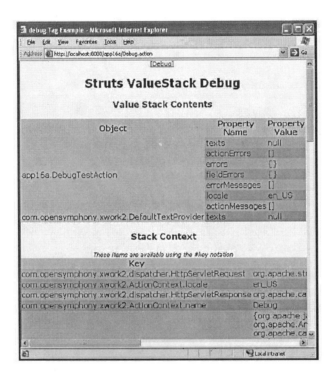

Figura 16.2: Informação útil para depuração

Adicionar **debug=xml** irá resultar em um XML que contém os valores da Pilha de Valor e outros objetos, tais como o seguinte:

```
<debug>
  <parameters/>
  <context>
    <attr/>
    <report.conversion.errors>false</report.conversion.errors>
    <struts.actionMapping>
      <class>class
      org.apache.struts2.dispatcher.mapper.ActionMapping</class>
```

```
        <name>DebuggingTest</name>
        <namespace>/</namespace>
    </struts.actionMapping>
  </context>
  <request/>
  <session/>
  <valueStack>
    <value>
      <actionErrors/>
      <actionMessages/>
      <amount>0.0</amount>
      <class>class app16a.Profiling</class>
      <errorMessages/>
      <errors/>
      <fieldErrors/>
      <locale>
        <ISO3Country>USA</ISO3Country>
        <ISO3Language>eng</ISO3Language>
        <class>class java.util.Locale</class>
        <country>US</country>
        <displayCountry>United States</displayCountry>
        <displayLanguage>English</displayLanguage>
        <displayName>English (United States)</displayName>
        <displayVariant></displayVariant>
        <language>en</language>
        <variant></variant>
      </locale>
      <transactionType>0</transactionType>
    </value>
    <value>
      <class>class
      com.opensymphony.xwork2.DefaultTextProvider</class>
    </value>
  </valueStack>
</debug>
```

O uso de **debug=console** mostra um console como o mostrado na Figura 16.3. Você pode digitar uma expressão OGNL no final dá página e o valor será exibido.

CAPÍTULO 16 – DEPURAÇÃO E RECUPERAÇÃO DE PERFIS (PROFILING) 379

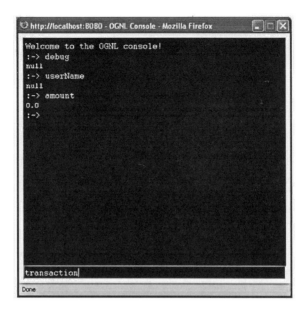

Figura 16.3: O console OGNL

Nota
Quando eu testei essa propriedade, ela não funcionou com Internet Explorer, mas funcionou perfeitamente com Mozilla Firefox.

RECUPERAÇÃO DE PERFIS

Struts suporta recuperação de perfis que podem identificar potencialmente qualquer gargalo em seu programa. Struts acompanha o tempo levado por seu *filter dispatcher* cada interceptador, execução de action, e execução do resultado com a ajuda de uma classe chamada **UtilTimerStack** (um membro do pacote **com.opensymphony.xwork2.util.profiling**). Entretanto, por padrão, o resultado da recuperação de perfis não é mostrado. O interceptador Profiling, que é parte da pilha padrão, pode ajudar a ativar a recuperação de perfis. Quando a recuperação de perfis é ativada para uma action particular, o resultado da recuperação de perfis é impresso por um logger interno em **UtilTimerStack** no console do contêiner ou a um arquivo de log, dependendo da configuração de seu contêiner. Se você está usando Tomcat, esse será o console (no Windows) ou no arquivo **catalina.out** (no Unix e Linux).

Aqui tem um exemplo de um resultado de recuperação de perfis para uma action que faz uploads em um arquivo:

```
INFO: [80ms] - FilterDispatcher_doFilter:
 [40ms] - Handling request from Dispatcher
  [0ms] - create DefaultActionProxy:
   [0ms] - create DefaultActionInvocation:
    [0ms] - actionCreate: SingleUpload2
  [40ms] - invoke:
   [40ms] - interceptor: fileUpload
    [20ms] - invoke:
     [20ms] - interceptor: exception
      [20ms] - invoke:
       [20ms] - interceptor: servletConfig
        [20ms] - invoke:
         [20ms] - interceptor: prepare
          [20ms] - invoke:
           [20ms] - interceptor: checkbox
            [20ms] - invoke:
             [20ms] - interceptor: params
              [10ms] - invoke:
               [10ms] - interceptor: conversionError
                [10ms] - invoke:
                 [0ms] - invokeAction: Upload2
                 [10ms] - executeResult: success
```

Cada linha representa uma atividade. À esquerda de cada linha fica o tempo acumulado levado para chamar uma atividade. Por exemplo, a última linha inferior diz que executar o resultado leva 10ms, ao passo que invocar a action **Upload2** leva 0ms. É claro que isso não significa que não tinha nenhum tempo para executar a action, apenas que isso leva menos do que o temporizador consegue medir.

O tempo acumulado do interceptador Conversion Error também é de 10ms, o que significa que a invocação desse interceptador levou 0ms porque as atividades foram invocadas após ele ter consumido 10ms. O interceptador File Upload levou 20ms para executar (40ms – 20ms), e daí por diante.

Há algumas maneiras de ativar recuperação de perfis. Uma vez que ele esteja ativado, ele permanecerá ativo até ser desligado ou até a aplicação ser reinicializada.

1. Através do parâmetro de requisição, adicionando **profiling=true** ou **profiling=yes** à URL que invoca a action a ser recuperada no perfil. Para que isso aconteça, a propriedade **struts.devMode** deve ser **true**. Por exemplo, essa URL liga a recuperação de perfis:

```
http://localhost:8080/app16a/Test.action?profiling=true
```

Para desligar a recuperação de perfis, use essa URL:

```
http://localhost:8080/app16a/Test.action?profiling=false
```

Note que "profiling" é a chave de profiling default definida no interceptador Profiling. Você pode redefinir isso, caso precise, por exemplo porque você tem uma entrada de formulário com o mesmo nome, usando o elemento **param**. Por exemplo, isso altera a chave de profiling para pf tal que você pode ligar e desligar o profiling adicionando o parâmetro de requisição **pf=true** ou **pf=false.**

```
<action name="ProfilingTest" class="app16a.Profiling">
  <interceptor-ref name="profiling">
    <param name="profilingKey">pf</param>
  </interceptor-ref>
  <interceptor-ref name="basicStack"/>
  <result>/jsp/OK.jsp</result>
</action>
```

2. Configurando a propriedade ativa do objeto **UtilTimeStack** através de código em um listener de servlet ou seu método action.

```
public String execute() {
  UtilTimerStack.setActive(true);

  // faça algo
  return SUCCESS;
}
```

3. Configurando o **UtilTimeStack.ACTIVATE_PROPERTY UtilTimeStack** para true:

```
System.setProperty(UtilTimerStack.ACTIVATE_PROPERTY,
  "true");
```

Você também pode monitorar uma determinada atividade em seu código action. Para fazer isso, você precisa chamar os métodos **push** e **pop** em **UtilTimeStack:**

```
String activityName = "database access";
UtilTimerStack.push(activityName);
try {
  // faça alguma codificação
} finally {
  UtilTimerStack.pop(activityName);
}
```

SUMÁRIO

Esse capítulo discute dois tópicos importantes que podem ajudá-lo a fazer aplicações mais robustas, depurando e recuperando perfis (profiling). Para depuração, você usa a tag **debug** e o interceptador Debugging. Profiling é uma propriedade existente em Struts que apenas precisa de ativação. O interceptador Profiling pode ser usado para ativar a recuperação de perfis. Alternativamente, você pode usar código para ativá-lo.

CAPÍTULO 17

MEDIDORES DE PROGRESSO

O que fazer se uma das suas actions leva cinco minutos para completar e você não quer seu usuário preocupado ou sonolento? Mostre um medidor de progresso! Em uma aplicação web escrever um medidor de progresso não é uma tarefa fácil, você poderia gastar no mínimo alguns dias nisso. Felizmente, Struts tem um interceptador fácil de usar, Execute e Wait, que é bom para emular um medidor de progresso para tarefas pesadas.

Esse capítulo mostra a você como usar esse interceptador.

O INTERCEPTADOR EXECUTE E WAIT

Tarefas que consomem tempo, algumas que levam minutos, deveriam ser gerenciadas diferentemente em aplicações web do que como são em programas de computadores de mesa. Eles apresentam mais riscos no primeiro caso porque conexões HTTP podem dar time out, algo sem possibilidade de ocorrer no último.

O interceptador Execute e Wait foi projetado para gerenciar tais situações. Como isso não é parte da pilha default, actions que precisam desse interceptador devem declará-lo e ele deve vir no final na pilha de interceptador.

384 STRUTS 2 PROJETO E PROGRAMAÇÃO: UM TUTORIAL

Esse interceptador executa em uma base por sessão, o que significa que o mesmo usuário não pode causar duas instâncias desse interceptador (lembre que cada action tem sua própria instância de qualquer interceptador declarado) para executar em paralelo. Uma action apoiada por esse interceptador irá executar normalmente. Entretanto, Execute e Wait irá atribuir um thread de background para gerenciar a action e encaminhar o usuário para um resultado de wait antes da execução terminar e programar o resultado para alcançar a mesma action novamente. Em requisições subseqüentes, se a primeira action não tiver terminado a execução, o resultado wait é enviado novamente. Se ele tiver terminado, o usuário irá obter um resultado final para aquela action.

Um resultado wait age como um resultado dispatcher. Entretanto, a view a que ele encaminha tem sua tag meta que recarrega a mesma URL após n segundos:

```
<meta http-equiv="refresh" content="n;url"/>
```

Por default *n* é 5 e *url* é a mesma URL usada para invocar a action corrente.

Você pode criar seu próprio wait view se você não gostar do default. Se nenhum resultado wait é encontrado sob a declaração action, o default será usado.

O interceptador Execute e Wait podem usar esses parâmetros, todos opcionais.

- **threadPriority.** A prioridade para designar o thread. O valor default é **Thread.NORM_PRIORITY.**

- **delay.** O número de milisegundos para esperar antes do usuário ser encaminhado ao resultado wait. O default é 0.

- **delaySleepInterval.** Especifica o número de milissegundos que o thread principal (aquele que cria um thread background para gerenciar a action) tem para acordar para verificar se o processo de background tiver sido completado. O default é 100 e seu parâmetro apenas funciona se o delay não é zero.

O delay pode ser usado se você não quer enviar o resultado wait imediatamente. Por exemplo, você pode ajustá-lo a 2,000 tal que o resultado wait será enviado apenas se a action levar mais de dois segundos.

Vamos dar uma olhada em dois exemplos na sessão a seguir.

USANDO O INTERCEPTADOR EXECUTE E WAIT

Dois exemplos são dados para ilustrar como usar Execute e Wait para emular um medidor de progresso. O primeiro exemplo usar o resultado wait default e o segundo usa um customizado. Ambos exemplos usam a classe action mostrada na Listagem 17.1.

Listagem 17.1: a Classe action HeavyDuty

```
package app17a;
import com.opensymphony.xwork2.ActionSupport;

public class HeavyDuty extends ActionSupport {
   public String execute() {
      try {
         Thread.sleep(12000);
      } catch (Exception e) {
      }
      return SUCCESS;
   }
   private int complete = 0;
   public int getComplete() {
      complete += 10;
      return complete;
   }
}
```

O método **execute** da classe action leva doze segundos para completar, o suficiente para mostrar o medidor de progresso. O campo completo e seu getter são usados apenas pelo segundo exemplo.

A declaração action para o primeiro exemplo é mostrada na Listagem 17.2.

Listagem 17.2: a Declaração action para o Primeiro Exemplo

```
<package name="app17a" extends="struts-default">
   <action name="HeavyDuty1" class="app17a.HeavyDuty">
      <interceptor-ref name="defaultStack"/>
      <interceptor-ref name="execAndWait">
         <param name="delay">1500</param>
      </interceptor-ref>
      <result>/jsp/OK.jsp</result>
   </action>
</package>
```

Como Execute e Wait não é parte da pilha default, você deve declará-lo explicitamente e ele deve ser o último interceptador a executar. Nenhum resultado wait é declarado e o resultado final é um dispatcher que encaminha à página **OK.jsp**. O delay é configurado à 1,500 milissegundos, o que significa que o resultado wait será enviado após 1,5 segundos.

Para testar o exemplo, direcione o seu browser para essa URL:

http://localhost:8080/app17a/HeavyDuty1.action

A página wait é mostrada na Figura 17.1. Isso é bastante padrão e não inspirador.

Figura 17.1: A página wait padrão

Se você está interessado o suficiente para verificar, você irá ver a origem da página wait como segue.

```
<html>
  <head>
    <meta http-equiv="refresh"
      content="5;url=/app17a/HeavyDuty1.action"/>
  </head>
  <body>
    Please wait while we process your request...
    <p/>
    This page will reload automatically and display your
    request when it is completed.
  </body>
</html>
```

Notou a tag meta? É a que força a página para atualizar a cada cinco segundos.

Usando uma Página Wait Customizada

O segundo exemplo é semelhante ao primeiro e usa a classe action na Listagem 17.1. Ele também usa a propriedade **complete** da classe action para mostrar o progresso do usuário. O segundo exemplo também diferencia do primeiro no que ele emprega uma página wait customizada, como mostrado na declaração action na Listagem 17.3.

Listagem 17.3: a Declaração action para o Segundo Exemplo

```
<package name="app17a" extends="struts-default">
   <action name="HeavyDuty2" class="app17a.HeavyDuty">
     <interceptor-ref name="defaultStack"/>
     <interceptor-ref name="execAndWait">
        <param name="delay">1500</param>
     </interceptor-ref>
     <result name="wait">/jsp/Wait.jsp</result>
     <result>/jsp/OK.jsp</result>
   </action>
</package>
```

Note que um resultado wait está presente e que encaminha a página **Wait.jsp** (Veja a Listagem 17.4). é um JSP comum que tem uma tag meta que atualiza a página a cada dois segundos. Como a parte URL não está presente na tag meta, a mesma página será recarregada.

Listagem 17.4: a Página Wait.jsp

```
<%@ taglib prefix="s" uri="/struts-tags" %>
<html>
<head>
<head>
<meta http-equiv="refresh" content="2;"/>
<title>Wait</title>
<style type="text/css">@import url(css/main.css);</style>
<style>
.errorMessage {
   color:red;
}
</style>
</head>
<body>
```

```
<div id="global" style="width:350px">
  Please wait... (<s:property value="complete"/>% complete)
</div>
</body>
</html>
```

Outra coisa a notar é que ele mostra o valor de **complete**. Seu getter incrementa seu valor por 10 cada vez que ele é chamado.

```
private int complete = 0;
public int getComplete() {
   complete += 10;
   return complete;
}
```

Para testar o exemplo, direcione o seu browser aqui.

`http://localhost:8080/app17a/HeavyDuty2.action`

A página wait é mostrada na Figura 17.2. Notou que ele parece mais como um medidor de progresso que indica quanto progresso está sendo feito?

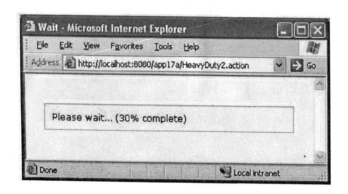

Figura 17.2: Uma página wait customizada

SUMÁRIO

Esse capítulo discute como você pode usar o interceptador Execute e Wait para gerenciar tarefas que consomem tempo. O truque é criar um thread background que executa a action e encaminha o usuário a uma página de wait temporária que mantém atingindo a mesma action até que o thread background termine sua tarefa.

CAPÍTULO 18

INTERCEPTADORES CUSTOMIZADOS

Há mais que uma dúzia de interceptadores default que vem com Struts. Validação da entrada, por exemplo, é gerenciada pelo interceptador Validation. Desligue esse interceptador e a validação irá parar de trabalhar. Upload de arquivo é tão suave graças a outro interceptador, o interceptador File Upload. Alguns dos interceptadores podem prevenir a action de ser executada se determinadas condições não são satisfeitas. Por exemplo, o interceptador Validation evita que a action termine se um erro ocorrer durante a validação daquela action.

Para a maioria das aplicações, os interceptadores padrão são suficientes. Entretanto, tem vezes que você precisa de criar seu próprio interceptador. Esse capítulo explica como.

A INTERFACE INTERCEPTOR

Tecnicamente, um interceptador é uma classe java que implementa a interface **com.opensymphony.xwork2.Interceptor.** A interface é mostrada na Listagem 18.1.

Listagem 18.1: a Interface Interceptor

```
package com.opensymphony.xwork2.interceptor;
import com.opensymphony.xwork2.ActionInvocation;
import java.io.Serializable;

public interface Interceptor extends Serializable {
    void destroy();
    void init();
    String intercept(ActionInvocation invocation) throws Exception;
}
```

Essa interface tem três métodos de ciclo de vida:

- **init.** Esse método é chamado uma vez logo após o interceptador ser criado. Um autor do interceptador redefine esse método para desempenhar inicialização de recurso.

- **intercept.** Esse método é chamado cada vez que a requisição para uma action é invocada, dando uma oportunidade ao interceptador de fazer alguma coisa antes e depois da action ser executada.

- **destroy.** O método é chamado antes do interceptador ser destruído. Código para liberar recursos devem ser escritos aqui.

Struts chama o método **intercept** de cada interceptador registrado para uma action. A cada vez que o método é chamado, Struts passa uma instância da interface **com.opensymphony.xwork2.ActionInvocation**. Uma **ActionInvocation** representa um estado de execução de uma action, da qual um interceptador pode obter o objeto **Action** bem como o objeto **Result** associado com a action. Para deixar a cadeia de execução proceder ao próximo nível, o interceptador chama o método **invoke** na **ActionInvocation.**

Você também pode adicionar listeners **PreResultListener** a uma **ActionInvocation,** chamando o método **addPreResultListener** no **ActionInvocation.** A interface **com.opensymphony.xwork2.interceptor.PreResultListener** permite que você faça algo após a action ser executada mas antes da execução do resultado. Essa interface tem um método callback, **beforeResult**:

```
void beforeResult(com.opensymphony.xwork2.ActionInvocation
    invocation, java.lang.String resultCode)
```

A classe **AbstractInterceptor** implementa **Interceptor** e provê implementações vazias dos métodos **init** e **destroy**. Como nem todos interceptadores precisam inicializar recursos ou fazer alguma coisa quando eles são destruídos, estendendo **AbstractInterceptor** salva você de implementar **init** e **destroy**.

A classe **AbstractInterceptor** é mostrada na Listagem 18.2.

Listagem 18.2: a Classe AbstractInterceptor

```
package com.opensymphony.xwork2.interceptor;
import com.opensymphony.xwork2.ActionInvocation;
public abstract class AbstractInterceptor implements
Interceptor {
  public void init() {
  }
  public void destroy() {
  }
  public abstract String intercept(ActionInvocation invocation)
    throws Exception;
}
```

ESCREVENDO UM INTERCEPTADOR CUSTOMIZADO

Como um exemplo, a aplicação **app18a** contém um interceptador customizado denominado **DataSourceInjectorInterceptor**. Esse interceptador injeta um **DataSource** a um objeto action. a action pode por sua vez injetar o **DataSource** a uma classe de um Data Access Object (veja a discussão do padrão DAO no Capítulo 11, "A Camada de Pesrsistência"). A classe **DataSourceInjectorInterceptor** é apresentada na Listagem 18.3. Nesse exemplo, o **DataSource** é obtido uma vez de um JNDI lookup e é armazenada em uma variável estática.

Listagem 18.3: a Classe DataSourceInjectorInterceptor

```
package interceptor;
import javax.naming.Context;
import javax.naming.InitialContext;
import javax.naming.NamingException;
import javax.sql.DataSource;
```

394 STRUTS 2 PROJETO E PROGRAMAÇÃO: UM TUTORIAL

```java
import com.opensymphony.xwork2.ActionInvocation;
import com.opensymphony.xwork2.interceptor.AbstractInterceptor;

public class DataSourceInjectorInterceptor extends
      AbstractInterceptor {
   private static DataSource dataSource;
   private String dataSourceName;
   public void setDataSourceName(String dataSourceName) {
      this.dataSourceName = dataSourceName;
   }

   public void init() {
      // init() is chamado APÓS das propriedades serem setadas
      if (dataSource == null) {
         System.out.println("Interceptor. init DS" );
         try {
            Context context = new InitialContext();
            dataSource = (DataSource)
               context.lookup(dataSourceName);
         } catch (NamingException e) {
         }

      }
   }


   public String intercept(ActionInvocation invocation)
         throws Exception {
      Object action = invocation.getAction();
      if (action instanceof DataSourceAware) {
         ((DataSourceAware) action).setDataSource(dataSource);
      }
      return invocation.invoke();
   }
}
```

A cada vez uma action retornada por esse interceptador é chamada, o interceptador injeta o objeto **DataSource**. Nem todas as actions irão obter esse objeto, apenas aquelas cujas classes implementam a interface **DataSourceAware** irão. Essa interface é dada na Listagem 18.4.

Listagem 18.4: a Interface DataSourceAware

```
package interceptor;
import javax.sql.DataSource;

public interface DataSourceAware {
  void setDataSource(DataSource dataSource);
}
```

USANDO DATASOURCEINTERCEPTOR

Agora que você tem um interceptador customizado, é uma boa idéia colocá-lo em uso. A aplicação **app18a** emprega a action **Product_list** que usa esse interceptador. Note que como isso é uma interceptador customizado, você deve registrá-lo com o arquivo struts.xml antes de poder usá-lo. As declarações action e interceptor para **app18a** são mostrados na Listagem 18.5.

Listagem 18.5: as Declarações action

```
<package name="app18a" extends="struts-default">
  <interceptors>
    <interceptor name="dataSourceInjector"
      class="interceptor.DataSourceInjectorInterceptor">
      <param name="dataSourceName">
        java:/comp/env/jdbc/myDataSource
      </param>
    </interceptor>
  </interceptors>

  <action name="Product_list" class="app18a.ListProductAction">
    <interceptor-ref name="dataSourceInjector"/>
    <interceptor-ref name="defaultStack"/>
    <result>/jsp/Products.jsp</result>
  </action>
</package>
```

A action **Product_list** lista os produtos de uma base de dados. As bases de dados podem ser acessadas usando o **DataSource** injetado pelo interceptador customizado. A classe **ListProductAction** na Listagem 18.6 gerencia a action.

Listagem 18.6: a Classe ListProductAction

```java
package app18a;
import interceptor.DataSourceAware;
import java.util.List;
import javax.sql.DataSource;
import com.opensymphony.xwork2.ActionSupport;
public class ListProductAction extends ActionSupport implements
      DataSourceAware {
  private DataSource dataSource;
  private List<Product> products;

  public void setDataSource(DataSource dataSource) {
     this.dataSource = dataSource;
  }
  public List<Product> getProducts() {
     return products;
  }
  public void setProducts(List<Product> products) {
     this.products = products;
  }
  public String execute() {
     ProductDAO productDAO = new ProductDAO();
     productDAO.setDataSource(dataSource);
     products = productDAO.getAllProducts();
     return SUCCESS;
  }
}
```

Há duas coisas a verificar. Um produto é representado pela classe
Product na Listagem 18.7. Um **Product** é um objeto transfer que encapsula
quatro propriedades, **productId, name, description,** e **price**. A classe
ListProductAction implementa **DataSourceAware** tal que uma instância
de **ListProductAction** pode ser injetada um **DataSource.**

Listagem 18.7: a Classe Product

```java
package app18a;
public class Product {
  private int productId;
  private String name;
  private String description;
```

CAPÍTULO 18 – INTERCEPTADORES CUSTOMIZADOS   397

```
private double price;
// getters e setters não são mostrados
}
```

A classe **ListProductAction** usa a classe **DAO** (mostrada na Listagem 18.8) para recuperar dados da tabela **Products** na base de dados. É claro que você deve primeiro criar essa tabela e populá-la com dados. A action injeta o **ProductDAO** o **DataSource** chamando o método **setDataSource** de **ProductDAO**.

Listagem 18.8: a Classe ProductDAO

```java
package app18a;
import java.sql.Connection;
import java.sql.PreparedStatement;
import java.sql.ResultSet;
import java.sql.SQLException;
import java.util.ArrayList;
import java.util.List;
import javax.sql.DataSource;

public class ProductDAO {
    private DataSource dataSource;
    public void setDataSource(DataSource dataSource) {
        this.dataSource = dataSource;
    }
    private static final String sql =
        "SELECT productId, name, description, price FROM Products";
    public List<Product> getAllProducts() {
        List<Product> products = new ArrayList<Product>();
        Connection connection = null;
        PreparedStatement pStatement = null;
        ResultSet resultSet = null;
        try {
            connection = dataSource.getConnection();
            pStatement = connection.prepareStatement(sql);
            resultSet = pStatement.executeQuery();
            while (resultSet.next()) {
                Product product = new Product();
                product.setProductId(resultSet.getInt("productId"));
                product.setName(resultSet.getString("name"));
                product.setDescription(
                    resultSet.getString("description"));
                product.setPrice(resultSet.getDouble("price"));
```

```
            products.add(product);
        }
    } catch (SQLException e) {
        e.printStackTrace();
    } finally {
        if (resultSet != null) {
            try {
                resultSet.close();
            } catch (SQLException e) {
            }
        }
        if (pStatement != null) {
            try {
                pStatement.close();
            } catch (SQLException e) {
            }
        }
        if (connection != null) {
            try {
                connection.close();
            } catch (SQLException e) {
            }
        }
    }
    return products;
    }
}
```

Direcione o seu browser para essa URL para invocar o interceptador customizado:

```
http://localhost:8080/app18a/Product_list.action
```

Você irá observar os resultados mostrados em seu browser, como aqueles na Figura 18.1. O que você vê depende do conteúdo da tabela Products em sua base de dados.

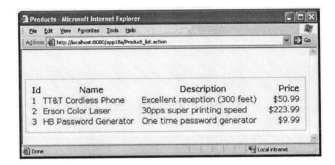

Figura 18.1: Usando DataSourceInjectorInterceptor

SUMÁRIO

Você pode escrever interceptadores customizados implementando a interface **Interceptor** ou estendendo a classe **AbstractInterceptor**. Nesse capítulo você aprendeu como escrever um interceptador customizado e como registrá-lo em uma aplicação.

CAPÍTULO **19**

TIPOS DE RESULTADOS CUSTOMIZADOS

Struts lida com tipos de resultado padrão tais como Dispatcher e Stream. Este capítulo explica como você pode escrever um tipo de resultado customizado. Um exemplo, uma imagem CAPTCHA produzindo tipo de resultado, também é discutida.

VISÃO GERAL

Um tipo de resultado deve implementar a interface **com.opensymphony.xwork2.Result**. Esta interface tem um método, **execute**, cuja assinatura é a seguinte:

```
void execute(ActionInvocation invocation)
```

Esse método é chamado quando o resultado é executado. Um autor do tipo de resultado pode escrever um código que será executado quando uma instância do tipo de resultado executa.

Nota

ActionInvocation foi explicado no Capítulo 18, "Interceptadores customizados".

A classe **org.apache.struts2.dispatcher.StrutsResultSupport** é uma classe base que implementa a interface **Result**. Muitos tipos de resultado estendem essa classe ao invés de implementarem **Result** diretamente.

ESCREVENDO UM PLUGIN CUSTOMIZADO

Essa sessão mostra a você como escrever seu próprio tipo de resultado. Uma instância do tipo de resultado customizado desenvolvido neste capítulo envia uma imagem CAPTCHA. Se você não está familiarizado com CAPTCHA, leia a explicação abaixo.

CAPTCHA é um acrônimo planejado para "Completely Automated Public Turing test to tell Computers and Humans Apart." Imagens CAPTCHA geralmente são usadas em formulários web. Por exemplo, um formulário de login, tal como o da Figura 19.1, pode usar uma imagem CAPTCHA além dos campos usuais do nome de usuário e senha para torná-lo mais seguro. Um usuário que deseje logar é solicitado a digitar seu nome de usuário e senha mais a palavra mostrada pela imagem CAPTCHA. O Login é bem sucedido se o usuário entrou o nome de usuário correto e senha bem como ter digitado a palavra de imagem correta. Um formulário de login equipado com uma imagem CAPTCHA é mais seguro pois a força bruta, através de tentativas de fazer o login usando pares gerados automaticamente de nomes de usuário e senhas até alguém fazer um login bem sucedido em um computador ofensivo, será menos provável de ser bem sucedido.

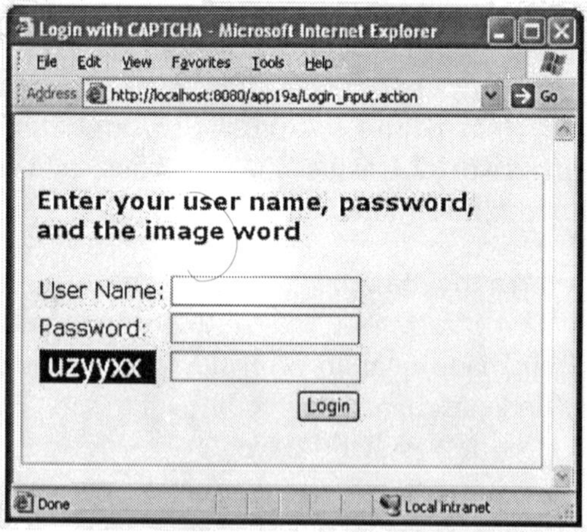

Figura 19.1: A página de login apoiado em CAPTCHA

Outro uso comum de CAPTCHA é prevenir que spammers enviem mensagens aos donos dos formulários. Os formulários CAPTCHA podem ser usados para frustrar programas automáticos que submetem formulários, porque a submissão será bem sucedida se a palavra correta também for aplicada.

A idéia por trás do uso do CAPTCHA em formulários é que computadores são bons com caracteres e números mas não são muito bons com imagens. Portanto, se você perguntar ao computador qual a palavra na imagem na Figura 19.2 lê, há grandes chances do computador não ter uma pista. Ao menos, é claro, que você use um programa feito para reconhecer imagens, que já existem mas não são muito comuns. Em outras palavras, CAPTCHA torna seu formulário de login mais seguro mas não há 100% de garantia que isso irá protegê-lo de pessoas mais determinadas.

Em um formulário web, CAPTCHA trabalha produzindo um par de palavras. A primeira palavra é convertida em uma imagem e a segunda palavra é produzida usando um algoritmo de uma forma tal que instâncias diferentes da mesma palavra sempre produzem a mesma segunda palavra. Entretanto, conhecer a segunda palavra não é bom o suficiente para encontrar qual é a primeira palavra. Muitas implementações de CAPTCHA usam um algoritmo hash para produzir a segunda palavra.

Há várias maneiras de produzir formulário apoiado no CAPTCHA. Uma maneira seria gerar centenas ou milhares de pares de palavras e armazená-las em uma base de dados. Quando você envia o formulário para o browser, você também envia a versão da imagem da primeira palavra e a segunda palavra em um campo hidden. Quando o formulário é submetido, o servidor compara o valor do campo hidden e a palavra digitada pelo usuário. Se as duas combinarem, o usuário passou no teste CAPTCHA.

Outra maneira, uma que não requer uma base de dados, é usando cookies. Uma action Struts é especializada em gerar uma palavra e seu hash e em converter a palavra a uma imagem. Ao mesmo tempo, a segunda palavra ou o hash é enviado ao browser como um cookie. Quando o formulário é submetido, o servidor irá comparar o valor entrado pelo usuário e o cookie. O servidor irá fazer isso usando o mesmo algoritmo que produz o par de palavras em primeiro lugar.

Isso parece complicado, mas eu escrevi uma biblioteca Java, acessível por download de brainysoftware.com e acessível para usar comercialmente ou não-comercialmente, que pode gerar palavras randômicas e produzir imagens CAPTCHA. A biblioteca é incluída no ZIP que acompanha esse livro.

Há apenas uma classe na biblioteca, a classe **com.brainysoftware.captcha.CaptchaUtil,** com os seguintes métodos, todos static:

```
public static String getRandomWord(int length)]
```
Retorna uma palavra aleatória de um comprimento especificado.

```
public static String getHash(java.lang.String word)
```
Retorna um hash irreversível da palavra especificada.

```
public static java.awt.image.BufferedImage getCaptchaImage(
java.lang.String word, int width, int height, int type)
```
Retorna uma representação de imagem da palavra especificada. Os argumentos largura e altura especificam o tamanho da imagem em pixel. O último argumento é reservado atualmente para uso futuro.

```
public static boolean validate(java.lang.String word,
    java.lang.String hash)
```
Retorna true se o hash especificado é o hash da palavra especificada. Caso contrário, retorna false.

Agora vamos ver como nós podemos criar um tipo de resultado que retorna uma imagem CAPTCHA com o help dessa biblioteca.

A classe **CaptchaResult** na Listagem 19.1 é o cérebro do novo tipo de resultado. Ela estende a classe **StrutsResultSupport** e redefine o método **doExecute.**

Listagem 19.1: a Classe CaptchaResult

```
package com.brainysoftware.captcha;
import java.awt.image.BufferedImage;
import javax.imageio.ImageIO;
import javax.servlet.http.Cookie;
import javax.servlet.http.HttpServletResponse;
import org.apache.struts2.dispatcher.StrutsResultSupport;
import com.opensymphony.xwork2.ActionInvocation;
```

```
public class CaptchaResult extends StrutsResultSupport {
  private String hashCookieName = "hash";
  private int wordLength = 6;
  private int imageWidth = 200;
  private int imageHeight = 70;

  // getters e setters não são mostrados

  protected void doExecute(String finalLocation,
      ActionInvocation invocation) throws Exception {
    HttpServletResponse response = (HttpServletResponse)
    invocation.getInvocationContext().get(HTTP_RESPONSE);
    response.setContentType("image/jpg");
    String word = CaptchaUtil.getRandomWord(wordLength);
    String hash = CaptchaUtil.getHash(word);
    Cookie hashCookie = new Cookie(hashCookieName, hash);
    response.addCookie(hashCookie);
    BufferedImage image = CaptchaUtil.getCaptchaImage(word,
        imageWidth, imageHeight, 0);
    ImageIO.write(image, "jpg", response.getOutputStream());
  }
}
```

O método **doExecute** gera uma palavra randômica e um hash correspondente e cria um **Cookie** que contém o hash. Ele, então, acrescenta o cookie ao objeto **HttpServletResponse**, gera um **BuffereImage** da palavra aleatória e envia a imagem ao browser.

Usando o novo Tipo de Resultado

A aplicação **app19a** apresenta um login CAPTCHA que usa o tipo de resultado na Listagem 19.1. As declarações action são mostradas na Listagem 19.2.

Listagem 19.2: Declarações action

```
<?xml version="1.0" encoding="UTF-8" ?>
<!DOCTYPE struts PUBLIC
    "-//Apache Software Foundation//DTD Struts Configuration 2.0//EN"
    "http://struts.apache.org/dtds/struts-2.0.dtd">

<struts>
  <package name="app19a" extends="struts-default">
```

```xml
<result-types>
  <result-type name="captcha"
    class="com.brainysoftware.captcha.CaptchaResult"
  />
</result-types>
<action name="Login_input">
  <result>/jsp/Login.jsp</result>
</action>
<action name="Login" class="app19a.Login">
  <param name="hashCookieName">hashCookie</param>
  <result name="success">/jsp/Thanks.jsp</result>
  <result name="input">/jsp/Login.jsp</result>
</action>
<action name="GetCaptchaImage">
  <result type="captcha">
    <param name="hashCookieName">hashCookie</param>
    <param name="wordLength">6</param>
    <param name="imageWidth">90</param>
    <param name="imageHeight">25</param>
  </result>
</action>
</package>
</struts>
```

o tipo de resultado CAPTCHA é declarado sob **<under-types>** e há três elementos **action**. A action **Login_input** mostra o formulário de login e a action **Login** verifica o nome de usuário e senha e a palavra CAPTCHA. A action **GetCaptchaImage** retorna uma imagem CAPTCHA.

A classe action **Login** é mostrada na Listagem 19.3.

Listagem 19.3: a Classe Login

```java
package app19a;
import javax.servlet.http.Cookie;
import javax.servlet.http.HttpServletRequest;
import org.apache.struts2.interceptor.ServletRequestAware;
import com.brainysoftware.captcha.CaptchaUtil;
import com.opensymphony.xwork2.ActionSupport;

public class Login extends ActionSupport
    implements ServletRequestAware {
  private String userName;
  private String password;
  private String word;
```

```
private String hashCookieName = "hash";
private HttpServletRequest httpServletRequest;

// getters e setters não são mostrados

public void setServletRequest(HttpServletRequest
   httpServletRequest) {
      this.httpServletRequest = httpServletRequest;
}
public String execute() {
   Cookie[] cookies = httpServletRequest.getCookies();
   String hash = null;
   for (Cookie cookie : cookies) {
      if (cookie.getName().equals(hashCookieName)) {
         hash = cookie.getValue();
         break;
      }
   }
   if (hash != null
         && userName.equals("don")
         && password.equals("secret")
         && CaptchaUtil.validate(word, hash)) {
      return SUCCESS;
   } else {
      addActionError("Login failed.");
      return INPUT;
   }
}
}
```

O método **execute** verifica o nome de usuário e senha e valida a palavra e o hash. O hash é obtido de um cookie e a palavra é a que o usuário digita no terceiro campo de texto no formulário de Login.

A página **Login.jsp** é mostrada na Listagem 19.4 e a página **Thanks.jsp** na Listagem 19.5

Listagem 19.4: a Página de Login.jsp

```
<%@ taglib prefix="s" uri="/struts-tags" %>
<html>
<head>
<title>Login with CAPTCHA</title>
<style type="text/css">@import url(css/main.css);</style>
</head>
```

408   STRUTS 2 PROJETO E PROGRAMAÇÃO: UM TUTORIAL

```html
<body>
<div id="global">
  <h3>Enter your user name, password, and the image word</h3>
  <s:actionerror/>
  <s:form action="Login">
    <s:textfield name="userName" label="User Name"/>
    <s:password name="password" label="Password"/>
    <tr>
      <td><img src="GetCaptchaImage.action"/></td>
      <td>
        <s:textfield theme="simple" name="word"
          value=""/>
      </td>
    </tr>
    <s:submit value="Login"/>
  </s:form>
</div>
</body>
</html>
```

Note que o atributo **src** do elemento **img** na página **Login.jsp** aponta para a action **GetCaptchaImage**.

Listagem 19.5: a Página Thanks.jsp

```html
<%@ taglib prefix="s" uri="/struts-tags" %>
<html>
<head>
<title>Thank you</title>
<style type="text/css">@import url(css/main.css);</style>
</head>
<body>
<div id="global">
You're logged in.
</div>
</body>
</html>
```

Nota

Você deve copiar ambos os arquivos **brainycaptcha.jar** e **brainycatpchaplugin.jar** em seu diretório **WEB-INF/lib**. Os dois arquivos JAR são incluídos no arquivo zip que engloba a aplicação exemplo que acompanha esse livro.

Para testar a aplicação, direcione o seu browser para essa URL:

```
http://localhost:8080/app19a/Login_input.action
```

Você irá ver uma imagem CAPTCHA semelhante àquela na Figura 19.1.

SUMÁRIO

Esse capítulo explicou como você poderia escrever um tipo de resultado customizado. Ele também apresentou um exemplo de tipo de resultado que enviou uma imagem CAPTCHA ao browser.

CAPÍTULO 20

VELOCITY

A Engine Apache Velocity é uma engine de template open-source que suporta uma linguagem de template simples e poderosa para referenciar objetos Java. O Projeto Apache Velocity é um projeto Apache responsável pela criação e manutenção da Engine Apache Velocity. O software está disponível para download gratuito em http://velocity.apache.org. Struts inclui a versão mais recente de Velocity tal que não haja nenhuma necessidade de fazer o download do Velocity separadamente.

Este capítulo provê um breve tutorial de como usar Velocity em Struts.

VISÃO GERAL

A maioria das aplicações Struts usam JSP como a tecnologia de camada de aplicação. Entretanto, JSP não é a única tecnologia da camada de aplicação que o Struts suporta. Velocity e FreeMarker (discutidos no Capítulo 21, "FreeMarker") também podem ser usados para exibir dados.

Velocity é uma linguagem de template. Um template é um texto que provê uma base para documentos e permite que palavras sejam dinamica- mente inseridas em determinadas partes dela. Por exemplo, JSP pode servir como um template porque ele deixa você inserir valores através do

412 STRUTS 2 PROJETO E PROGRAMAÇÃO: UM TUTORIAL

uso da Expression Language. Como você já sabe JSP, então não deverá ser difícil aprender Velocity, já que ambas são semelhantes.

Ao contrário do JSP, entretanto, Velocity não permite código Java a ser usado e permite apenas acesso rudimentar ao dado. Como tal, desenvolvedores são forçados a separar apresentação da lógina de negócio. No passado, essa característica, a inabilidade de usar código java, foi freqüentemente citada pelos proponentes do Velocity como uma razão para deixar o JSP e aceitar Velocity. Entretanto, começando do Servlet 2.0 você pode agora configurar suas aplicações servlet para desabilitarem código Java em JSPs e portanto promover a separação da apresentação da lógica.

Outro ponto a notar é que templates Velocity podem ser colocados dentro da aplicação ou no classpath. Isso constrasta com JSP que apenas pode ser encontrado se colocado dentro da aplicação. Velocity irá primeiro procurar a aplicação, se o template não puder ser encontrado, ele irá procurar o classpath. Além disso, templates Velocity podem ser carregados de um JAR ao passo que JSP não podem. Portanto, se você está desenvolvendo um componente como um plugin Struts, Velocity é uma boa escolha porque você pode incluir os templates no mesmo JAR como a outra parte do componente.

Velocity suporta estruturas de controle simples tais como instruções loops e if-else, though. O sinal dollar ($) tem um significado especial em Velocity. Ele é usado para indicar que o que segue é um nome de variável que precisa ser substituída em tempo de execução.

O arquivo **struts-default.xml** já define o tipo de resultado do Velocity, você pode usar Velocity em Struts sem escrever configurações adicionais.

```
<result-type name="velocity"
    class="org.apache.struts2.dispatcher.VelocityResult"/>
```

Você tem apenas que se certificar que os arquivos JAR seguintes são compilados para seu diretório **WEB-INF/lib: velocity-VERSION.jar, velocity-dep-VERSION.jar,** e **velocity-tools-VERSION.jar.** Além disso, Velocity se apoia no projeto Digest, tal que o arquivo **commons-digester-VERSION.jar,** incluído com deployment Struts, também é necessário.

O arquivo **default.properties** especifica a seguinte entrada que indica que o arquivo de configuração do Velocity deve ser nomeado como **velocity.properties.**

```
struts.velocity.configfile = velocity.properties
```

Objetos Implícitos do Velocity

Em Struts, Velocity pesquisa por dados nessa ordem:

1. A Pilha de Valores
2. O contexto da action
3. Variáveis embutidas.

Assim como JSP, Velocity permite acesso a objetos importantes tais como **ServletContext** e **HttpServletRequest**. A tabela 20.1 lista os objetos implícitos em Velocity.

Tabela 20. 1 Objetos implícitos do Velocity

Nome	Descrição
stack	A pilha de valor
action	O objeto action
response	O objeto **HttpServletResponse**
res	O alias para **response**
request	O objeto **HttpServletRequest**
req	O alias para **request**
session	O objeto **HttpSession**
application	O objeto **ServletContext**
base	O context path do request

Tags

Velocityy em Struts estende as tags na biblioteca de tag do Struts. Tags Velocity são semelhantes às tags Struts mas a sintaxe para usá-las é levemente diferente. Para iniciar, você não precisa dessa diretiva **taglib** que você precisa quando usa JSP:

```
<%@ taglib prefix="s" uri="/struts-tags" %>
```

Em JSP, uma tag start é contida em < e > e uma tag end com </ e >. Em Velocity, a tag start começa com **#s** seguida pelo nome da tag. A maioria das tags são inline e não precisam de uma tag end. Por exemplo:

```
#stextfield
```

414 STRUTS 2 PROJETO E PROGRAMAÇÃO: UM TUTORIAL

Algumas tags, incluíndo **form**, requerem um #end.

```
#sform ...
   #stextfield ...
   #ssubmit ...
#end
```

Atributos da tag Velocity são contidos em colchetes. Cada atributo nome/valor é contido em aspas duplas e separado por um sinal de igual.

```
#stagName ("attribute-1=value-1" "attribute-2=value-2" ... )
```

Por exemplo:

```
#stextfield ("name=userName" "label=User Name")
```

EXEMPLO VELOCITY

A aplicação **app20a** ilustra o uso de Velocity em Struts. Ele caracteriza duas actions, **Product_input** e **Product_save**, como declaradas, usando os elementos **action** na Listagem 20.1.

Listagem 20.1: Declarações action

```
<package name="app20a" extends="struts-default">
   <action name="Product_input">
     <result type="velocity">/template/Product.vm</result>
   </action>
   <action name="Product_save" class="app20a.Product">
     <result name="input" type="velocity">
        /template/Product.vm
     </result>
     <result type="velocity">/template/Details.vm</result>
   </action>
</package>
```

A action **Product_input** encaminha ao template **Product.vm** na Listagem 20.2. Esse template contém um formulário para entrada de informação do produto.

Listagem 20.2: o Template Product.vm

```
<html>
<head>
<title>Add Product</title>
<style type="text/css">@import url(css/main.css);</style>
</head>
<body>
<div id="global" style="width:330px">

<h3>Add Product</h3>
#sform ("action=Product_save")
   #stextfield ("name=name" "label=Product Name")
   #stextfield ("name=description" "label=Description")
   #stextfield ("name=price" "label=Price")
   #ssubmit ("value=Add Product")
#end

</div>
</body>
```

A action **Product_save** invoca a classe action **Product** na Listagem 20.3 e encaminha ao template **Details.vml,** na Listagem 20.4.

Listagem 20.3: a Classe Product

```
package app20a;
import com.opensymphony.xwork2.ActionSupport;
public class Product extends ActionSupport {
   private String productId;
   private String name;
   private String description;
   private double price;
   // getters e setters não são mostrados.

   public String save() {
      return SUCCESS;
   }
}
```

Listagem 20.4: o Template Details.vm

```
<html>
<head>
```

```
<title>Details</title>
<style type="text/css">@import url(css/main.css);</style>
</head>
<body>
<div id="global" style="width:300px">
<h3>Product Details</h3>
<table>
<tr>
   <td>Name:</td>
   <td>#sproperty ("value=name")</td>
</tr>
<tr>
   <td>Description:</td>
   <td>${description}</td>
</tr>
<tr>
   <td>Price:</td>
   <td>${price}</td>
</tr>
</table>

</div>
</body>
```

Para testar essa aplicação, direcione o seu browser para essa URL:

http://localhost:8080/app20a/Product_input.action

Você irá ver um formulário como o mostrado na Figura 20.1.

Figura 20.1: O formulário no template Product.vm

Se você clicar no botão Add Product, você irá ver o conteúdo do template **Details.vm**.

Figura 20.2: O conteúdo do template Details.vm

SUMÁRIO

JSP não é apenas a tecnologia de apresentação que pode ser usada em Struts. Velocity e FreeMarker podem também usá-la, como também pode o XSLT. Este capítulo explicou como você pode usar Velocity como uma tecnologia de apresentação.

Capítulo 21

FreeMarker

FreeMarker é uma engine de template escrita em Java que pode ser usada com Struts. Na realidade, a biblioteca de tag do Struts usa FreeMarker com a linguagem template padrão. FreeMarker suporta mais propriedades comparado à Velocity. Para comparação detalhada entre FreeMarker e Velocity, leia isso:

```
http://freemarker.org/fmVsVel.html
```

Este capítulo fornece um tutorial breve sobre como usar FreeMarker em Struts.

Visão Geral

Para usar FreeMarker em Struts você não precisa instalar software adicional. O arquivo JAR que contém a engine FreeMarker, o arquivo **freeMarker-VERSION.jar,** já está incluído no deployment do Struts. Na realidade, sem esse arquivo sua aplicação Struts não irá funcionar porque o FreeMarker é o template padrão para a biblioteca de tag do Struts.

Templates FreeMarker podem ser colocados no diretório da aplicação ou no classpath. O diretório da aplicação será pesquisado primeiro. O fato da engine FreeMarker também pesquisar pelo classpath torna essa tecnologia perfeita para Struts porque ela habilita templates FreeMarker de serem empacotados em arquivos JAR. Como você irá aprender no Capítulo 23, "Plugins", plugins são distribuídos como arquivos JAR. Você não pode empacotar JSPs em um JAR e esperar que o web container irá traduzi-lo e compilá-lo.

Em Struts a engine FreeMarker pesquisa pelo dado nessa ordem:

1. Variáveis embutidas.
2. A Pilha de Valores
3. O contexto da action
4. Escopo da requisição
5. Escopo da sessão
6. Escopo da aplicação

Assim como JSP, FreeMarker permite acesso a objetos importantes tais como **ServletContext** e **HttpServletContext**. A Tabela 21.1 lista os objetos implícitos em FreeMarker.

Tabela 21.1. Objetos implícitos do FreeMarker

Nome	Descrição
Stack	A pilha de valor
Action	O objeto action
Response	O objeto **HttpServletResponse**
Res	O alias para **response**
Request	O objeto **HttpServletRequest**
Req	O alias para **request**
Session	O objeto **HttpSession**
application	O objeto **ServletContext**
base	O context path do request

TAGS FREEMARKER

Struts provê tags FreeMarker que são extensões das tags na biblioteca de tag do Struts. A sintaxe é muito semelhante à do JSP. Você usa *<@s.tag* como a tag start e *</@s.tag>* como a tag end, onde *tag* é o nome da tag. Por exemplo, está é uma tag **form:**

```
<@s.form action="...">

</@s.form>
```

Agora, compare essas tags JSP

```
<s:form action="Product_save">
    <s:textfield name="name" label="Product Name"/>
    <s:textfield name="description" label="Description"/>
    <s:textfield name="price" label="Price"/>
    <s:submit value="Add Product"/>
</s:form>
```

com suas equivalentes em FreeMarker:

```
<@s.form action="Product_save">
    <@s.textfield name="name" label="Product Name"/>
    <@s.textfield name="description" label="Description"/>
    <@s.textfield name="price" label="Price"/>
    <@s.submit value="Add Product"/>
</@s.form>
```

FreeMarker suporta atributos dinâmicos, uma característica faltando no JSP. No JSP, você pode usar a tag **param** para passar valores à tag contida. Por exemplo:

```
<s:url value="myResource">
    <s:param name="userId" value="%{userId}"/>
</s:url>
```

em FreeMarker você não precisa passar o parâmetro usando a tag param. Ao invés disso, você pode tratar o parâmetro como um atributo dinâmico. O FreeMarker equivalente à tag **url** acima será:

```
<@s.url value="myResource" userId="${userId}"/>
```

420   STRUTS 2 PROJETO E PROGRAMAÇÃO: UM TUTORIAL

EXEMPLO

Como um exemplo, considere a aplicação **app21a** que tem duas actions, **Product_input** e **Product_save**. A aplicação usa templates FreeMarker ao invés de JSPs.

As actions são declaradas no **struts.xml** como mostrado na Listagem 21.1.

Listagem 21.1: Declarações action

```
<package name="app21a" extends="struts-default">
  <action name="Product_input">
    <result type="freemarker">/template/Product.ftl</result>
  </action>
  <action name="Product_save" class="app21a.Product">
    <result name="input" type="freemarker">
      /template/Product.ftl
    </result>
    <result type="freemarker">/template/Details.ftl</result>
  </action>
</package>
```

A action **Product_save** usa a classe action **Product** mostrada na Listagem 21.2. Esta é exatamente a mesma classe action que você teria para um resultado dispatcher.

Listagem 21.2: a Classe Product

```
package app21a;
import com.opensymphony.xwork2.ActionSupport;
public class Product extends ActionSupport {
  private String productId;
  private String name;
  private String description;
  private double price;

  // getters e setters não são mostrados

  public String save() {
    return SUCCESS;
  }
}
```

Listagem 21.3 e 21.4 mostra dois templates que suportam tags FreeMarker.

Listagem 21.3: o Template Product.ftl

```html
<html>
<head>
<title>Add Product</title>
<style type="text/css">@import url(css/main.css);</style>
</head>
<body>
<div id="global" style="width:330px">

<h3>Add Product</h3>

<@s.form action="Product_save">
   <@s.textfield name="name" label="Product Name"/>
   <@s.textfield name="description" label="Description"/>
   <@s.textfield name="price" label="Price"/>
   <@s.submit value="Add Product"/>
</@s.form>
</div>
</body>
```

Listagem 21.4: o Template Details.ftl

```html
<html>
<head>
<title>Details</title>

<style type="text/css">@import url(css/main.css);</style>
</head>
<body>
<div id="global" style="width:300px">

<h3>Product Details</h3>
<table>
<tr>
   <td>Name:</td>
   <td><@s.property value="name"/></td>
</tr>
<tr>
   <td>Description:</td>
   <td>${description}</td>
```

```
</tr>
<tr>
  <td>Price:</td>
  <td>${price}</td>
</tr>
</table>

</div>
</body>
```

Note que para acessar uma propriedade action, você pode usar a tag **property** ou a notação ${...}.

Para testar a aplicação, direcione o seu browser para essa URL:

http://localhost:8080/app21a/Product_input.action

Você irá ver um formulário Product como o mostrado na Figura 21.1.

Figura 21.1: O formulário Product

Submeter o formulário invoca a action **Product_save** que encaminha ao template **Details.ftl**. O resultado é mostrado na Figura 21.2.

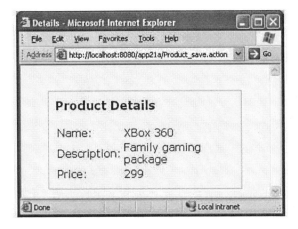

Figura 21.2: A página Details

SUMÁRIO

FreeMarker é uma linguagem template usada para renderizar tags na biblioteca de tag do Struts. É também uma boa alternativa para JSP e permite templates de residirem no classpath, além de um diretório sob o diretório de aplicação. Por causa dessa característica, templates FreeMarker podem ser desenvolvidos em um arquivo JAR, o que torna FreeMarker adequado para plugins.

CAPÍTULO 22

RESULTADOS XSLT

Extensible StyleSheet Language (XSL) é uma especificação World Wide Web Consortium que lida com formatação XML. XSL define como um documento XML deve ser exibido. XSL para XML é o que CSS é para HTML. Há duas tecnologias definidas na especificação XSL: Objetos de Formatação XSL e transformações XSL (XSLT). O último é o foco principal desse capítulo como o tipo de resultado XSLT. Struts foi idealizado para suportar essa tecnologia.

A especificação XSLT pode ser obtida de

```
http://www.w3.org/TR/xslt
```

VISÃO GERAL

Documentos XML são usados para intercâmbio fácil de dados. Ao contrário de bases de dados proprietárias onde o dado é armazenado em formatos proprietários que tornam o intercâmbio de dados difícil, documentos XML são textos comuns e podem ser entendidos apenas através da leitura de documentos. Por exemplo, esse documento XML é auto explicável, ele contém informação sobre um employee (empregado).

```
<employee>
  <employeeId>34</employeeId>
  <firstName>Jen</firstName>
  <lastName>Goodhope</lastName>
  <birthDate>2/25/1980</birthDate>
  <hiredDate>3/22/2006</hiredDate>
</employee>
```

Se você enviar esse documento XML, a parte receptora pode entendê-lo facilmente e provavelmente manipulá-lo com suas próprias ferramentas. Entretanto, isso não é tão simples como você pode imaginar. A outra parte pode ter documentos XML contendo detalhes sobre employees, mas o formato é um pouco diferente. Ao invés de **employeeId** eles devem usar **id** e ao invés de **employee** eles devem chamá-lo de **worker.**

```
<worker>
  <id>50</employeeId>
  <firstName>Max</firstName>
  <lastName>Ocean</lastName>
  <birthDate>12/13/1977</birthDate>
  <hiredDate>10/5/2005</hiredDate>
</worker>
```

Se o dado do primeiro documento XML é para ser combinado no segundo documento XML, por exemplo, deve haver algum tipo de transformação que converte **<employee>** em **<worker>** e **<employeeId>** em **<id>**. Este é o papel do XSLT.

A Figura 22.1 mostra como XSLT funciona. No núcleo está um processador XSLT que lê a fonte XML e usa um stylesheet para transformar um documento XML em outra coisa.

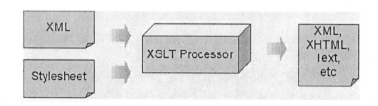

Figura 22.1: Como XSLT funciona

Um stylesheet XSL é um arquivo XML com um extensão xsl ou xslt. O elemento raiz de um stylesheet XSL é tanto **<xsl:stylesheet>** como **<xsl:transform>**. Aqui é o esqueleto de um stylesheet XSL.

```
<?xml version="1.0" encoding="UTF-8"?>
<xsl:stylesheet version="1.0"
    xmlns:xsl="http://www.w3.org/1999/XSL/Transform">


    ...


</xsl:stylesheet>
```

O elemento **xsl:stylesheet** tem dois atributos nesse caso. O primeiro atributo declara a versão, que atualmente é 1.0. O segundo atributo declara o namespace XML. Ele aponta o namespace oficial W3C XSLT. O prefixo **xsl** é preferível para um stylesheet XSL mas poderia ser qualquer coisa que você quisesse.

A lista dos elementos pode ser encontrada na especificação. Aqui temos alguns dos mais importantes:

- **xsl:template.** Define um template. Seu atributo **match** associa o template a um elemento na fonte XML. Por exemplo, esse elemento **xsl:template** combina a raiz da fonte XML:

```
<xsl:template match="/">
```

- **xsl:value-of.** Lê o valor de um elemento XML e o acrescenta ao fluxo de saída da transformação. Você seleciona um elemento XML usando o atributo **select**. Por exemplo, a seguir temos impressões do valor do elemento name sob **<result>.**

```
<xsl:value-of select="/result/name"/>
```

- **xsl:for-each.** Itera sobre um conjunto de nós. Novamente, use o atributo **select** para especificar um elemento XML. Por exemplo, esse elemento **xsl:for-each** itera sobre os elementos **result/supplier** e imprime os detalhes de cada fornecedor e formata-os em uma tabela HTML.

```
<table>
<xsl:for-each select="/result/supplier">
<tr>
```

```
<td><xsl:value-of select="supplierName"/></td>
<td><xsl:value-of select="address"/></td>
</tr>
</xsl:for-each>
</table>
```

O TIPO DE RESULTADO XSLT

Conversão XML para XML não é a única transformação que o XSLT pode fazer. Conversão XML para XHTML é freqüentemente feita com XSLT também. Na verdade, XSLT pode transformar XML em algum texto comum.

O tipo de resultado XSLT do Struts inspeciona a Pilha de Valores e produz um XML raw com um elemento raiz **result**. Aninhados nesse elemento estão todas as propriedades action e outra informação, tais como locale. O resultado XSLT irá então usar o stylesheet XSLT fornecido para converter o XML raw a outro XML ou XHTML.

O resultado XSLT pode receber esses parâmetros:

- **stylesheetLocation.** A localização do arquivo de stylesheet.
- **excludingPattern.** Especifica elementos excluídos. Note que há um erro de digitação (não há nenhum 1 em excluding) que não foi fixado até a versão Struts 2.0.9.
- **matchingPattern.** Especifica o padrão de combinação. Por padrão ele combina tudo.
- **Parse.** Indica se o parâmetro **stylesheetLocation** deve ou não ser analisado para expressões OGNL. O valor padrão é falso.

Note que há também um parâmetro **location** deprecado que faz a mesma coisa que **stylesheetLocation.**

Nota

Por padrão, stylesheets XSLT são cached. Em modo de desenvolvimento é mais fácil se eles não existem. Você pode alterar esse comportamento configurando **struts.xslt.nocache** para true no arquivo **struts.properties.**

Considere a classe action **Product** na Listagem 22.1. A propriedade **supplier** de **Product** é do tipo **Supplier**, mostrado na Listagem 22.2.

Listagem 22.1: a Classe action Product

```java
package app22a;
import com.opensymphony.xwork2.ActionSupport;
public class Product extends ActionSupport {
   private String productId;
   private String name;
   private String description;
   private double price;
   private Supplier supplier;

   // getters e setters não são mostrados

   public String execute() {
      productId = "345";
      name = "Epson";
      description = "Super printer";
      price = 12.34;
      supplier = new Supplier();
      supplier.setSupplierId("20a");
      supplier.setName("Online Business Ltd.");
      supplier.setAddress("Oakville, Ontario");
      return SUCCESS;
   }
}
```

Note que o método **execute** popula as propriedades. Entretanto, em uma aplicação do mundo real, o dado poderia vir de qualquer lugar.

Listagem 22.2: a Classe Supplier

```java
package app22a;
public class Supplier {
   private String supplierId;
   private String name;
   private String address;

   // getters e setters não são mostrados

}
```

O resultado XSLT poderia produzir o seguinte XML raw fora de uma action **Product**.

```
<result>
  <actionErrors></actionErrors>
  <actionMessages></actionMessages>
  <description>
    <#text>Super printer</#text>
  </description>
  <errorMessages></errorMessages>
  <errors></errors>
  <fieldErrors></fieldErrors>
  <locale>
    <ISO3Country>
      <#text>USA</#text>
    </ISO3Country>
    <ISO3Language>
      <#text>eng</#text>
    </ISO3Language>
    <country>
      <#text>US</#text>
    </country>
    <displayCountry>
      <#text>United States</#text>
    </displayCountry>
    <displayLanguage>
      <#text>English</#text>
    </displayLanguage>
    <displayName>
      <#text>English (United States)</#text>
    </displayName>
    <displayVariant>
      <#text></#text>
    </displayVariant>
    <language>
      <#text>en</#text>
    </language>
    <variant>
      <#text></#text>
    </variant>
  </locale>
  <name>
    <#text>Epson</#text>
  </name>
  <price>
    <#text>12.34</#text>
  </price>
  <productId>
    <#text>345</#text>
```

```
  </productId>
  <supplier>
    <address>
      <#text>Oakville, Ontario</#text>
    </address>
    <name>
      <#text>Online Business Ltd. </#text>
    </name>
    <supplierId>
      <#text>20a</#text>
    </supplierId>
  </supplier>
  <texts>
    <#text>null</#text>
  </texts>
</result>
```

As propriedades da action são impressas em negrito.

EXEMPLO

Como um exemplo, a aplicação **app22a** caracteriza uma action que usa um resultado XSLT. A action, XSLT, converte a action **Product** para XHTML. A classe Product é a mesma classe mostrada na Listagem 22.1. A declaração action é mostrada na Listagem 22.3.

Listagem 22.3: a Declaração action

```
<package name="app22a" extends="struts-default">
  <action name="XSL" class="app22a.Product">
    <result name="success" type="xslt">
      <param name="stylesheetLocation">
        /xsl/Product.xsl
      </param>
    </result>
  </action>
</package>
```

A action XSL usa um resultado XSLT que emprega o template **Product.xsl** na Listagem 22.4.

Listagem 22.4: o Template Product.xsl

```xml
<?xml version="1.0" encoding="UTF-8"?>
<xsl:stylesheet version="1.0"
  xmlns:xsl="http://www.w3.org/1999/XSL/Transform">
  <xsl:template match="/">
  <product>
    <productName>
      <xsl:value-of select="/result/name"/>
    </productName>
    <productDescription>
      <xsl:value-of select="/result/description"/>
    </productDescription>
    <price>
      <xsl:value-of select="/result/price"/>
    </price>
    <supplierName>
      <xsl:value-of select="/result/supplier/name"/>
    </supplierName>
  </product>
  </xsl:template>
</xsl:stylesheet>
```

Você pode testar a aplicação direcionando seu browser para essa URL:

```
http://localhost:8080/app22a/XSL.action
```

O resultado é esse:

```xml
<?xml version="1.0" encoding="UTF-8"?>
<product>
  <productName>Epson</productName>
  <productDescription>Super printer</productDescription>
  <price>12.34</price>
  <supplierName>Online Business Ltd.</supplierName>
</product>
```

Nota

Uma classe **org.apache.struts2.views.xslt.XSLTResult** modificada é incluída no exemplo **app22a**. Para propósito de depuração, adicionei um método que imprimme o XML raw para o console ou o arquivo **Catalina.out**. A classe **XSLTResult** é a classe base do tipo de resultado XSLT.

Sumário

O tipo de resultado XSLT transforma objetos action para XML. O tipo de resultado não é tão comum como Dispatcher mas pode ser usado em aplicações que requerem saídas XML, tais como serviços web.

Nesse capítulo você aprendeu como isso funciona e como usar isso em suas aplicações Struts.

CAPÍTULO 23

PLUGINS

O plugin Struts provê um mecanismo elegante para promover reuso de código. Um plugin é essencialmente um JAR. Ele pode conter classes Java, templates FreeMarker ou Velocity, e um arquivo **struts-plugin.xml**. O último, se presente, pode ser usado para configurar aplicações que usam o plugin.

Neste capítulo você irá aprender como escrever plugins.

VISÃO GERAL

Struts foi desenvolvido para ser estensível através de plugins. Usar um plugin é tão fácil quanto copiar o arquivo de plugin JAR para o diretório **WEB-INF/lib.** Ao contrário de um arquivo comum JAR, um plugin pode conter um arquivo **struts-plugin.xml** que obedeça às mesmas regras de um arquivo **struts.xml**. É possível incluir parâmetros de configuração em um plugin porque Struts carrega arquivos de configuração nessa ordem:

1. O **struts-default.xml** no arquivo **struts2-core-VERSION.jar.**

2. Todos os arquivos **struts-plugin.xml** em plug-ins desenvolvidos na aplicação.

3. O arquivo **struts.xml.**

438 Struts 2 Projeto e Programação: Um Tutorial

Isso significa que você pode redefinir valores no arquivo **struts-default.xml** no seu **struts-plugin.xml,** muito embora a aplicação tenha a palavra final, já que qualquer coisa definida no arquivo **struts.xml** redefine configurações semelhantes em outros arquivos de configuração.

Você pode distribuir qualquer tipo de componente Struts em seu plugin, incluindo novos pacotes, novos tipos de resultado, interceptadores customizados, actions, novas bibliotecas de tag e outros.

O PLUGIN REGISTRY

Struts vem acompanhado de muitos plugins, incluindo o plugin tiles, o plugin JfreeChart, e o plugin SiteMesh. Entretanto, a comunidade Struts está lidando com plugins de terceiros, a maioria deles gratuito. Esse site mantém um registro de plugins Struts 2.

```
http://cwiki.apache.org/S2PLUGINS/home.html
```

desde a última pesquisa existia por volta de quarenta plugins disponíveis. Acredito que existam outros que não estejam listados aqui.

ESCREVENDO UM PLUGIN CUSTOMIZADO

Plugins são fáceis de escrever. Se você sabe como criar um arquivo JAR, você pode criar um plugin. A aplicação **app23a** contém a nova classe **CaptchaResult** de tipo de resultado discutido no Capítulo 19, "Tipos de resultado Customizado". Por favor, leia o Capítulo 19 agora, caso você ainda não o tenha feito.

O tipo de resultado CAPTCHA é baseado na classe **CaptchaResult** que estende **StrutsResultSupport.** Para que o tipo de resultado seja usado facilmente, você precisa registrá-lo em um **struts-plugin.xml**. A Listagem 23.1 mostra o arquivo XML.

Listagem 23.1: o Arquivo struts-plugin.xml

```
<?xml version="1.0" encoding="UTF-8" ?>
<!DOCTYPE struts PUBLIC
    "-//Apache Software Foundation//DTD Struts Configuration 2.0//EN"
    "http://struts.apache.org/dtds/struts-2.0.dtd">
```

```
<struts>
  <package name="captcha-default" extends="struts-default">
    <result-types>
      <result-type name="captcha"
         class="com.brainysoftware.captcha.CaptchaResult"
      />
    </result-types>
  </package>
</struts>
```

A estrutura de diretório da nossa aplicação de plugin é mostrada na Figura 23.1. Há uma classe e um arquivo XML.

Figura 23.1: A estrutura de diretório do plugin captcha

Agora, crie um JAR. A forma padrão, embora não a mais fácil, é usar o programa **jar** que vem com seu JDK seguindo os passos abaixo. Isso assume que o seu JDK tenha sido adicionado ao diretório do path para que você possa invocar o programa **jar** de qualquer lugar de seu computador.

1. Mude o diretório para o diretório onde o **struts-plugin.xml** reside.
2. Digite esse comando e pressione Enter.

```
jar -cvf captchaplugin.jar *
```

Um JAR chamado **captchaplugin.jar** será criado. Esse JAR é o seu plugin.

USANDO O PLUGIN CAPTCHA

A aplicação **app23b** ilustra como usar o plugin Captcha discutido anteriormente. Tudo o que você precisa fazer é se certificar de que o arquivo JAR seja copiado no diretório **WEB-INF/lib** da aplicação. Além disso, como os plugins usam classes no componente CAPTCHA do Brainy Software, você precisa copiar o arquivo **brainycaptcha.jar** também. Esse

440 STRUTS 2 PROJETO E PROGRAMAÇÃO: UM TUTORIAL

arquivo é distribuído com o arquivo ZIP que acompanha as aplicações de exemplo para esse livro.

Há três actions definidas em **app23b, Login_input, Login,** e **GetCaptchaImage.** Essas declarações action são mostradas na Listagem 23.2.

Listagem 23.2: Declarações action

```
<package name="app23b" extends="captcha-default">
   <action name="Login_input">
     <result>/jsp/Login.jsp</result>
   </action>

   <action name="Login" class="app23b.Login">
      <result name="success">/jsp/Thanks.jsp</result>
      <result name="input">/jsp/Login.jsp</result>
      <param name="hashCookieName">hashCookie</param>
   </action>
   <action name="GetCaptchaImage">
      <result type="captcha">
         <param name="hashCookieName">hashCookie</param>
         <param name="wordLength">6</param>
         <param name="imageWidth">90</param>
         <param name="imageHeight">25</param>
      </result>
   </action>
</package>
```

A primeira coisa que deve prender a sua atenção é o atributo **extends** do elemento **package**. Seu valor é **captcha-default**, o qual representa um pacote no plugin Captcha. Como **captcha-default** estende **struts-default**, você herda todas as configurações do último no pacote. Além disso, você pode usar o novo tipo de resultado captcha. Note que a action **GetCaptchaImage** tem um tipo de resultado captcha.

Há apenas uma classe action, a classe **Login**, que é mostrada na Listagem 23.3.

Listagem 23.3: a Classe Login

```
package app23b;
import javax.servlet.http.Cookie;
import javax.servlet.http.HttpServletRequest;
```

```
import org.apache.struts2.interceptor.ServletRequestAware;
import com.brainysoftware.captcha.CaptchaUtil;
import com.opensymphony.xwork2.ActionSupport;

public class Login extends ActionSupport
    implements ServletRequestAware {
  private String userName;
  private String password;
  private String word;
  private String hashCookieName = "hash";
  private HttpServletRequest httpServletRequest;
  public void setServletRequest(HttpServletRequest
      httpServletRequest) {
    this.httpServletRequest = httpServletRequest;
  }
  // getters e setters não são mostrados

  public String execute() {
    Cookie[] cookies = httpServletRequest.getCookies();
    String hash = null;
    for (Cookie cookie : cookies) {
      if (cookie.getName().equals(hashCookieName)) {
        hash = cookie.getValue();
        break;
      }
    }
    if (hash != null
        && userName.equals("don")
        && password.equals("secret")
        && CaptchaUtil.validate(word, hash)) {
      return SUCCESS;
    } else {
      addActionError("Login failed.");
      return INPUT;
    }
  }
}
```

Preste atenção ao método **execute**. Como ele funciona foi explicado no **Capítulo 19.** Tudo que mostrarei aqui é que o usuário pode fazer o login usando **don** e **secret** como nome de usuário e senha e digitando a palavra na imagem CAPTCHA.

A página **Login.jsp** mostra o formulário Login. Essa página é mostrada na listagem 23.4 e a **Thanks.jsp**, a página que você verá após um login bem sucedido, na Listagem 23.5.

Listagem 23.4: a Página Login.jsp

```
<%@ taglib prefix="s" uri="/struts-tags" %>
<html>
<head>
<title>Login with CAPTCHA</title>
<style type="text/css">@import url(css/main.css);</style>
</head>
<body>
<div id="global">
    <h3>Enter your user name, password, and the image word</h3>
    <s:actionerror/>
    <s:form action="Login">
      <s:textfield name="userName" label="User Name"/>
      <s:password name="password" label="Password"/>

      <tr>
        <td><img src="GetCaptchaImage.action"/></td>
        <td><s:textfield theme="simple" name="word"
    value=""/></td>
        </tr>
        <s:submit value="Login"/>
    </s:form>
</div>
</body>
</html>
```

Listagem 23.5: a Página Thanks.jsp

```
<%@ taglib prefix="s" uri="/struts-tags" %>
<html>
<head>
<title>Thank you</title>
<style type="text/css">@import url(css/main.css);</style>
</head>
<body>
<div id="global">
You're logged in.
</div>
</body>
</html>
```

Nota
Você deve copiar ambos arquivos **brainycaptcha.jar** e **captchaplugin.jar** no seu diretório **WEB-INF/lib**.

Para testar a aplicação, direcione o seu browser para essa URL:

`http://localhost:8080/app23b/Login_input.action`

Você irá ver a imagem captcha na página Login, como mostrado na Figura 23.2.

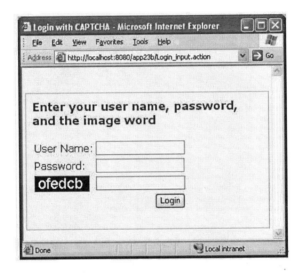

Figura 23.2: A página de login apoiada por CAPTCHA

SUMÁRIO

Struts provê uma forma elegante de distribuição de código: através de plugins. Esse capítulo mostrou como é fácil escrever e usar um.

CAPÍTULO 24

O PLUGIN TILES

Aplicações web precisam de uma aparência consistente, que você pode alcançar usando o mesmo modelo para todas as páginas. Um modelo típico tem um cabeçalho, um rodapé, um menu, uma sessão ad e um conteúdo de corpo. Normalmente, muitas partes – tais como cabeçalho, o rodapé e o menu – parecem as mesmas em todas páginas. Para suportar reutilização de código, uma parte comum pode ser implementada como um recurso externo. Você tem, então, a escolha de usar um frameset, uma tabela de modelo ou elementos div para incluir esses recursos externos. Com um frameset, você referencia cada recurso externo comum usando um frame. Se tabelas de modelos ou elementos div são usados, cada JSP em sua aplicação irá empregar vários arquivos include: um para o cabeçalho, um para o rodapé, um para o menu, um para o conteúdo de corpo e daí por diante. A tecnologia de JSP provê a diretiva **<%@include%>** para incluir arquivos static e a tag **include** (**<jsp:include>**) para incluir recursos dinâmicos. Entretanto, como será discutido na primeira sessão deste capítulo, ambos includes JSP não estão sem desvantagens. Se o modelo precisa de mudanças, você terá que alterar todos os JSPs.

Tiles supera essas falhas e adiciona mais características para habilitá-lo a fazer o modelo da página com mais facilidade e flexibilidade. Primeiro

STRUTS 2 PROJETO E PROGRAMAÇÃO: UM TUTORIAL

e mais importante, Tiles provê uma biblioteca de tag que lhe permite criar um modelo JSP que define o modelo para todos os JSPs em sua aplicação.

Mudanças em um modelo JSP serão refletidas em todos os JSPs que o referenciam. Isso significa que, apenas uma página devendo ser editada, alterará o modelo.

Além do modelo JSPs, Tiles permite escrever páginas de definição, as quais são mais poderosas que a primeira. Uma página de definição pode ter um ou dois formatos, JSP e XML.

Este capítulo ensina como fazer uso completo de Tiles, apresentando a mesma aplicação que usa Tiles.

Nota

O framework Tiles provê seus serviços através de uma série de tags na Biblioteca Tiles Tag. Tiles costumava ser um componente de Struts 1. Após ganhar popularidade, Tiles foi extraído do Struts como Tiles 2 e é agora um projeto independente do projeto Apache. Sua página na Internet é http://tiles.apache.org/ . As classes que compõem Tiles são desenvolvidas em três arquivos JAR, **tiles-core-VERSION.jar, tiles-api-VERSION.jar,** e **tiles-jsp-VERSION.jar.** Além disso, para usar Tiles sem Struts, você precisa do **struts2-tiles-plugin-VERSION.jar.** Todos esses JARs são desenvolvidos com Struts 2. Você deve copiar esses JARs para seu diretório **WEB-INF/lib.**

O PROBLEMA COM INCLUDES JSP

A Figura 24.1 mostra um modelo de página com um cabeçalho, um rodapé, um menu, uma sessão ad e um conteúdo de corpo. Todas as partes, com exceção do conteúdo de corpo, são comuns a todos os JSPs. O cabeçalho vem da página **header.jsp**, o rodapé da página **footer.jsp**, o menu da página **menu.jsp** e a sessão ad da página **ad.jsp**.

Figura 24.1: Um modelo típico de uma página web

Para alcançar uma aparência consistente, cada um de seus JSPs deve conter uma tabela de modelo tal como esta:

```html
<html>
<head><title>Page title</title></head>
<body>
<table>
<tr>
  <td colspan="3"><%@include file="header.jsp"%></td>
</tr>
<tr>
  <td width="120"> <%@include file="menu.jsp"%></td>
  <td>

  body content

  </td>
  <td width="120"> <%@include file="ad.jsp"%></td>
</tr>
<tr>
  <td colspan="3"><%@include file="footer.jsp"%></td>
</tr>
</table>
</body>
</html>
```

Nota

Uma tabela de modelo é usada apenas para ilustração. Você deve sempre usar CSS ao invés dela.

Com essa abordagem, o que diferencia um JSP do outro é o conteúdo de corpo.

Agora, o que ocorre se você altera o modelo? Por exemplo, e se você quiser ampliar o menu de 30 pixels? Ou, e se você quiser que o ad apareça no topo do menu? Isso iria requerer alteração em todos os seus JSPs, o que, é claro, é algo tedioso e suscetível a erros. Tiles pode ajudar a resolver esse problema.

Modelos de Tiles e Definições

Esta seção explica como Tiles resolve os problemas com includes JSP ao definir um modelo de página. Há dois conceitos explicados nesta seção, modelo e definição.

A página de modelo

Uma página de modelo é um template JSP que define um modelo. Você pode ter a quantidade de modelos JSP que você achar necessário. Cada JSP que precisa usar o modelo irá apenas precisar referenciar o modelo indiretamente. Se você precisar alterar o modelo de toda a aplicação, você precisa apenas alterar um arquivo, o modelo JSP.

Nota

JSPs que precisam usar um modelo não referenciam diretamente à página de modelo. Ao invés disso, eles se referem a uma definição que referencia a página de modelo. Você irá aprender mais sobre definições Tiles na próxima sub-seção.

Um exemplo de um modelo JSP é mostrado na Listagem 24.1. O JSP é denominado **MyLayout.jsp**.

Listagem 24.1: o Modelo JSP do Tiles MyLayout.jsp

```
<%@ taglib uri="http://tiles.apache.org/tags-tiles"
prefix="tiles"%>
<html>
<head>
<title><tiles:getAsString name="pageTitle"/></title>
<style type="text/css">@import url(css/main.css);</style>
</head>
<body>
   <tiles:insertAttribute name="header"/>
   <tiles:insertAttribute name="body"/>
   <tiles:insertAttribute name="footer"/>
</body>
</html>
```

Há duas tags da Biblioteca Tiles Tag usadas aqui, **insertAttribute** e **getAsString**, a tag **insertAttribute** define um ponto de insert no qual um

CAPÍTULO 24 – O PLUGIN TILES   449

atributo será inserido. O atributo **name** especifica o nome lógico do recurso que será inserido.

A lista de atributos para **insertAttribute** é mostrada na Tabela 24.1.

A tag **getAsString** especifica uma variável cujo valor **String** será passado por objetos referenciando o modelo JSP. Você poderia imaginar que à tag **getAsString,** na Listagem 24.1, poderia ser passado um título diferente de página por cada JSP usando esse modelo.

Tabela 24.1: Atributos da tag insertAttribute

Atributo	Tipo	Descrição
name	String	O nome do atributo para inserir. Ele será ignorado se o atributo **value** estiver presente.
value	String	O objeto atributo a renderizar.
flush	boolean	Um valor true causa o fluxo de saída da página corrente a ser enviado antes da inserção.
ignore	boolean	O valor **true** indica que nenhuma exceção será gerada se o atributo especificado pelo atributo **name** não puder ser encontrado.
role	String	Especifica o papel ao qual o usuário corrente deve pertencer a fim de que essa tag seja executada.
prepare	String	O nome qualificado completamente do preparer.

A lista completa de atributos getAsString é mostrada na Tabela 24.2.

Tabela 24.2: Atributos da tag getAsString

Atributo	Tipo	Descrição
name	String	Um atributo requerido que especifica o nome do atributo.
ignore	boolean	O valor **true** indica que nenhuma exceção será gerada se o atributo especificado pelo atributo **name** não puder ser encontrado. O valor default para esse atributo é false.
role	String	Especifica o papel ao qual o usuário corrente deve pertencer a fim de que essa tag seja executada.

Definições Tiles

A segunda coisa que você precisa entender antes de usar Tiles é sobre definições. Uma definição é um modelo entre uma página de modelo e um

JSP usando o modelo. Em Struts, uma definição Tiles corresponde a uma apresentação. A apresentação é normalmente um JSP, mas Velocity ou FreeMarker também podem ser usadas.

Por analogia, uma página de modelo é como uma interface Java e uma página de definição é uma classe base que provê implementações de método default da interface. Qualquer classe Java que precise implementar a interface pode estender a classe base, tal que a classe não precise implementar um método ao menos que ela precise redefinir o default. Pelo mesmo token, um JSP referencia uma página de definição ao invés de um modelo JSP. O diagrama da Figura 12.2 provê comparação entre herança Java e modelos de Tiles e páginas de definição.

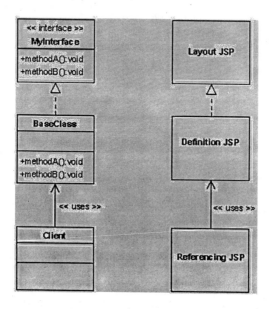

Figura 24.2: Comparando herança Java e modelos de Tiles e definição

Definições Tiles são definidas em um arquivo **tiles.xml** localizado no diretório **WEB-INF** de sua aplicação Struts. Um arquivo **tiles.xml** deve estar de acordo com o arquivo DTD definido na seguinte declaração DOCTYPE que deve preceder o elemento raiz:

```
<!DOCTYPE tiles-definitions PUBLIC
   "-//Apache Software Foundation//DTD Tiles Configuration 2.0//EN"
   "http://struts.apache.org/dtds/tiles-config_2_0.dtd">
```

CAPÍTULO 24 – O PLUGIN TILES   451

O elemento raiz para um arquivo de definição Tiles é **tiles-definition**. Abaixo dele você escreve um ou mais elementos **definition**, cada qual com uma definição.

Esta é uma definição que referencia a página **MyLayout.jsp**.

```
<definition name="MyDefinition" template="/jsp/MyLayout.jsp"/>
```

O atributo **name** especifica o nome que será usado por uma apresentação para referenciar essa definição. O atributo **template** especifica o template ou página de modelo. No exemplo acima, o nome de definição é **MyDefinition** e a página de modelo é **MyLayout.jsp.**

Um elemento **definition** é útil apenas se ele contém um ou vários elementos **put-attribute**. Um elemento **put-attribute** é usado para passar um valor à página de modelo referenciado pela definição. Por exemplo, os elementos **definition** abaixo usam a página **MyLayout.jsp** e passam quatro valores:

```
<definition name="Product" template="/jsp/MyLayout.jsp">
   <put-attribute name="pageTitle" value="Product Info"/>
   <put-attribute name="header" value="/jsp/Header.jsp"/>
   <put-attribute name="footer" value="/jsp/Footer.jsp"/>
   <put-attribute name="body" value="/jsp/Product.jsp"/>
</definition>

<definition name="Thanks" template="/jsp/MyLayout.jsp">
   <put-attribute name="pageTitle" value="Thank You"/>
   <put-attribute name="header" value="/jsp/Header.jsp"/>
   <put-attribute name="footer" value="/jsp/Footer.jsp"/>
   <put-attribute name="body" value="/jsp/Thanks.jsp"/>
</definition>
```

A definição **Product** passa "Product Info" à tag **getAsString** na página **MyLayout.jsp** e insere o **Header.jsp**, **Footer.jsp**,e **Product.jsp** ao cabeçalho, rodapé, tags de corpo **insertAttribute**, respectivamente. A definição **Thanks** passa "Thank you" à tag **getAsString** e insere o **Header.jsp, Footer.jsp,** e **Thanks.jsp** ao cabeçalho, rodapé, tags de corpo **insertAttribute**, respectivamente.

Um resultado Struts que precise encaminhar a uma definição pode referenciá-lo pelo seu nome, como esse:

```
<action name="Product_input">
  <result name="success" type="tiles">Product</result>
</action>
<action name="Product_add">
  <result name="success" type="tiles">Thanks</result>
</action>
```

Esses resultados tiles contrastam com resultados dispatcher que encaminham a um JSP.

Plugin Tiles Struts

O plugin Struts tiles é indicado para habilitar o uso de Tiles em aplicações Struts. Você precisa fazer o seguinte para usar Tiles:

1. Copiar os Tiles JARs (tiles-core-VERSION.jar, tiles-api-VERSION.jar, tiles-jsp-VERSION.jar) e os arquivos struts2-tiles-plugin-VERSION.jar em WEB-INF/lib.

2. Registrar o **StrutsTilesListener** em seu arquivo **web.xml.**

```
<listener>
  <listener-class>
    org.apache.struts2.tiles.StrutsTilesListener
  </listener-class>
</listener>
```

3. Estender o pacote **tiles-default** em seu pacote ou definir o seguinte em seu pacote.

```
<result-types>
  <result-type name="tiles"
    class="org.apache.struts2.views.tiles.TilesResult"/>
</result-types>
```

4. Usar resultados tiles em suas actions.

Agora vamos olhar para um exemplo:

Exemplo de Struts Tiles

A aplicação **app24a** tem duas actions, **Product_input** e **Product_add.** A Figura 24.3 mostra a estrutura de diretório dessa aplicação.

As declarações action para essa aplicação são mostradas na Listagem 24.2.

Listagem 24.2: Declarações action

```
<package name="app24a" extends="tiles-default">
  <action name="Product_input">
    <result name="success" type="tiles">Product</result>
  </action>
  <action name="Product_add">
    <result name="success" type="tiles">Thanks</result>
  </action>
</package>
```

Figura 24.3: A estrutura de diretório app24a

As actions se parecem com qualquer action comum, exceto que seus resultados são do tipo **tiles**. Também, ao invés de encaminhar a JSPs, esses resultados encaminham a definições. As definições **Product** e **Thanks** são definidas no arquivo tiles.xml mostrado na Listagem 24.3.

Listagem 24.3: o Arquivo tiles.xml

```
<?xml version="1.0" encoding="ISO-8859-1" ?>
<!DOCTYPE tiles-definitions PUBLIC
  "-//Apache Software Foundation//DTD Tiles Configuration 2.0//EN"
  "http://struts.apache.org/dtds/tiles-config_2_0.dtd">
```

454 STRUTS 2 PROJETO E PROGRAMAÇÃO: UM TUTORIAL

```
<tiles-definitions>
  <definition name="Product" template="/jsp/MyLayout.jsp">
    <put-attribute name="pageTitle" value="Product Input"/>
    <put-attribute name="header" value="/jsp/Header.jsp"/>
    <put-attribute name="footer" value="/jsp/Footer.jsp"/>
    <put-attribute name="body" value="/jsp/Product.jsp"/>
  </definition>

  <definition name="Thanks" template="/jsp/MyLayout.jsp">
    <put-attribute name="pageTitle" value="Thank You"/>
    <put-attribute name="header" value="/jsp/Header.jsp"/>
    <put-attribute name="footer" value="/jsp/Footer.jsp"/>
    <put-attribute name="body" value="/jsp/Thanks.jsp"/>
  </definition>

</tiles-definitions>
```

Ambas as definições usam a página **MyLayout.jsp** como seu template. É evidente que os resultados associados à action **Product_input** serão encaminhados à página **MyLayout.jsp** usando os atributos especificados na definição **Product**. A action **Product_add**, por outro lado, será encaminhada ao mesmo template usando os atributos especificados na definição **Thanks.**

A página **MyLayout.jsp** é a mesma da mostrada na Listagem 24.1 mas reimpressa na Listagem 24.4 para conveniência de leitura.

Listagem 24.4: a Página MyLayout.jsp

```
<%@ taglib uri="http://tiles.apache.org/tags-tiles"
prefix="tiles"%>
<html>
<head>
<title><tiles:getAsString name="pageTitle"/></title>
<style type="text/css">@import url(css/main.css);</style>
</head>
<body>
  <tiles:insertAttribute name="header"/>
  <tiles:insertAttribute name="body"/>
  <tiles:insertAttribute name="footer"/>
</body>
</html>
```

Os outros JSPs são mostrados na Listagem 24.5 a 24.8.

Listagem 24.5: a Página Product.jsp

```
<%@ taglib prefix="s" uri="/struts-tags" %>
<div id="global">
  <h3>Add Product</h3>
  <s:form action="Product_add">
    <s:textfield name="name" label="Product Name"/>
    <s:textfield name="description" label="Description"/>
    <s:textfield name="price" label="Price"/>
    <s:submit/>
  </s:form>
</div>
```

Listagem 24.6: a Página Thanks.jsp

```
<%@ taglib prefix="s" uri="/struts-tags" %>
<div id="global">
The product has been added.
</div>
```

Listagem 24.7: a Página Header.jsp

```
<div style="border:1px solid black;height:60px;background:#dedede">
<h1>Administration Page</h1>
</div>
```

Listagem 24.8: a Página Footer.jsp

```
<div style="text-align:right;border:1px solid black">
&copy;2008 Company Co.
</div>
```

Você pode executar a aplicação invocando esta URL:

```
http://localhost:8080/app24a/Product_input.action
```

A Figura 24.4 mostra como o modelo é renderizado.

Figura 24.4: Tiles em action

O mesmo modelo consistente é usado para a action **Product_add**, como mostrado na Figura 24.5.

Figura 24.5: A página Thank you

SUMÁRIO

Tiles ajuda desenvolvedores Struts a criar uma aparência consistente por intermédio de uma aplicação. Tiles, que é vastamente superior às includes JSPs, permite que você escreva páginas de modelo e definições. Este capítulo tem o intuito de ser uma breve introdução a Tiles 2. Para mais detalhes em Tiles, consulte a documentação em sua página na Internet http://tiles.apache.org/.

Capítulo 25

Plugins JfreeChart

JfreeChart é uma biblioteca open-source Java para criação de gráficos. Graças a dois plugins discutidos neste capítulo, você também pode se beneficiar da força dessa biblioteca popular. Esse capítulo é focado em como usar o plugin e não um tutorial no próprio JfreeChart, muito embora uma breve introdução seja mostrada.

JfreeChart deve ser obtido separadamente, já que sua licença LPGL não permite que ele seja distribuído com Struts. Informação sobre como fazer o seu download está disponível em sua página na Internet:

```
http://www.jfree.org/jfreechart
```

O componente JFreeChart é empacotado em um arquivo JAR denominado **jfreechart-VERSION.jar**. Além desse arquivo JAR, você precisa do arquivo **jcommon-VERSION.jar** que contém dependências necessitadas pelo JfreeChart. O último é incluído no pacote JfreeChart, logo, você não precisa fazer o download do Jcommon separadamente.

Este capítulo explica o plugin JfreeChart padrão que vem com Struts e um plugin mais flexível do BrainySoftware que escrevi.

A API JFreeChart

Esta seção discute os tipos mais importantes na API. A lista completa pode ser encontrada aqui:

```
http://www.jfree.org/jfreechart/api/javadoc/index.html
```

A Classe JFreeChart

JFreeChart é uma classe no pacote **org.jfree.chart.** Um objeto **JfreeChart** representa um gráfico (chart). Quando usar o plugin JfreeChart em sua aplicação Struts, você produz um gráfico criando uma instância desta classe.

Por exemplo, você pode criar uma instância de **JfreeChart**, portanto um gráfico web, apenas tendo uma instância de **Plot**, o qual será discutido na próxima sub-sessão. Aqui estão os construtores de **JfreeChart.**

```
public JFreeChart(Plot plot)
```

```
public JFreeChart(java.lang.String title, Plot plot)
```

```
public JFreeChart(java.lang.String title, java.awt.Font titleFont,
    Plot plot, boolean createLegend)
```

Plot

Essa classe abstract é o membro principal do pacote **org.jfree.chart.plot**. Uma instância de **Plot** representa uma plotagem que desenha um gráfico. Há várias subclasses de **Plot** que você pode usar, uma das quais você irá ver na aplicação **app25b**.

Usando o plugin padrão

Struts vem com um plugin que usa JfreeChart. Para usá-lo, siga esses passos:

1. Faça o download do componente JfreeChart e copie os arquivos **jfreechart-VERSION.jar** e **jcommon-VERSION.jar** em seu diretório de aplicação **WEB-INF/lib.**

2. Copie o arquivo struts-jfreechart-plugin-VERSION.jar no diretório WEB-INF/lib.

3. Tenha certeza que seu pacote Struts estende **jfreechart-default**.

4. Use chart como o tipo de resultado e passe os parâmetros **width** e **height** ao resultado.

5. Sua classe action deve ter uma propriedade **chart** que retorna o objeto **jFreeChart** a ser exibido.

O plugin envia o gráfico como uma imagem PNG. Você pode querer usar o elemento **img** para requisitá-lo, tal que você possa incluir o gráfico em uma página HTML.

O plugin aceita dois parâmetros, **width** e **height**, para dar a você uma oportunidade de mudar o tamanho do gráfico, o qual por default é 200px X 150px.

Como um exemplo, a aplicação **app25a** mostra uma action que usa JfreeChart. As declarações action para a aplicação são mostradas na Listagem 25.1.

Listagem 25.1: as Declarações action

```
<package name="chart" extends="jfreechart-default">
  <action name="chart" class="app20a.GetChartAction">
    <result name="success" type="chart">
      <param name="width">400</param>
      <param name="height">300</param>
    </result>
  </action>
</package>
<package name="app25a" extends="struts-default">
  <action name="main">
    <result name="success">/jsp/Main.jsp</result>
  </action>
</package>
```

Há duas actions aqui. A action **chart** é parte do pacote **chart** que estende **jfreechart-default**. Essa é a action que recupera o gráfico. Você pode invocar essa action você mesmo para ver rapidamente o gráfico resultante.

A segunda action, **main**, mostra um JSP que contém um elemento **img** cuja fonte referencia a action **chart**. Note que ambas actions estão contidas em pacotes diferentes. Tem que ser assim porque **jfreechart-default** não estende **struts-default,** logo apenas resultados chart são permitidos sob **jfreechart-default**.

462 STRUTS 2 PROJETO E PROGRAMAÇÃO: UM TUTORIAL

A classe **GetChartAction** é mostrada na Listagem 25.2 e a página **Main.jsp** na Listagem 25.23.

Listagem 25.2: a Classe GetChartAction

```
package app25a;
import org.jfree.chart.JFreeChart;

import org.jfree.chart.axis.NumberAxis;
import org.jfree.chart.axis.ValueAxis;
import org.jfree.chart.plot.XYPlot;
import org.jfree.chart.renderer.xy.StandardXYItemRenderer;
import org.jfree.data.xy.XYSeries;
import org.jfree.data.xy.XYSeriesCollection;
import com.opensymphony.xwork2.ActionSupport;

public class GetChartAction extends ActionSupport {

    private JFreeChart chart;

    public String execute() throws Exception {
        ValueAxis xAxis = new NumberAxis("Input Increase");
        ValueAxis yAxis = new NumberAxis("Production");
        XYSeries xySeries = new XYSeries(new Integer(1));
        xySeries.add(0, 200);
        xySeries.add(1, 300);
        xySeries.add(2, 500);
        xySeries.add(3, 700);
        xySeries.add(4, 700);
        xySeries.add(5, 900);

        XYSeriesCollection xyDataset =
            new XYSeriesCollection(xySeries);

        // cria XYPlot
        XYPlot xyPlot = new XYPlot(xyDataset, xAxis, yAxis,
            new StandardXYItemRenderer(
                StandardXYItemRenderer.SHAPES_AND_LINES));
        chart = new JFreeChart(xyPlot);
        return SUCCESS;
    }
    public JFreeChart getChart() {
        return chart;
    }
}
```

Listagem 25.3: a Página Main.jsp

```
<%@ taglib prefix="s" uri="/struts-tags" %>
<html>
<head>
<style type="text/css">
img {
   float:right;
   margin:0 0 15px 20px;
   padding:15px;
   text-align:center;
}
</style>
</head>
<body>
<s:url action="chart" id="url"/>
<img src="<s:property value="url"/>"/>
<p>
XML is an open standard for data exchange as well as the

...

</p>
</body>
</html>
```

Para testar o plugin, direcione o seu browser para essa URL:

```
http://localhost:8080/app25a/main.action
```

A Figura 25.1 mostra o resultado.

Há duas coisas no plugin JfreeChart das quais realmente não gosto e que me incentivaram a escrever o meu próprio plugin, o plugin BrainSoftware JfreeChart. A primeira é o fato de que **jfreechart-default** não estende **struts-default**. A segunda é o fato de que alterar um tamanho de chart requer atualização do arquivo de configuração do Struts. O tamanho exato está geralmente nas mãos do projetista gráfico e, se ele ou ela pôde mudar o tamanho da imagem sem ter que aborrecer o administrador da aplicação, este deve ser uma característica bastante convincente.

Usando o Plugin BrainySoftware JfreeChart

Como o plugin JfreeChart padrão, o plugin JfreeChart BrainySoftware é um componente livre que pode ser usado em ambientes não-comerciais e comerciais. Ao contrário do plugin padrão, entretanto, o plugin JfreeChart BrainySoftware, o qual é incluído no ZIP que contém aplicações exemplo para esse livro, estende **struts-default** e permite ao projetista gráfico mudar o tamanho do gráfico sem a ajuda de um programador.

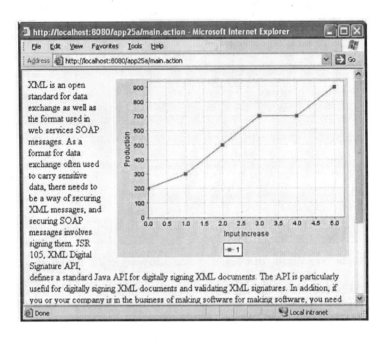

Figura 25.1: JfreeChart em funcionamento

Usá-lo também não é pior que o plugin padrão, você precisa apenas seguir esses passos:

1. Fazer o download do componente JfreeChart e copiar os arquivos **jfreechart-VERSION.jar** e **jcommon-VERSION.jar** no diretório **WEB-INF/lib**.
2. Copiar o arquivo brainyfreechartplugin.jar no diretório WEB-INF/lib.
3. Garantir que seu pacote Struts **estenda brainyjfreechart-default**.

4. Usar **brainyjfreechart** como o tipo de resultado.

5. Sua classe action deve ter uma propriedade **chart** que retorna o objeto **JfreeChart** a ser exibido. Opcionalmente, você pode ter propriedades **chartWidth** e **chartHeight** para determinar o tamanho do gráfico.

Aplicação **app25b** mostra uma action que usa o plugin JfreeChart do Brainy Software. As declarações action são mostradas na Listagem 25.4.

Listagem 25.4: Declarações action para app25b

```
<package name="app25b" extends="brainyjfreechart-default">
  <action name="chart" class="app20b.GetBrainyChartAction">
    <result name="success" type="brainyjfreechart"/>
  </action>
  <action name="main">
    <result name="success" type="dispatcher" >
      /jsp/Main.jsp
    </result>
  </action>
</package>
```

A classe action é mostrada na Listagem 25.5. Ela é semelhante àquela da Listagem 25.2, entretanto, ela tem duas propriedades adicionais, **chartWidth** e **chartHeight**.

Listagem 25.5: a Classe GetBrainyChartAction

```
package app25b;
import org.jfree.chart.JFreeChart;
import org.jfree.chart.axis.NumberAxis;
import org.jfree.chart.axis.ValueAxis;
import org.jfree.chart.plot.XYPlot;
import org.jfree.chart.renderer.xy.StandardXYItemRenderer;
import org.jfree.data.xy.XYSeries;
import org.jfree.data.xy.XYSeriesCollection;
import com.opensymphony.xwork2.ActionSupport;

public class GetBrainyChartAction extends ActionSupport {
    private JFreeChart chart;
    private int chartWidth = 250;
    private int chartHeight = 300;
```

```
public String execute() {
  ValueAxis xAxis = new NumberAxis("Input Increase");
  ValueAxis yAxis = new NumberAxis("Production");
  XYSeries xySeries = new XYSeries(new Integer(1));
  xySeries.add(0, 200);
  xySeries.add(1, 300);
  xySeries.add(2, 500);
  xySeries.add(3, 700);
  xySeries.add(4, 700);
  xySeries.add(5, 900);

  XYSeriesCollection xyDataset =
      new XYSeriesCollection(xySeries);

  // create XYPlot
  XYPlot xyPlot = new XYPlot(xyDataset, xAxis, yAxis,
    new StandardXYItemRenderer(
      StandardXYItemRenderer.LINES));
  chart = new JFreeChart(xyPlot);
  return SUCCESS;
}

// getters e setters não são mostrados

}
```

Invoque essa URL para testar a aplicação:

```
http://localhost:8080/app25b/main.action
```

Figura 25.2 mostra o resultado.

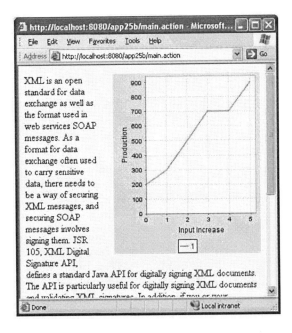

Figura 25.2: Usando plugin JfreeChart BrainySoftware

SUMÁRIO

JfreeChart é uma biblioteca open-source poderosa para geração de gráficos. Para usá-la em Struts, você precisa de um plugin. No mínimo dois plugins JfreeChart estão disponíveis, o padrão que vem com Struts e uma versão para download de brainysoftware.com. Esse capítulo mostrou como usar ambos.

CAPÍTULO 26

CONFIGURAÇÃO ZERO

Configurar Struts é fácil, mas é possível simplesmente não configurá-lo. Em outras palavras, configuração zero. Ao contrário de mapeamento de actions e resultados no arquivo **struts.xml**, você anota a classe action. E se você está cansado de anotações, pode usar o plugin CodeBehing para gerenciar isso.

Nota

Apêndice C, "Anotações", explica anotações.

Este capítulo explica configuração zero e o plugin CodeBehind.

CONVENÇÕES

Como você não tem um arquivo de configuração se você decide seguir a maneira da configuração zero, você irá precisar informar Struts como encontrar suas classes actions. Você faz isso informando ao Struts os pacotes Java das classes action usadas em sua aplicação incluindo, em seu arquivo **web.xml**, um parâmetro inicial **actionPackages** ao *filter dispatcher* do Struts. Como este:

```
<filter>
  <filter-name>struts2</filter-name>
  <filter-class>
    org.apache.struts2.dispatcher.FilterDispatcher
  </filter-class>
  <init-param>
    <param-name>actionPackages</param-name>
    <param-value>app26a,com.example</param-value>
  </init-param>
</filter>
```

O valor do parâmetro **actionPackages** é uma lista delimitada por vírgula de pacotes que Struts precisa varrer para classes action. No exemplo acima, Struts irá varrer o pacote **app26a** e seus sub-pacotes assim como o pacote **com.example** e seus sub-pacotes.

Uma classe action de uma aplicação de configuração zero deve implementar a interface **com.opensymphony.xwork2.Action** (ou estendendo **com.opensymphony.xwork2.ActionSupport**) ou tem um sufixo **Action** em seu nome. Por exemplo, uma classe POJO denominada **CustomerAction** irá estar de acordo. Uma classe filha de **ActionSupport** denominada **User** também será aceitável.

Agora, como sem um arquivo **struts.xml** você não pode dar um nome a action, você confia em Struts para fazer isso. Qual nome o Struts dá a sua action? O nome da action será o mesmo do nome da classe action após a primeira letra do nome da classe convertida para letra minúscula e seu sufixo **Action**, se algum é removido. Portanto, o nome da action para uma classe action denominada **EmployeeAction** será **employee**, e você pode invocá-lo usando a URI **employee.action.**

É claro que você deve também levar em conta o namespace. Se uma classe action não é um membro de um pacote passado ao parâmetro **actionProperties**, mas invés um membro de seu sub-pacote, a parte do no nome do sub-pacote não está no parâmetro **actionPackages** será o namespace. Por exemplo, se **com.example** é passado ao parâmetro **actionPackages**, a classe action **com.exemple.action.CustomerAction** será acessível através dessa URI:

```
/action/customer.action
```

Anotações

Seguindo as convenções explicadas na seção anterior, você pode invocar classes action em sua aplicação de configuração zero. Mas, espere, Struts ainda não sabe quais resultados estão associados àquelas classes action. Nessa hora, você precisa anotar, usando os tipos de anotação discutidos nesta seção.

@Result

O tipo de anotação **org.apache.struts2.config.Result** é usado para definir um resultado da action. Ele tem esses elementos, dos quais apenas **value** é requerido.

- **name.** O nome do resultado que corresponde ao valor de retorno do método action.
- **params.** Uma matriz de **Strings** usada para passar parâmetros ao resultado.
- **type.** A classe do tipo de resultado cuja instância irá controlar o resultado.
- **value.** O valor passado ao resultado.

Por exemplo, a classe action na Listagem 26.1 é anotada **@Result**.

Listagem 26.1: a Classe action Customer

```
package app26a;
import org.apache.struts2.config.Result;
import
org.apache.struts2.dispatcher.ServletDispatcherResult;
import com.opensymphony.xwork2.ActionSupport;

@Result(name="success", value="/jsp/Customer.jsp",
    type=ServletDispatcherResult.class)
public class Customer extends ActionSupport {
  public String execute() {
    System.out.println("Help I'm being executed...");
    return SUCCESS;
  }
}
```

472 STRUTS 2 PROJETO E PROGRAMAÇÃO: UM TUTORIAL

A anotação na Listagem 26.1 indica ao Struts que, se o método action retorna "success", Struts deve criar um instância de **ServletDispatcherResult** e passar à instância "/jsp/Customer.jsp." A classe **ServletDispatcherResult** é a classe fundamental para o tipo de resultado Dispatcher. Praticamente, isso significa o mesmo que:

```
<result name="success" type="dispatcher">/jsp/Customer.jsp</result>
```

Você pode usar essa URL para testá-la:

```
http://localhost:8080/app26a/customer.action
```

Nota

Quando adotar configuração zero, você precisa estar familiarizado com as classes fundamentais para os tipos de resultados acompanhados, não apenas de seus nomes curtos. Você pode verificar os nomes de classe no Apêndice A.

@Results

Se um método action pode retornar um de dois valores, digo "success" ou "input," você não pode usar duas anotações **Result**. Ao invés, use **@Results**. A sintaxe para esse tipo de anotação é:

```
@Results({ @Result-1, @Result-2, … @Result-n })
```

Por exemplo, a classe action **Supplier** na Listagem 26.2 pode retornar "success" ou "error". Ela é anotada como **@Results**.

Listagem 26.2: a Classe action Supplier

```
package app26a;
import org.apache.struts2.config.Result;
import org.apache.struts2.config.Results;
import
org.apache.struts2.dispatcher.ServletDispatcherResult;
import com.opensymphony.xwork2.ActionSupport;

@Results({
  @Result(name="success", value="/jsp/Customer.jsp",
    type=ServletDispatcherResult.class),
  @Result(name="error", value="/jsp/Error.jsp",
```

CAPÍTULO 26 – CONFIGURAÇÃO ZERO   473

```
        type=ServletDispatcherResult.class)
})

public class Supplier extends ActionSupport {
    private String name;
    public String execute() {
        if (name == null || name.length() < 4) {
            return ERROR;
        } else {
            return SUCCESS;
        }
    }
    // getter e setter não são mostrados
}
```

Para testar a classe, use uma das seguintes URLs:

```
http://localhost:8080/app26a/supplier.action
http://localhost:8080/app26a/supplier.action?name=whatever
```

@Namespace

Use esse tipo de anotação para redefinir a convenção namespace. Ela tem um elemento, **value**, que especifica o namespace para a classe anotada.

Por exemplo, o valor **actionPackages** e **app26a** é **app26a.** Por convenção, o namespace da classe action **app26a.admin.action.EditCustomer** será **/admin/action**, e a classe pode ser invocada usando essa URI: **/admin/action/editCustomer.action.** Para redefini-lo, use o tipo de anotação **Namespace**.

Como um exemplo, a classe **EditCustomer** na Listagem 26.3 é anotado **@Namespace**. Como o valor da anotação é "/," ele pode ser invocado usando essa URI: **/editCustomer.action.**

Listagem 26.3: a Classe action EditCustomer

```
package app26a.admin.action;
import org.apache.struts2.config.Namespace;
import org.apache.struts2.config.Result;
import org.apache.struts2.dispatcher.ServletDispatcherResult;
import com.opensymphony.xwork2.ActionSupport;
```

```
@Result(name="success", value="/jsp/Customer.jsp",
   type=ServletDispatcherResult.class)
@Namespace(value="/")
public class EditCustomer extends ActionSupport {
}
```

Você pode invocar a action **editCustomer** usando essa URL:

```
http://localhost:8080/app26a/editCustomer.action
```

Conseqüentemente, você pode não mais usar essa URL para invocar a action **editCustomer.**

```
http://localhost:8080/app26a/admin/action/editCustomer.action
```

@ParentPackage

Use esse tipo de anotação para herdar um pacote Xwork ao invés de **struts-default**. Por exemplo, essa anotação indica que a action pertence ao pacote **captcha-default;**

```
@ParentPackage(value="struts-default")
```

O PLUGIN CODEBEHIND

O plugin CodeBehind faz duas coisas:

1. Provê mapeamentos para actions sem nenhuma classe action.
2. Encontra Forward Views para classes action sem anotações @**Result** explícitas.

Para usar esse plugin, você deve primeiro copiar o arquivo **struts-codebehind-plugin-VERSION.jar** em seu diretório **WEB-INF/lib.**

Você ainda precisa passar um parâmetro inicial **actionPackages** em seu arquivo **web.xml** tal que o Struts possa encontrar classes action default.

Por exemplo, a aplicação **app26b** mostra como usar o plugin CodeBehind. Para o *filter dispatcher*, nós passamos um parâmetro inicial **actionPackages**, como mostrados na Listagem 26.4.

Listagem 26.4: a Declaração filter

```
<filter>
  <filter-name>struts2</filter-name>
  <filter-class>
    org.apache.struts2.dispatcher.FilterDispatcher
  </filter-class>
  <init-param>
    <param-name>actionPackages</param-name>
    <param-value>app26b</param-value>
  </init-param>
</filter>
```

A classe Login na Listagem 26.5 é uma classe action em **app26b.** Ao usar o plugin CodeBehind, a action Login será capaz de encaminhar ao JSP correto após a action é executada.

Listagem 26.5: a Classe action Login

```
package app26b;
import com.opensymphony.xwork2.ActionSupport;

public class Login extends ActionSupport {
  private String userName;
  private String password;
  public String execute() {
    if (userName != null && password != null
        && userName.equals("don")
        && password.equals("secret")) {
      return SUCCESS;
    } else {
      return INPUT;
    }
  }

  // getters e setters não são mostrados
}
```

O método action (**execute**) retorna tanto "input" quanto "success". Como tal, o JSP encaminhado deverá ser tanto **login-input.jsp** quanto **login-success.jsp.** Esses JSPs são mostrados na Listagem 26.6 e 26.7. Note que, na Listagem 26.6, porque não há nenhuma declaração action explícita, você precisa passar a URI e não um nome action ao atributo **action** do formulário.

Listagem 26.6: a Página login-input.jsp

```
<%@ taglib prefix="s" uri="/struts-tags" %>
<html>
<head>
<title>Login</title>
<style type="text/css">@import url(css/main.css);</style>
</head>
<body>
<div id="global" style="width:400px">
   <h3>Enter your user name and password</h3>
   <s:form action="login.action">
      <s:textfield name="userName" label="User Name"/>
      <s:password name="password" label="Password"/>
      <s:submit value="Login"/>
   </s:form>
</div>
</body>
</html>
```

Listagem 26.7: a Página login-success.jsp

```
<html>
<head>
<title>CodeBehind</title>
</head>

<body>
You're logged in.
</body>
</html>
```

Para testar a aplicação, direcione seu browser para essa URL:

```
http://localhost:8080/app26b/login-input.action
```

O plugin codeBehind irá contestar, invocar a action **Login**, e encaminhar à página **login-input**. O resultado é mostrado na Figura 26.1.

Figura 26.1: A página login-input.jsp

Quando você envia o formulário, os valores dos campos são enviados a essa URL:

http://localhost:8080/app26b/login.action

SUMÁRIO

Este capítulo discutiu a propriedade configuração zero em Struts que pode combinar uma URL com uma classe action. Essa propriedade não combina actions e resultados, entretanto, e por último, você precisa do plugin CodeBehind.

CAPÍTULO 27

AJAX

O plugin Struts Dojo vem com o conjunto de ferramentas Dojo, um framework JavaScript open-source, e provê tags customizadas para construir componentes AJAX sem muito esforço. Graças a esse plugin, você pode até usar AJAX mesmo se você não souber nada sobre JavaScript. Entretanto, um comando sólido de JavaScript irá te ajudar a desvendar o poder do AJAX.

Este capítulo discute as tags no plugin. Para testar os exemplos neste capítulo, você deve estar usando Struts 2.1.0 ou superior. Enquanto eu escrevia, a versão 2.1 ainda não tinha sido liberada e o seu download pode ser feito daqui:

```
http://people.apache.org/builds/struts/2.1.0/
```

O próprio plugin Dojo do Struts não é incluído no diretório **lib** da distribuição Struts e deve ser extraído da aplicação Showcase que vem com Struts. Infelizmente, a versão de Dojo nesse plugin é 0.4, que é uma versão muito mais antiga do que a disponível no momento em que eu escrevo (versão 1.01). A versão 0.4 é muito lenta comparada com seus sucessores. A próxima versão do plugin Dojo do Struts é esperada que venha com Dojo 1.01 ou superior.

480 STRUTS 2 PROJETO E PROGRAMAÇÃO: UM TUTORIAL

Outro fato desagradável é que Dojo 1.0 ou versão superior não é compatível com a versão anterior 0.4, o que significa que qualquer código que você escreva que use esse plugin pode não funcionar com uma versão futura do plugin. Dito isso, o plugin ainda é um grande software que pode te ajudar a escrever aplicações AJAX facilmente.

Nota

Outro framework JavaScript popular é Prototype (http://prototypejs.org/), que provê um conjunto de objetos JavaScript com uma footprint muito pequena, habilitando download rápido. Além disso, Scriptaculous (http://script.aculo.us/) provê componentes AJAX baseados no Prototype.

VISÃO GERAL DO AJAX

AJAX é um nome criado por Jesse James Garrett do Adaptive Path para duas tecnologias antigas, JavaScript e XML. Aplicações AJAX conectam assincronamente ao servidor para coletar mais dado que pode ser exibido na página web corrente. Como um resultado, nova informação pode ser mostrada sem atualização de página. Google foi o primeiro a popularizar essa estratégia com suas aplicações Gmail e Google Maps. Entretanto, o Google não foi o primeiro a usar totalmente o objeto **XMLHttpRequest**, a engine que torna conexões assíncronas possíveis. Microsoft adicionou-o ao Internet Explorer 5 e desenvolvedores experientes descobriram maneira de obter seus benefícios. Logo depois, o browser Mozilla também teve suas próprias versões desse objeto. Antes do **XMLHttpRequest,** as pessoas usavam frames DHTML e HTML e iframes para atualizar páginas sem atualização.

Apesar do avanço nas tecnologias do lado cliente, escrever código JavaScript, portanto aplicações AJAX, ainda é intimidatória. Muito embora IDEs estejam disponíveis para escrever código JavaScript, programadores ainda precisam superar o maior desafio em escrever aplicações do lado cliente: compatibilidade de browser. É um fato conhecido que cada browser implementa JavaScript de maneira levemente diferente dos outros. Mesmo o mesmo browser não interpreta JavaScript da mesma maneira em diferentes sistemas operacionais. Como um resultado, você tem que testar seu script em vários sistemas operacionais usando vários browsers e escrever múltiplas versões de código que funcione em todos browsers.

Isso é aonde um framework JavaScript como o Dojo vem para ajudar. Como Dojo, você precisa apenas escrever e testar uma vez e deixá-lo se preocupar com compatibilidade de browser. Desnecessário dizer, usar o plugin Dojo do Struts como sua plataforma AJAX economiza uma grande quantidade de tempo.

SISTEMA DE EVENTO DO DOJO

JavaScript é uma linguagem baseada em evento, mas gerenciar evento em um ambiente entre browser tem se mostrado um pesadelo. Dojo vem para ajudar provendo uma maneira idêntica de trabalhar com eventos.

Dojo permite a você conectar uma função JavaScript com um evento. Como tal, você pode criar um gerenciador de evento que será chamado quando um evento é disparado. O método **connect** do Dojo une um evento com uma função. O método **disconnect** desfaz uma conexão. O objeto **event** do Dojo é a versão normalizada do objeto **event** do JavaScript. Ao contrário do último, o qual se comporta um pouco diferente em browsers diferentes e, portanto, tornando o desenvolvimento através de aplicações browser muito difícil, o primeiro provê uma interface uniforme que funciona da mesma forma em todos os browsers suportados. Usar o Dojo economiza o seu tempo porque você não precisa testar e confundir seu código para fornecer para um browser específico.

Além do objeto **event** normalizado, Dojo suporta um sistema de mensagem baseado em tópico que habilita comunicação anônima de evento. Anônimo no sentido de que você pode conectar elementos em uma página web que não tenham nenhum conhecimento prévio sobre cada uma delas. Um tópico é um canal lógico semelhante a uma lista de envio de correio da Internet. Qualquer um interessado em uma lista de envio de correio pode assiná-la para obter notificação sempre que um assinante envia uma mensagem. Com um sistema de mensagem baseado em tópico tal como o que tem no Dojo, um objeto web (um botão, um link, um formulário, um elemento div) pode assinar a um tópico e publicar um tópico. Isso significa que um componente AJAX pode ser programado para fazer alguma coisa com a publicação de um tópico bem como publicar um tópico que possa disparar outros assinantes para fazerem algo.

482 STRUTS 2 PROJETO E PROGRAMAÇÃO: UM TUTORIAL

Para publicar um tópico, você usa o método **publish**. Lembre-se que isso é como você faz no Dojo 0.4, o qual não pode funcionar em versões mais novas do Dojo.

```
dojo.event.topic.publish(topicName, arguments)
```

O nome do tópico pode ser qualquer coisa. Desde que as outras partes saibam o nome do tópico, elas podem assinar o tópico.

Na programação AJAX, você normalmente assina um tópico porque você quer que alguma coisa seja feita sobre uma publicação de mensagem a aquele tópico. Como tal, quando você assina um tópico, você também define o que você precisa fazer ou qual função chamar. Aqui é o método para assinar um tópico em Dojo. Novamente, isso é Dojo 0.4 que nós estamos falando aqui.

```
dojo.event.topic.subscribe(topicName, functionName)
```

As tags no plugin Dojo do Struts torna isso ainda mais fácil de trabalhar com tópicos. Muitas tags podem assinar e publicar um tópico sem código JavaScript. Por exemplo, a tag **a** tem um atributo **errorNotifyTopics** que você pode usar para listar os tópicos para assinar quando a tag causa um erro. A tag **div** tem um atributo **startTimerListenTopics** para aceitar uma lista de tópicos que irão causar o elemento div renderizado para iniciar seu temporizador interno.

Sistema de mensagem baseado em tópico irá se tornar mais claro após você aprender sobre as tags.

USANDO O PLUGIN DOJO DO STRUTS

Para usar as tags no plugin, você deve seguir esses passos:

1. Adicionar essa diretiva taglib no topo dos seus JSPs.

```
<%@ taglib prefix="sx" uri="/struts-dojo-tags" %>
```

2. Copiar o plugin Dojo do Struts para seu diretório **WEB-INF/lib**. Esse plugin é incluído no diretório lib desse livro.
3. Escrever a tag **head** em cada JSP.

Vamos agora verificar as tags no plugin Dojo do Struts.

A TAG HEAD

a tag **head** renderiza código JavaScript que faz o download de arquivos Dojo e configura Dojo. Essa tag deve ser adicionada a cada JSP que usar outras tags Dojo do Struts.

A Tabela 27.1 mostra os atributos da tag **head**.

O atributo **compressed**, que é true por padrão, indica se a versão comprimida dos arquivos Dojo deve ou não ser usada. Usar a versão comprimida economiza tempo de carregamento, mas isso é difícil de ler. Em modo de desenvolvimento você pode querer configurar esse atributo para false tal que você possa facilmente ler o código renderizado pelas tags discutidas nesse capítulo.

No modo de desenvolvimento você também deve configurar o atributo **debug** para true e o atributo **cache** para false. Ligar o atributo **debug** faz o Dojo mostrar avisos e mensagens de erro ao final da página.

Na linha abaixo, veja como sua tag head pode se parecer em modo de desenvolvimento:

```
<sx:head debug="true" cache="false" compressed="false" />
```

Em produção, entretanto, é provável que você tenha algo como:

```
<sx:head/>
```

Tabela 27.1: Atributos da tag head

Nome	Tipo de dado	Valor default	Descrição
baseRelativePath	String	/struts/dojo	O caminho para o diretório de distribuição do Dojo.
cache	boolean	true	Indica se arquivos Dojo devem ser armazenados pelo browser.
compressed	boolean	true	Indica se a versão comprimida de arquivos Dojo deve ou não ser usada.
debug	boolean	false	Indica se o Dojo deve ou não estar em modo debug.
extraLocales	String		Lista delimitada por vírgula de localidades a serem usados pelo Dojo.
locale	String		Redefine localidade do Dojo.
parseContent	boolean	false	Indica se deve ou não analisar todo o documento para widgets.

A Tag div

Essa tag renderiza um elemento div HTML que pode carregar conteúdo dinamicamente. O elemento div renderizado irá ter também um temporizador interno para recarregar seu conteúdo a intervalos regulares. Um roteador ad pode ser implementado usando a tag div sem programação.

Os atributos para essa tag são listados na Tabela 27.2.

Tabela 27.1: Atributos da tag div

Nome	Tipo de dado	Valor padrão	Descrição
afterNotifyTopics	String		Tópicos delimitados por vírgula a serem assinados após a requisição, se a requisição for bem sucedida.
autoStart	boolean	true	Se deve ou não iniciar o temporizador automaticamente.
beforeNotifyTopics	String		Tópicos delimitados por vírgula a serem publicados antes da requisição.
closable	boolean	false	Se mostra ou não um botão Close que o div está dentro de um painel tabbed.
delay	integer		O número de milissegundos que deve se passar antes do conteúdo ser buscado.
errorNotifyTopics	String		Tópicos delimitados por vírgula a serem publicados após a requisição, se a requisição falhar.
errorText	String		O texto a ser exibido se a requisição falhar.
executeScripts	boolean	false	Indica se o código JavaScript no conteúdo buscado deve ou não ser executado.
formFilter	String		A função a ser usada para filtrar os campos de formulário.
formId	String		O identificador do formulário cujos campos serão passados como parâmetros de requisição.
handler	String		A função JavaScript que irá fazer a requisição.
highlightColor	String		A cor para destacar os elementos especificados no atributo **targets**.

CAPÍTULO 27 – AJAX   485

Tabela 27.1: Atributos da tag div (continuação)

Nome	Tipo de dado	Valor padrão	Descrição
highlightDuration	integer	2000	A duração em milissegundos em que os elementos especificados no atributo **target** serão destacados. Esse atributo irá funcionar apenas se o atributo **highlightColor** tiver um valor.
href	String		A URL a chamar para buscar o conteúdo.
indicator	String		O identificador do elemento que irá ser exibido enquanto faz a requisição.
javascriptTooltip	boolean	false	Indica se é para usar ou não o JavaScript para gerar tooltips.
listenTopics	String		Os tópicos que irão disparar a chamada remota.
loadingText	String	Loading...	O texto para exibir enquanto o conteúdo está sendo buscado.
notifyTopics	String		Tópicos delimitados por vírgula a serem publicados antes e após a requisição e quando ocorrer um erro.
openTemplate	String		O template a usar para abrir o HTML renderizado.
parseContent	boolean	true	Se deve ou não analisar o conteúdo retornado para widgets.
preload	boolean	true	Se deve ou não carregar conteúdo quando a página é carregada.
refreshOnShow	boolean	false	Se deve ou não carregar conteúdo quando o div se torna visível. Esse atributo funciona apenas se o div estiver dentro de um painel tabbed.
separateScripts	boolean	true	Se deve ou não executar o script em um escopo separado que é único para cada tag.
showError TransportText	boolean	true	Se os erros serão mostrados ou não.
showLoadingText	boolean	false	Se o texto do loading será mostrado ou não nos targets.
startTimer ListenTopic	String		Tópicos que irão iniciar o temporizador.

486   STRUTS 2 PROJETO E PROGRAMAÇÃO: UM TUTORIAL

Tabela 27.1: Atributos da tag div (continuação)

Nome	Tipo de dado	Valor padrão	Descrição
stopTimer ListenTopic	String		Tópicos que irão parar o temporizador.
transport	String		O transporte para fazer a requisição.
updateFreq	Integer		A freqüência (em milissegundos) do conteúdo atualizado.

A tag **div** também herda os atributos comuns especificados no Capítulo 5, "Tags de Formulário".

Três exemplos são mostrados para essa tag.

Exemplo 1

a página **Div1.jsp,** na Listagem 27.1, usa a tag **div** que se atualiza a cada três segundos. O atributo **href** é usado para especificar a localização do servidor que irá retornar o conteúdo e o atributo **updateFreq** especifica a freqüência de atualização em milissegundos. O temporizador interno inicia automaticamente porque por padrão o valor do atributo **autoStart** é true.

Listagem 27.1: a Página Div1.jsp

```
<%@ taglib prefix="sx" uri="/struts-dojo-tags" %>
<html>
<head>
<title>Div</title>
<sx:head/>
</head>
<body>
<sx:div
    cssStyle="border:1px solid black;height:75px;width:100px"
    href="ServerTime.action"
    updateFreq="3000"
    highlightColor="#cecdee">
    Server time will be displayed here
</sx:div>
</body>
</html>
```

Uma característica interessante dessa tag é a cor de destaque automática que irá destacar o elemento div e então desaparecer.

Capítulo 27 – AJAX   487

Você pode especificar a cor de destaque usando o atributo **highlightColor**.

Use essa URL para testar a tag **div** na Listagem 27.1;

```
http://localhost:8080/app27a/Div1.action
```

Exemplo 2

A página **Div2.jsp** na Listagem 27.2 exibe uma tag **div** cujo atributo **StartTimerListenTopics** é ajustado para assinar a um tópico **startTimer**. Com a publicação desse tópico, o temporizador interno do div irá iniciar. Um botão de submit é usado para publicar um tópico **startTimer**.

Listagem 27.2: a Página Div2.jsp

```
<%@ taglib prefix="s" uri="/struts-tags" %>
<%@ taglib prefix="sx" uri="/struts-dojo-tags" %>
<html>
<head>
<title>Div</title>
<sx:head/>
</head>
<body>
<sx:div
    cssStyle="border:1px solid black;height:75px;width:100px"
    href="ServerTime.action"
    updateFreq="2000"
    autoStart="false"
    startTimerListenTopics="startTimer"
    highlightColor="#ddaaba">
  Server time will be displayed here
</sx:div>
<s:submit theme="simple" value="Start timer"
    onclick="dojo.event.topic.publish('startTimer')"
/>
</body>
</html>
```

Para testar esse exemplo, direcione o seu browser aqui:

```
http://localhost:8080/app27a/Div2.action
```

Clique no botão start Timer para iniciar o temporizador.

488   STRUTS 2 PROJETO E PROGRAMAÇÃO: UM TUTORIAL

Exemplo 3

A tag **div** na página **Div3.jsp** na Listagem 27.3 mostra como você pode usar uma tag div para publicar um tópico.

Listagem 27.3: a Página Div3.jsp

```
<%@ taglib prefix="s" uri="/struts-tags" %>
<%@ taglib prefix="sx" uri="/struts-dojo-tags" %>
<html>
<head>
<title>Div</title>
<sx:head/>
<script type="text/javascript">
var counter = 1;
dojo.event.topic.subscribe("updateCounter", function(event, widget){
   dojo.byId("counter").innerHTML =
      "The server has been hit " + counter++ + " times";
});
</script>
</head>
<body>
<sx:div
     cssStyle="border:1px solid black;height:75px;width:100px"
     href="ServerTime.action"
     updateFreq="2000"
     afterNotifyTopics="updateCounter"
     highlightColor="#ddaaba">
   Server time will be displayed here
</sx:div>
<div id="counter">
</div>
</body>
</html>
```

A tag **div** tem seu temporizador interno ajustado para set off a cada dois segundos. Cada vez que ele faz isso, ele publica um tópico **updateCounter**, o qual é assinalado a seu atributo **afterNotifyTopics**. O método **subscribe** do Dojo é usado para assinar ao tópico e executar a função especificada a cada vez que a tag **div** publica o tópico.

```
dojo.event.topic.subscribe("updateCounter", function(event, widget){
   dojo.byId("counter").innerHTML =
      "The server has been hit " + counter++ + " times";
});
```

CAPÍTULO 27 – AJAX   489

A função associada ao tópico **updateCounter** incrementa um contador e altera o conteúdo de uma segunda tag div.

Para testar esse exemplo, direcione o seu browser para essa URL:

```
http://localhost:8080/app27a/Div3.action
```

A Tag a

A tag **a** renderiza uma âncora HTML que, quando clicada, faz uma requisição AJAX. O atributo **targets** da tag é usado para especificar elementos, normalmente elementos div, que irão exibir a resposta AJAX. Se aninhado dentro de um form, essa tag irá submeter o formulário quando clicado. A Tabela 27.3 lista os atributos da tag **a**.

Tabela 27.3: Atributos da tag a

Nome	Tipo de Dado	Valor Default	Descrição
afterNotify	String		Tópicos delimitados por vírgula a serem publicados após a requisição, se a requisição for bem sucedida.
ajaxAfterValidation	boolean	false	Indica se deve ou não fazer uma requisição assíncrona se a validação é bem sucedida. Esse atributo irá ter efeito apenas se o atributo de validate for ajustado a true.
beforeNotifyTopics	String		Tópicos delimitados por vírgula a serem publicados após a requisição.
errorNotifyTopics	String		Tópicos delimitados por vírgula a serem publicados após a requisição, se a requisição falha.
errorText	String		O texto a ser exibido se a requisição falha.
executeScripts	boolean	false	Indica se o código JavaScript no conteúdo buscado deva ou não ser executado.
formFilter	String		A função a ser usada para filtrar os campos de formulário.
formId	String		O identificador do formulário cujos campos serão passados como parâmetros de requisição.

Tabela 27.3: Atributos da tag a (continuação)

Nome	Tipo de Dado	Valor Default	Descrição
handler	String		A função JavaScript que irá fazer a requisição.
highlightColor	String		A cor para destacar os elementos especificados no atributo **target**.
highlightDuration	Integer	2000	A duração em milissegundos em que os elementos especificados no atributo **target** serão destacados. Esse atributo irá funcionar apenas se o atributo **highlightColor** tiver um valor.
Href	String		A URL para chamar para buscar o conteúdo.
indicator	String		O identificador do elemento que irá ser exibido enquanto faz a requisição.
javascriptTooltip	boolean	false	Indica se é para usar ou não o JavaScript para gerar tooltips.
listenTopics	String		Os tópicos que irão disparar a chamada remota.
loadingText	String	Loading...	O texto para exibir enquanto o conteúdo está sendo buscado.
notifyTopics	String		Tópicos delimitados por vírgula a serem publicados antes e após a requisição e quando ocorrer um erro.
openTemplate	String		O template a usar para abrir o HTML renderizado.
parseContent	boolean	true	Se deve ou não analisar o conteúdo retornado para widgets.
separateScripts	boolean	true	Se deve ou não executar o script em um escopo separado que é único para cada tag.
showError TransportText	boolean	true	Se os erros serão mostrados ou não.
showLoadingText	boolean	false	Se o texto do loading será mostrado ou não nos targets.
targets	String		Identificadores delimitados por vírgula dos elementos cujos conteúdos serão atualizados.

Capítulo 27 – AJAX   491

Tabela 27.3: Atributos da tag a (continuação)

Nome	Tipo de Dado	Valor Default	Descrição
transport	String	XMLHttp Transport	O transporte para fazer a requisição.
validate	boolean	false	Se a validação AJAX deve ou não ser feita.

A tag **a** também herda os atributos comuns especificados no Capítulo 5, "Tags de Formulário".

Por exemplo, a página **A.jsp** na Listagem 27.4 usa uma tag **a** para popular os elementos div **div1** e **div2**.

Listagem 27.4: a Página A.jsp

```
<%@ taglib prefix="sx" uri="/struts-dojo-tags" %>
<html>
<head>
<title>A</title>
<sx:head/>
</head>
<body>
<sx:div id="div1"
   cssStyle="height:50px;width:200px;border:1px solid brown"/>
<sx:div id="div2"
   cssStyle="height:50px;width:200px;border:1px solid brown"/>
<sx:a href="ServerTime.action" targets="div1,div2">
   Update Time
</sx:a>
</body>
</html>
```

Para testar a tag, direcione o seu browser para essa localização:

```
http://localhost:8080/app27a/A.action
```

A Tag Submit

A tag **submit** renderiza um botão de submit que pode submeter um formulário assincronamente. Há três tipos de renderização para essa tag que você pode escolher ao atribuir um valor a seu atributo **type**. Os três tipos de renderização são:

- input. Renderiza **submit** como <input type="submit".../>
- button. Renderiza **submit** como <button type="submit".../>
- image. Renderiza **submit** como <input type="image".../>

Assim como a tag **a, submit** tem um atributo **targets** para especificar elementos que irão exibir o resultado do formulário submit.

Os atributos da tag **submit** são listados na Tabela 27.4. além disso, a tag **submit** herda os atributos comuns especificados no Capítulo 5, "Tags de Formulário".

Tabela 27.4: Atributos da tag submit

Nome	Tipo de Dado	Valor Default	Descrição
afterNotifyTopics	String		Tópicos delimitados por vírgula a serem publicados após a requisição, se a requisição é bem sucedida.
ajaxAfterValidation	boolean	false	Indica se deve ou não fazer uma requisição assíncrona se a validação for bem sucedida. Esse atributo irá ter efeito apenas se o atributo de validate é ajustado a true.
beforeNotifyTopics	String		Tópicos delimitados por vírgula a serem publicados após a requisição.
errorNotifyTopics	String		Tópicos delimitados por vírgula a serem publicados após a requisição, se a requisição falha.
errorText	String		O texto a ser exibido se a requisição falha.
executeScripts	boolean	false	Indica se o código JavaScript no conteúdo buscado deva ou não ser executado.
formFilter	String		A função a ser usada para filtrar os campos de formulário.

CAPÍTULO 27 – AJAX   493

Tabela 27.4: Atributos da tag submit (continuação)

Nome	Tipo de Dado	Valor Default	Descrição
formId	String		O identificador do formulário cujos campos serão passados como parâmetros de requisição.
handler	String		A função JavaScript que irá fazer a requisição.
highlightColor	String		A cor para destacar os elementos especificados no atributo **target**.
highlightDuration	Integer	2000	A duração em milissegundos em que os elementos especificados no atributo **target** serão destacados. Esse atributo irá funcionar apenas se o atributo **highlightColor** tiver um valor.
href	String		A URL para chamar para buscar o conteúdo.
indicator	String		O identificador do elemento que irá ser exibido enquanto faz a requisição.
javascriptTooltip	boolean	false	Indica se é para usar ou não o JavaScript para gerar tooltips.
listenTopics	String		Os tópicos que irão disparar a chamada remota.
loadingText	String	Loading...	O texto para exibir enquanto o conteúdo está sendo buscado.
method	String		O atributo method.
notifyTopics	String		Tópicos delimitados por vírgula a serem publicados antes e após a requisição e quando ocorrer um erro.
parseContent	boolean	true	Se deve ou não analisar o conteúdo retornado para widgets.
separateScripts	boolean	true	Se deve ou não executar o script em um escopo separado que é único para cada tag.
showError TransportText	boolean	true	Se os erros serão mostrados ou não.
showLoadingText	boolean	false	Se o texto do loading será mostrado ou não nos targets.
src	STring		A fonte da imagem para um botão de submit do tipo image.

494 STRUTS 2 PROJETO E PROGRAMAÇÃO: UM TUTORIAL

Tabela 27.4: Atributos da tag submit (continuação)

Nome	Tipo de Dado	Valor Default	Descrição
targets	String		Identificadores delimitados por vírgula dos elementos cujos conteúdos serão atualizados.
transport	String	XMLHttp	O transporte para fazer a requisição.
type	String	input	O tipo do botão de submit. Valores possíveis são **input, image e button.**
validate	boolean	false	Se a validação AJAX deve ou não ser feita.

A tag **submit** pode ser aninhada dentro do formulário que ela submete ou permanecer independentemente. A tag **submit** é aninhada dentro de um formulário.

```
<s:div id="div1">
  <s:form action="ServerTime.action">
    <s:submit targets="div1"/>
  </s:form>
</s:div>
```

E isso é uma tag **submit** fora do formulário que ela submete. Nesse caso, você usa o atributo **formId** para especificar o formulário a enviar.

```
<s:form id="loginForm" action="...">
  <s:textfield name="userName" label="User Name"/>
  <s:password name="password" label="Password"/>
</s:form>
<sx:submit formId="loginForm"/>
```

A TAG BIND

A tag **bind** é usada para associar um evento com um gerenciador de evento ou para associar um evento de objeto a um tópico tal que um elemento, até um componente não AJAX, pode publicar um tópico.

Os atributos que podem aparecer dentro de uma tag **bind** estão presentes na Tabela 27.5.

CAPÍTULO 27 – AJAX   495

Tabela 27.5: Atributos da tag bind

Nome	Tipo de Dado	Valor Default	Descrição
afterNotifyTopics	String		Tópicos delimitados por vírgula a serem publicados após a requisição, se a requisição é bem sucedida.
ajaxAfterValidation	boolean	false	Indica se deve ou não fazer uma requisição assíncrona se a validação for bem sucedida. Esse atributo irá ter efeito apenas se o atributo de validate for ajustado a true.
beforeNotifyTopics	String		Tópicos delimitados por vírgula a serem publicados antes da requisição.
errorNotifyTopics	String		Tópicos delimitados por vírgula a serem publicados após a requisição, se a requisição falha.
errorText	String		O texto a ser exibido se a requisição falha.
events	String		Nomes de eventos delimitados por vírgula para se juntar.
executeScripts	boolean	false	Indica se código JavaScript no conteúdo buscado pode ser executado ou não.
formFilter	String		A função a ser usada para filtrar os campos de formulário.
formId	String		O identificador do formulário cujos campos serão passados como parâmetros de requisição.
handler	String		A função JavaScript que irá fazer a requisição.
highlightColor	String		A cor para destacar os elementos especificados no atributo **target**.
highlightDuration	Integer	2000	A duração em milissegundos que os elementos especificados no atributo **target** serão destacados. Esse atributo irá funcionar apenas se o atributo **highlightColor** tiver um valor.
href	String		A URL para chamar para buscar o conteúdo.
indicator	String		O identificador do elemento que irá ser exibido enquanto faz a requisição.

496 STRUTS 2 PROJETO E PROGRAMAÇÃO: UM TUTORIAL

Tabela 27.5: Atributos da tag bind (continuação)

Nome	Tipo de Dado	Valor Default	Descrição
listenTopics	String		Os tópicos que irão disparar a chamada remota.
loadingText	String	Loading...	O texto para exibir enquanto o conteúdo está sendo buscado.
notifyTopics	String		Tópicos delimitados por vírgula a serem publicados antes e após da requisição e quando ocorrer um erro.
separateScripts	boolean	true	Se deve ou não executar o script em um escopo separado que é único para cada tag.
showError TransportText	boolean	true	Se os erros serão mostrados ou não.
showLoadingText	boolean	false	Se o texto do loading será mostrado ou não nos targets.
sources	String		Identificadores delimitados por vírgula dos elementos para se juntar.
targets	String		Identificadores delimitados por vírgula dos elementos cujos conteúdos serão atualizados.
transport	String	XMLHttp Transport	O transporte para fazer a requisição.
validate	boolean	false	Se a validação AJAX deve ou não ser feita.

A tag **bind** também herda os atributos comuns especificados no Capítulo 5, "Tags de Formulário".

Como um exemplo, a seguinte tag **bind** junta o evento **onclick** do botão de submit **b1** com uma chamada AJAX para **MyAction.action** e a resposta ao elemento div **div1**.

```
<sx:bind id="binder"
    href="MyAction.action"
    sources="b1"
    events="onclick"
    targets="div1" />

<s:submit id="b1" theme="simple" type="submit" />
```

A seguinte tag **bind** faz com que o evento **onclick** do botão **b2** publique o tópico **myTopic**.

```
<input id="b2" type="button">
<sx:bind
  id="binder"
  beforeNotifyTopics="myTopic"
  sources="b2"
  events="onclick"/>
```

A TAG DATETIMEPICKER

A tag **datetimepicker** renderiza uma coleção de datas ou uma coleção de horas. A Figura 27.1 mostra uma coleção de datas (à esquerda) e uma coleção de horas (à direita).

Figura 27.1: Uma coleção de datas e uma coleção de horas

A lista de atributos da tag **datetimepicker** é mostrada na Tabela 27.6.

498 STRUTS 2 PROJETO E PROGRAMAÇÃO: UM TUTORIAL

Tabela 27.6: Atributos da tag datetimerpicker

Nome	Tipo de Dado	Valor Default	Descrição
adjustWeeks	boolean	false	Se deve ou não ajustar o número de linhas em cada mês. Se esse valor de atributo é false, há sempre seis linhas em cada mês.
dayWidth	String	narrow	Determina os nomes de dias no cabeçalho. Valores possíveis são **narrow, abbr** e **wide.**
displayFormat	String		O padrão de datas e horas de acordo com o padrão técnico Unicode #35.
displayWeeks	integer	6	O número de semanas a exibir.
endDate	Date	2941-10-12	A última data disponível.
formatLength	String	short	O tipo de formatação para a exibição. Valores possíveis são **short, medium, long** e **full.**
javascriptTooltip	boolean	false	Indica se vai ou não usar JavaScript para gerar tooltips.
language	String		A linguagem a usar. A linguagem default é a linguagem padrão do browser.
startDate	Date	1492-10-12	A primeira data disponível.
staticDisplay	boolean	false	Se as datas no mês corrente podem ou não ser visualizadas e selecionadas.
toggleDuration	integer	100	A duração toggle em milissegundos.
toggleType	String	plain	O tipo toggle para o dropdown. Valores possíveis são **plain, wipe, explode** e **fade.**
type	String	date	Se esse widget será renderizado como um colecionador de datas ou um colecionador de horas. Valores permitidos são **date** e **time.**
valueNotifyTopics	String		Tópicos delimitados por vírgula que serão publicados quando um valor for selecionado.
weekStartsOn	integer	0	O primeiro dia da semana. 0 é domingo e 6 é sábado.

A tag **datetimepicker** herda os atributos comuns especificados no Capítulo 5, "Tags de Formulário".

Os padrões aceitáveis de data e hora para o atributo **displayFormat** podem ser encontrados aqui:

http://www.unicode.org/reports/tr35/tr35-4.html#Date_Format_Patterns

O atributo **adjustWeeks** desempenha um papel importante no display. Se o valor de **adjustWeeks** é false, há sempre seis linhas para cada mês. Por exemplo, na Figura 27.2 a coleção na esquerda está mostrando January 2008 e tem seu atributo adjustWeeks ajustado em false. O da direita, por outro lado, tem seu atributo **adjustWeeks** ajustado em true e, como um resultado, a segunda semana de February 2008 não é mostrado.

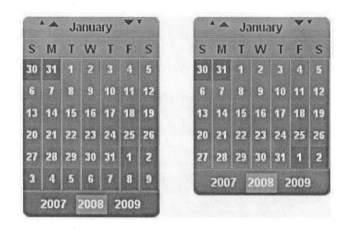

Figura 27.2: Valores diferentes de adjustWeeks

Por exemplo, o seguinte é um exemplo da tag **datetimepicker**.

```
<sx:datetimepicker
    adjustWeeks="true"
    displayFormat="MM/dd/yyyy"
    toggleType="explode" />
```

Você pode ver o exemplo direcionando seu browser a essa URL:

http://localhost:8080/app27a/DateTimePicker.action

A TAG TABBEDPANEL

A tag **tabbedpanel** renderiza um tabbed panel como o mostrado na Figura 27.3. Ela pode conter quantos painéis você quiser e cada painel pode ser fechado.

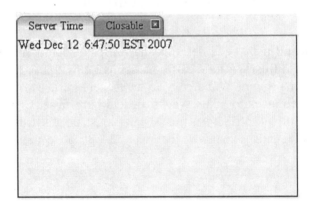

Figura 27.3: Um tabbed panel

Os atributos da tag **tabbedpanel** são mostradas na Tabela 27.7.

Tabela 27.7: Atributos da tag tabbedpanel

Nome	Tipo de Dado	Valor Default	Descrição
afterNotifyTopics	String		Tópicos delimitados por vírgula a serem publicados após a requisição, se a requisição for bem sucedida.
ajaxAfterValidation	boolean	false	Indica se deve ou não fazer uma requisição assíncrona se a validação for bem sucedida. Esse atributo irá ter efeito apenas se o atributo de validate for ajustado a true.
beforeNotifyTopics	String		Tópicos delimitados por vírgula a serem publicados após a requisição.
errorNotifyTopics	String		Tópicos delimitados por vírgula a serem publicados após a requisição, se a requisição falha.
errorText	String		O texto a ser exibido se a requisição falha.

CAPÍTULO 27 – AJAX   501

Tabela 27.7: Atributos da tag tabbedpanel (continuação)

Nome	Tipo de Dado	Valor Default	Descrição
executeScripts	boolean	false	Indica se código JavaScript no conteúdo buscado pode ser executado ou não.
formFilter	String		A função a ser usada para filtrar os campos de formulário.
formId	String		O identificador do formulário cujos campos serão passados como parâmetros de requisição.
handler	String		A função JavaScript que irá fazer a requisição.
highlightColor	String		A cor para destacar os elementos especificados no atributo **target**.
highlightDuration	Integer	2000	A duração em milissegundos em que os elementos especificados no atributo **target** serão destacados. Esse atributo irá funcionar apenas se o atributo **highlightColor** tiver um valor.
href	String		A URL para chamar para buscar o conteúdo.
indicator	String		O identificador do elemento que irá ser exibido enquanto faz a requisição.
javascriptTooltip	boolean	false	Indica se é para usar ou não JavaScript para gerar tooltips.
listenTopics	String		Os tópicos que irão disparar a chamada remota.
loadingText	String	Loading...	O texto para exibir enquanto o conteúdo está sendo buscado.
notifyTopics	String		Tópicos delimitados por vírgula a serem publicados antes e após a requisição e quando ocorrer um erro.
parseContent	boolean	true	Se deve ou não analisar o conteúdo retornado para widgets.
separateScripts	boolean	true	Se deve ou não executar o script em um escopo separado que é único para cada tag.
showError TransportText	boolean	true	Se os erros serão mostrados ou não.

502 STRUTS 2 PROJETO E PROGRAMAÇÃO: UM TUTORIAL

Tabela 27.7: Atributos da tag tabbedpanel (continuação)

Nome	Tipo de Dado	Valor Default	Descrição
showLoadingText	boolean	false	Se o texto do loading será mostrado ou não nos targets.
targets	String		Identificadores delimitados por vírgula dos elementos cujos conteúdos serão atualizados.
transport	String	XMLHttp Transport	O transporte para fazer a requisição.
validate	boolean	false	Se a validação AJAX deva ou não ser feita.

A tag **tabbedpanel** também herda os atributos comuns especificados no Capítulo 5, "Tags de Formulário". Além disso, o atributo **id** é mandatório para **tabbedpanel.**

Por exemplo, a seguinte tag **tabbedpanel** contém dois elementos div como seus painéis.

```
<sx:tabbedpanel id="test">
  <sx:div label="Server Time" cssStyle="height:200px"
      href="ServerTime.action">
    Server Time
  </sx:div>
  <sx:div label="Closable" closable="true">
    This pane can be closed.
  </sx:div>
</sx:tabbedpanel>
```

Para ver o exemplo em **app27a,** use essa URL:

```
http://localhost:8080/app27a/TabbedPanel.action
```

A TAG TEXTAREA

A tag **textarea** renderiza um editor de texto sofisticado. A Figura 27.4 mostra a tag **textarea** usada em uma aplicação blog.

CAPÍTULO 27 – AJAX   503

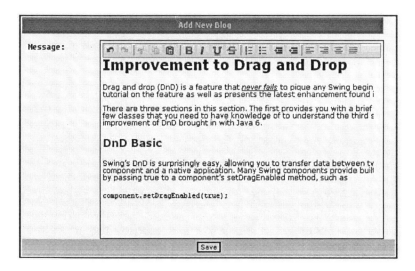

Figura 27.4: A tag textarea

Além dos atributos comuns discutidos no Capítulo 5, "Tags de Formulário.", a tag **textarea** adiciona mais três atributos, que são mostrados na Tabela 27.8.

Tabela 27.8: Atributos da tag textarea

Nome	Tipo de Dado	Valor Default	Descrição
cols	integer		O atributo cols da textarea renderizada.
rows	integer		O atributo rows da textarea renderizada.
wrap	boolean	false	O atributo wrap da textarea renderizada.

Teste o exemplo na **app27a** direcionando seu browser para esta URL:

http://localhost:8080/app27a/TextArea.action

A TAG AUTOCOMPLETER

A Tag **autocompleter** renderiza uma combo box com uma propriedade auto-complete. Seus atributos são mostrados na Tabela 27.9. As opções para um **autocompleter** podem ser atribuídas a seu atributo list ou enviada dinamicamente como um objeto JSON.

504 STRUTS 2 PROJETO E PROGRAMAÇÃO: UM TUTORIAL

Nota

Para mais informação em JSON, visite http://json.org.

Como outras tags de formulário, a tag **autocompleter** deveria ser aninhada dentro de um formulário. Quando o usuário submete o formulário, dois pares chave/valor associados a **autocompleter** serão enviados como parâmetros de requisição. A chave para o primeiro parâmetro de requisição é o valor do atributo **name** da tag **autocompleter**. A chave para o segundo parâmetro de requisição é, por padrão, o valor do atributo **name** mais o sufixo **key**. É assim, se o valor do atributo **name** é **searchWord**, a chave do segundo parâmetro de requisição será **searchWordKey**. Você pode redefinir o nome da segunda chave usando o atributo **keyName**. O atributo **keyName** é o que deve ser mapeado com uma propriedade action. Seu valor será o valor da opção selecionada.

Os atributos para **autocompleter** são mostrados na Tabela 27.9.

Tabela 27.9: Atributos da tag autocompleter

Nome	Tipo de Dado	Valor Default	Descrição
afterNotifyTopics	String		Tópicos delimitados por vírgula a serem publicados após a requisição, se a requisição é bem sucedida.
autoComplete			
beforeNotifyTopics	String		Tópicos delimitados por vírgula a serem publicados após a requisição.
dataFieldName	String	Valor no atributo name	O nome do campo no objeto JSON retornado que contém o array de dados.
delay	integer	100	O atraso em milissegundos antes de fazer a pesquisa.
dropdownHeight	integer	120	A altura do dropdown em pixels.
dropdownWidth	integer	O mesmo do textbox	A largura do dropdown em pixels.
emptyOptions	boolean	false	Se irá ou não inserir um opção vazia.
errorNotifyTopics	String		Tópicos delimitados por vírgula a serem publicados após a requisição, se a requisição falhar.
forceValidOption	boolean	false	Se apenas uma opção incluída pode ou não ser selecionada.

Tabela 27.9: Atributos da tag autocompleter (continuação)

Nome	Tipo de Dado	Valor Default	Descrição
formFilter	String		A função a ser usada para filtrar os campos de formulário.
formId	String		O identificador do formulário cujos campos serão passados como parâmetros de requisição.
headerKey	String		A chave para o primeiro item na lista.
headerValue	String		O valor para o primeiro item na lista.
href	String		A URL para chamar para buscar o conteúdo.
iconPath	String		Caminho para o ícone usado para o dropdown.
indicator	String		O identificador do elemento que irá ser exibido enquanto faz a requisição.
javascriptTooltip	boolean	false	Indica se é para usar ou não JavaScript para gerar tooltips.
keyName	String		A propriedade para a qual a chave selecionada será assinalada.
list	String		Uma fonte iterável de onde popular.
listKey	String		A propriedade do objeto na lista que irá fornecer os valores da opções.
listValue	String		A propriedade do objeto na lista que irá fornecer os rótulos da opções.
listTopics	String		Os tópicos que irão disparar a chamada remota.
loadMinimumCount	integer	3	O número mínimo de caracteres que devem ser digitados na caixa de texto antes que as opções sejam carregadas.
loadOnTextChange	boolean	true	Se irá ou não recarregar opções sempre que um caractere for digitado na caixa de texto.
maxlength	integer		Corresponde ao atributo maxlength do HTML.
notifyTopics	String		Tópicos delimitados por vírgula a serem publicados antes e após a requisição e quando ocorrer um erro.
preload	boolean	true	Se irá ou não recarregar opções quando a página carrega.

506 STRUTS 2 PROJETO E PROGRAMAÇÃO: UM TUTORIAL

Tabela 27.9: Atributos da tag autocompleter (continuação)

Nome	Tipo de Dado	Valor Default	Descrição
resultsLimit	integer	30	O número máximo de opções. 1-indica nenhum limite.
searchType	String	startstring	Tipo de pesquisa, valores possíveis são **startstring, startword e substring.**
showDropArrow	boolean	true	Se irá ou não mostrar a seta para baixo.
transport	String	XMLHttp Transport	O transporte para fazer a requisição.
valueNotifyTopics	String		Tópicos delimitados por vírgula que serão publicados quando um valor é selecionado.

A tag **autocompleter** também herda os atributos comuns especificados no Capítulo 5, "Tags de Formulário".

Três exemplos ilustram o uso de **autocompleter**. Todos os exemplos usam a classe **AutoCompleterSupport,** na Listagem 27.5.

Listagem 27.5: a Classe AutoCompleterSupport

```
package app27a;
import java.util.ArrayList;
import java.util.List;
import com.opensymphony.xwork2.ActionSupport;

public class AutoCompleterSupport extends ActionSupport {
    private static List<String> carMakes = new ArrayList<String>();
    private String carMakeKey;
    static {
        carMakes.add("Acura");
        carMakes.add("Audi");
        carMakes.add("BMW");
        carMakes.add("Chrysler");
        carMakes.add("Ford");
        carMakes.add("GM");
        carMakes.add("Honda");
        carMakes.add("Hyundai");
        carMakes.add("Infiniti");
        carMakes.add("Kia");
        carMakes.add("Lexus");
        carMakes.add("Toyota");
```

```
    }
    public List<String> getCarMakes() {
        return carMakes;
    }
    public String getCarMakeKey() {
        return carMakeKey;
    }
    public void setCarMakeKey(String carMakeKey) {
        this.carMakeKey = carMakeKey;
    }
}
```

Há duas propriedades na classe **AutoCompleterSupport, carMakes** e **carMakeKey**. A propriedade **carMakes** retorna uma lista de car makes e é usada para popular um **autocompleter**. A propriedade **carMakeKey** é usada para receber seleção de usuário.

Exemplo 1

Esse exemplo mostra como você pode popular um **autocompleter** atribuindo uma **List** a seu atributo **list**. O JSP na Listagem 27.6 mostra a tag **autocompleter**.

Listagem 27.6: a Página AutoCompleter1.jsp

```
<%@ taglib prefix="s" uri="/struts-tags" %>
<%@ taglib prefix="sx" uri="/struts-dojo-tags" %>
<html>
<head>
<title>Auto Completer</title>
<sx:head/>
</head>
<body>
<s:form action="ShowSelection" theme="simple">
    <sx:autocompleter name="carMake" list="carMakes"/>
    <s:submit/>
</s:form>
</body>
</html>
```

Você pode testar esse exemplo direcionando o seu browser para essa URL:

```
http://localhost:8080/app27a/AutoCompleter1.action
```

Figura 27.5 mostra a tag **autocompleter** renderizada.

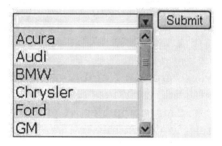

Figura 27.5: A lista car make

Quando o formulário contido é enviado, a opção selecionada será enviada como o parâmetro de requisição.

Exemplo 2

Esse exemplo mostra como popular um **autocompleter** atribuindo um objeto JSON. A localização do servidor que retorna o objeto deve ser atribuída ao seu atributo href e, por razões de segurança, ele deve ser a mesma localização como a origem da página.

A página **AutoCompleter2.jsp** na Listagem 27.7 mostra a tag.

Listagem 27.7: a Página AutoCompleter2.jsp

```
<%@ taglib prefix="s" uri="/struts-tags" %>
<%@ taglib prefix="sx" uri="/struts-dojo-tags" %>
<html>
<head>
<title>Auto Completer</title>
<sx:head/>
</head>
<body>
<s:form action="ShowSelection" theme="simple">
```

```
<sx:autocompleter name="carMake" href="CarMakesAsJSON1.action"/>
<s:submit/>
</s:form>
</body>
</html>
```

Note que ao atributo **href** da tag **autocompleter** é atribuído **CarMakesAsJSON1.action.** Essa action encaminha à página **CarMakesAsJSON1.jsp,** na Listagem 27.8, e envia um objeto JSON no seguinte formato:

```
[
   ['chave-1','valor-1'],
   ['chave-2','valor-2'],
   ...
   ['chave-n','valor-n']
]
```

Listagem 27.8: a Página CarMakesAsJSON1.jsp

```
<%@ taglib prefix="s" uri="/struts-tags" %>
[
<s:iterator value="carMakes" status="status">
   ['<s:property/>','<s:property/>']
   <s:if test="!#status.last">,</s:if>
</s:iterator>
]
```

Teste esse exemplo direcionando o seu browser aqui:

```
http://localhost:8080/app27a/AutoCompleter2.action
```

Exemplo 3

Esse exemplo é semelhante ao Exemplo 2 e o JSP é mostrado na Listagem 27.9.

Listagem 27.9: a Página autoCompleter3.jsp

```
<%@ taglib prefix="s" uri="/struts-tags" %>
<%@ taglib prefix="sx" uri="/struts-dojo-tags" %>
<html>
```

```
<head>
<title>Auto Completer</title>
<sx:head/>
</head>
<body>
<s:form action="ShowSelection" theme="simple">
  <sx:autocompleter
    name="carMake"
    dataFieldName="make"
    href="CarMakesAsJSON2.action"/>
  <s:submit/>
</s:form>
</body>
</html>
```

A diferença entre essa e o Exemplo 2 é o formato do objeto JSON. Para esse exemplo, o objeto JSON contém uma propriedade (**make**) que contém a lista de opções a exibir. O formato do objeto JSON é como este:

```
{
  "make" : {
    'chave-1':'valor-1',
    'chave-2':'valor-2',
    ...
    'chave-n':'valor-n'
  }
}
```

Você usa o atributo **dataFieldName** para informar ao **autocompleter** o nome da propriedade do objeto JSON que contém as opções.

A Listagem 27.10 mostra o JSP que formata as opções como um objeto JSON.

Listagem 27.10: a Página CarMakesAsJSON2.jsp

```
<%@ taglib prefix="s" uri="/struts-tags" %>
{
  "make" : {
    <s:iterator value="carMakes" status="status">
      '<s:property/>':'<s:property/>'
      <s:if test="!#status.last">,</s:if>
    </s:iterator>
  }
}
```

Para testar esse exemplo, direcione o seu browser para essa URL:

```
http://localhost:8080/app27a/AutoCompleter3.action
```

AS TAGS TREE E TREENODE

A tag **tree** renderiza uma árvore Dojo. Ela pode conter tags **treenode** ou ela pode obter filhas dinamicamente. Os atributos da tag **tree** são mostrados na Tabela 27.10 e os da tag **treenode** na Tabela 27.11.

Tabela 27.10: Atributos da tag tree

Nome	Tipo de Dado	Valor Default	Descrição
blankIconSrc	String		A fonte para o ícone vazio.
childCollection Property	String		O nome da propriedade que retorna uma coleção de nós filhos.
collapsedNotify Topics	String		Tópicos separados por vírgula a serem publicados quando um nó é contraído.
errorNotifyTopics	String		Tópicos delimitados por vírgula a serem publicados após a requisição, se a requisição falhar.
expandIconSrcMinus	String		A fonte para o ícone expand.
expandIconSrcPlus	String		A fonte para o ícone expand.
expandedNotify Topics	String		Tópicos separados por vírgula a serem publicados quando um nó é expandido.
gridIconSrcC	String		Fonte da imagem por ícones filho do item abaixo do filho.
gridIconSrcL	String		Fonte da imagem para o último grid filho.
gridIconSrcP	String		Fonte da imagem por ícones filho do item abaixo do pai.
gridIconSrcV	String		Fonte da imagem para linha vertical.
gridIconSrcX	String		Fonte da imagem para o grid para único item da raiz.
gridIconSrcY	String		Fonte da imagem para o grid para último item da raiz
href	String		A URL para chamar para buscar o conteúdo.

512   STRUTS 2 PROJETO E PROGRAMAÇÃO: UM TUTORIAL

Tabela 27.10: Atributos da tag tree (continuação)

Nome	Tipo de Dado	Valor Default	Descrição
iconHeight	String		A altura do ícone.
iconWidth	String		A largura do ícone.
javascriptTooltip	boolean	false	Indica se é para usar ou não o JavaScript para gerar tooltips.
noteIdProperty			O nome da propriedade cujo valor deve ser usado como o id do nó.
nodeTitleProperty			O nome da propriedade cujo valor deve ser usado como o título do nó.
openTemplate	String		O template a usar para abrir a HTML renderizada.
rootNode	String		O nome da propriedade cujo valor deve ser usado como a raiz.
selectedNotifyTopics	String		Tópicos delimitados por vírgula a serem publicados quando um nó é selecionado. Um objeto com uma propriedade denominada **node** irá ser passada aos assinantes.
showGrrid	boolean	true	Se é para mostrar ou não o grid.
showRootGrid	boolean	true	A propriedade showRootGrid.
toggle	String	fade	A propriedade toggle. Valores possíveis são **fade** ou **explode.**
toggleDuration	integer	150	Duração do toggle em milissegundos.

A tag **tree** também herda os atributos comuns especificados no Capítulo 5, "Tags de Formulário".

Tabela 27.11: Atributos da tag treenode

Nome	Tipo de Dado	Valor Default	Descrição
javascriptTooltip	boolean	false	Indica se deve-se usar ou não o JavaScript para gerar tooltips.
openTemplate	String		O template a usar para abrir a HTML renderizada.

Exemplo 1

Este exemplo mostra como construir uma árvore estaticamente, adicionando todos nós à página. Esse é um exemplo simples que é bastante auto-explicativo. A página **Tree1.jsp,** na Listagem 27.11, mostra as tags **tree** e **treenode** usadas para a árvore.

Listagem 27.11: a Página Tree1.jsp

```
<%@ taglib prefix="sx" uri="/struts-dojo-tags" %>
<html>
<head>
<title>Tree</title>
<sx:head debug="true"/>
</head>
<body>
<sx:tree id="root" label="Root">
   <sx:treenode id="F1" label="F1" />
   <sx:treenode id="F2" label="F2">
      <sx:treenode id="F2a" label="F2a" />
      <sx:treenode id="F2b" label="F2b" />
   </sx:treenode>
   <sx:treenode id="F3" label="F3" />
</sx:tree>
</body>
</html>
```

Para testar o exemplo, direcione o seu browser para essa URL:

http://localhost:8080/app27a/Tree1.action

Você irá ver uma árvore como a mostrada na Figura 27.6.

Figura 27.6: Uma árvore estática

514 STRUTS 2 PROJETO E PROGRAMAÇÃO: UM TUTORIAL

Exemplo 2

Esse exemplo mostra como você pode construir uma árvore dinamicamente. No mínimo, a tag **tree** deve ter os seguintes atributos: **rootNode, nodeTitleProperty, nodeIdProperty, childCollectionProperty**. Além disso, você também deve criar um objeto modelo para guardar sua apresentação.

A action **Tree2,** a action para esse exemplo, está associada como a classe action **TreeSupport** na Listagem 27.12. A classe provê a propriedade **rootNode** que mapeia ao atributo **rootNode** da tag **tree.**

Listagem 27.12: Classe action TreeSupport

```
package app27a;
import com.opensymphony.xwork2.ActionSupport;
public class TreeSupport extends ActionSupport {
   public Node getRootNode() {
      return new Node("root", "ROOT");
   }
}
```

Nesse exemplo, um nó tree é representado por um objeto Node. A classe Node é mostrada na Listagem 27.13. Ela é uma classe JavaBean simples com três propriedades, **id, title** e **children**. A propriedade children retorna o filho para o nó tree. Um contador static é usado tal que ele não fique no laço indefinidamente.

Listagem 27.13: a Classe Node

```
package app27a;
import java.util.ArrayList;
import java.util.List;
public class Node {
   private String id;
   private String title;
   public Node() {
   }
   public Node(String id, String title) {
      this.id = id;
      this.title = title;
   }
   // getters e setters não são mostrados
```

CAPÍTULO 27 – AJAX 515

```java
public static int counter = 1;
public List getChildren() {
  List<Node> children = new ArrayList();
  if (counter < 5) {
    Node child = new Node("node" + counter,
          "Generation " + counter);
    children.add(child);
    counter++;
  }
  return children;
}
}
```

A **Tree2.jsp,** na Listagem 27.14, mostra o JSP com uma tag **tree** usada para construir uma árvore dinamicamente. A tag **tree** também tem seu **selectedNotifyTopics** assinalado a um tópico **nodeSelect** para indicar ao Dojo que a seleção de um nó deve publicar o tópico. Uma função JavaScript faz assinatura ao tópico.

Listagem 27.14: a Página Tree2.jsp

```jsp
<%@ taglib prefix="sx" uri="/struts-dojo-tags" %>
<html>
<head>
<title>Tree</title>
<sx:head debug="true"/>
<script type="text/javascript">
dojo.event.topic.subscribe("nodeSelected", function(source)
{
  var selectedNode = source.node;
  alert("You selected node " + selectedNode.title);
});
</script>
</head>
<body>
<sx:tree rootNode="rootNode"
    nodeTitleProperty="title"
    nodeIdProperty="id"
    childCollectionProperty="children"
    selectedNotifyTopics="nodeSelected"
  >
</sx:tree>
</body>
</html>
```

A função JavaScript em Tree2.jsp será executada cada vez que um nó for selecionado. Ela irá receber um objeto JavaScript que tem uma propriedade node. No exemplo, a função simplesmente imprime o título do nó.

Para testar o exemplo, direcione o seu browser para:

```
http://localhost:8080/app27a/Tree2.action
```

A árvore construída é mostrada na Figura 27.7. Clique um nó e você irá observar uma caixa de alerta exibindo o título do nó.

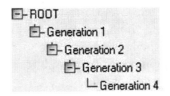

Figura 27.7: Uma árvore dinâmica

SUMÁRIO

Struts vem com um plugin que fornece tags customizadas para construir componentes AJAX. Esse plugin, o plugin Dojo do Struts, é parte de Struts 2.1 e superiores e é baseado no Dojo 0.4. Este capítulo mostrou como você pode usar as tags.

APÊNDICE A

CONFIGURAÇÃO STRUTS

Os dois arquivos de configuração principais em uma aplicação Struts são os arquivos **struts.xml** e **struts.properties.** O primeiro registra interceptadores e tipos de resultados bem como actions de mapas com classes action e resultados. O último especifica outros aspectos da aplicação, tais como o tema default e se a aplicação está ou não em modo de desenvolvimento. Este apêndice é um guia completo para escrever os dois arquivos de configuração.

O ARQUIVO STRUTS.XML

O arquivo **struts.xml** sempre contém esse elemento **DOCTYPE,** que indica se ele está de acordo com as definições de tipo especificadas no arquivo **struts-2.0.dtd.**

```
<!DOCTYPE struts PUBLIC
    "-//Apache Software Foundation//DTD Struts Configuration 2.0//EN"
    "http://struts.apache.org/dtds/struts-2.0.dtd">
```

O elemento raiz de um arquivo **struts.xml** é **struts**. Esta seção explica elementos que podem aparecer sob o elemento **struts**, tanto direta como indiretamente. Os elementos seguintes podem ser subelementos diretos de **<struts>**.

- package
- include
- bean
- constant

O elemento action

O elemento **action** é aninhado dentro de um elemento **package** e representa uma action. Seus atributos são listados na Tabela A.1. Note que o atributo name é requerido.

Tabela A.1: Atributos do elemento action

Atributo	Descrição
name*	O nome da action.
Class	A classe action associada como essa action.
Method	O método action.
Converter	O conversor para essa action.

Uma action pode ou não especificar uma classe action. Portanto, um elemento **action** pode ser tão simples como este:

```
<action name="MyAction">
```

Uma action que não especifica uma classe action será atribuída uma instância da classe action default.

Se uma action tem uma classe action não default, você deve especificar o nome completo da classe usando o atributo **class**. Além disso, você também deve especificar o nome do método action, que é o método na classe action que será executado quando a action for invocada. Aqui vemos um exemplo:

```
<action name="Address_save" class="app.Address" method="save">
```

Se o atributo **class** está presente, mas o atributo **method** não está, **execute** é presumido como o nome do método. Em outras palavras, os seguintes elementos **action** significam a mesma coisa:

```
<action name="Employee_save" class="app.Employee" method="execute">
<action name="Employee_save" class="app.Employee">
```

O elemento Bean

Use esse elemento para instruir Struts a criar um bean ou tem uns métodos estáticos do bean disponíveis para uso pela aplicação. Os atributos que podem aparecer nesse elemento são listados na Tabela A.2. Apenas **class**, indicada por um asterisco, é requerida.

Tabela A.2: Atributos do elemento bean

Atributo	Descrição
class*	A classe Java a ser instanciada ou cujos métodos estáticos a serem tornados disponíveis.
type	A interface primária que a classe Java implementa.
name	Um nome único para se referir a esse bean.
scope	O escopo do bean. Valores permitidos são **default, singleton, request, session** e **thread.**
static	Indica se é para inserir métodos estáticos ou não.
optional	Indica se o bean é opcional ou não.

A seguir, um exemplo de **<bean>**

```
<bean name="uniqueBean" type="MyInterface" class="MyBeanClass"/>
```

O elemento constant

O elemento **constant** é usado para redefinir um valor no arquivo **default.properties**. Usando um elemento constant, você pode não precisar criar um arquivo **struts.properties**. Os atributos para esse elemento são mostrados na Tabela A.3. Ambos os atributos **name** e **value** são requeridos.

STRUTS 2 PROJETO E PROGRAMAÇÃO: UM TUTORIAL

Tabela A.3: Atributos do elemento constant

Atributo	Descrição
name*	O nome da constante.
value*	O valor da constante.

Por exemplo, a configuração **struts.devMode** determina se a aplicação Struts está ou não em modo de desenvolvimento. Por padrão, o valor é **false**, significando que a aplicação não está em modo de desenvolvimento. Os elementos **constant** seguintes ajustam **struts.devMode** a **true**.

```
<constant name="struts.devMode" value="true"/>
```

O Elemento default-action

Esse elemento deve aparecer sob um elemento **package** e especifica a action padrão que será invocada se nenhuma combinação para a URI for encontrada para aquele pacote. Ele tem um atributo **name** que especifica a action default. Por exemplo, esse elemento **default-action-ref** indica que a action **Main** deva ser invocada por qualquer URI sem nenhuma action combinando.

```
<default-action-ref name="Main"/>
```

O Elemento default-interceptor-ref

Esse elemento deve aparecer sob um elemento do pacote e especifica o interceptador default ou pilha de interceptadores a ser usada por uma action naquele pacote que não especifica qualquer interceptador. O atributo name é usado para especificar um interceptador ou pilha de interceptadores. Por exemplo, o pacote **struts-default** no arquivo **struts-default** define o seguinte elemento **default-interceptor-ref**.

```
<default-interceptor-ref name="defaultStack"/>
```

O Elemento default-interceptor-ref

Um elemento **exception-mapping** deve aparecer sob o elemento **action** ou o elemento **global-exception-mappings**. Ele permite pegar alguma exceção que você não pega na classe action associada com a action. Os atributos do elemento exception-mapping são mostrados na Tabela A.4.

Tabela A.4: Atributos do elemento exception-mapping

Atributo	Descrição
name	O nome para esse mapeamento.
exception*	Especifica o tipo de exceção a ser pega.
result*	Especifica um resultado que será executado se uma exceção for pega. O resultado pode estar na mesma action ou no elemento global-results.

Você pode aninhar um ou mais elementos **exception-mapping** sob sua declaração action. Por exemplo, o elemento **exception-mapping** seguinte pega todas exceções geradas pela action **User_save** e executa o resultado **error.**

```
<action name="User_save" class="...">
   <exception-mapping exception="java.lang.Exception"
      result="error"/>
   <result name="error">/jsp/Error.jsp</result>
   <result>/jsp/Thanks.jsp</result>
</action>
```

O Elemento global-exception-mappings

Um elemento **global-exception-mappings** deve aparecer sob um elemento **package** e permite que você declare elementos **exception-mapping** para pegar exceções não captadas em uma classe action ou usando um elemento nível de classe **exception-mapping**. Qualquer **exception-mapping** declarado sob o elemento **global-exception-mapping** deve referir a um resultado no elemento **global-results.** Tem-se aqui um exemplo de **global-exception-mappings.**

```
<global-results>
   <result name="error">/jsp/Error.jsp</result>
   <result name="sqlError">/jsp/SQLError.jsp</result>
</global-results>
<global-exception-mappings>
   <exception-mapping exception="java.sql.SQLException"
      result="sqlError"/>
   <exception-mapping exception="java.lang.Exception"
      result="error"/>
</global-exception-mappings>
```

522   STRUTS 2 PROJETO E PROGRAMAÇÃO: UM TUTORIAL

O interceptador Exception gerencia todas exceções detectadas. Para cada exceção, o interceptador adiciona esses dois objetos à Pilha de Valores.

- **Exception**, que representa o objeto **Exception** gerado.
- **ExceptionStack**, que contém o valor do stack trace.

Veja Capítulo 3, "Actions e Resultados" para aprender como gerenciar esses objetos.

O Elemento global-results

Um elemento **global-results** deve aparecer sob um elemento **package** e especifica resultados globais que serão executados se uma action não puder encontrar um resultado localmente. Por exemplo, o seguinte elemento **global-results** especifica dois elementos result:

```
<global-results>
  <result name="error">/jsp/Error.jsp</result>
  <result name="sqlError">/jsp/SQLError.jsp</result>
</global-results>
```

O Elemento include

Uma aplicação grande pode ter muitos pacotes. A fim de tornar o arquivo **struts.xml** mais fácil de controlar para uma aplicação grande, você pode dividi-lo em arquivos menores e usar elementos **include** para referenciar os arquivos. Cada arquivo poder idealmente incluir um pacote ou pacotes relacionados e é referenciado usando o atributo **file** do elemento **include**. Um elemento include deve aparecer diretamente sob **<struts>**.

Por exemplo, a seguir temos exemplos de elementos **include**:

```
<struts>
  <include file="module-1.xml" />
  <include file="module-2.xml" />
  ...
  <include file="module-n.xml" />
</struts>
```

APÊNDICE A – CONFIGURAÇÃO STRUTS   523

Cada arquivo **module.xml** teria o mesmo elemento DOCTYPE e um elemento raiz **struts**. Temos aqui um exemplo:

```
<?xml version="1.0" encoding="UTF-8"?>
<!DOCTYPE struts PUBLIC
    "-//Apache Software Foundation//DTD Struts Configuration 2.0//EN"
    "http://struts.apache.org/dtds/struts-2.0.dtd">

<!— file module-n.xml —>
<struts>
    <package name="test" extends="struts-default">
        <action name="Test1" class="test.Test1Action">
            <result>/jsp/Result1.jsp</result>
        </action>
        <action name="Test2" class="test.Test2Action">
            <result>/ajax/Result2.jsp</result>
        </action>
    </package>
</struts>
```

O Elemento inteceptor

o elemento **interceptor** deve aparecer sob um elemento **interceptors.** Um elemento **interceptor** registra um interceptador para o pacote sob qual o elemento **interceptors** é declarado. Os atributos para esse elemento são mostrados na Tabela A.5. Ambos os atributos são requeridos.

Tabela A.5: Atributos do elemento interceptor

Atributo	Descrição
name*	O nome para se referir ao interceptador.
class*	A classe Java para esse interceptador.

Por exemplo, o seguinte elemento interceptor registra o interceptador File Upload.

```
<interceptor name="fileUpload"
    class="org.apache.struts.interceptor.FileUploadInterceptor"/>
```

O Elemento interceptor-ref

Esse elemento é usado para referenciar um interceptador registrado e pode aparecer tanto sob um elemento **interceptor-stack** quanto em um elemento **action**. Se ele aparece sob um elemento **interceptor-stack**, o elemento **interceptor-ref** especifica um interceptador que se tornará parte da pilha de interceptadores. Se ele aparece sob um elemento **action,** ele especifica um interceptador que será usado para processar a action.

Você usa seu atributo **name** para referir a um interceptador registrado. Por exemplo, a seguinte configuração registra quatro interceptadores que serão usados para processar a action.

```
<package name="main" extends="struts-default">
  <interceptors>
    <interceptor name="alias" class="..."/>
    <interceptor name="i18n" class="..."/>
    <interceptor name="validation" class="..."/>
    <interceptor name="logger" class="..."/>
  </interceptors>

  <action name="Product_save" class="...">
    <interceptor-ref name="alias"/>
    <interceptor-ref name="i18n"/>
    <interceptor-ref name="validation"/>
    <interceptor-ref name="logger"/>
    <result name="input">/jsp/Product.jsp</result>
    <result>/jsp/ProductDetails.jsp</result>
  </action>
</package>
```

O Elemento interceptor-stack

Com a maioria das aplicações Struts tendo múltiplos elementos **action**, repetir a lista de interceptadores para cada action pode ser uma tarefa enfadonha. A fim de aliviar esse problema, Struts permite a você criar pilhas de interceptadores que agrupam interceptadores. Ao invés de referenciar interceptadores de dentro de cada elemento **action**, você pode referenciar a pilha de interceptadores.

Por exemplo, seis interceptadores são geralmente usados nas seguintes ordens: **exception, servletConfig, prepare, checkbox, params** e

conversionError. Melhor que referenciá-los várias vezes em suas declarações action, você pode criar uma pilha de interceptadores como essa:

```
<interceptor-stack name="basicStack">
  <interceptor-ref name="exception"/>
  <interceptor-ref name="servlet-config"/>
  <interceptor-ref name="prepare"/>
  <interceptor-ref name="checkbox"/>
  <interceptor-ref name="params"/>
  <interceptor-ref name="conversionError"/>
</interceptor-stack>
```

Para usar esses interceptadores, você precisa apenas referenciar a pilha:

```
<action name="..." class="...">
  <interceptor-ref name="basicStack"/>
  <result name="input">/jsp/Product.jsp</result>
  <result>/jsp/ProductDetails.jsp</result>
</action>
```

O Elemento interceptors

Um elemento **interceptors** deve aparecer diretamente sob um elemento **package** e registra interceptadores para aquele pacote. Por exemplo, o seguinte elemento **interceptors** registra dois interceptadores, **validation** e **logger.**

```
<package name="main" extends="struts-default">
  <interceptors>
    <interceptor name="validation" class="..."/>
    <interceptor name="logger" class="..."/>
  </interceptors>
</package>
```

O Elemento package

Para fins de modularidade, actions Struts são agrupadas em pacotes, os quais podem ser pensados como módulos. Um arquivo **struts.xml** pode ter um ou mais elementos **package**. Os atributos para esse elemento são mostrados na Tabela A.6.

526 STRUTS 2 PROJETO E PROGRAMAÇÃO: UM TUTORIAL

Tabela A.6: Atributos do elemento package

Atributo	Descrição
name*	O nome do pacote que deve ser único por todo o arquivo **struts.xml**.
extends	O pacote pai estendido por esse pacote.
namespace	O namespace para esse pacote.
abstract	Indica se esse é ou não um pacote abstract.

Um elemento **package** deve especificar um atributo **name** e seu valor deve ser único por todo o arquivo **struts.xml**. Ele também pode especificar um atributo **namespace**. Se **namespace** não estiver presente, o valor padrão "/" será assumido. Se o atributo **namespace** tem um valor não padrão, o namespace deve ser adicionado à URI que invoca as actions no pacote. Por exemplo, a URI para invocar uma action em um pacote com um namespace padrão é essa:

```
/context/actionName.action
```

Para invocar uma action em um pacote com um namespace não padrão, você precisa dessa URI:

```
/context/namespace/actionName.action]
```

Um elemento **package** quase sempre estende o pacote **struts-default** definido em **struts-default.xml**. O último é o arquivo de configuração default incluído no Struts core JAR e define os interceptadores padrão e tipos de resultado. Um pacote que estende **struts-default** pode usar os interceptadores e tipos de resultado sem registrá-los. O conteúdo do arquivo **struts-default.xml** é mostrado na próxima seção.

O Elemento param

O elemento **param** pode ser aninhado dentro de outro elemento tal como **action, result-type** e **interceptor** para passar um valor ao objeto incluso. O elemento **param** tem um atributo **name** que especifica o nome do parâmetro. O formato é como segue:

```
<param name="property">value</param>
```

Usado dentro de um elemento **action, param** pode ser usado para ajustar uma propriedade action. Por exemplo, o seguinte elemento **param** ajusta a propriedade **siteId** da action.

```
<action name="customer" class="...">
  <param name="siteId">california01</param>
</action>
```

E o seguinte elemento **param** ajusta o **excludeMethod** da validação **interceptor-ref:**

```
<interceptor-ref name="validation">
  <param name="excludeMethods">input,back,cancel</param>
</interceptor-ref>
```

O Elemento result

Um elemento **result** pode aparecer sob um elemento **action** ou um elemento **global-result**. Ele especifica um resultado para uma action.

Um elemento **result** corresponde ao valor de retorna de um método action. Devido ao método action poder retornar valores diferentes em diferentes situações, um elemento **action** pode ter vários elementos **result**, cada qual correspondendo a um possível valor de retorno do método action. significa dizer que, se um método pode retornar "success" e "input", você deve ter dois elementos **result**. Os atributos para esse elemento são listados na Tabela A.7.

Tabela A.7: Atributos do elemento result

Atributo	Descrição
name	O nome do resultado, associado ao valor de retorno do método action.
type	O tipo de resultado registrado associado a esse resultado.

Por exemplo, o seguinte elemento **action** contém dois elementos **result.**

```
<action name="Product_save" class="app.Product"
method="save">
  <result name="success" type="dispatcher">
    /jsp/Confirm.jsp
  </result>
```

```
<result name="input" type="dispatcher">
  /jsp/Product.jsp
</result>
</action>
```

O Elemento result-type

Esse elemento registra um tipo de resultado para um pacote e deve aparecer diretamente sob um elemento **result-type.** Os atributos para esse elemento são mostrados na Tabela A.8.

Tabela A.8: Atributos do elemento result-type

Atributo	Descrição
name	O nome para referir a esse tipo de resultado.
class	A classe Java para esse tipo de resultado.
default	Especifica se esse é ou não o tipo de resultado padrão para o pacote.

Por exemplo, esses dois elementos **result-type** registram os tipos de resultado Dispatcher e FreeMarket no pacote **struts-default.** Note que o atributo **result-type** default do primeiro elemento **result-type** é ajustado a true.

```
<result-type name="dispatcher" default="true" class="org.apache.
  ➥ struts2.dispatcher.ServletDispatcherResult"/>
<result-type name="freemarker" class="org.apache.struts2.views.
  ➥ freemarker.FreemarkerResult"/>
```

O Elemento result-types

Esse elemento agrupa elementos **result-type** e deve aparecer diretamente abaixo de um elemento **package**. Por exemplo, esse elemento result-types agrupa três tipos de resultado.

```
<result-types>
  <result-type name="chain" class="..."/>
  <result-type name="dispatcher" class="..." default="true"/>
  <result-type name="freemarker" class="..."/>
</result-types>
```

O Arquivo Struts-default.xml

O arquivo **struts-default.xml** é o arquivo de configuração default incluído no Struts core JAR e define os interceptadores padrão e tipos de resultado. Um pacote que estende **struts-default** pode usar os interceptadores e tipos de resultado sem ter que registrá-los novamente. Esse arquivo é mostrado na Listagem A.1.

Listagem A.1: O arquivo struts-default

```xml
<?xml version="1.0" encoding="UTF-8" ?>
<!DOCTYPE struts PUBLIC
    "-//Apache Software Foundation//DTD Struts Configuration 2.0//EN"
    "http://struts.apache.org/dtds/struts-2.0.dtd">

<struts>
  <package name="struts-default">
    <result-types>
      <result-type name="chain" class="com.opensymphony.
        xwork2.ActionChainResult"/>
      <result-type name="dispatcher" class="org.apache.
        struts2.dispatcher.ServletDispatcherResult"
        default="true"/>
      <result-type name="freemarker" class="org.apache.
        struts2.views.freemarker.FreemarkerResult"/>
      <result-type name="httpheader" class="org.apache.
        struts2.dispatcher.HttpHeaderResult"/>
      <result-type name="redirect" class="org.apache.struts2.
        dispatcher.ServletRedirectResult"/>
      <result-type name="redirect-action" class="org.apache.
        struts2.dispatcher.ServletActionRedirectResult"/>
      <result-type name="stream" class="org.apache.struts2.
        dispatcher.StreamResult"/>
      <result-type name="velocity" class="org.apache.struts2.
        dispatcher.VelocityResult"/>
      <result-type name="xslt" class="org.apache.struts2.
        views.xslt.XSLTResult"/>
      <result-type name="plaintext" class="org.apache.struts2.
        dispatcher.PlainTextResult"/>
    </result-types>

    <interceptors>
      <interceptor name="alias" class="com.opensymphony.
        xwork2.interceptor.AliasInterceptor"/>
```

530 STRUTS 2 PROJETO E PROGRAMAÇÃO: UM TUTORIAL

```
<interceptor name="autowiring" class="com.opensymphony.
  ↪xwork2.spring.interceptor.
  ↪ActionAutowiringInterceptor"/>
<interceptor name="chain" class="com.opensymphony.
  ↪xwork2.interceptor.ChainingInterceptor"/>
<interceptor name="conversionError" class="org.apache.
  ↪struts2.interceptor.
  ↪StrutsConversionErrorInterceptor"/>
<interceptor name="createSession" class="org.apache.
  ↪struts2.interceptor.CreateSessionInterceptor"/>
<interceptor name="debugging" class="org.apache.struts2.
  ↪interceptor.debugging.DebuggingInterceptor"/>
<interceptor name="external-ref" class="com.
  ↪opensymphony.xwork2.interceptor.
  ↪ExternalReferencesInterceptor"/>
<interceptor name="execAndWait" class="org.apache.
  ↪struts2.interceptor.ExecuteAndWaitInterceptor"/>
<interceptor name="exception" class="com.opensymphony.
  ↪xwork2.interceptor.ExceptionMappingInterceptor"/>
<interceptor name="fileUpload" class="org.apache.
  ↪struts2.interceptor.FileUploadInterceptor"/>
<interceptor name="i18n" class="com.opensymphony.xwork2.
  ↪interceptor.I18nInterceptor"/>
<interceptor name="logger" class="com.opensymphony.
  ↪xwork2.interceptor.LoggingInterceptor"/>
<interceptor name="model-driven" class="com.
  ↪opensymphony.xwork2.interceptor.
  ↪ModelDrivenInterceptor"/>
<interceptor name="scoped-model-driven" class="com.
  ↪opensymphony.xwork2.interceptor.
  ↪ScopedModelDrivenInterceptor"/>
<interceptor name="params" class="com.opensymphony.
  ↪xwork2.interceptor.ParametersInterceptor"/>
<interceptor name="prepare" class="com.opensymphony.
  ↪xwork2.interceptor.PrepareInterceptor"/>
<interceptor name="static-params" class="com.
  ↪opensymphony.xwork2.interceptor.
  ↪StaticParametersInterceptor"/>
<interceptor name="scope" class="org.apache.struts2.
  ↪interceptor.ScopeInterceptor"/>
<interceptor name="servlet-config" class="org.apache.
  ↪struts2.interceptor.ServletConfigInterceptor"/>
<interceptor name="sessionAutowiring" class="org.apache.
  ↪struts2.spring.interceptor.
  ↪SessionContextAutowiringInterceptor"/>
<interceptor name="timer" class="com.opensymphony.
```

```xml
↪xwork2.interceptor.TimerInterceptor"/>
<interceptor name="token" class="org.apache.struts2.
↪interceptor.TokenInterceptor"/>
<interceptor name="token-session" class="org.apache.
↪struts2.interceptor.
↪TokenSessionStoreInterceptor"/>
<interceptor name="validation" class="com.opensymphony.
↪xwork2.validator.ValidationInterceptor"/>
<interceptor name="workflow" class="com.opensymphony.
↪xwork2.interceptor.DefaultWorkflowInterceptor"/>
<interceptor name="store" class="org.apache.struts2.
↪interceptor.MessageStoreInterceptor"/>
<interceptor name="checkbox" class="org.apache.struts2.
↪interceptor.CheckboxInterceptor"/>
<interceptor name="profiling" class="org.apache.struts2.
↪interceptor.ProfilingActivationInterceptor"/>

<!-- Basic stack -->
<interceptor-stack name="basicStack">
    <interceptor-ref name="exception"/>
    <interceptor-ref name="servlet-config"/>
    <interceptor-ref name="prepare"/>
    <interceptor-ref name="checkbox"/>
    <interceptor-ref name="params"/>
    <interceptor-ref name="conversionError"/>
</interceptor-stack>

<!-- Sample validation and workflow stack -->
<interceptor-stack name="validationWorkflowStack">
    <interceptor-ref name="basicStack"/>
    <interceptor-ref name="validation"/>
    <interceptor-ref name="workflow"/>
</interceptor-stack>

<!-- Sample file upload stack -->
<interceptor-stack name="fileUploadStack">
    <interceptor-ref name="fileUpload"/>
    <interceptor-ref name="basicStack"/>
</interceptor-stack>

<!-- Sample model-driven stack -->
<interceptor-stack name="modelDrivenStack">
    <interceptor-ref name="model-driven"/>
    <interceptor-ref name="basicStack"/>
</interceptor-stack>
```

532 STRUTS 2 PROJETO E PROGRAMAÇÃO: UM TUTORIAL

```xml
<!- Sample action chaining stack ->

<interceptor-stack name="chainStack">
   <interceptor-ref name="chain"/>
   <interceptor-ref name="basicStack"/>
</interceptor-stack>

<!- Sample i18n stack ->
<interceptor-stack name="i18nStack">
   <interceptor-ref name="i18n"/>
   <interceptor-ref name="basicStack"/>
</interceptor-stack>
```

<!- Um exemplo do truque params-prepare-params. Essa pilha é exatamente a mesma da defaultStack, exceto que ela inclui um interceptador extra antes do interceptador prepare: o interceptador params.

Isso é útil para quando você deseja aplicar parâmetros diretamente a um objeto que você deseja carregar externamente (tal como um DAO ou base de dados ou camada de serviço), mas não pode carregar aquele objeto até no mínimo o parâmetro ID ter sido carregado. Carregando os parâmetros duas vezes, você pode recuperar o objeto no método prepare(), permitindo o segundo interceptador params aplicar os valores ao objeto. '!

```xml
<interceptor-stack name="paramsPrepareParamsStack">
   <interceptor-ref name="exception"/>
   <interceptor-ref name="alias"/>
   <interceptor-ref name="params"/>
   <interceptor-ref name="servlet-config"/>
   <interceptor-ref name="prepare"/>
   <interceptor-ref name="i18n"/>
   <interceptor-ref name="chain"/>
   <interceptor-ref name="model-driven"/>
   <interceptor-ref name="fileUpload"/>
   <interceptor-ref name="checkbox"/>
   <interceptor-ref name="static-params"/>
   <interceptor-ref name="params"/>
   <interceptor-ref name="conversionError"/>
   <interceptor-ref name="validation">
      <param name="excludeMethods">
         input,back,cancel
      </param>
```

APÊNDICE A – CONFIGURAÇÃO STRUTS   533

```
    </interceptor-ref>
    <interceptor-ref name="workflow">
      <param name="excludeMethods">
        input,back,cancel
      </param>
    </interceptor-ref>
</interceptor-stack>

<!- Uma pilha completa como todos os interceptadores
    comuns localizados.  Geralmente, essa pilha deve-
    ria ser a pilha a ser usada, embora ela possa
    fazer mais do que você possa precisar. Também, a
    ordem pode ser trocada por completo (ex: se você
    deseja ter seus objetos relacionados a servlet
    aplicados antes de prepare() ser chamado, você
    iria precisar mover o interceptador servlet-config
    para cima.

    Essa pilha também exclui da validação normal e faz
    um fluxo dos nomes dos métodos input, back, e
    cancel. Esses são tipicamente associados com re-
    quisições que não deveriam ser validadas. '!
<interceptor-stack name="defaultStack">
    <interceptor-ref name="exception"/>
    <interceptor-ref name="alias"/>
    <interceptor-ref name="servlet-config"/>
    <interceptor-ref name="prepare"/>
    <interceptor-ref name="i18n"/>
    <interceptor-ref name="chain"/>
    <interceptor-ref name="debugging"/>
    <interceptor-ref name="profiling"/>
    <interceptor-ref name="scoped-model-driven"/>
    <interceptor-ref name="model-driven"/>
    <interceptor-ref name="fileUpload"/>
    <interceptor-ref name="checkbox"/>
    <interceptor-ref name="static-params"/>
    <interceptor-ref name="params"/>
    <interceptor-ref name="conversionError"/>
    <interceptor-ref name="validation">
      <param name="excludeMethods">
        input,back,cancel,browse
      </param>
    </interceptor-ref>
    <interceptor-ref name="workflow">
      <param name="excludeMethods">
        input,back,cancel,browse
```

```
          </param>
        </interceptor-ref>
      </interceptor-stack>

      <!-- O completeStack está aqui para compatibilidade
        com os anteriores para aplicações que ainda refe-
        rem ao defaultStack pelo nome antigo-->
      <interceptor-stack name="completeStack">
        <interceptor-ref name="defaultStack"/>
      </interceptor-stack>

      <!-- Exemplo de pilha execute e wait.
        Note: execAndWait deve sempre ser o *último*
        interceptador. -->
      <interceptor-stack name="executeAndWaitStack">
        <interceptor-ref name="execAndWait">
          <param name="excludeMethods">
            input,back,cancel
          </param>
        </interceptor-ref>
        <interceptor-ref name="defaultStack"/>
        <interceptor-ref name="execAndWait">
          <param name="excludeMethods">
            input,back,cancel
          </param>
        </interceptor-ref>
      </interceptor-stack>
    </interceptors>

    <default-interceptor-ref name="defaultStack"/>
  </package>
</struts>
```

O ARQUIVO STRUTS.PROPERTIES

Você pode ter um arquivo **struts.properties** no arquivo WEB-INF/ classes para redefinir ajustes na configuração definidos pelo arquivo **default.properties.**

As chaves e valores padrão, se houver, serão explicados abaixo:

```
struts.i18n.encoding = UTF-8
  Codificação default Struts

struts.objectFactory
```

O objeto factory default. O valor deve ser uma subclasse de **com.opensymphony.xwork2.ObjectFactory**. Uma notação abreviada, tal como **spring** que representa **StringObjectFactory,** é suportada.

```
struts.objectFactory.spring.autoWire = name
```
A lógica auto-wiring quando usar o **SpringObjectFactory**. Valores válidos são **name** (o default), **type, auto** e **constructor.**

```
struts.objectFactory.spring.useClassCache = true
```
Indica ao módulo de integração Struts-Spring se instâncias de Class devem ser guardadas.

```
struts.objectTypeDeterminer
```
Especifica o determinador do tipo do objeto. O valor deve ser uma implementação de **com.opensymphony.xwork2.util.ObjectTypeDeterminer**. Notações abreviadas tais como *tiger* ou *notiger* são suportadas.

```
struts.multipart.parser=jakarta
```
Especifica o analisador para controlar requisições multipart/form-data no upload de arquivo.

```
struts.multipart.saveDir
```
O diretório save default para upload de arquivo. O valor default é o diretório indicado por **javax.servlet.context.tempdir.**

```
struts.multipart.maxSize = 2097152
```
O tamanho máximo para arquivos uploaded.

```
struts.custom.properties
```
A lista de arquivos de propriedades customizadas que devem ser carregados.

```
struts.mapper.class
```
O mapeador da action para controlar como requisições URIs são mapeadas para e de actions. O valor default é **org.apache.struts2.dispatcher.mapper.DefaultActionMapper.**

```
struts.action.extension = action
```
Uma lista separada por vírgula de extensões action.

```
struts.serve.static = true
```
Indica se Struts deve ou não servir conteúdo estático de dentro de seu JAR. Um valor false indica que o conteúdo estático deva estar disponível em **<contextPath>/struts.**

```
struts.serve.static.browserCache = true
```
Indica se o *filter dispatcher* deve escrever cabeçalhos para conteúdos estáticos que serão guardados por web browsers. Um valor true é adequado para modo de desenvolvimento. Essa chave será ignorada se struts.serve.static for false.

```
struts.enable.DynamicMethodInvocation = true
```
Indica se a invocação dinâmica de método está habilitada. O valor default é true, mas por razões de segurança seu valor deve ser false. Invocação dinâmica de método é discutida no Capítulo 2.

```
struts.enable.SlashesInActionNames = false
```
Indica se barras são permitidas em nomes de action.

```
struts.tag.altSyntax = true
```
Indica se a sintaxe de avaliação de expressão alternativa que requer %{ ... } é permitida.

```
struts.devMode = false
```
Indica se o modo de desenvolvimento deve estar habilitado. Quando o valor é true, Struts irá recarregar o arquivo da aplicação struts.xml, arquivos de validação, e conjunto de recursos em cada requisição, o que significa que você não precisa recarregar a aplicação se algum desses arquivos for alterado. Além disso, um valor true irá levar o nível de debug ou problemas ignoráveis a erros. Por exemplo, em modo de desenvolvimento um campo de formulário sem nenhuma action combinando irá gerar uma exceção. Em modo de produção, ele será ignorado.

struts.ui.theme = xhtml
O tema default.

struts.ui.templateDir = template
A localização default para templates.

struts.ui.templateSuffix = ftl
O tipo de template default. Outros valores além do ftl (FreeMarker) são vm(Velocity) e jsp (JSP).

struts.configuration.xml.reload=false
Indica se struts.xml deve ser recarregado se ele tiver sido alterado.

struts.velocity.configfile = velocity.properties
O arquivo de configuração default do Velocity

struts.velocity.contexts
Uma lista separada por vírgulas de nomes de classe VelocityContext para encadear ao StrutsVelocityContext.

struts.velocity.toolboxlocation
A localização do Velocity toolbox.

struts.url.http.port = 80
O número da porta HTTP a ser usado quando construir URLs.

struts.url.https.port = 443
O número de porta HTTP a ser usada quando construir URLs.

struts.custom.i18n.resources
Os pacotes de recursos default customizado de carga.

struts.dispatcher.parametersWorkaround = false
Indica se deve-se habilitar alternativas para aplicações que não controlam HttpServletRequest.getParameterMap().

538 STRUTS 2 PROJETO E PROGRAMAÇÃO: UM TUTORIAL

struts.freemarker.manager.classname

A classe FreeMarker Manager a ser usada. Ela deve ser uma filha de org.apache.struts2.views.freemarker.FreemarkerManager.

struts.xslt.nocache = false

Especifica se a classe XSLTResult deve usar stylesheet caching.

struts.configuration.files = struts-default.xml,struts-
↳ plugin.xml,struts.xml

A lista de arquivos de configuração que devem ser carregados automaticamente.

struts.mapper.alwaysSelectFullNamespace=false

Indica se Struts deve selecionar o namespace para ser qualquer coisa antes da última barra.

APÊNDICE **B**

A EXPRESSION LANGUAGE DO JSP

OGNL é a *expression language* usada com as tags de customização do Struts. Entretanto, há casos em que o Expression Languagem do JSP (EL) pode ajudar. Por exemplo, o JSP EL provê sintaxes mais curtas para imprimir um objeto de modelo comparado ao que a tag **property** e OGNL oferece.

```
<s:property value="serverValue"/>
```

Você pode simplesmente escrever isso:

```
${serverValue}
```

Além disso, não há uma maneira fácil de usar as tags customizadas do Struts para imprimir um cabeçalho de requisição. Com EL, isso é fácil. Por exemplo, a expressão EL seguinte imprime o valor do cabeçalho **host.**

```
${header.host}
```

Esse apêndice é um tutorial sobre o JSP EL.

540   STRUTS 2 PROJETO E PROGRAMAÇÃO: UM TUTORIAL

A SINTAXE DA EXPRESSION LANGUAGE

Uma das mais importantes propriedades no JSP2.0 é a Expression Language (EL). Inspirado nas *expression languages* ECMAScript e Xpath, o EL é projetado para tornar isso possível e fácil para apresentar JSPs livres de script, ou seja, páginas que não usam declarações JSP, expressões e scriptlets.

A EL que foi adotada no JSP 2.0 apareceu primeiro na especificação JSP Standard Tag Library (JSTL) 1.0. programadores JSP 1.2 poderiam usar a linguagem importando as bibliotecas padrão em suas aplicações. Desenvolvedores do JSP 2.0 podem usar o EL sem JSTL. Entretanto, JSTL também provê outras bibliotecas úteis para apresentação de páginas JSP.

Uma expressão EL começa com ${ e termina com }. A construção de uma expressão EL é como a seguir:

```
${expression}
```

Por exemplo, para escrever a expressão **x+y**, você usa a seguinte construção:

```
${x+y}
```

Também é comum concatenar duas expressões. Uma seqüência de expressões será avaliada da esquerda para a direita, forçada a **Strings**, e concatenada. Se **a+b** é igual a 8 e **c+d** é igual a **10**, as duas expressões seguintes produzem **810:**

```
${a+b}${c+d}
```

e **${a+b}some$c+d}** resulta em **8some10text.**

Se uma expressão EL é usada em um valor de atributo de uma tag customizada, a expressão irá ser avaliada e a string resultante forçada ao tipo de esperado do atributo:

```
<my:tag someAttribute="${expression}"/>
```

A sequência **${** de caracteres denota o início de uma expressão EL. Se ao invés disso você quiser enviar o literal **${,** você precisa colocar um caractere de escape no início:

```
\${
```

Palavras Reservadas

As seguintes palavras são reservadas e não devem ser usadas como identificadores:

and	**eq**	**gt**	**true**	**instanceof**
or	**ne**	**le**	**false**	**empty**
not	**It**	**ge**	**null**	**div** **mod**

Os Operadores [] e .

O tipo de retorno de uma expressão EL pode ser qualquer um. Se uma expressão EL resulta em um objeto que tem uma propriedade, você pode usar os operadores [] e . para acessar a propriedade. Os operadores [] e . funcionam de maneira semelhante; [] é uma forma mais geral, mas . fornece um bom atalho.

Para acessar uma propriedade de objeto de escopo, você usa uma das seguintes formas:

```
${object["propertyName"]}
${object.propertyName}
```

Entretanto, você pode apenas usar o primeiro formulário (usando o operador []) se *propertyName* não for um nome válido de variável Java.

Por exemplo, as duas expressões EL seguintes podem ser usadas para acessar o cabeçalho HTTP **host** no cabeçalho do objeto implícito.

```
${header["host"]}
${header.host}
```

Entretanto, para acessar o cabeçalho **accept-language**, você pode apenas usar o operador [] por **accept-language** não é um nome legal de variável Java. Usar o operador . para acessar isso irá gerar uma exceção.

Se uma propriedade de objeto retorna outro objeto, que por sua vez tem uma propriedade, você pode usar tanto [] como . para acessar a propriedade do segundo objeto. Por exemplo, o objeto implícito **pageContext** representa o objeto **PageContext** do JSP corrente. Ele tem a propriedade **request**, que representa o objeto **HttpServletRequest**. O objeto **HttpServletRequest** tem a propriedade **servlet**. As expressões seguintes são equivalentes e resultam no valor da propriedade **servletPath** do objeto **HttpServletRequest** em **pageContext**.

```
${pageContext["request"]["servletPath"]}
${pageContext.request["servletPath"]}
${pageContext.request.servletPath}
${pageContext["request"].servletPath}
```

A Regra de Validação

Uma expressão EL é avaliada da esquerda para direita. Para uma expressão da forma *expr-a[expr-b]*, é mostrado como a expressão EL é avaliada:

1. Avalia *expr-a* para obter *value-a*
2. Se*value-a* for **null**, retorna **null**.
3. Avalia *expr-b* para obter *value-b*
4. Se *value-b for **null**, retorna **null.***
5. Se o tipo de *value-a* é **java.util.Map**, verifique se *value-b* é uma chave em **Map**. Se ele for, retornará *value-a*.**get**(*value-b*). Se ele não for, retornará **null.**
6. Se o tipo de *value-a* é **java.util.List** ou se ele é um array, faça o seguinte:

   a. Force *value-b* para **int**. Se isso falhar, gere uma exceção.

   b. Se *value-a*.**get**(*value-b*) gera um **IndexOutOfBoundsException** ou se Array.get(*value-a, value-b*) gera um ArrayIndex OutOfBoundsException, retorna null.

   Caso contrário, retorna *value-a*.**get**(*value-b*) se *value-a* é uma **List,** ou retorna **Array.get**(*value-a, value-b*) se *value-a* é um array.

7. Se *value-a* não é um **Map**, um **List**, ou um array, *value-a* deve ser um JavaBean. Nesse caso, force *value-b* a **String.** Se *value-b* é uma propriedade legível de *value-a,* chama o getter da propriedade e retorna o valor do método getter. Se o método getter gera uma exceção, a expressão é inválida. Caso contrário, a expressão é válida.

Acessando JavaBeans

Você pode usar tanto o operador **.** como o operador **[]** para acessar uma propriedade do bean. Aqui estão os contrutores:

```
${beanName["propertyName"]}
${beanName.propertyName}
```

APÊNDICE B – A EXPRESSION LANGUAGE DO JSP   543

Por exemplo, para acessar a propriedade chamada **secret** em um bean denominado **myBean**, você usa a expressão seguinte:

```
${myBean.secret}
```

Se a propriedade é um objeto qué, por sua vez, tem uma propriedade, você pode acessar a propriedade do segundo objeto também, novamente usando o operador **.** ou **[]**. Ou, se a propriedade é um **Map**, uma **List**, ou um array, você pode usar a mesma regra explicada na seção precedente para acessar os valores de **Map** ou os membros da **List** ou o elemento do array.

OBJETOS IMPLÍCITOS EL

De um JSP, você pode usar scripts JSPs para acessar objetos implícitos JSP. Entretanto, de uma página JSP livre de script, é impossível acessar esses objetos implícitos. O EL permite que você acesse vários objetos fornecendo um conjunto de seus próprios objetos implícitos. Os objetos implícitos do EL são listados na Tabela B.1.

Tabela B.1: Os objetos implícitos do JSP

Objeto	Descrição
pageContent	O objeto **java.servlet.jsp.PageContext** para o JSP corrente.
initParam	Um **Map** contendo todos parâmetros de inicialização de contexto com os nomes de parâmetros como as chaves.
param	Um **Map** contendo todos parâmetros de requisição com os nomes de parâmetros como as chaves. O valor para cada chave é o primeiro valor do parâmetro com o mesmo nome, apenas o primeiro pode ser buscado usando o objeto **param**. Para acessar todos os valores de parâmetros que compartilham o mesmo nome, ao invés desse, use o objeto **params**.
paramValues	Um **Map** contendo todos parâmetros de requisição com os nomes de parâmetros como as chaves. O valor para cada chave é um array de Strings contendo todos os valores para o nome de parâmetro especificado. Se o parâmetro tem apenas um valor, ele ainda retorna um array tendo um elemento.
header	Um **Map** contendo os cabeçalhos de requisição com os nomes de cabeçalhos como as chaves. O valor para cada chave é o primeiro cabeçalho do nome do cabeçalho especificado. Em outras palavras, se um cabeçalho tem mais de um valor, apenas o primeiro valor é retornado. Para obter cabeçalhos de multi-valores, ao invés disso, use **headerValues**.

544   STRUTS 2 PROJETO E PROGRAMAÇÃO: UM TUTORIAL

Tabela B.1: Os objetos implícitos do JSP (continuação)

Objeto	Descrição
headerValues	Um **Map** contendo os cabeçalhos de requisição com os nomes de cabeçalhos como as chaves. O valor para cada chave é um array de strings contendo todos os valores para o nome de cabeçalho especificado. Se o cabeçalho tem apenas um valor, ele retorna um array de um elemento.
cookie	Um **Map** contendo todos objetos **Cookie** no objeto de requisição corrente. Os nomes dos cookies são as chaves dos **Maps**, e cada chave é mapeada a um objeto **Cookie.**
applicationScope	Um **Map** contendo todos atributos no objeto **ServletContext** com os nomes dos atributos como as chaves.
sessionScope	Um **Map** contendo todos atributos no objeto **HttpSession** no qual os nomes do atributo são as chaves.
requestScope	Um **Map** contendo todos os atributos no objeto **HttpServletRequest** corrente com os nomes de atributos como as chaves.
pageScope	Um **Map** contendo todos atributos com o escopo de página. Os nomes dos atributos são as chaves de **Map.**

Cada um dos objetos implícitos é mostrado nas seções subseqüentes.

pageContext

O objeto pageContext representa o objeto corrente **javax.servlet.jsp.PageContext** do JSP. Ele contém todos os outros objetos implícitos do JSP. Esses objetos implícitos são mostrados na Tabela B.2.

Tabela B.2: Objetos implícitos do JSP

Objeto	Type From the EL
request	javax.servlet.http.HttpServletRequest
response	javax.servlet.http.HttpServletResponse
out	javax.servlet.jsp.JspWriter
session	javax.servlet.http.HttpSession
application	javax.servlet.ServletContext
config	javax.servlet.ServletConfig
pageContext	javax.servlet.jsp.PageContext
page	javax.servlet.jsp.HttpJspPage
exception	javax.lang.Throwable

Por exemplo, você pode obter o objeto **ServletRequest** corrente usando uma das seguintes expressões:

```
${pageContext.request}
${pageContext["request"]}
```

E o método de requisição pode ser obtido usando uma das seguintes expressões:

```
${pageContext["request"]["method"]}
${pageContext["request"].method}
${pageContext.request["method"]}
${pageContext.request.method}
```

Parâmetros de requisição são acessados mais freqüentemente comparado a outros objetos implícitos; portanto, dois objetos implícitos, **param** e **paramValues**, são fornecidos. Os objetos implícitos param e paramValues são discutidos nas seções "param" e "paramValues".

InitParam

O objeto implícito **initParam** é usado para buscar o valor de um parâmetro de contexto. Por exemplo, para acessar o parâmetro de contexto denominado password, você usa a seguinte expressão.

```
${initParam.password}
```

ou

```
${initParam["password"]}
```

Param

O objeto **param** é usado para buscar um parâmetro de requisição. Esse objeto representa um **Map** contendo todos os parâmetros de requisição. Por exemplo, para buscar o parâmetro denominado **userName**, use uma das seguintes:

```
${param.userName}
${param["userName"]}
```

paramValues

Você usa o objeto implícito **paramValues** para buscar os valores de um parâmetro de requisição. Esse objeto representa um **Map** contendo todos os parâmetros de requisição como os nomes dos parâmetros como as chaves. O valor de cada chave é um array de strings contendo todos os valores para o nome de parâmetro especificado. Se o parâmetro tem apenas um valor, ele ainda retorna um array tendo um elemento. Por exemplo, para obter o primeiro e segundo valores do parâmetro **selectedOptions**, você usa as seguintes expressões:

```
${paramValues.selectedOptions[0]}
${paramValues.selectedOptions[1]}
```

header

O objeto implícito **header** representa um **Map** que contém todos os cabeçalhos de requisição. Para buscar um valor de cabeçalho, você usa o nome do cabeçalho como chave. Por exemplo, para buscar o valor do cabeçalho **accept-language**, use a seguinte expressão:

```
${header["accept-language"]}
```

Se o nome do cabeçalho é um nome de variável Java, tal como **connection**, você pode também usar o operador . :

```
${header.connection}
```

headerValues

O objeto implícito **headerValues** representa um **Map** que contém todos os cabeçalhos de requisição com os nomes dos cabeçalhos como as chaves. Ao contrário de **header**, entretanto, o **Map** retornado pelo objeto implícito **headerValues** retorna um array de strings. Por exemplo, para obter o primeiro valor do cabeçalho **accept-language**, use essa expressão:

```
${headerValues["accept-language"][0]}
```

cookie

Você usa o objeto implícito **cookie** para buscar um cookie. Esse objeto representa um **Map** contendo todos cookies no objeto **HttpServletRequest** corrente. Por exemplo, para buscar o valor de um cookie chamado **jsessionid**, use a seguinte expressão:

```
${cookie.jsessionid.value}
```

Para obter o valor do caminho do cookie **jsessionid**, use essa:

```
${cookie.jsessionid.path}
```

applicationScope, sessionScope, requestScope e pageScope

Você usa o objeto implícito **applicationScope** para obter o valor de uma variável de escopo de aplicação. Por exemplo, se você tem uma variável de escopo de aplicação chamado **myVar**, você usa essa expressão para acessar o atributo:

```
${applicationScope.myVar}
```

Os objetos implícitos **sessionScope, requestScope** e **pageScope** são semelhantes a **applicationScope**. Entretanto, os escopos são seção, requisição e página, respectivamente.

USANDO OUTROS OPERADORES EL

Além dos operadores [] e . , o EL também provê vários outros operadores: operadores aritméticos, operadores relacionais, operadores lógicos, operador condicional e o operador **empty**. Usando esses operadores, você pode desenvolver várias operações. Entretanto, devido ao fato do objeto do EL facilitar a apresentação de JSPs livres de script, esses operadores EL são de uso limitado, exceto para o operador condicional.

Os operadores condicionais são mostrados nas subseções seguintes.

Operadores Aritméticos

Há cinco operadores aritméticos:

- Adição (+)
- Subtração (-)

548 STRUTS 2 PROJETO E PROGRAMAÇÃO: UM TUTORIAL

- Multiplicação (*)
- Divisão (/ e **div**)
- Resto/módulo (% e **mod**)

Os operadores divisão e módulo têm duas formas, para serem consistentes com Xpath e ECMAScript.

Note que uma expressão EL é avaliada da maior para menor precedência, ou então da esquerda para direita. A seguir temos operadores aritméticos na precedência do menor decrescente.

```
* / div % mod
+ -
```

Isso significa que operadores *, /, **div**, %, e **mod** têm o mesmo nível de precedência, e + tem a mesma precedência de -, mas menor do que o primeiro grupo. Portanto, a expressão

```
${1+2*3}
```

resulta em 7 e não em 6.

Operadores Relacionais

A seguir, temos uma lista de operadores relacionais:

- igualdade (== e **eq**)
- não-igualdade (!= e **ne**)
- maior que (> e **gt**)
- maior que ou igual a (>= ou **ge**)
- menor que (< e **lt**)
- menor que ou igual a (<= e **le**)

Por exemplo, a expressão **${3==4}** retorna **false**, e **${"b"<"d"}** retorna **true.**

Operadores Lógicos

Aqui está a lista de operadores lógicos:

- AND (&& e **and**)
- OR (|| e **or**)
- NOT (! e **not**)

O Operador Condicional

O operador condicional EL tem a seguinte sintaxe:

```
${statement? A:B}
```

O *statement* avalia para **true**, a saída da expressão é *A*. Caso contrário, a saída é *B*.

Por exemplo, você pode usar a seguinte expressão EL para testar se o objeto **HttpSession** contém o atributo chamado **loggedIn**. Se o atributo é encontrado, a string "You have logged in" é mostrada. Caso Contrário, "You have not logged in" é mostrada.

```
${(sessionScope.loggedIn==null)? "You have not logged in" :
"You have logged in"}
```

O Operador empty

O operador **empty** é usado para examinar se um valor é **null** ou vazio. O seguinte é um exemplo de uso do operador **empty**:

```
${empty X}
```

Se X é **null** ou se X é uma string de comprimento zero, a expressão retorna **true**. Ela também retorna **true** se X é um **Map** vazio, um array vazio, ou ema coleção vazia. Caso contrário, ela retorna **false.**

CONFIGURANDO O EL NA JSP 2.0 E VERSÕES POSTERIORES

Com o EL, JavaBeans, e tags customizadas, agora é possível escrever JSPs livres de script. JSP 2.0 também provê uma configuração para desabilitar o script em todos JSPs. Arquitetos de Software agora podem reforçar a escrita de JSPs livres de script.

Por outro lado, em algumas circunstâncias, você irá provavelmente querer desabilitar o EL em suas aplicações. Por exemplo, você irá querer fazer isso se você estiver usando um contêiner JSP 2.0-compliant mas não está pronto ainda para upgrade para JSP 2.0. Nesse caso, você pode desabilitar a avaliação de expressões EL.

550 STRUTS 2 PROJETO E PROGRAMAÇÃO: UM TUTORIAL

Esta seção discute como reforçar JSPs livres de script e como desabilitar o EL em JSP 2.0.

Aplicando JSPs livres de Script

Para desabilitar elementos de script em JSPs, você usa o elemento **jsp-property-group** com dois subelementos: **url-pattern** e **scripting-invalid**. O elemento **pattern** define o padrão URL para o qual a desabilitação de script será aplicada. Assim você desabilita o script em todos JSPs em uma aplicação.

```
<jsp-config>
  <jsp-property-group>
    <url-pattern>*.jsp</url-pattern>
    <scripting-invalid>true</scripting-invalid>
  </jsp-property-group>
</jsp-config>
```

Nota

Pode haver apenas um elemento **jsp-config** no *deployment descriptor*. Se você especificou um **jsp-property-group** para desativar o EL, você deve escrever seu **jsp-property-group** para desabilitar scripts sob o mesmo elemento **jsp-config**.

Desativando a Avaliação EL

Em algumas circunstâncias, tais como quando você precisa fazer deploy em aplicações JSP 1.2 em um contêiner JSP 2.0, você pode querer desativar avaliação EL em um JSP. Quando você faz isso, uma ocorrência da construção EL não será avaliada como uma expressão EL. Há duas formas de desativar avaliação EL em um JSP.

Primeiro, você pode ajustar o atributo **isELIgnored** da diretiva **page** a **true**, tais como no exemplo seguinte:

```
<%@ page isELIgnored="true" %>
```

O valor default do atributo **isELIgnored** é **false**. Usar o atributo **isELIgnored** é recomendado se você quer desativar avaliação EL em um ou em poucos JSPs.

Segundo, você pode usar o elemento **jsp-property-group** no *deployment descriptor*. O elemento **jsp-property-group** é um subelemento do elemento **jsp-config**. Você usa **jsp-property-group** para aplicar certas configurações para um conjunto de JSPs na aplicação.

Para usar o elemento **jsp-property-group** para desativar a avaliação EL, você deve ter dois subelementos: **url-pattern** e **el-ignored**. O elemento **url-pattern** especifica o padrão URL para qual a desativação EL será aplicada. O elemento **el-ignored** deve ser ajustado a **true**.

Como um exemplo, aqui está como você desativa a avaliação EL em um JSP denominado **noEl.jsp**.

```
<jsp-config>
    <jsp-property-group>
        <url-pattern>/noEl.jsp</url-pattern>
        <el-ignored>true</el-ignored>
    </jsp-property-group>
</jsp-config>
```

Você também pode desativar a avaliação EL em todas os JSPs em uma aplicação assinalando ***.jsp** ao elemento **url-pattern**, como no seguinte:

```
<jsp-config>
    <jsp-property-group>
        <url-pattern>*.jsp</url-pattern>
        <el-ignored>true</el-ignored>
    </jsp-property-group>
</jsp-config>
```

A avaliação EL em um JSP será desativada se tanto o atributo **isELIgnored** de sua diretiva **page** for ajustada a **true** ou seu URL combina o padrão no elemento **jsp-property-group** cujo subelemento **el-ignored** é ajustado a **true**. Por exemplo, se você configura uma diretiva **page** do atributo **isELIgnored** de um JSP para **false** mas seu URL combina o padrão de JSPs cuja avaliação EL deva ser desativada no *deployment descriptor*, a avaliação EL daquela página será desativada.

Além disso, se você usa um *deployment descriptor* que é fiel ao Servlet 2.3 ou anterior, a avaliação EL também é desabilitada por default, muito embora você esteja usando um contêiner JSP 2.0.

SUMÁRIO

O EL é uma das propriedades mais importantes em JSP 2.0. Ele pode ajudar você a escrever JSPs menores e mais efetivas, bem como ajudar você a apresentar páginas livres de scripts. Neste capítulo você observou como usar o EL para acessar JavaBeans e objetos implícitos. Adicionalmente, você observou como usar operadores EL. Na última seção desse capítulo, você aprendeu como usar as configurações da aplicação rela

APÊNDICE C

ANOTAÇÕES

Uma nova propriedade em Java 5, anotações são notas em programas Java para instruir o compilador Java a fazer algo. Você pode anotar quaisquer elementos de programa, incluindo pacotes Java, classes, construtores, campos, métodos, parâmetros e variáveis locais. Anotações Java são definidas em JSR 175 (http://www.jcp.org/en/jsr/detail?id=175). Java 5 provê três anotações padrão e quatro meta-anotações padrão.

Este apêndice é para você, se você for novo em anotações. Ele informa a você tudo que você precisa saber sobre anotações e tipos de anotação. Ele começa com uma visão geral de anotações e então ensina como usar anotações padrão em Java 5 e Java 6. Ele conclui com uma discussão de anotações customizadas.

UMA VISÃO GERAL DE ANOTAÇÕES

Anotações são notas para o compilador Java. Quando você anota um elemento de programa em um arquivo fonte, você adiciona notas aos elementos do programa Java naquele arquivo fonte. Você pode anotar pacotes Java, tipos (classes, interfaces, tipos enumerados), construtores, métodos, campos, parâmetros e variáveis locais. Por exemplo, você pode anotar uma classe Java tal que quaisquer mensagens de aviso que pudessem interferir com o funcionamento do **javac** sejam suprimidas. Ou você pode anotar um método que você queira redefinir para obter o compilador para verificar que você está realmente redefinindo o método, não sobrecarregando-o. Adicionalmente, você pode anotar uma classe Java com o nome do desenvolvedor. Em um projeto amplo, anotar cada classe Java pode ser útil para o gerente do programa ou arquiteto para medir a produtividades dos desenvolvedores. Por exemplo, se todas as classes são anotadas dessa forma, é fácil descobrir quem é o máximo e o mínimo da produção do programador.

O compilador Java pode ser instruído a interpretar anotações e descartá-las (tal que anotações apenas existam em arquivos fonte) ou incluí-las em classes Java resultantes. Aqueles que são incluídos em classes Java podem ser ignorados pela máquina virtual do Java, ou eles podem ser carregados na máquina virtual. O último tipo é chamado visível em tempo de execução e você pode usar reflexão para questionar sobre eles.

Anotações e Tipos de Anotação

Quando estudar anotações, você irá encontrar esses dois termos muito freqüentemente: anotações e tipos de anotações. Para entender seus significados, é útil lembrar que um tipo de anotação é um tipo especial de interface. Assim como uma interface, um tipo de anotação tem um nome e membros. A informação contida em uma anotação recebe a forma de pares chave/valor. Podem ter zero ou múltiplos pares e cada chave tem um tipo específico. Ele pode ser um **String, int,** ou outros tipos Java. Tipos de anotação com nenhum pares chave/valor são chamados tipos de anotação marcadas. Aquelas com um par chave/valor são freqüentemente referidas a tipos de anotação de um valor único.

Há três tipos de anotação em Java 5: **Deprecated, Override** e **SuppressWarning.** Eles são parte do pacote **java.lang** e você irá aprender a usá-los na seção "Anotações Embutidas." Além disso, há quatro outros tipos de anotações que são parte do pacote **java.lang.annotation**: **Documented, Inherited, Retention** e **Target.** Esses quatro tipos de anotação são usados para anotar anotações e você irá aprender sobre eles na seção "Tipos de Anotações Customizadas" mais adiante nesse capítulo. Java 6 adiciona muitas anotações próprias.

Sintaxe da Anotação

Em seu código, você usa uma anotação em vez de usar uma interface comum. Você declara um tipo de anotação usando esta sintaxe.

```
@AnnotationType
```

ou

```
@AnnotationType(elementValuePairs)
```

A primeira sintaxe é para tipos de anotação marcadas e a segunda para tipos de valor único e multi-valores. É permitido colocar espaços em branco entre o sinal at @ e tipo de anotação, mas isso não é recomendado.

Neste exemplo, é como usar o tipo de anotação marcada **Deprecated:**

```
@Deprecated
```

E isso é como usar o segundo elemento para tipos de anotação de multi-valores Author:

```
@Author(firstName="Ted",lastName="Diong")
```

Há uma exceção a essa regra. Se um tipo de anotação tem um único par chave/valor e o nome da chave é **value**, então você pode omitir a chave do colchete. Portanto, se o tipo de anotação fictícia **Stage** tem uma única chave denominada **value**, você pode escrever:

```
@Stage(value=1)
```

ou

```
@Stage(1)
```

A Interface Annotation

Saiba que um tipo de anotação é uma interface java. Todos os tipos de anotação são subinterfaces da interface **java.lang.annotation.Annotation**. Ela tem um método, **annotationType**, que retorna um objeto **java.lang.Class**.

```
java.lang.Class<? extends Annotation> annotationType()
```

Além disso, qualquer implementação de **Annotation** irá redefinir os métodos **equals, hashCode** e **toSTring** da classe **java.lang.Object**. Aqui temos suas implementações padrão.

```
public boolean equals(Object object)
```
Retorna **true** se *object* é uma instância do mesmo tipo de anotação como esta e todos os membros de *object* são iguais aos membros correspondentes dessa anotação

```
public int hashCode()
```
Retorna o código hash dessa anotação, que é a soma dos códigos hash de seus membros.

```
public String toString()
```
Retorna uma representação string dessa anotação, que lista todos os pares chave/valor dessa anotação.

Você irá usar essa classe quando aprender tipos de anotação padrão, mais adiante neste capítulo.

Anotações Padrão

Java 5 vem com três anotações embutidas, todas de cada estão no pacote **java.lang**: **Override, Deprecated** e **SuppressWarnings**. Elas são discutidas nesta seção.

Override

Override é um tipo de anotação marcada que pode ser aplicada a um método para indicar ao compilador que o método redefine um método em uma superclasse. Esse tipo de anotação protege o programador de fazer um erro quando estiver redefinindo um método.

Por exemplo, considere essa classe **Parent**:

```
class Parent {
  public float calculate(float a, float b) {
    return a * b;
  }
}
```

Suponha que você queira estender **Parent** e redefinir seu método **calculate**. Aqui tem-se uma subclasse de **Parent:**

```java
public class Child extends Parent {
  public int calculate(int a, int b) {
    return (a + 1) * b;
  }
}
```

A classe **Child** compila. Entretanto, o método **calculate** em **Child** não redefine o método em **Parent** porque ele tem uma assinatura diferente, a saber ela retorna e aceita **ints** ao invés de **floats**. Neste exemplo, um erro de programação como esse é fácil de verificar porque você pode ver ambas as classes **Parent** e **Child**. Entretanto, você nem sempre tem essa sorte. Algumas vezes a classe pai é buried em algum lugar em outro pacote. Esse erro aparente trivial poderia ser fatal porque quando uma classe cliente chama o método **calculate** em um objeto **Child** e passo dois floats, o método na classe **Parent** será invocado e um resultado errado será retornado.

Usar o tipo de anotação **Override** irá evitar esse tipo de erro. Sempre que você queira redefinir um método, declare o tipo de anotação **Override** antes do método:

```java
public class Child extends Parent {
  @Override
  public int calculate(int a, int b) {
    return (a + 1) * b;
  }
}
```

Nessa hora, o compilador irá gerar um erro de compilação e você será notificado que o método **calculate** em **Child** não está redefinindo o método na classe pai.

É evidente que @**Override** é útil para garantir que programadores redefinam um método quando eles pretendem redefini-lo, e não sobrecarregá-lo.

Deprecated

Deprecated é um tipo de anotação marcada que pode ser aplicada a um método ou a um tipo (classe/interface) para indicar que o método ou tipo é deprecado. Um método deprecado ou tipo é marcado pelo programador para avisar aos usuários do seu código e que eles não devem usar ou redefinir o método ou usar ou estender o tipo. A razão do porquê um método ou tipo é marcado deprecated é geralmente porque há um método melhor ou tipo de o método ou tipo está retido na versão do software corrente para compatibilidade com versões anteriores.

Por exemplo, a classe **DeprecatedTest** na Listagem C.1 usa o tipo de anotação **Deprecated.**

Listagem C.1: Tornando um Método Deprecated

```
public class DeprecatedTest {
  @Deprecated
  public void serve() {
  }
}
```

Se você usa ou redefine um método deprecated, você irá receber um aviso em tempo de execução. Por exemplo, a Listagem C.2 mostra a classe **DeprecatedTest2** que usa o método **serve** em **DeprecatedTest.**

Listagem C.2: Usando um Método Deprecated

```
public class DeprecatedTest2 {
  public static void main(String[] args) {
    DeprecatedTest test = new DeprecatedTest();
    test.serve();
  }
}
```

Compilando **DeprecatedTest2 gera esse aviso:**

```
Note: DeprecatedTest2.java uses or overrides a deprecated
API.
Note: Recompile with -Xlint:deprecation for details.
```

Além disso, você pode usar **@Deprecated** para marcar uma classe ou uma interface, como mostrado na Listagem C.3.

APÊNDICE C – ANOTAÇÕES 559

Listagem C.3: Marcando uma Classe Deprecated

```
@Deprecated
public class DeprecatedTest3 {
  public void serve() {
  }
}
```

SuppressWarnings

SuppressWarnings é usado, como você deve ter imaginado, para suprimir avisos de compilador. Você pode aplicar **@SuppressWarnings** para tipos, construtores, métodos, campos, parâmetros e variáveis locais.

Você usa isso passando um array de **String** que contém avisos que precisam ser suprimidos. Sua sintaxe é como a seguir:

```
@SuppressWarnings(value={string-1, …, string-n})
```

onde *string-1* a *string-n* indica o conjunto de avisos a serem suprimidos. Avisos duplicados e não reconhecidos serão ignorados.

A seguir temos parâmetros válidos para **@SuppressWarnings:**

- **unchecked.** Dá mais detalhes para avisos de conversão não marcadas que são especificas pela Java Language Specification.

- **path.** Avisa sobre diretórios de caminho inexistente (classpath, sourcepath etc)

- **serial.** Avisa sobre definições SerialVersionUID que estão faltando em classes serializáveis.

- **finally.** Avisa sobre cláusulas finally que não podem completar normalmente.

- **fallthrough.** Verifica blocos de switch para casos fall-through, a saber cases, ao contrário dos últimos cases no bloco, cujos códigos não incluem uma instrução **break**, permitindo execução de código a "fall through" daquele case para o próximo case. Como um exemplo, o código seguindo o rótulo case 2 nesse bloco **switch** não contém uma instrução **break**:

```
switch (i) {
case 1:
  System.out.println("1");
```

560   STRUTS 2 PROJETO E PROGRAMAÇÃO: UM TUTORIAL

```
    break;
case 2:
  System.out.println("2");
  // falling through
case 3:
  System.out.println("3");
}
```

Como um exemplo, a classe **SuppressWarningsTest** na Listagem C.4 usa o tipo de anotação **SuppressWarnings** para evitar que o compilador indique avisos unchecked e fallthrough.

Listagem C.4: Usando @SuppressWarnings

```
import java.io.File;
import java.io.Serializable;
import java.util.ArrayList;

@SuppressWarnings(value={"unchecked","serial"})
public class SuppressWarningsTest implements Serializable {
  public void openFile() {
    ArrayList a = new ArrayList();
    File file = new File("X:/java/doc.txt");
  }
}
```

META-ANNOTATIONS PADRÃO

Meta-anotações são anotações que são aplicadas a anotações. Há quatro tipos de meta-aplicações que vêm padronizadas com Java 5 que são usadas para anotar anotações; eles são **Documented, Inherited, Retention e Target.** Todas as quatro são parte do pacote **java.lang.annotation**. Esta seção discute esses tipos de anotação.

Documented

Documented é um tipo de anotação marcada usada para anotar a declaração de um tipo de anotação tal que instâncias do tipo de anotação serão incluídas na documentação gerada usando Javadoc ou ferramentas similares.

Por exemplo, o tipo de anotação **Override** não é anotada usando **Documented**. Como um resultado, se você usa Javadoc para gerar uma classe cujo método é anotado @**Override**, você não irá ver qualquer traço de @**Override** no documento resultante.

Por exemplo, a Listagem C.5 mostra a classe **OverrideTest2** que usa @**Override** para anotar o método **toString.**

Listagem C.5: a Classe OverrideTest2

```
public class OverrideTest2 {
  @Override
  public String toString() {
    return "OverrideTest2";
  }
}
```

Por outro lado, o tipo de anotação **Deprecated** é anotaddo @**Documented**. Relembre que o método **serve** na classe **DeprecatedTest** na Listagem C.2 é anotado @**Deprecated**. Agora, se você usa **Javadoc** para gerar a documentação para **OverrideTest2,** os detalhes do método **serve** na documentação também irá incluir @**Deprecated**, como esse:

```
serve
@Deprecated
public void serve()
```

Inherited

Você usa **inherited** para anotar um tipo de anotação tal que qualquer instância do tipo de anotação será herdada. Se você anotar uma usando um tipo de anotação herdada, a anotação será herdada por alguma subclasse da classe anotada. Se o usuário consulta o tipo de anotação em uma declaração de classe, e a declaração de classe não tiver nenhuma anotação desse tipo, então a classe pai da classe será automaticamente consultada para o tipo de anotação. Esse processo será repetido até uma anotação desse tipo ser encontrada ou a classe raiz ser alcançada.

Verifique a seção "Tipos de Anotação Customizada" em como consultar um tipo de anotação.

Retention

@**Retention** indica por quanto tempo anotações cujos tipos anotados são anotadas @Retention estão para ser retidas. O valor de @**Retention** pode ser um dos membros de enum **java.lang.annotation.RetentionPolicy**.

- **SOURCE.** Anotações estão para serem descartadas pelo compilador Java.

- **CLASS.** Anotações estão para serem registradas no arquivo de classe mas para não serem retidas pelo JVM. Esse é o valor padrão.

- **RUNTIME.** Anotações estão para serem retidas pelo JVM logo você pode consultá-las usando reflexão.

Por exemplo, a declaração do tipo de anotação **SuppressWarnings** é anotada @**Retention** com o valor **SOURCE.**

```
@Retention(value=SOURCE)
public @interface SuppressWarnings
```

Target

Target indica qual elemento(s) de programa pode(m) ser anotado(s) usando instâncias do tipo de anotação annotated. O valor de **Target** é um dos membros do enum **java.lang.annotation.ElementType**:

- **ANNOTATION_TYPE.** O tipo de anotação annotated pode ser usado para anotar declarações de tipo annotation.

- **CONSTRUCTOR.** O tipo de anotação annotated pode ser usada para anotar declaração de construtor.

- **FIELD.** O tipo de anotação annotated pode ser usada para anotar declaração de campo.

- **LOCAL_VARIABLE.** O tipo de anotação annotated pode ser usado para anotar declaração de variável local.

- **METHOD.** O tipo de anotação annotated pode ser usado para anotar declaração de método.

- **PACKAGE.** O tipo de anotação annotated pode ser usado para anotar declarações de pacote.

- **PARAMETER.** O tipo de anotação annotated pode ser usado para anotar declarações de parâmetro.

- **TYPE.** O tipo de anotação annotated pode ser usado para anotar declarações de tipo.

Como um exemplo, a declaração de tipo de anotação **Override** é anotada à seguinte anotação **Target**, fazer **Override** pode ser apenas aplicado a declarações de método.

```
@Target(value=METHOD)
```

Você pode ter múltiplos valores na anotação **Target**. Por exemplo, isso é da declaração **SuppressWarnings:**

```
@Target(value={TYPE,FIELD, METHOD, PARAMETER,CONSTRUCTOR,
LOCAL_VARIABLE})
```

TIPOS DE ANOTAÇÃO PADRONIZADA

Um tipo de anotação é uma interface Java, exceto que você deve adicionar um sinal at (@) antes da palavra chave **interface** quando de sua declaração.

```
public @interface CustomAnnotation {
}
```

Por padrão, todos os tipos de anotação estendem implicitamente ou explicitamente a interface **java.lang.annotation.Annotation**. Além disso, muito embora você possa estender um tipo de anotação, seu subtipo não é tratado como um tipo de anotação.

Um Tipo de Anotação Customizada

Como um exemplo, a Listagem C.6 mostra um tipo de anotação customizada chamada **Author**.

Listagem C.6: o Tipo de anotação Author

```
import java.lang.annotation.Documented;
import java.lang.annotation.Retention;
import java.lang.annotation.RetentionPolicy;

@Documented
@Retention(RetentionPolicy.RUNTIME)
public @interface Author {
   String firstName();
```

```
String lastName();
boolean internalEmployee();
}
```

Usando o Tipo de Anotação Customizada

O tipo de anotação **Author** é como qualquer outro tipo Java. Uma vez que você o importe em uma classe ou uma interface, você pode usá-lo simplesmente escrevendo

```
@Author(firstName="firstName",lastName="lastName",
internalEmployee=true|false)
```

Por exemplo, a classe **Test1** na Listagem C.7 é anotada **Author.**

Listagem C.7: Uma Classe Anotada Author

```
@Author(firstName="John",lastName="Guddell",internalEmployee=true)
public class Test1 {
}
```

É isso? Sim, é isso. Muito simples, não é?

A próxima subseção "Usando Reflexão para Consultar Anotações" mostra como as anotações **Author** podem ser de bom uso.

Usando Reflexão para Query Anotações

Em Java 5, o **java.lang.Class** tem uns poucos métodos relacionados a anotações.

```
public <A extends java.lang.annotation.Annotation> A
   getAnnotation (Class<A> annotationClass)
```
   Retorna a anotação deste elemento para o tipo de anotação especificada, se presente. Caso contrário, retorna **null.**

```
public java.lang.annotation.Annotation[] getAnnotations()
```
   Retorna todas anotações presentes nesta classe.

```
public boolean isAnnotation()
```
   Retorna **true** se essa classe é um tipo de anotação.

APÊNDICE C – ANOTAÇÕES 565

```
public boolean isAnnotationPresent(Class<? extends
    java.lang.annotation.Annotation> annotationClass)
```

Indica se uma anotação para o tipo especificado está presente nessa classe.

O pacote **com.brainysoftware.jdk5.app18.custom** inclui três classes de teste, **Test1, Test2 e Test3**, que são anotadas Author. Listagem C.8 mostra uma classe de teste que emprega reflexão para consultar as classes de teste.

Listagem C.8: Usando Reflexão para Consultar Anotações

```java
public class CustomAnnotationTest {
  public static void printClassInfo(Class c) {
    System.out.print(c.getName() + ". ");
    Author author = (Author) c.getAnnotation(Author.class);
    if (author != null) {
      System.out.println("Author:" + author.firstName()
        + " " + author.lastName());
    } else {
      System.out.println("Author unknown");
    }
  }
  public static void main(String[] args) {
    CustomAnnotationTest.printClassInfo(Test1.class);
    CustomAnnotationTest.printClassInfo(Test2.class);
    CustomAnnotationTest.printClassInfo(Test3.class);
    CustomAnnotationTest.printClassInfo(
        CustomAnnotationTest.class);
  }
}
```

Quando executar, você irá ver a seguinte mensagem em seu console:

```
Test1. Author:John Guddell
Test2. Author:John Guddell
Test3. Author:Lesley Nielsen
CustomAnnotationTest. Author unknown
```

ÍNDICE

<jsp:setProperty>, XII
<jsp:useBean>, XII
acessando recursos, 52
action, 49
action ModelDriven, 289, 295
Adaptive Path, 480
agrupamento de opções, 121
AJAX, XVI, 479, 480
analisador multipart, 325
anotação Override, 557
anotação, 471, 563, 564
anotações embutidas, 554, 556
Apache Software Foundation, 518
API JfreeChart, 460
API OGNL, 180
aplicação internacionalizada, 267
aprimorando para o Struts 2, XVII
arquivo de configuração do Struts, 26, 41, 463

arquivo de configuração do Velocity, 412
árvore dinâmica, 515, 516
árvore estática, 513
atributo action, 475
autenticação Basic, 353, 355
autenticação Digest, 353
basicStack, 53
botão radio, 110
botão submit, 326, 373
cabeçalho accept-language, 541, 546
cabeçalho Content-Type, 338
cabeçalho referer, 338,
camada de apresentação, 1, 3, 79, 287
camada de dados, 287
camada de persistência, 292, 303
camada lógica, 287
campo de texto, 97
campo fieldName, 223

568 STRUTS 2 PROJETO E PROGRAMAÇÃO: UM TUTORIAL

campo hidden, 104, 368
capacidade de extensão, XVI
CAPTCHA, 401, 438
caracteres especiais do HTML, 144
classe AbstractInterceptor, 393
classe action default, 22
classe Action, 22, 43, 50
classe ActionSupport, 34, 63
classe DateTestAction, 231
classe Decider, 176
classe DefaultTypeConverter, 189, 190
classe FilterDispatcher, 16
classe JfreeChart, 460
classe Method, 180
classe Parent, 556, 557
classe RequiredStringValidator, 257
classe SessionMap, 57, 58
classe StrutsResultSupport, 404
classe StrutsTypeConverter, 195
classe URL, 236
classe UtilTimerStack, 376
classe ValidationSupport, 256
classes de implementação, 187, 255, 306
cláusula ORDER BY, 174
codificação base64, 354
Common Gateway Interface, XI
como ele funciona, 441
configuração baseada em campo, 190
configuração de segurança, 349, 362
configuração, 363, 469, 518
Conjunto de Ferramentas Dojo, 480
construtores, 460, 553
container EJB, 288
convenção de nome, 57
conversão de tipos, 179
convertendo caracteres Chineses, 270
Craig R. McClanahan, XV
customização de erro, 182

da tag date, 151
da tag debug, 375
da tag insertAttribute, 436
da tag reset, 101
da tag select, 116
DataSource, 395
declaração filter, 475
deployment descriptor, 12, 550
depurando, 382
desativação, 551
DHTML, 480
do elemento action, 181, 518
do elemento constant, 519
do elemento exception-mapping, 520
do elemento include, 522
do elemento package, 526
do elemento result, 34, 527, 528
do elemento select, 119
do interceptador File Upload, 328
do interceptador Roles, 362
do resultado XSLT, 427
do validador requiredstring, 233
do validador stringlength, 226
documento XML, 427, 428
Dojo, 479, 481, 482
Don Brown, XVI
Download de Arquivo, 337
download, 343
de WebWork, 80
ECMAScript, 540, 548
EL, 540, 543, 547, 549, 550
elemento action, 181
elemento auth-constraint, 351
elemento auth-method, 348
elemento bean, 519
elemento constant, 39, 519
elemento Context, 194
elemento default-action-ref, 68, 520

elemento default-interceptor-ref, 520

elemento definition, 451

elemento DOCTYPE, 33, 517, 518, 523

elemento exception-mapping, 73, 520

elemento field, 219

elemento field-validator, 219, 220

elemento form-login-config, 353

elemento global-exception-mappings, 72, 520, 521

elemento global-results, 35, 36, 520, 521

elemento http-method, 351, 352

elemento include, 42, 522

elemento init-param, 40

elemento interceptor, 36, 38, 523

elemento interceptor-ref, 37, 524

elemento interceptors, 523, 525

elemento interceptor-stack, 524

elemento jsp-config, 550

elemento jsp-property-group, 550

elemento login-config, 352

elemento message, 220

elemento package, 30, 31, 36, 440, 518, 520, 521, 525

elemento param, 38, 67, 381, 526

elemento put-attribute, 451

elemento realm-name, 353

elemento resource-collection, 346

elemento ResourceParams, 311

elemento result, 34, 527,

elemento result-type, 528

elemento result-types, 528

elemento role-name, 352

elemento security-constraint, 351

elemento security-role, 351

elemento struts, 518

elemento textarea, 102

elemento url-pattern, 14

elemento user-data-constraint, 351

elemento validator, 219

elemento web-resource-collection, 351

em JSP 2.0, 550

em Struts, XV, XVII, 272, 326

em struts.xml, 29

erro, 181, 556

erro de conversão, 181

escalabilidade, 309,

estilo CSS errorMessage, 182

exemplo de, 330, 333, 355, 452, 519

exemplo, XXIII, 414, 422, 433

expressão OGNL, 89, 92, 203, 241

Expression Language, XXI, 11, 89, 539, 540

Extensible StyleSheet Language, 427

falha, 257, 445

filter dispatcher do Struts, 23, 40, 469

filtro XV, XVII, 2, 13, 16, 362

formatando datas, 154

Framework de Validação do Xwork, 217

FreeMarker, XXI, 24, 67, 412, 419, 421, 437

Gmail, 480

Google Maps, 480

Google, 480

gráfico web, 460

Hibernate, XX, 322

HttpServletRequest, 9, 52, 55, 61, 189, 326, 541

i18n, 28, 32, 144, 279, 267, 279

implementação, 196, 305, 311

injeção de dependência, 45, 47

instrução SQL, 306

interceptador Checkbox, 104,

interceptador Conversion Error, 380

interceptador customizado, 393, 395

interceptador Debugging, 375, 377

interceptador Exception, 73, 522

interceptador Execute e Wait, 383, 385

interceptador File Upload, 326, 328, 329, 380, 391

interceptador Model Driven, 28, 288, 290

interceptador Parameters, 180, 290

570 STRUTS 2 PROJETO E PROGRAMAÇÃO: UM TUTORIAL

interceptador Preparable, 295

interceptador Prepare, 295

interceptador Profiling, 375

interceptador Roles, 362

interceptador Servlet Config, 58

interceptador Static Parameters, 62

interceptador Token Session, 369, 373

interceptador Token, 368, 369

interceptador, 35, 40, 373, 377, 383, 385, 391, 393, 523

interceptadores default, 27, 392

interface Action, 63, 456

interface annotation, 555

interface Converter, 172

interface DataSource, 394, 395

interface Interceptor, 391

interface List, 91

interface Map, 64, 92, 113, 114

interface Preparable, 28, 296

interface Result, 402

interface ServletContextAware, 54

interface SessionAware, 56

interface TypeConverter, 188

interface Validator, 255

interfaces Aware, 53, 54, 58

Internacionalização, 268, 272

Internet Explorer, 353, 367, 480

Invalidação de Sessão, 401

invalidando, 68

invocação, 77, 49

Jason Carreira, XVI

java.lang.annotation.Annotation, 556, 563

java.lang.annotation.ElementType, 562

java.lang.annotation.RetentionPolicy, 562

java.lang.Class, 564

JavaOne 2005, XVI

JavaScript, 15, 94, 131, 361, 479, 516

JavaServer Pages, XIII, 2

Jesse James Garrett, 480

JfreeChart, 459

JNDI lookup, 46, 309, 393

JNDI, 46

JSON, 503, 504, 508

JSP, 40, 446, 539, 549

JSR, 553

JSTL, XIII, 540

linguagem baseada em evento, 481

linguagem de template, XXII, 24, 411,

locale, , 268, 430

localização, 268, 272, 338, 430

mapa de aplicação, 153

mapa de contexto, 153, 155, 161, 376

mapa de requisição, 153

mapa de sessão, 153

mapeamento de exceção, 71

Martin Fowler, 45

medidor de progresso, 383, 385, 388

método action, 33, 43

método addFieldError, 258

método addPreResultListener, 392

método annotationType, 555

método connect, 481

método convert, 172

método convertValue, 188, 189

método disconnect, 481

método execute, 43, 63, 77, 154, 288, 385

método getAuthType, 365

método getHeader, 61

método getInputStream, 326

método getModel, 273

método getRemoteUser, 366

método getResourceAsStream, 341

método getText, 273

método getUserPrincipal, 365

método intercept, 392

método invalidate, 58

método invoke, 180, 392

método isUserInRole, 365

método login, 61, 350, 352

método prepare, 295, 298, 299

método publish, 482

método setServletContext, 54

método setServletRequest, 55

método setServletResponse, 55

método setSession, 56

método validate, 28, 256, 257

método write, 339

métodos de ciclo de vida, 392

métodos estáticos, 53

métodos getSession, 53

métodos getText, 63, 268

métodos, 268, 272, 287, 292, 303

Microsoft, 319, 480,

Modelo XIV, 1, 3, 13, 445, 448

Model-View-Controller, 79, 90

modo de desenvolvimento, 25, 520, 536

modularidade, 26, 30, 525

Mozilla, 367, 379, 480

MySQL, 306, 319,

namespace default, 31

no Internet Explorer, 353

notação bang, 77

objeto de transferência, 287, 288

objeto even, 481

objeto exception, 73, 522

objeto HttpServletRequest, 9, 11, 53, 61, 413, 541, 547

objeto HttpServletResponse, 53, 56, 339, 413

objeto HttpSession, 27, 50, 53, 57, 155, 368, 420, 549

objeto IteratorStatus, 161, 165

objeto ServletActionContext, 53

objeto ServletContext, 53, 54, 111, 194, 309, 341

objeto XMLHttpRequest, 480

Objetos implícitos do EL, 543

Objetos Implícitos do JSP, 543, 544

objetos implícitos do Velocity, 413

objetos implícitos, 413, 543

Open Symphony, XVI

operadores, 541, 547

Oracle, 306

pacote struts-default, 520, 526

padrão Abstract Factory, 306

padrão Data Access Object, 303, 304,

página wait customizada, 387

palavra chave interface, 563

palavras reservadas, 541

papel, 101, 350, 499

parâmetro contentDisposition, 335

parâmetro excludeMethod, 39

parâmetro inicial actionPackages, 469, 474

parâmetro namespace, 66, 70

parâmetro stylesheetLocation, 430

parâmetro trim, 224, 258

parâmetro, XVI, 39, 62, 148, 282

passando parâmetros estáticos, 62

persistência de dados, 303

persistência de objeto, 303

Pilha de Objeto, 66, 82

Pilha de Valor, 66, 73, 80, 84, 90, 145, 147, 170, 377

plugin CodeBehind, 469, 474

plugin JfreeChart, 438, 459

plugin SiteMesh, 438

plugin Struts Dojo, 480

plugin Tiles, 438, 445, 452

plugin, 452, 459, 460, 464, 474, 479

POJO, 2, 78, 470

policiamento de segurança, 349, 350

pooling de conexão, 309

pré-requisitos, XXII,

principal, 26, 349, 350

572 STRUTS 2 PROJETO E PROGRAMAÇÃO: UM TUTORIAL

problemas com, XIV, 448

processador XSLT, 428

propriedade action, 180, 218, 424, 527

Prototype, 480

Recuperação de perfis, 375, 379

reflexão, 180, 554, 562, 564

registro, 218, 255, 258, 438

renderização, 100, 101, 140, 492

RequestDispatcher, 3, 24

RFC 1867, 325

RFC 2617, 354

Scriptaculous, 480

scriptlet, 540,

segurança programática, 365

segurança, 345, 349

servlet, 3, 13, 349, 350, 361

session.token, 368

sintaxe, 36, 83, 413, 421, 472, 539, 540

sistema de mensagem baseado em tópico, 481

SmallTalk-1

Steve Burbeck, Ph. D., 2

Struts, 1, 21, 22, 29, 91, 143, 272, 325, 337, 349, 402, 411, 517

Struts Ti, XVI

Struts Tiles, 452,

struts.devMode, 39, 40, 381, 520

struts.enable.DynamicMethodInvocation, 77

struts.messages.invalid.token, 368

struts.properties, 21, 29, 40, 517, 534,

struts.ui.theme, 142

struts.xml, 21, 25, 30, 201, 290, 330, 395, 469, 517

struts-default.xml, 30, 412, 437, 526, 529

stylesheet XSL, 429

submit duplo, 367

Sun Microsystems, XI,

tag a, 147, 482, 489, 491

tag action, 147

tag append, 166

tag autocompleter, 503, 507

tag bean, 149

tag bind, 494

tag checkbox, 103, 104

tag checkboxlist, 124

tag combobox, 126

tag date, 151, 208

tag datetimepicker, 497, 499

tag de formulário, 95, 96, 273

tag debug, 144, 368, 375, 382

tag div, 482, 484

tag doubleselect, 137

tag file, 326

tag generator, 170

tag getAsString, 449

tag head, 101, 482, 483

tag hidden, 97

tag i18n, 279

tag if, 158

tag include, 152, 445

tag insertAttribute, 448

tag iterator, 108, 160

tag label, 101

tag merge, 167

tag optgroup, 121

tag optiontransferselect, 131

tag param, 148

tag password, 97

tag property, 88, 144, 273

tag push, 155

tag radio, 113

tag reset, 101

tag select, 111, 116

tag set, 153

tag sort, 173

tag submit, 100, 492

tag subset, 176,

tag tabbedpanel, 500

tag text, 102

tag textarea, 102, 502

tag textfield, 97

tag token, 368

tag tree, 511

tag treenode, 511

tag UI, 140

tag url, 157

tag Velocity, 414

tags FreeMarker, 421

tecnologia, 350, 411, 417, 427

tema css_xhtml, 142

tema simples, 141

tema xhtml, 141

tema, 97, 140, 141, 142, 182, 517

template, 141, 212, 411, 419, 425, 434

termo, 44, 554

testando classes action, 78

Tiles, 8, 438, 445, 448, 452

tiles.xml, 450

tipo annotation, 562

tipo de anotação customizada, 563, 564

tipo de anotação Deprecated, 558, 561

tipo de anotação Namespace, 473

tipo de anotação Override, 557, 559, 563

tipo de anotação SuppressWarnings, 560, 562

tipo de renderização, 140

tipo de resultado Chain, 65

tipo de resultado customizado, 401, 402

tipo de resultado default, 35

tipo de resultado Dispatcher, 67, 472

tipo de resultado mais comum, 22

tipo de resultado Redirect Action, 69, 70

tipo de resultado Redirect, 67, 70

tipo de resultado Stream, 337, 339

tipo de resultado XSLT, 427, 430, 435

tipo de resultado, 20, 65, 67, 339, 405, 427, 430, 438, 471

tipos de renderização, 100, 101, 492

tipos de resultados default, 78

tipos de resultados padrão, 49, 64

token, 15, 368, 369, 373

TokenInterceptor.properties, 368, 371

tomcat-users.xml, 350, 365

tópico, 49, 338, 375, 481

tratamento de exceção, 78

troca de dados, 417

Unicode, 270

upload de arquivo, 325, 333, 391

validação programática, 241, 264

validador conversion, 221, 243, 245

validador date, 221, 231

validador fieldexpression, 221, 239, 241

validador int, 221, 229

validador regex, 221, 238

validador required, 220, 221, 222

validador requiredString, 220, 221, 224, 258

validador stringlength, 221, 227

validador url, 222, 236

validador visitor, 221, 245, 246, 251, 253

validadores embutidos, 22, 217, 221, 266

validators.xml, 258, 262

Velocity, 24, 29, 71, 411, 413, 414, 425, 437

velocity.properties, 29, 412, 537

WebLogic, 13, 361

WebWork, 24, 79

XML, 22, 217, 219, 303, 377, 427, 480, 517, 529

Xpath, 540, 548

XSL. Veja Extensible StyleSheet Language

Xwork, XVI, 217, 219, 474

Struts em Ação

Autores: *Ted Husted, Cedric Dumoulin, George Franciscus e David Winterfeldt*
632 páginas
ISBN: 85-7393-299-6

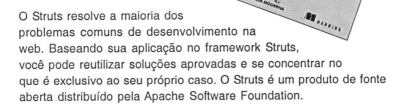

O Struts resolve a maioria dos problemas comuns de desenvolvimento na web. Baseando sua aplicação no framework Struts, você pode reutilizar soluções aprovadas e se concentrar no que é exclusivo ao seu próprio caso. O Struts é um produto de fonte aberta distribuído pela Apache Software Foundation.

Struts em ação é um introdução completa ao framework Struts. Abrange a construção inicial, a validação dos dados, o acesso a banco de dados, o assembly de páginas dinâmicas, a localização, a configuração do produto e outras áreas importantes. Mostra como usar as tags JSP e os templates Velocity. Explica com cuidado a arquitetura e o fluxo de controle do Struts, assim como estender as classes do framework.

As diferenças entre o Struts 1.1 e o Struts 1.0 são indicadas e um estudo do caso mostra a transição do 1.0 para 1.1. O livro mostra dezenas de técnicas de projeto, padrões e estratégias aprovados, muitos deles não encontrados em nenhum outro lugar.

À venda nas melhores livrarias.

Impressão e acabamento
Gráfica da Editora Ciência Moderna Ltda.
Tel: (21) 2201-6662